普通高等教育“十三五”规划教材

电子电气基础课程规划教材

U0869365

电工与电子技术

于桂君　于宝琦　刘德政　主　编

孙　禾　王　静　王燕锋　副主编

陈亚光　李　响　参　编

電子工業出版社

Publishing House of Electronics Industry

北京·BEIJING

内 容 简 介

本书共分为 10 章，内容主要包括电路理论、电动机与继电接触控制系统、模拟电子技术、数字电子技术 4 个部分。第 1 章以直流电路为对象，讨论电路的基本概念、基本定律、基本分析方法及一阶电路的暂态分析等；第 2 章主要介绍正弦交流电路，包括相量表示法、谐振、三相交流电路等；第 3 章主要介绍变压器的基本结构、工作原理、功能和特殊变压器等；第 4 章主要介绍三相异步电动机的基本结构、工作原理、机械特性及使用等；第 5 章主要介绍继电接触控制系统，包括常用的低压电器和控制电路等；第 6 章主要介绍常用的半导体器件，包括二极管、三极管的特性及其应用等；第 7 章主要介绍基本放大电路，包括共射极放大电路和多级放大电路等；第 8 章主要介绍集成运算放大器，包括放大电路中的负反馈、集成运算放大器的线性和非线性应用等；第 9 章主要介绍组合逻辑电路，包括常用的门电路、组合逻辑电路的分析和设计、中规模组合逻辑电路等；第 10 章主要介绍时序逻辑电路，包括触发器和常用的时序逻辑电路等。为了使读者更好地掌握和理解课程内容，书中有较多实用的例题和习题。本书注重基本理论的讲述，突出理论在实践中的应用，能够使读者在电工电子技术方面获得基本的知识和技能。

本书可作为高等院校非电类专业电工与电子技术课程的教材，也可作为企业职工技术培训的指导书。

图书在版编目（CIP）数据

电工与电子技术 / 于桂君，于宝琦，刘德政主编. —北京：电子工业出版社，2020.2
ISBN 978-7-121-37698-6

Ⅰ. ①电… Ⅱ. ①于… ②于… ③刘… Ⅲ. ①电工技术－高等学校－教材②电子技术－高等学校－教材 Ⅳ.①TM②TN

中国版本图书馆 CIP 数据核字（2019）第 237516 号

责任编辑：刘 瑀
印 刷：北京盛通数码印刷有限公司
装 订：北京盛通数码印刷有限公司
出版发行：电子工业出版社
北京市海淀区万寿路 173 信箱 邮编 100036
开 本：787×1 092 1/16 印张：13 字数：370 千字
版 次：2020 年 2 月第 1 版
印 次：2025 年 8 月第 10 次印刷
定 价：49.90 元

凡所购买电子工业出版社图书有缺损问题，请向购买书店调换。若书店售缺，请与本社发行部联系，联系及邮购电话：（010）88254888，88258888。

质量投诉请发邮件至 zlts@phei.com.cn，盗版侵权举报请发邮件至 dbqq@phei.com.cn。

本书咨询联系方式：（010）88254115，liuy01@phei.com.cn。

前　言

电工与电子技术是高等院校非电类专业的一门技术基础课程，是一门理论性和实践性很强的课程。为了进一步加强工学结合、校企合作，本书在编写的过程中针对应用型本科的实际情况，本着“必需、够用”的原则，结合目前电工与电子技术教学内容的改革和新技术的发展趋势，优化课程结构，充分考虑非电类专业学生学习电工与电子技术的实际情况及教学特点，注重基本理论的讲述，突出理论在实践中的应用。本书既满足应用型本科教学又满足企业职工培训的需要。

本书共分为 10 章，内容主要包括电路理论、电动机与继电接触控制系统、模拟电子技术、数字电子技术 4 个部分。第 1 章以直流电路为对象，讨论电路的基本概念、基本定律、基本分析方法及一阶电路的暂态分析等；第 2 章主要介绍正弦交流电路，包括相量表示法、谐振、三相交流电路等；第 3 章主要介绍变压器的基本结构、工作原理、功能和特殊变压器等；第 4 章主要介绍三相异步电动机的基本结构、工作原理、机械特性及使用等；第 5 章主要介绍继电接触控制系统，包括常用的低压电器和控制电路等；第 6 章主要介绍常用的半导体器件，包括二极管、三极管的特性及其应用等；第 7 章主要介绍基本放大电路，包括共射极放大电路和多级放大电路等；第 8 章主要介绍集成运算放大器，包括放大电路中的负反馈、集成运算放大器的线性和非线性应用等；第 9 章主要介绍组合逻辑电路，包括常用的门电路、组合逻辑电路的分析和设计、中规模组合逻辑电路等；第 10 章主要介绍时序逻辑电路，包括触发器和常用的时序逻辑电路等。为了使读者更好地掌握和理解课程内容，书中有较多实用的例题和习题。本书注重基本理论的讲述，突出理论在实践中的应用，能够使读者在电工电子技术方面获得基本的知识和技能。

本书可作为高等院校非电类专业电工与电子技术课程的教材，也可作为企业职工技术培训的指导书。

本书由辽宁科技学院的于桂君、于宝琦，辽宁溪钢冶金设备股份有限公司的电气高级工程师刘德政担任主编，共同负责全书内容的组织和定稿，由辽宁科技学院的孙禾、王静，湖州师范学院的王燕锋担任副主编，辽宁科技学院的陈亚光、李响参与了编写。本书第 1、4、9 章由于桂君编写；第 2、6、10 章由于宝琦编写；第 5 章由陈亚光编写；第 8 章由刘德政编写；第 7 章由孙禾和王静编写；第 3 章由李响和王燕锋编写。

东北大学信息科学与工程学院的吴春俐老师审阅了全书，对全书的内容提出了许多宝贵意见。此外，本书在编写过程中得到了辽宁科技学院许多领导和老师的支持和帮助，在此一并表示感谢。

由于编者能力有限，书中难免有错误和不妥之处，恳请使用本书的师生及其他读者积极地提出批评和改进意见，以便帮助我们不断改进和提高。

编　者

2019 年 9 月

目　　录

第 1 章　电路的基本概念和分析方法

1.1　电路的基本概念

1.1.1　电路的作用与组成

电路即电流通过的闭合路径，是由各种电路元件按一定方式用导线连接组成的总体。电路由电源、负载、中间环节三个基本部分组成。

电路中提供电能的装置称为电源，它把其他形式的能量转换为电能；取用电能的装置称为负载，它把电能转换为其他形式的能量；连接电源和负载的导线称为中间环节，作用是传输电能和电信号。中间环节常接有开关等装置和设备，以实现对电路的控制、测量和保护。

电路的功能可以归纳为两大类：一是进行能量的转换、传输和分配，如电力系统中的输电线路，发电机组将其他形式的能量转换成电能，通过变压器、输电线等输送给各用户，再把电能转换成机械能、光能、热能等；二是进行信号的传递与处理，如收音机把收到的电磁波信号，通过电路变换或处理为扬声器需要的输出信号，还原为声音。

1.1.2　电路模型

电路模型就是将实际电路中的各实际元件按其主要物理性质分别用理想元件表示后构成的电路图。理想元件是指在一定条件下突出实际元件主要的电磁性质，忽略其次要的电磁性质而得到的元件，又称电路元件。实际元件可以理想化为一个理想元件或几个理想元件的组合。常用的二端理想元件有：表示消耗电能的电阻元件，它是电阻器、电炉子等实际元件的理想元件；表示电场现象的电容元件，它是电容器的理想元件；表示磁场现象的电感元件，它是电感线圈的理想元件。此外，还有电压源、电流源两种电源的理想元件。它们的图形符号如图 1-1 所示。

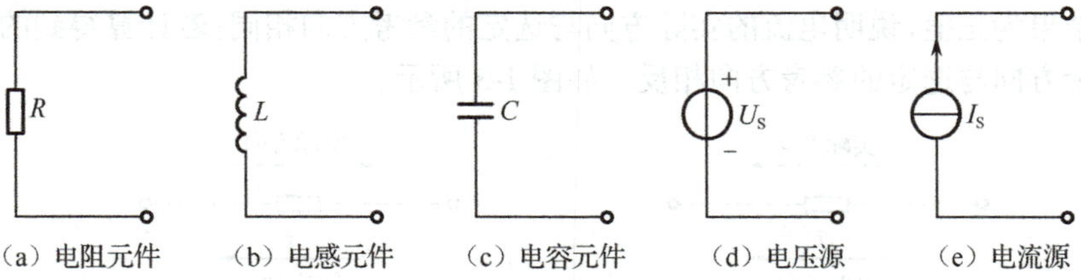

图 1-1　理想元件的图形符号

手电筒实际电路及其电路模型如图 1-2 所示，图中的干电池用电压源 U_s 和内阻 R_0 表示，灯泡用电阻 R_L 表示，S 为开关，当连接导线的电阻值很小时，一般忽略不计，用理想的导线表示。

本书在电路分析中所涉及的电路都是电路模型。

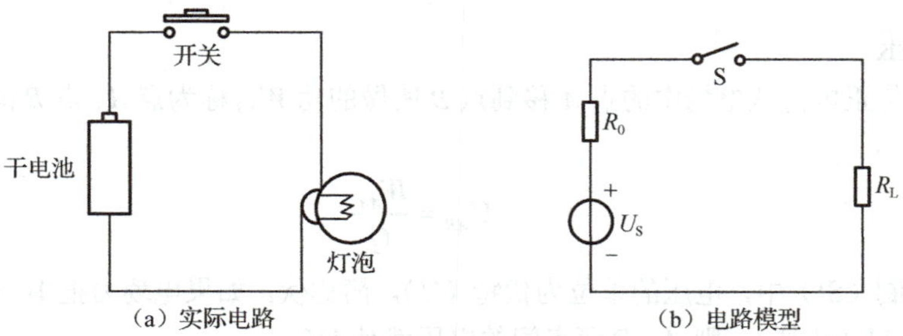

图 1-2　手电筒实际电路及其电路模型

1.2 电路的主要物理量

电路的主要物理量包括电流、电压、电功率、电位、电能量、电动势等，本书主要讨论前4个物理量。

1.2.1 电流

电荷的定向移动形成电流。电流的强弱用电流强度来表示，其数值等于单位时间内通过导体某一横截面的电荷量。电流分为两类：大小和方向均不随时间变化的电流称为恒定电流，简称直流，用I表示，其大小为

$$I=\frac{Q}{t} \tag{1-1}$$

大小和方向均随时间变化的电流，称为交变电流，简称交流，用i表示，其大小为

$$i=\frac{\mathrm{d}q}{\mathrm{d}t} \tag{1-2}$$

在国际单位制（SI）中，电流的单位是安培（A），简称安。当1秒内通过导体横截面的电荷为1C（库仑）时，其电流为1A。计算微小电流时，电流的单位常用毫安（mA）、微安（μA），其换算关系为

$$1\mathrm{A}=10^3\,\mathrm{mA}=10^6\,\mu\mathrm{A} \tag{1-3}$$

习惯上，正电荷的移动方向或负电荷移动的反方向表示电流的实际方向。在外电路中，电流由正极流向负极；在内电路中，电流由负极流向正极。

在简单电路中，电流的实际方向可由电源的极性确定，在复杂电路中，电流的方向有时事先难以确定。为了分析电路，引入电流的参考方向的概念。在进行电路分析时，先任意选定某一方向作为待求电流的正方向，这种任意指定的电流的方向，即电流的参考方向。根据此参考方向进行计算，若计算得到的结果为正值，说明电流的实际方向与选定的参考方向相同；若计算得到的结果为负值，说明电流的实际方向与选定的参考方向相反，如图1-3所示。

（a）参考方向与实际方向相同（$I>0$）　（b）参考方向与实际方向相反（$I<0$）

图1-3 电流的参考方向与实际方向

在分析电路时，首先要假定电流的参考方向。因此，本书电路图上所标出的电流方向都是指参考方向。

1.2.2 电压

电场力把单位正电荷从电场中的点A移到点B所做的功W_{AB}称为点A、点B间的电压，用U_{AB}表示，即

$$U_{AB}=\frac{W_{AB}}{Q} \tag{1-4}$$

在国际单位制（SI）中，电压的单位为伏特（V），简称伏。如果电场力把1C电荷从点A移到点B所做的功是1J（焦耳），则A、B两点间的电压就是1V。

计算较大的电压时，电压的单位常用千伏（kV），计算较小的电压时，电压的单位常用毫伏（mV），其换算关系为

$$1\mathrm{kV}=10^3\,\mathrm{V}=10^6\,\mathrm{mV} \tag{1-5}$$

电压的实际方向规定为从高电位点指向低电位点，即电压降的方向。

在分析电路时，也需选定电压的参考方向。当选定的参考方向与电压的实际方向相同时，电压为正值；当选定的参考方向与电压的实际方向相反时，电压为负值，如图 1-4 所示。

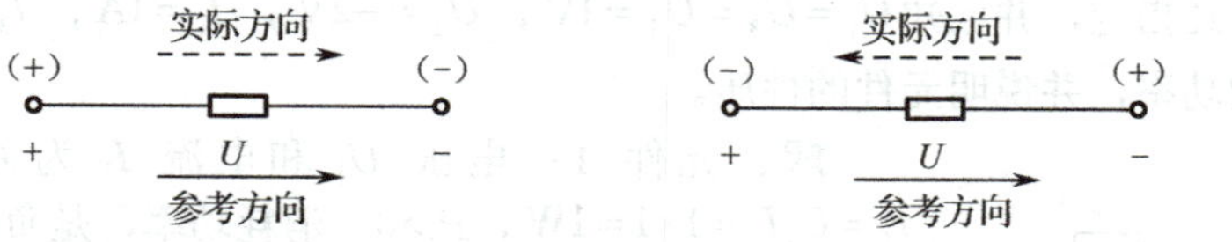

（a）参考方向与实际方向相同（$U>0$）　（b）参考方向与实际方向相反（$U<0$）

图 1-4　电压的参考方向与实际方向

电压的参考方向可用箭头表示，由高电位指向低电位；也可用双下标表示，前一个下标（如 A）代表起点，后一个下标（如 B）代表终点。电压的方向由起点指向终点，如 U_{AB}。电压总是相对两点之间的电位而言的，所以用双下标表示；也可用极性"+""−"表示。"+"表示高电位，"−"表示低电位，如图 1-5 所示。

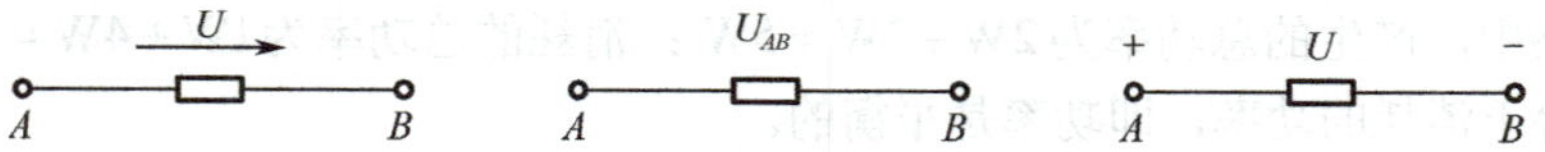

图 1-5　电压的表示方法

当一个元件或一段电路上的电流、电压的参考方向一致时，称电流、电压取了关联参考方向，否则称取了非关联参考方向，如图 1-6 所示。

（a）关联参考方向　（b）非关联参考方向

图 1-6　关联参考方向与非关联参考方向

1.2.3　电功率

电流通过负载时电场力在单位时间内对电荷所做的功，称为电功率，简称功率，用字母 P 表示。一个元件的电功率等于该元件两端的电压与通过该元件的电流的乘积，即 $P=UI$。在直流电路中，根据电压的定义，电场力所做的功 $W=QU$。则有

$$P=\frac{W}{t}=\frac{QU}{t}=UI \tag{1-6}$$

在国际单位制（SI）中，功率的单位是瓦特（W），简称瓦。对于大功率，常用千瓦（kW）作为单位，对于小功率，常用毫瓦（mW）作为单位，其换算关系为

$$1\text{kW}=10^3\text{W}=10^6\text{mW} \tag{1-7}$$

在电路分析中，不仅要计算功率的大小，有时还要判断功率的性质，即该元件是产生功率的还是消耗功率的。对功率计算公式做如下规定：

当电压、电流取关联参考方向时：

$$P=UI$$

当电压、电流取非关联参考方向时：

$$P=-UI$$

当计算结果 $P>0$ 时，表示元件消耗（吸收）功率，该元件为负载性元件；反之，当 $P<0$ 时，表示元件产生（发出）功率，该元件为电源性元件。

当已知设备的功率为 P 时，在 t 秒内消耗的电能 $W=Pt$，电能等于电场力所做的功，单位是焦耳（J）。在电工与电子技术中，往往直接用 W·s（瓦特·秒）作为单位，在实际应用中则多用 kW·h

（千瓦·时）作为单位，1kW·h 俗称 1 度电。

$$1\text{kW·h}=3.6\times10^6\text{W·s} \tag{1-8}$$

【例 1-1】 在图 1-7 所示的电路中，方块代表电路元件，方块内的数字表示元件序号，电流、电压的参考方向已经指定，并已知$U_1=U_3=U_4=1\text{V}$，$U_2=-2\text{V}$，$I_1=1\text{A}$，$I_3=3\text{A}$，$I_4=-4\text{A}$，试计算每个元件的功率，并说明元件的性质。

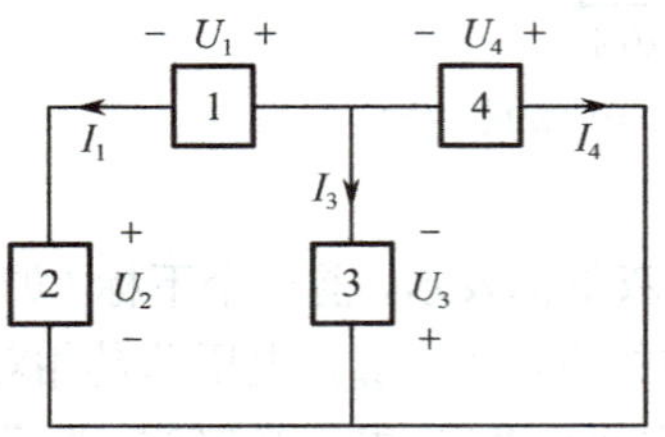

图 1-7 例 1-1 电路图

解：元件 1：电压 U_1 和电流 I_1 为关联参考方向，故 $P_1=U_1I_1=1\times1=1\text{W}$，$P_1>0$，消耗功率，是负载性元件；

元件 2：电压 U_2 和电流 I_1 为关联参考方向，故 $P_2=U_2I_1=-2\times1=-2\text{W}$，$P_2<0$，产生功率，是电源性元件；

元件 3：电压 U_3 和电流 I_3 为非关联参考方向，故 $P_3=-U_3I_3=-1\times3=-3\text{W}$，$P_3<0$，产生功率，是电源性元件；

元件 4：电压 U_4 和电流 I_4 为非关联参考方向，所以 $P_4=-U_4I_4=-1\times(-4)=4\text{W}$，$P_4>0$，消耗功率，是负载性元件；

在整个电路中，产生的总功率为$2\text{W}+3\text{W}=5\text{W}$；消耗的总功率为$1\text{W}+4\text{W}=5\text{W}$。表明电路中产生的功率等于消耗的功率，即功率是平衡的。

1.2.4 电位

在电路分析和实际工作中，经常要对某两点的电性能进行比较，以确定电路的工作状况。比如，判断晶体三极管是处于放大、截止，还是饱和工作状态，就要用到电位的概念。通常的做法是，先选定电路中的某个公共节点作为参考点，并规定该点的电位为 0，然后再计算或测量出电路中某点与参考点之间的电压，这个电压就称为电位。在电路图或电子仪器和设备中，参考点用符号“⊥”来表示。

电位的基本单位与电压相同，也是伏特，电位的符号用字母 V 加单下标的方法来表示，如V_A、V_B 分别表示 A 点和 B 点的电位。

电路中任意两点之间的电位之差称为电位差，用字母加双下标的方法表示，如$U_{AB}=V_A-V_B$就表示 A 点的电位和 B 点的电位之间的差值。显然，电路中任意两点之间的电位差就是两点之间的电压。

【例 1-2】 在图 1-8 中，分别设 a、b 为参考点，求 a、b、c、d 各点的电位。

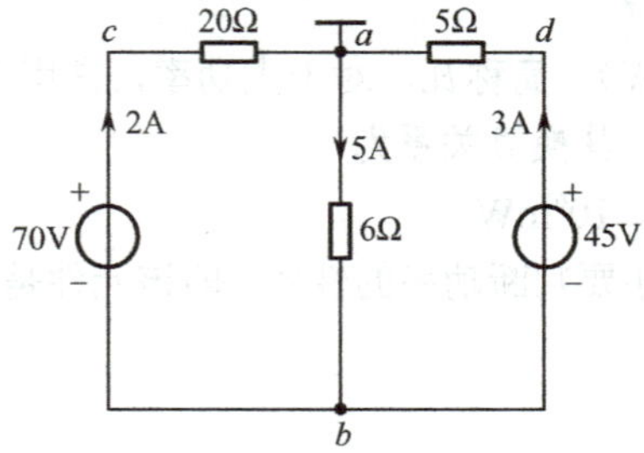

（a）以a点为参考点

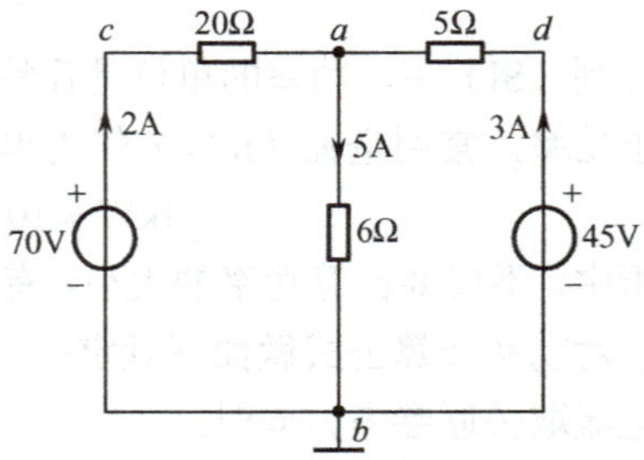

（b）以b点为参考点

图 1-8 例 1-2 电路图

解 根据电位的概念，设 a 点为参考点，则有

$V_a=0\text{V}$　　　　$V_b=U_{ba}=-5\times6=-30\text{V}$

$V_c=U_{ca}=2\times20=40\text{V}$　　　　$V_d=U_{da}=5\times3=15\text{V}$

设 b 点为参考点，则有

$V_b=0\text{V}$　　　　$V_a=U_{ab}=5\times6=30\text{V}$

$V_c = U_{cb} = 70\text{V}$　　　　$V_d = U_{db} = 45\text{V}$

而两点间的电压为

$U_{ab} = 5\times6 = 30\text{V}$　　　　$U_{ca} = 2\times20 = 40\text{V}$

$U_{da} = 5\times3 = 15\text{V}$　　　　$U_{cb} = 70\text{V}$　　　　$U_{db} = 45\text{V}$

由上例可知：

（1）电路中某点的电位与参考点的选择有关，参考点的位置一旦确定，各点的电位即为定值；

（2）电位的大小是相对的，即随参考点的改变而改变，而任意两点间的电压值是绝对的。

1.3 电路的工作状态及额定值

电路在不同的工作条件下，会处于不同的状态，并具有不同的特点。电路的工作状态有三种：有载状态、空载状态和短路状态，如图 1-9 所示。

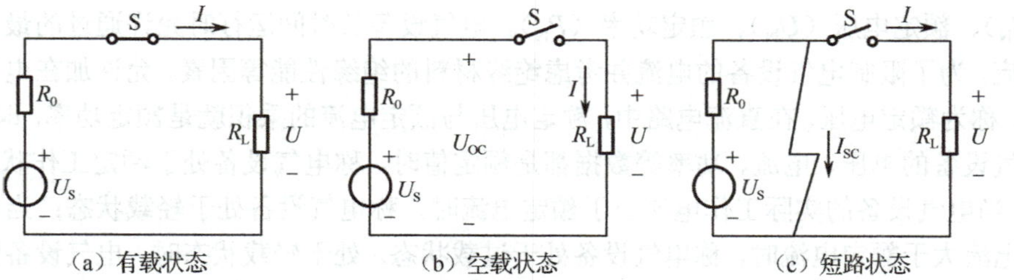

图 1-9　电路的三种工作状态

1.3.1 电路的有载状态

如图 1-9（a）所示，开关 S 闭合，使电源与负载接成闭合回路，电路便处于通路状态，又称有载状态。在实际电路中，负载多是并联的，用 R_L 代表等效负载电阻。此时电路有以下特征。

（1）电路中的电流为 $I = \dfrac{U_S}{R_0 + R_L}$，当并联的用电器增多时，等效电阻 R_L 就会减小，而 U_s 通常为一个恒定值，且内阻 R_0 很小，则电源输出的电流和功率将随之增大，这时称电路的负载增大；反之，称负载减小。

（2）电源的端电压为 $U = U_S - IR_0$，电路中的负载是变化的，电流是变化的，所以电源的端电压的大小也随之改变。

（3）负载 R_L 消耗的功率为 $P = UI = (U_S - IR_0)I = U_S I - I^2 R_0$，电源产生的功率减去内阻上消耗的功率才是供给外电路的功率，即电源产生的功率等于电路各部分所消耗的功率。由此可见，在整个电路中，功率是平衡的。

1.3.2 电路的空载状态

空载状态又称断路或开路状态。所谓断路，就是电源与负载没有构成闭合回路。在图 1–9（b）所示的电路中，当 S 断开或连接导线折断时电路就处于断路状态。断路状态的特征是：

（1）电路中的电流为零，即 I=0；

（2）电源的端电压称为开路电压或空载电压，用 U_{OC} 表示，有 $U_{OC} = U_S - IR_0 = U_S$；

（3）电源的输出功率 P_1 和负载所吸收的功率 P_2 均为 0，即 $P_1 = U_S I = 0$，$P_2 = UI = 0$。

1.3.3 电路的短路状态

所谓短路，就是电源未经负载而直接由导线接通成闭合回路，如图 1–9（c）所示。当电源直接短路时，外电路所呈现的电阻可视为零。短路状态的特征是：

（1）外电路输出电流 I 为零，电源中的电流最大，值为 $I_{SC}=\dfrac{U_S}{R_0}$，称为短路电流。

（2）电源的端电压为零，即 $U=0$。

（3）负载消耗的功率为零。

短路通常是一种严重的事故状态，如果电源短路事故未迅速排除，很大的短路电流将会烧毁电源、导线等电气设备，所以应严加防止。为了防止发生短路事故，以免损坏电源，常在电路中串接熔断器。熔断器中装有熔丝，熔丝是由低熔点的铅锡合金丝或铅锡合金片做成的。一旦短路，串联在电路中的熔丝将因发热而熔断，从而保护电源等电气设备免于损坏。但有时为了满足某种需要，也可人为地将电路中的某一部分短路，这种有用的短路通常称为“短接”。

1.3.4 电气设备的额定值

所有电气设备和元件在工作时都有一定的使用限额，这种限额称为额定值。额定值主要包括额定电流（I_N）、额定电压（U_N）、额定功率（P_N）。电气设备长时间运行时允许通过的最大电流，称为额定电流。为了限制电气设备的电流并考虑绝缘材料的绝缘性能等因素，允许加在电气设备上的电压限值，称为额定电压。在直流电路中，额定电压与额定电流的乘积就是额定功率，即 $P_N=U_N I_N$。

当电气设备的电压、电流、功率等数据都是额定值时，称电气设备处于额定工作状态（也称满载状态）；当电气设备的实际工作电流小于额定电流时，称电气设备处于轻载状态；当电气设备的实际工作电流大于额定电流时，称电气设备处于过载状态。处于轻载状态时，电气设备的工作效率低，不经济；处于过载状态时，电气设备会出现安全问题。因此，电气设备不允许长期运行在过载状态。

1.4 基尔霍夫定律

任何电路都是由若干电路元件相互连接而成的。每个元件的电压和电流都遵循两类约束：一是元件本身的性质所决定的约束，即元件的伏安关系（VCR）；二是元件之间的连接关系所形成的约束，称为拓扑约束。基尔霍夫定律就是拓扑约束的体现，它是研究电路中各支路电流、电压约束关系的基本定律，是分析电路的基本依据。基尔霍夫定律包括基尔霍夫电流定律和基尔霍夫电压定律。

在叙述基尔霍夫定律之前，先介绍有关电路的几个术语。

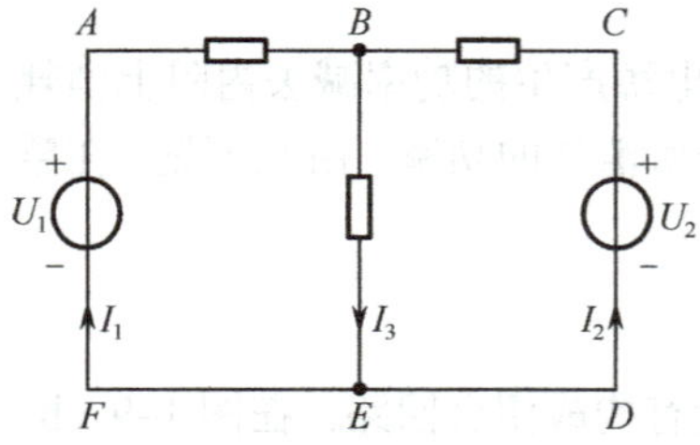

图 1-10 电路示例

支路：一个元件或多个元件的串联组合称为支路，支路的条数用 b 表示。图 1-10 中共有 3 条支路。

节点：3 条或 3 条以上支路的连接点称为节点，节点的个数用 n 表示。图 1-10 中共有 2 个节点。

回路：由支路构成的闭合路径称为回路，回路的个数用 l 表示。图 1-10 中共有 3 条回路。即 *ABEFA*、*BCDEB*、*ABCDEFA*。

网孔：在平面电路中，内部不包含其他支路的回路称为网孔，网孔的个数用 m 表示。图 1-10 中有 2 个网孔，即 *ABEFA*、*BCDEB*。

1.4.1 基尔霍夫电流定律

基尔霍夫电流定律，简称 KCL，反映了电路中与任一节点相连的各支路电流之间的约束关系，它是电荷守恒法则的体现。KCL 指出：在任意时刻，任一节点上所有支路电流的代数和恒等于零。其数学表示式为

$$\sum_{k=1}^{n} I_k = 0 \tag{1-9}$$

式（1-9）称为节点电流方程或 KCL 方程。应用该方程时，首先要选定各支路电流的参考方向，

并规定流出节点的电流为正（流入为负），或者流入节点的电流为正（流出为负），然后即可写出KCL方程。

在图1-10所示的电路中，对节点B，写出KCL方程：

$$I_1+I_2-I_3=0 \tag{1-10}$$

式（1-10）又可改写成$I_1+I_2=I_3$，所以基尔霍夫电流定律又可表述为：在任意时刻，流入某一节点的电流之和等于流出该节点的电流之和，即

$$\sum I_{in}=\sum I_{out} \tag{1-11}$$

KCL 通常用于节点，但也适用于电路中包围几个节点的封闭面，即任意时刻，通过电路中任一封闭面的支路电流的代数和等于零。例如，在图1-11所示的晶体三极管中，对虚线所示的闭合面来说，三个电极电流的代数和应等于零，即$I_B+I_C-I_E=0$。

【例1-3】 在图1-12所示的部分电路中，已知$I_1=3A$，$I_4=-5A$，$I_5=8A$，试求I_3和I_6的值。

解： 根据图中标出的电流参考方向，应用基尔霍夫电流定律，分别由节点a、b、c求得

$$I_6=I_4-I_1=(-5-3)=-8A$$
$$I_2=I_5-I_4=8-(-5)=13A$$
$$I_3=I_6-I_5=-8-8=-16A$$

在求得I_2后，I_3也可以由广义节点求得，即

$$I_3=-I_1-I_2=-3-13=-16A$$

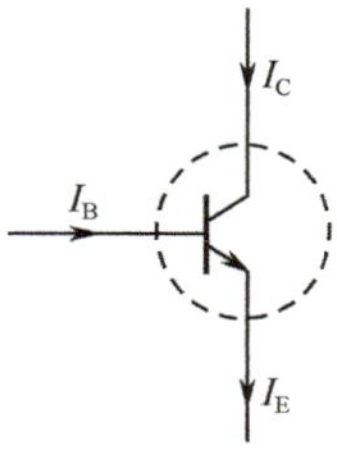

图1-11 晶体三极管电流

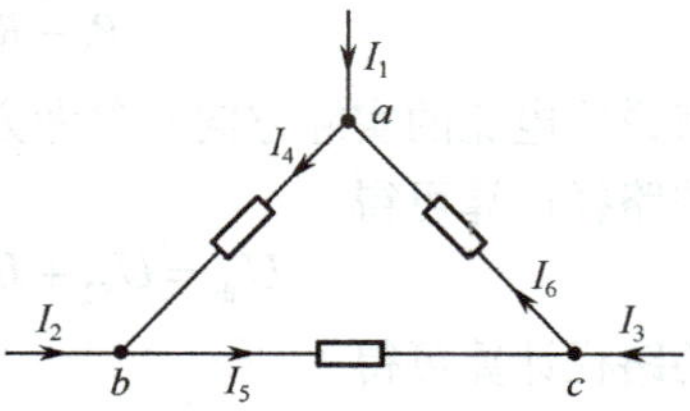

图1-12 例1-5电路图

1.4.2 基尔霍夫电压定律

基尔霍夫电压定律，简称KVL，反映了电路的任一回路中各支路电压之间的约束关系。它是能量守恒法则的体现。KVL可以表述为：在任意时刻，沿任一回路绕行一周，所有支路电压的代数和恒等于零。其数学表示式为

$$\sum_{k=1}^{n}U_k=0 \tag{1-12}$$

式（1-12）称为回路电压方程或KVL方程。应用该方程时，首先选定各支路或元件电压的参考方向，并规定回路的绕行方向（顺时针或逆时针），然后即可写出KVL方程。若支路或元件电压与回路绕行方向一致，取“+”号，若相反，取“-”号。

在图1-13所示的电路中，假定回路的绕行方向为顺时针，则有

$$-U_{R_1}+U_{R_2}+U_{R_3}+U_1-U_2=0 \tag{1-13}$$

式（1-13）又可改写成$U_{R_2}+U_{R_3}+U_1=U_2+U_{R_1}$，所以基尔霍夫电压定律又可描述为：在任意时刻，沿任一回路绕行一周，所有元件电位升之和等于电位降之和，即

$$\sum U_{升}=\sum U_{降} \tag{1-14}$$

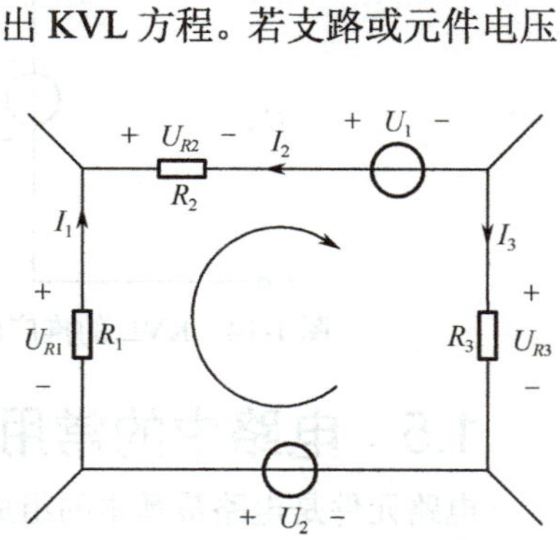

图1-13 基尔霍夫电压定律

如果用电阻与电流的乘积表示电阻元件两端的电压，则式（1-13）可写为

$$-(-I_1R_1)-I_2R_2+I_3R_3+U_1-U_2=0 \tag{1-15}$$

整理得 $I_1R_1-I_2R_2+I_3R_3=U_2-U_1$，即

$$\sum IR=\sum_{k=1}^{n}U_{Sk} \tag{1-16}$$

这是基尔霍夫电压定律的另一种表达形式：即在任意时刻，沿任一回路绕行一周，所有电阻电压降的代数和等于电源电压的代数和。

基尔霍夫电压定律不仅适用于闭合回路，也可以推广于开口回路（虚拟回路）。即电路中任一虚拟回路中各电压的代数和恒等于零。

图 1-14 所示的电路不是闭合回路，但在电路的开口处存在电压 U_{AB}，可以假想它是一个闭合回路，如按顺时针方向绕行此开口电路一周，根据 KVL，则有

$$U_1+U_S-U_{AB}=0 \tag{1-17}$$

【例 1-4】 如图 1-15 所示，已知 $U_{S1}=12V$，$U_{S2}=6V$，$R_1=3.5\Omega$，$R_2=2.5\Omega$，求电流 I 及 U_{ab}，并计算 U_{S1}、U_{S2} 的功率。

解：设电流的参考方向如图 1-15 所示，从 a 点出发，按顺时针方向绕行一周，写出回路的 KVL 方程：

$$IR_2+U_{S2}-U_{S1}+IR_1=0$$

所以

$$I=\frac{U_{S1}-U_{S2}}{R_1+R_2}=\frac{12-6}{3.5+2.5}=1A$$

电流为正值说明电流的实际方向与参考方向一致。

循着右边的路径计算可得

$$U_{ab}=U_{S2}+IR_2=6+1\times2.5=8.5V$$

循着左边的路径计算可得

$$U_{ab}=-IR_1+U_{S2}=12-1\times3.5=8.5V$$

由此可见，沿两条路径计算的结果是一样的。

U_{S1} 的功率：

$$P_{U_{S1}}=-IU_{S1}=-1\times12=-12W \text{（产生功率，电源性）}$$

U_{S2} 的功率：

$$P_{U_{S2}}=IU_{S2}=1\times6=6W \text{（消耗功率，负载性）}$$

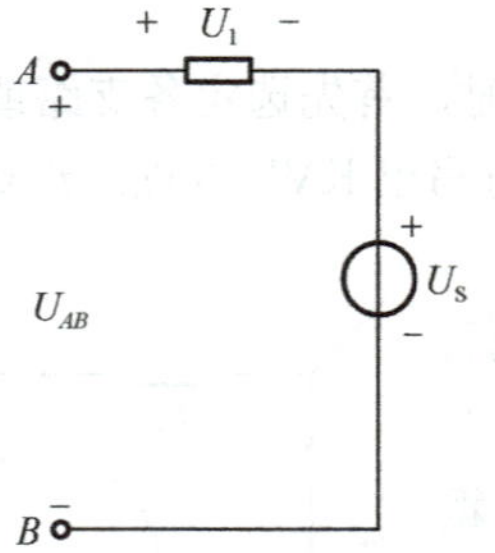

图 1-14　KVL 的推广应用

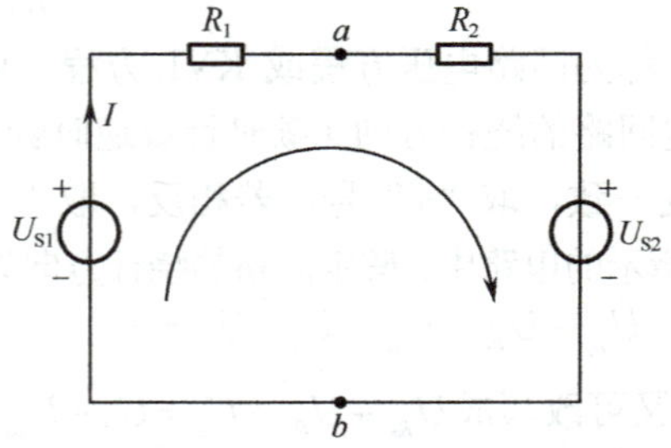

图 1-15　例 1-4 电路图

1.5　电路中的常用元件

电路元件是电路最基本的组成单元，常用的电路元件有电阻元件、电容元件、电感元件和电源元件等。

1.5.1 电阻元件

电阻元件是从实际电阻器抽象出来的理想模型，用于反映电能消耗特性。元件端电压和流过它的电流之间的关系称为元件的伏安特性，在关联参考方向下，电阻元件的伏安特性为

$$u = Ri \tag{1-18}$$

它表示电阻元件的端电压和流过它的电流成正比，图 1-16（b）给出了其伏安特性曲线，它是一条通过原点的直线。通常我们把伏安特性为直线的电阻称为线性电阻，否则称为非线性电阻。

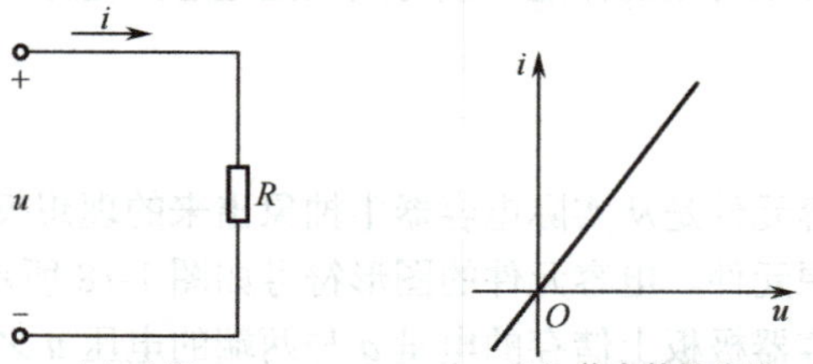

（a）电阻　（b）伏安特性曲线

图 1-16　电阻元件

在非关联参考方向下，电阻元件的伏安关系应为

$$u = -Ri \tag{1-19}$$

在国际单位制（SI）中，电阻单位是欧姆（Ω），简称欧。常用的单位有千欧（kΩ）、兆欧（MΩ），其换算关系为

$$1\text{M}\Omega = 10^3\,\text{k}\Omega = 10^6\,\Omega \tag{1-20}$$

习惯上称电阻元件为电阻，电阻既表示电路元件，又表示元件的参数。

电阻元件也可以用电导参数来表征，它是电阻 R 的倒数，用字母 G 表示，即

$$G = \frac{1}{R} \tag{1-21}$$

电导的单位是西门子（S），简称西。

当使用电导时，欧姆定律可表示为

$$i = Gu \tag{1-22}$$

电阻元件消耗的功率为 $p = \pm ui = Ri^2 = \dfrac{u^2}{R}$，不论 u、i 是正值还是负值，p 总是大于零的，故电阻是耗能（负载性）元件。

1.5.2 电感元件

电感元件是从实际电感线圈中抽象出来的理想模型，是用于反映磁场储能特性的理想化元件。电感元件的图形符号如图 1-17 所示。

根据电磁感应定律，电压、电流、电动势的参考方向如图 1-17 所示，则有

$$u = -e_L = L\frac{\text{d}i}{\text{d}t} \tag{1-23}$$

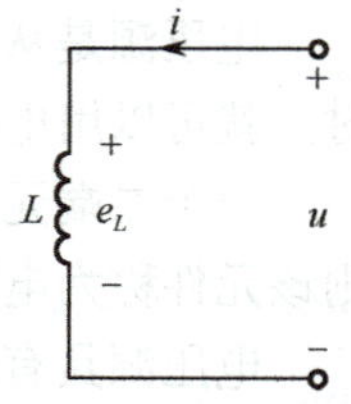

图 1-17　电感元件

式（1-23）表明，电感元件的感应（端）电压在任意瞬间与电流对时间的变化率成正比。在一定时间内，电流变化越快，感应电压越大；电流变化越慢，感应电压越小。在直流电路中，由于电流不随时间变化，即 $\dfrac{\text{d}i}{\text{d}t} = 0$，电感元件的感应电压为 0，所以电感元件相当于短路。

在国际单位制（SI）中，电感的单位是亨利（H），当电感线圈中电流的变化为 1A/s，产生 1V 的感应电动势时，该电感线圈的电感为 1H。由于亨利单位太大，工程上一般采用毫亨（mH）或微

亨（μH）作为单位，其换算关系为

$$1\text{H}=10^{3}\,\text{mH}=10^{6}\,\mu\text{H} \tag{1-24}$$

习惯上称电感元件为电感，电感既表示电路元件，又表示元件参数。

电感是一个储存磁场能量的元件，当通过电感的电流为 i 时，它所储存的磁场能量为

$$W_L=\frac{1}{2}Li^2 \tag{1-25}$$

式（1-25）表明：电感在某时刻的储能与该时刻流过电感的电流的平方成正比，而与电流过去的变化无关。

1.5.3 电容元件

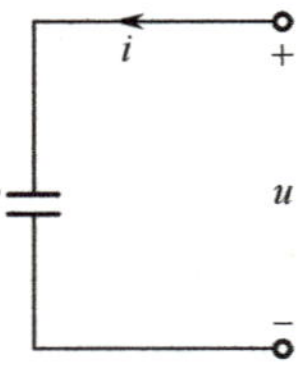

图 1-18 电容元件

电容元件是从实际电容器中抽象出来的理想模型，是用于反映电场储能特性的理想元件。电容元件的图形符号如图 1-18 所示。

电容器极板上储存的电量 q 与两端的电压 u 之间有以下关系：

$$q=Cu \tag{1-26}$$

当电压、电流的参考方向为关联参考方向时，有

$$i=\frac{\mathrm{d}q}{\mathrm{d}t}=C\frac{\mathrm{d}u}{\mathrm{d}t} \tag{1-27}$$

式（1-27）表明，流过电容的电流 i 在任意瞬间与电压对时间的变化率成正比。在直流电路中，由于电压不随时间变化，即 $\frac{\mathrm{d}u}{\mathrm{d}t}=0$，流过电容的电流为 0，故电容元件相当于开路。

在国际单位制（SI）中，电容的单位是法拉（F），当在电容器两端充上 1V 的电压时，若极板上储存了 1C 的电量，则该电容器的电容是 1F，由于法拉单位太大，工程上一般采用微法（μF）或皮法（pF）作为单位，其换算关系为

$$1\text{F}=10^{6}\,\mu\text{F}=10^{12}\,\text{pF} \tag{1-28}$$

习惯上称电容元件为电容，电容既表示电路元件又表示元件参数。

和电感类似，电容也是一个储能元件，当电容两端的电压为 u 时，它所储存的电场能量为

$$W_C=\frac{1}{2}Cu^2 \tag{1-29}$$

式（1-29）表明：电容在某时刻的储能与在该时刻所承受的电压的平方成正比。

1.5.4 电压源和电流源

1. 电压源

电压源是从实际电源中抽象出来的一种模型。当忽略发电机、蓄电池的内阻，即忽略能量损耗时，就可以用电压源作为其模型。

一个二端元件，如果对外能够提供恒定的或按给定规律变化的电压，而与通过它的电流无关，则该元件称为电压源。电压源及其伏安特性曲线如图 1-19 所示。

电压源具有两个基本性质：

（1）电压源的端电压保持定值或是给定的时间函数，与通过它的电流无关。

（2）通过电压源的电流取决于它所连接的外电路。

由性质（1）可以得到电压源的伏安关系为

$$u=u_{\mathrm{S}}\quad（i\ 任意） \tag{1-30}$$

端电压保持定值的电压源的伏安特性曲线如图 1-19（b）所示，它是一条平行于 i 轴的直线。

习惯上，电压源的电压和电流常取非关联参考方向，此时电压源产生的功率为 $p=-u_{\mathrm{S}}i$，如果

计算结果为正值，表明电压源在实际电路中消耗功率，此时的电压源相当于负载。

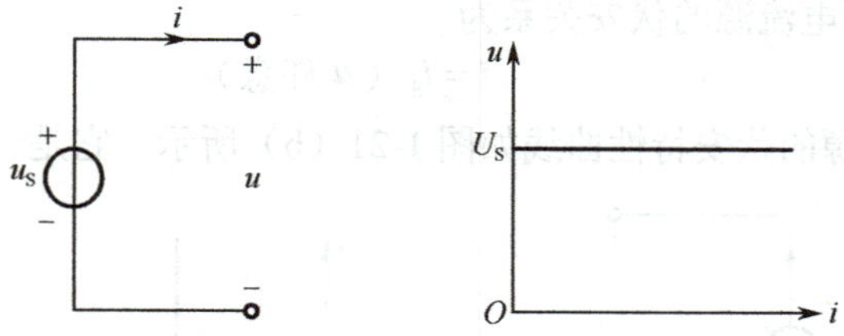

（a）电压源　（b）伏安特性曲线

图 1-19　电压源及其伏安特性曲线

【例 1-5】 求图 1-20 所示的各电路中的电流 i 和电压 u，并求电压源产生的功率。

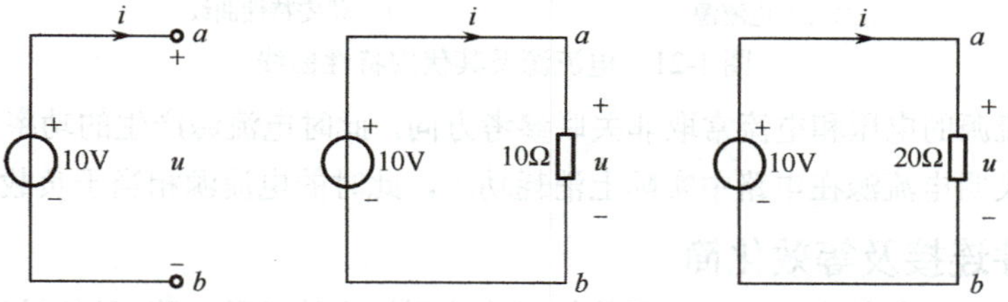

（a）　（b）　（c）

图 1-20　例 1-5 电路图

解：在图 1-20（a）所示的电路中，因 a、b 两端开路，因此得

$$i = 0\text{A} \qquad u = 10\text{V}$$

电压源产生的功率

$$p = -ui = -10 \times 0 = 0\text{W}$$

在图 1-20（b）所示的电路中，可得

$$i = \frac{u}{R} = \frac{10}{10} = 1\text{A}$$

$$u = iR = 1 \times 10 = 10\text{V}$$

电压源产生的功率

$$p = -ui = -10 \times 1 = -10\text{W}$$

在图 1-20（c）所示的电路中，可得

$$i = \frac{u}{R} = \frac{10}{20} = 0.5\text{A}$$

$$u = iR = 0.5 \times 20 = 10\text{V}$$

电压源产生的功率

$$p = -ui = -10 \times 0.5 = -5\text{W}$$

可见，由于外接负载不同，同一电压源输出的电流不同，同一电压源产生的功率也不同。但电压源的端电压均为 10V，与外接负载无关，这是由电压源自身特性所决定的。

2. 电流源

电流源是从实际电源抽象出来的一种模型。在一定条件下，光电池、三极管恒流源等都可以用电流源作为模型。

一个二端元件，如果对外能够提供恒定的或按给定规律变化的电流，而与其端电压无关，则该元件称为电流源。电流源及其伏安特性曲线如图 1-21 所示。

电流源具有两个基本性质：

（1）电流源的电流保持定值或是给定的时间函数，而与其两端的电压无关。

（2）电流源的电压取决于它所连接的外电路。

由性质（1）可以得到电流源的伏安关系为

$$i = i_S \quad (u \text{任意}) \tag{1-31}$$

提供恒定电流的电流源的伏安特性曲线如图 1-21（b）所示，它是一条平行于 u 轴的直线。

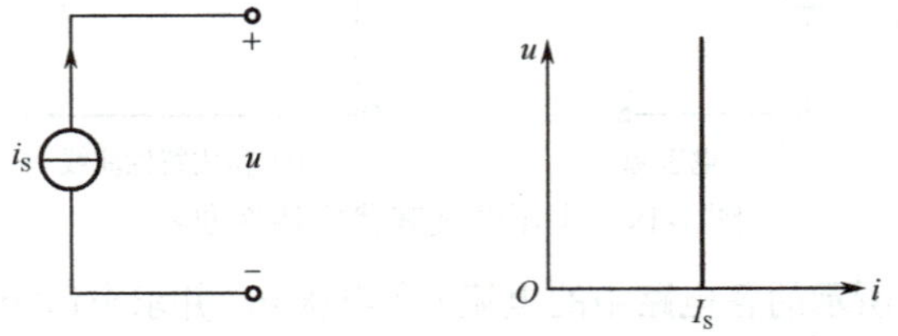

（a）电流源　　（b）伏安特性曲线

图 1-21　电流源及其伏安特性曲线

习惯上，电流源的电压和电流常取非关联参考方向，此时电流源产生的功率 $p = -ui_S$，如果计算结果为正值，表明电流源在电路中实际上消耗功率，此时的电流源相当于负载。

1.5.5　元件连接及等效化简

电路分析的研究对象是由一些理想元件相互连接所构成的各种电路。元件最简单的连接方式是串联和并联。

1. 电阻的串并联

（1）电阻的串联

多个电阻首尾顺次相连，通过同一电流，称为电阻的串联，如图 1-22（a）所示。电路端电压是各电阻的电压之和。串联电路的等效电阻 R 等于各串联电阻元件的电阻之和，如图 1-22（b）所示。即

$$R = R_1 + R_2 + \cdots + R_n = \sum_{k=1}^{n} R_k \tag{1-32}$$

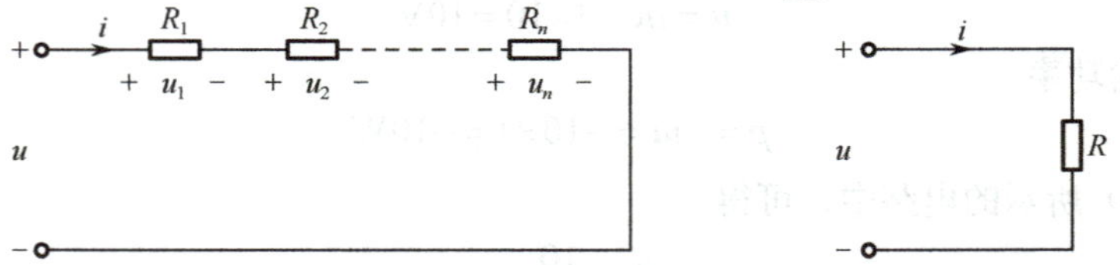

（a）　　（b）

图 1-22　电阻的串联及其等效电路

第 k 个电阻的端电压为（电压、电流取关联参考方向）

$$u_k = R_k i = R_k \frac{u}{R} = \frac{R_k}{R} u \tag{1-33}$$

式（1-33）说明串联电阻上的电压与电阻成正比。当某个电阻较其他电阻小很多时，其上分配的电压也低很多，因此，在工程估算中，小电阻的分压作用可以忽略不计。

当两个电阻串联时，有

$$\begin{aligned} u_1 &= \frac{R_1}{R_1 + R_2} u \\ u_2 &= \frac{R_2}{R_1 + R_2} u \end{aligned} \tag{1-34}$$

（2）电阻的并联

两个或多个电阻连接在两个公共的节点之间，承受同一电压的作用，称为电阻的并联，如

图 1-23（a）所示。并联电路的总电流是各支路电流之和。并联电路的等效电阻 R 的倒数等于各并联电阻元件的电阻的倒数之和，如图 1-23（b）所示，即

$$\frac{1}{R}=\frac{1}{R_1}+\frac{1}{R_2}+\cdots+\frac{1}{R_n}=\sum_{k=1}^{n}\frac{1}{R_k} \tag{1-35}$$

若用电导表示，则为

$$G=G_1+G_2+\cdots+G_n=\sum_{k=1}^{n}G_k \tag{1-36}$$

流过第 k 个电阻的电流为

$$i_k=\frac{u}{R_k}=G_k u=\frac{G_k}{G}i \tag{1-37}$$

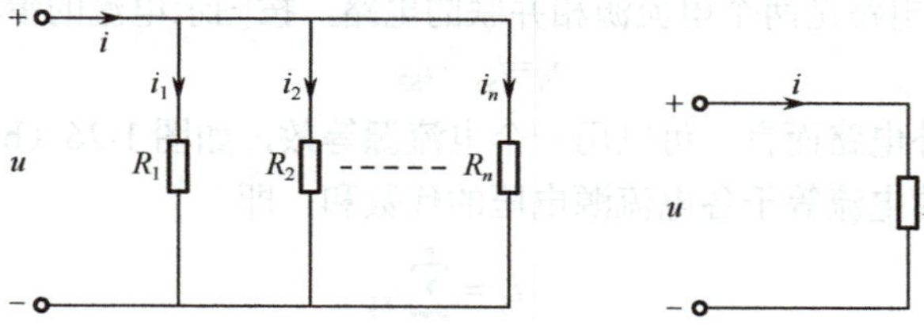

（a）　　　　（b）

图 1-23　电阻的并联及其等效电路

式（1-37）说明并联电阻上电流的分配与电阻的大小成反比。当其中的某个电阻较其他电阻大很多时，通过它的电流就较其他电阻小很多，在工程估算中，大分流电阻的分流作用可以忽略不计。

当两个电阻并联时，有

$$i_1=\frac{R_2}{R_1+R_2}i$$
$$i_2=\frac{R_1}{R_1+R_2}i \tag{1-38}$$

一般负载都是并联使用的。由于并联负载同处于一个电压下，任何一个负载的工作情况基本不受其他负载的影响。

2. 电源的串并联

（1）电压源的串并联

图 1-24（a）所示的电路，是两个电压源相串联的电路。按图示的电压参考方向，由 KVL 可得

$$u_S=u_{S1}+u_{S2}$$

由等效原则，对外电路而言，可以用一个电压源等效，如图 1-24（b）所示。当 n 个电压源串联时，等效电压源的电压等于各电压源电压的代数和，即

$$u_S=\sum_{k=1}^{n}u_{Sk} \tag{1-39}$$

u_{Sk} 极性与等效电压 u_S 相同取正，相反取负。

电压源的并联，必须满足电压相等且同极性端相连的原则，否则由电压源组成的回路将违背 KVL。如图 1-25（a）所示，当 $u_{S1}=u_{S2}$，且同极性端相连时才允许并联，此时，等效电源等于并联电压源中的任意一个，如图 1-25（b）所示，图中 $u_S=u_{S1}=u_{S2}$。

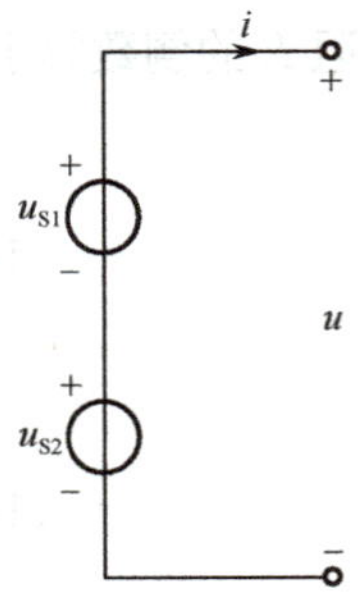

（a）（b）

图 1-24　电压源串联

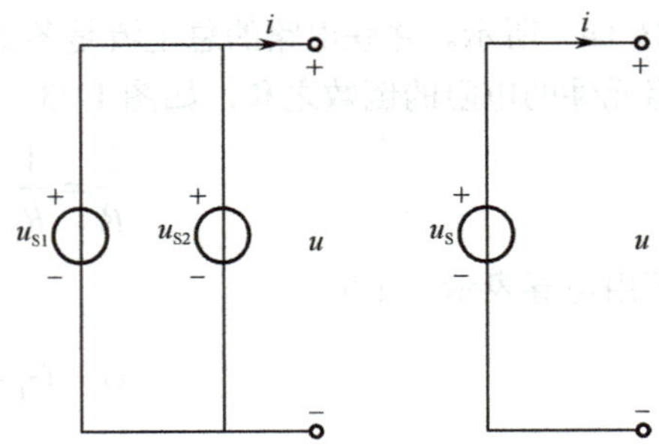

（a）（b）

图 1-25　电压源并联

（2）电流源的串并联

图 1-26（a）所示的电路是两个电流源相并联的电路，按图示电流的参考方向，由 KCL 可得

$$i_S=i_{S1}+i_{S2}$$

根据等效原则，对外电路而言，可以用一个电流源等效，如图 1-26（b）所示。当 n 个电流源相并联时，等效电流源的电流等于各电流源电压的代数和，即

$$i_S=\sum_{k=1}^{n} i_{Sk} \tag{1-40}$$

i_{Sk}参考方向与等效电流源 i_S 相同取正，相反取负。

只有当电流源的电流都相等且方向相同时，电流源才允许串联。如图 1-27（a）所示。当 $i_{S1}=i_{S2}$，且电流方向相同才允许串联，此时，等效电流源等于串联电流源中的任意一个，如图 1-27（b）所示。图中 $i_S=i_{S1}=i_{S2}$。

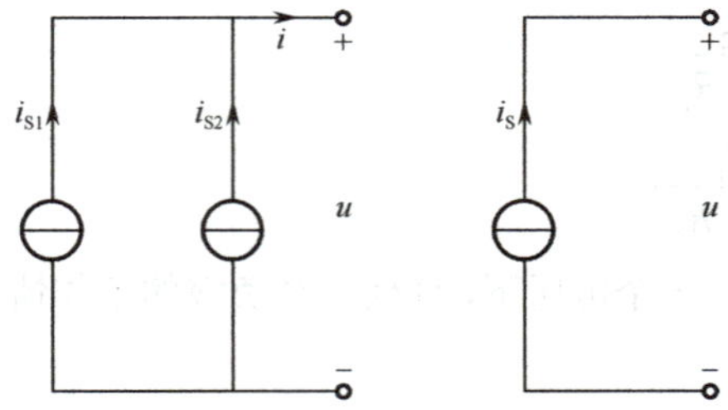

（a）（b）

图 1-26　电流源并联

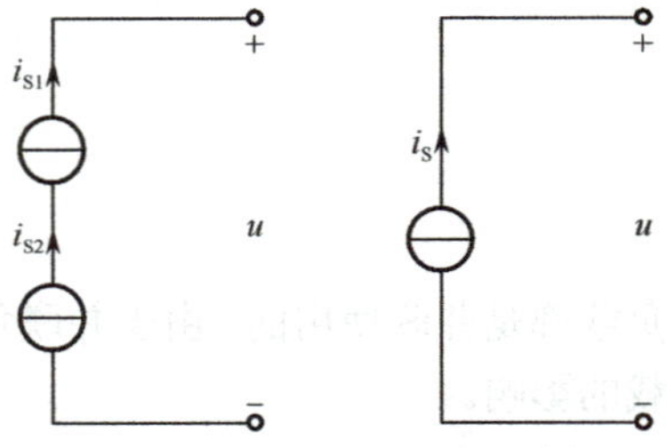

（a）（b）

图 1-27　电流源串联

综上所述，有以下结论。

（1）若干电压源串联或若干电流源并联，可以分别合并化简成一个电压源或电流源。

（2）与电流源串联的元件在进行等效变换时是多余元件，因为有没有它们都不改变电流源对外电路提供的电流；与电压源并联的元件在进行等效变换时是多余元件，因为有没有它们都不会改变电压源对外电路提供的电压。

（3）等效是指对外电路提供的电压和电流不变，对变换电路内部则是不等效的，等效变换时多余元件可以除去，即串联多余元件则短接，并联多余元件则开路。

【例 1-6】 化简图 1-28（a）所示的含源二端网络。

解：根据与电流源串联的元件和与电压源并联的元件在等效变换中为多余元件的原则，2A 电流源与 R_2 串联，于是可化简为图 1-28（b）；在图 1-28（b）中，2A 电流源与 4V 电压源并联，电流源是多余元件，于是可化简为图 1-28（c）；在图 1-28（c）中，4V 电压源和 R_1 与−1A 电流源串联，于是可化简为图 1-28（d）。结果表明，对外电路而言，图 1-28（d）与图 1-28（a）是等效的。

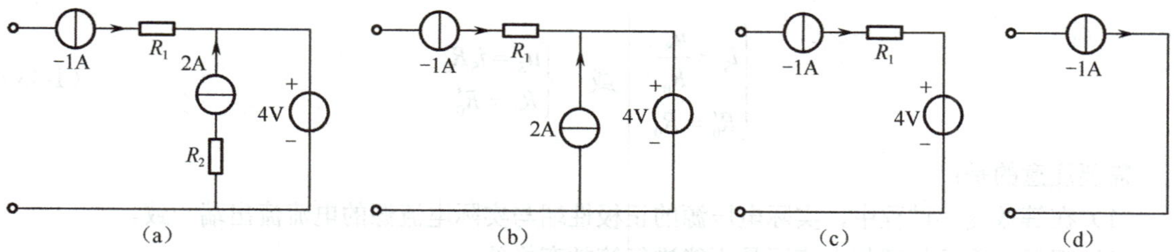

图 1-28　例 1-6 电路图

1.5.6　实际电源的等效变换

理想电源实际上并不存在。实际电源不仅对负载产生电能，而且在能量转换过程中有功率损耗，即存在内阻。因此实际电源的电路模型应由理想电源和内阻两部分组成，因为理想电源有两种，故实际电源模型也有两种，即电压源模型和电流源模型。

（1）实际电压源模型

实际电压源模型如图 1-29（a）所示，它是一个理想电压源和电阻的串联组合。根据 KVL 可得其伏安关系为

$$u = u_S - R_0 i \tag{1-41}$$

实际电压源的伏安特性曲线如图 1-29（b）所示。伏安特性曲线表明，实际电压源的输出电压随着输出电流的增大而减小。当 $i = 0$（开路）时，$u = u_{OC} = u_S$，u_{OC} 称为开路电压；当 $u = 0$（短路）时，$i = i_{SC} = \dfrac{u_S}{R_0}$，$i_{SC}$ 称为短路电流。由于发电机和蓄电池的内阻 R_0 很小，所以 i_{SC} 很大，这种情况下会导致其损坏，因此发电机和蓄电池不能短路。

（2）实际电流源模型

实际电流源模型如图 1-30（a）所示，它是一个理想电流源和电阻的并联组合。根据 KCL 可得其伏安关系为

$$i = i_S - \frac{u}{R_0'} \qquad 或 \qquad u = R_0' i_S - R_0' i \tag{1-42}$$

实际电流源的伏安特性曲线如图 1-30（b）所示，伏安特性曲线表明，电流源的输出电流随着输出电压的增大而减小。当 $u = 0$（短路）时，$i = i_{SC} = i_S$；当 $i = 0$（开路）时，$u_{OC} = R_0' i_S$。由于光电池和三极管恒流源的内阻 R_0' 很小，所以 u_{OC} 很大，这种情况下会导致其损坏，因此光电池等其他实际电流源不能开路。

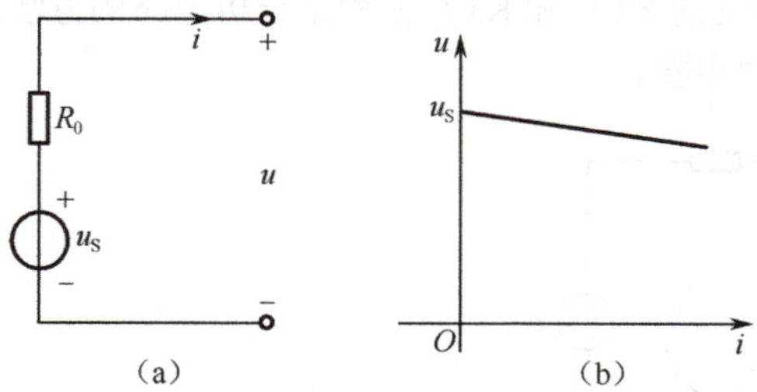

图 1-29　实际电压源模型及其伏安特性曲线

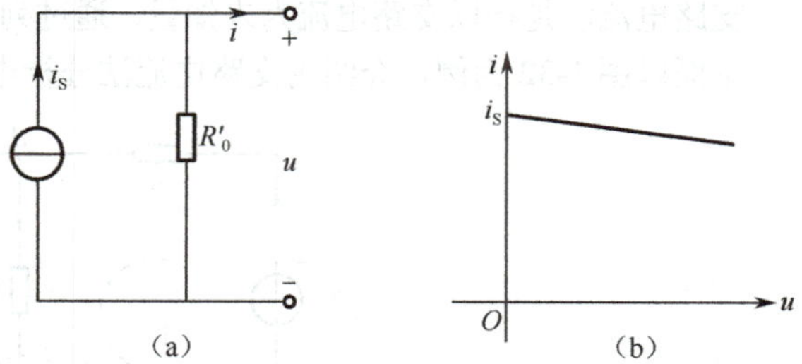

图 1-30　实际电流源模型及其伏安特性曲线

（3）实际电源模型的等效变换

一个实际电源既可表示成实际电压源（u_S 和 R_0 串联），又可以表示成实际电流源（i_S 和 R_0 并联）。对电源外部的负载而言，两种形式是等效的。为了计算的需要，实际电压源和实际电流源可以等效变换。它们等效变换的条件为

$$\begin{cases} i_S = \dfrac{u_S}{R_0} \\ R_0' = R_0 \end{cases} \quad 或 \quad \begin{cases} u_S = i_S R_0' \\ R_0 = R_0' \end{cases} \tag{1-43}$$

需要注意的是：

（1）在等效变换过程中，实际电压源的正极性端与实际电流源的电流流出端一致。

（2）理想电压源与理想电流源是不能进行等效变换的。

应用实际电压源与实际电流源等效变换的方法，能够简化一些复杂电路的计算。

【例 1-7】 如图 1-31 所示，试用电源等效变换法求流过负载 R_L 的电流 i。

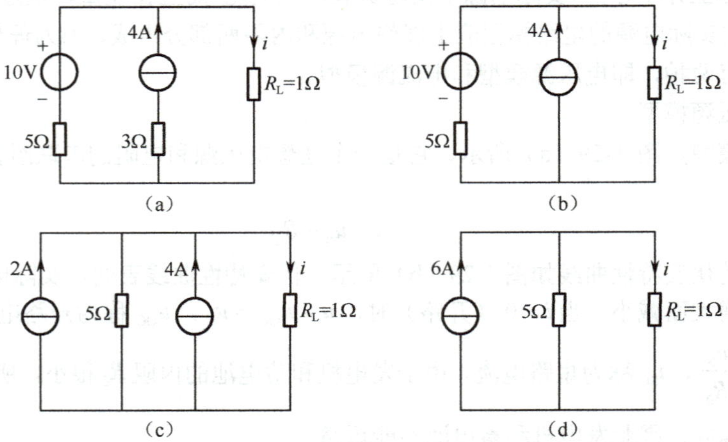

图 1-31　例 1-7 电路图

解：由于 3Ω电阻与电流源串联，对于求解电流 i 来说，3Ω电阻为多余元件可去掉，如图 1-31（b）所示。后面的等效变换过程分别如图 1-31（c）、图 1-31（d）所示。最后由简化后的图 1-31（d）便可求得电流 i。

$$i = \frac{5}{5+1} \times 6 = 5\text{A}$$

1.6　电路的分析方法

1.6.1　支路电流法

支路电流法是指以支路电流为未知量，通过列写独立的 KCL 和 KVL 方程来分析电路的方法。下面以图 1-32 为例，介绍用支路电流法分析电路的步骤。

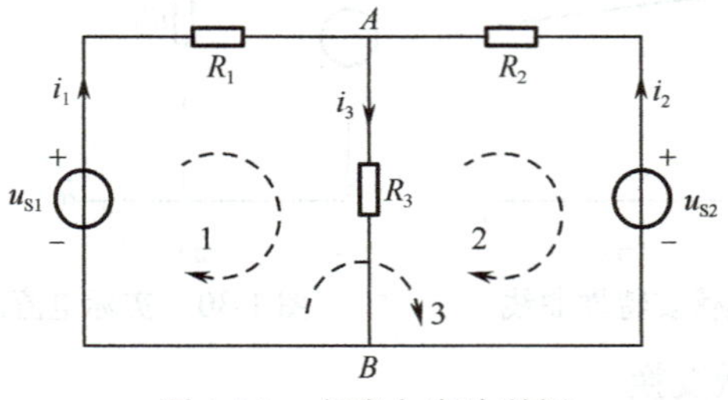

图 1-32　支路电流法举例

（1）确定支路数目 b 和节点数目 n，标出各支路待求电流的参考方向。若有 b 个待求电流，则需要列出 b 个独立方程，在图 1-32 中，b=3，须列出 3 个独立方程。

（2）列 KCL 方程。有 n 个节点，则可列出 n−1 个独立的 KCL 方程。图 1-32 中，n=2，只能列

出 1 个独立的 KCL 方程，即

$$i_1+i_2=i_3 \tag{1-44}$$

（3）列 KVL 方程。选定 $b-(n-1)$ 个独立的回路，列写 KVL 方程。

在图 1-32 中，可列出 2 个独立的 KVL 方程，选左右两个网孔，按所标电流参考方向，网孔电压方程为

$$\begin{aligned} u_{S1}&=i_1R_1+i_3R_3 \\ u_{S2}&=i_2R_2+i_3R_3 \end{aligned} \tag{1-45}$$

（4）联立方程，求出 b 个支路电流。对于图 1-32，联立式（1-44）和式（1-45），解方程即可得出 3 个支路的电流。

【例 1-8】 如图 1-33 所示，试用支路电流法求各支路电流。

解：电路有 3 条支路，2 个节点，故可列 1 个独立的 KCL 方程，2 个独立的 KVL 方程。

上节点的 KCL 方程：

$$i_1+i_2+i_3=0$$

左网孔的 KVL 方程：

$$4i_1-5i_2=5-1=4$$

右网孔的 KVL 方程：

$$5i_2-10i_3=1-2=-1$$

代入数据，解上述 3 个方程可得

$$i_1=0.5\text{A}, i_2=-0.4\text{A}, i_3=-0.1\text{A}$$

【例 1-9】 如图 1-34 所示，$i_S=8\text{A}$，$u_S=4\text{V}$，$R_1=R_2=2\Omega$，求 i 和 u。

解：电路有 3 条支路，2 个节点。

上节点的 KCL 方程：

$$i_S+i=i_1$$

右网孔的 KVL 方程：

$$u_S=i_1R_2+iR_1$$

联立求解，得

$$i=-3\text{A}, \ i_1=5\text{A}$$

由欧姆定律得

$$u=i_1R_2=10\text{V}$$

由此题可得出结论：用支路电流法求解电路时，当电路中含有独立电流源时，可少列写 KVL 方程，且在列写 KVL 方程时要避开独立电流源所在回路。

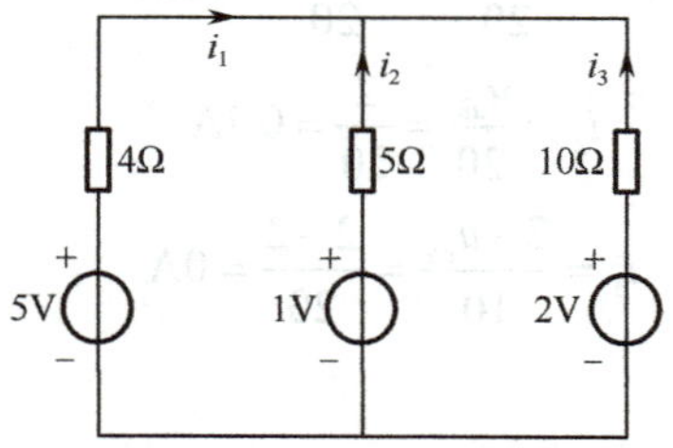

图 1-33　例 1-8 电路图

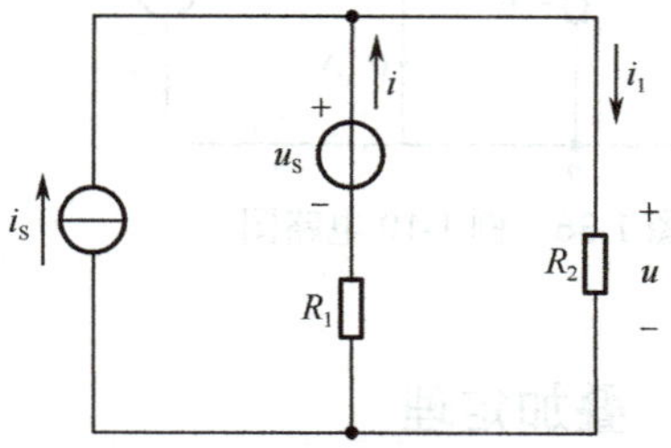

图 1-34　例 1-9 电路图

用支路电流法求解电路必须解多元联立方程，求出每条支路的电流，因此该方法适用于支路数较少，求解全部支路电流的电路。对于支路数较多的电路，若只需要求其中某一条支路的电流，支路电流法就显得十分烦琐，这时可选用其他方法。

1.6.2 节点电压法

在电路中任意选择某一节点为参考点，令其电位值为零。其他节点与此参考点之间的电压称为节点电压。对于只有两个节点的并联电路，采用节点电压法进行分析更为简单。下面以图 1-35 为例，介绍用节点电压法分析电路的步骤。已知 i_S，u_{S1}，u_{S2}，R_1，R_2，R_3，求各支路电流 i_1，i_2 和 i_1。

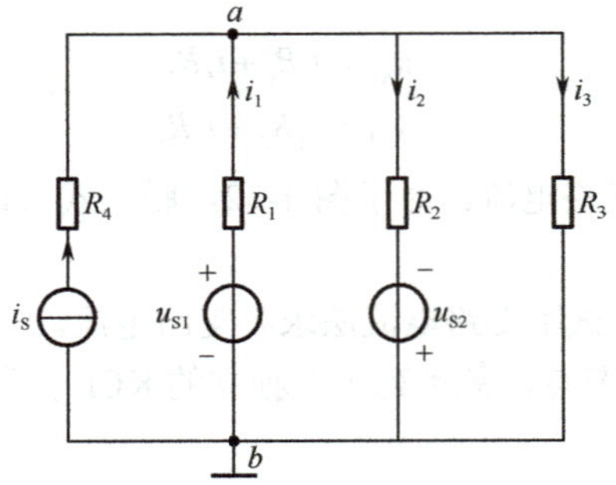

图 1-35　两节点电路

选 b 点为参考点，设 a、b 两节点之间的节点电压为 u_{ab}，则图示各电流分别为

$$i_1=\frac{u_{S1}-u_{ab}}{R_1}\text{，}\quad i_2=\frac{u_{ab}+u_{S2}}{R_2}\text{，}\quad i_3=\frac{u_{ab}}{R_3} \tag{1-46}$$

将上述三式代入节点 a 的电流方程 $i_S+i_1=i_2+i_3$，求得

$$u_{ab}=\frac{\dfrac{u_{S1}}{R_1}-\dfrac{u_{S2}}{R_2}+i_S}{\dfrac{1}{R_1}+\dfrac{1}{R_2}+\dfrac{1}{R_3}} \tag{1-47}$$

在式（1-47）中，分母是除电流源支路外的各支路电阻的倒数之和；分子是所有电源支路的电流的代数和，其中 $\dfrac{u_{S1}}{R_1}$ 和 $\dfrac{u_{S2}}{R_1}$ 是电压源支路的短路电流，或者说是经过电源等效变换后，等效电流源的电流。i_S 的参考方向，指向节点 a 时取正号，离开节点 a 时取负号；u_S 的参考方向，与节点电压的参考方向一致时取正号，相反时取负号。

【例 1-10】 试用节点电压法求图 1-36 所示的电路中各支路的电流。

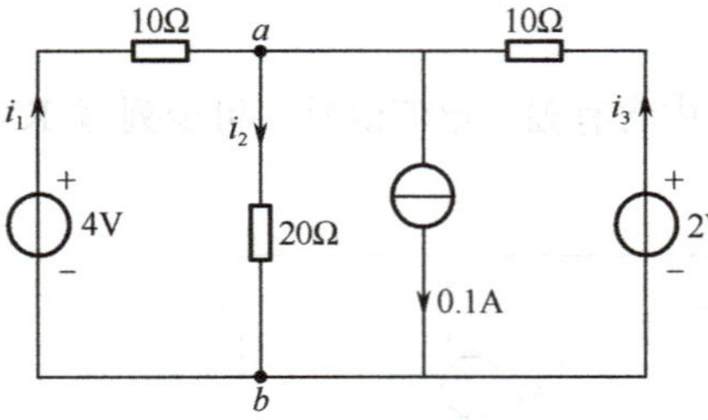

图 1-36　例 1-10 电路图

解：

$$u_{ab}=\frac{\dfrac{4}{10}+\dfrac{2}{10}-0.1}{\dfrac{1}{10}+\dfrac{1}{10}+\dfrac{1}{20}}=\frac{0.5}{0.25}=2\text{V}$$

$$i_1=\frac{4-u_{ab}}{20}=\frac{4-2}{20}=0.2\text{A}$$

$$i_2=\frac{u_{ab}}{20}=\frac{2}{20}=0.1\text{A}$$

$$i_3=\frac{2-u_{ab}}{10}=\frac{2-2}{20}=0\text{A}$$

1.6.3 叠加定理

叠加定理是线性电路的一个重要定理，其内容为：在线性电路中，如果有多个独立电源同时作用，那么它们在任一支路中产生的电流（或电压）等于各个独立电源分别单独作用时在该支路中产生的电流（或电压）的代数和。

下面用图 1-37（a）所示的简单线性电路加以说明，电流的参考方向如图所示，求 i。可以选择用支路电流法求解，即

$$iR_1+(i+i_S)R_2=u_S$$

整理得

$$i=\frac{u_S}{R_1+R_2}-\frac{R_2 i_S}{R_1+R_2} \tag{1-48}$$

式（1-48）由两部分组成，一部分只与 u_S 有关，而另一部分只与 i_S 有关。

当 i_S=0 时，即电流源不作用时，以开路代替，电路中只有电压源 u_S 单独作用，如图 1-37（b）所示，此时通过 R_1 的电流为 $i'=\dfrac{u_S}{R_1+R_2}$，恰好是式（1-48）中的第一项。

当 u_S=0 时，即电压源不作用时，以短路代替，电路中只有电流源 i_S 单独作用，如图 1-37（c）所示，此时通过 R_1 的电流为 $i''=-\dfrac{R_2 i_S}{R_1+R_2}$，恰好与式（1-48）中的第二项相符。由此得出：

$$i=i'+i''=u_S\text{ 单独作用时产生的分量}+i_S\text{ 单独作用时产生的分量}$$

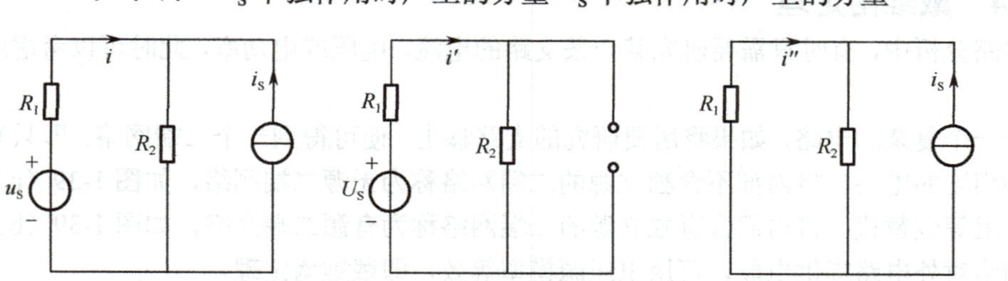

（a）原电路图　（b）u_S单独作用时　（c）i_S单独作用时

图 1-37　叠加定理

应用叠加定理时，可按以下步骤进行。

（1）分解电路。若原电路由 N 个独立电源电路构成，则可分解成 N 个电路。标出各电流、电压的参考方向。

（2）对各个独立电源电路分别进行求解。可采用分压、分流公式及 KCL、KVL 方程求解电路。

（3）对结果进行叠加。

【例 1-11】 如图 1-38 所示，R_1=1kΩ，R_2=R_3=4kΩ，u_S=12V，i_S=3mA，应用叠加定理求 i。

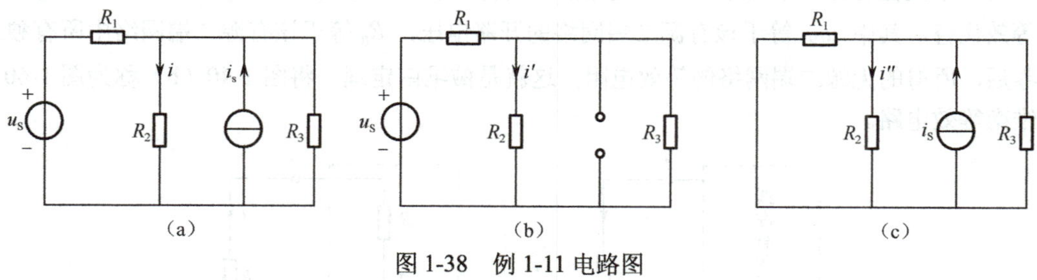

（a）　（b）　（c）

图 1-38　例 1-11 电路图

解： 电压源单独作用时，将不作用的电流源做开路处理，如图 1-38（b）所示。可得

$$i'=\frac{u_S}{R_1+\dfrac{R_2\times R_3}{R_2+R_3}}\times\frac{R_3}{R_2+R_3}=\frac{12}{1+\dfrac{4\times 4}{4+4}}\times\frac{4}{4+4}=2\text{mA}$$

电流源单独作用时，将不作用的电压源做短路处理，如图 1-38（c）所示。可得

$$i'' = \frac{\frac{1}{R_2}}{\frac{1}{R_1}+\frac{1}{R_2}+\frac{1}{R_3}} \times i_S = \frac{\frac{1}{4}}{1+\frac{1}{4}+\frac{1}{4}} \times 3 = 0.5\text{mA}$$

根据叠加定理，电压源、电流源共同作用时，电路中的电流

$$i = i' + i'' = 2 + 0.5 = 2.5\text{mA}$$

在使用叠加定理时，应注意以下几点。

（1）叠加定理只能用来计算线性电路的电压和电流，不适用于分析电路的功率。

（2）应用叠加定理时对不作用的电源要置零，即理想电压源短路，理想电流源开路。但所有的电阻都要保留，包括实际电源的内阻。

（3）叠加（求代数和）时以原电路中电压（或电流）的参考方向为准，即某个独立电压源单独作用时，电压（或电流）的参考方向与原电路中电压（或电流）的参考方向一致时，取“+”，不一致时取“−”。

1.6.4 戴维南定理

在电路分析中，有时只需要研究某一条支路的电流、电压或电功率，此时可以考虑应用戴维南定理。

对于一个复杂的电路，如果将所要研究的支路移走，便可得到一个二端网络，即只有两个端点与外电路相连的电路。将内部不含独立源的二端网络称为无源二端网络，如图 1-39（a）所示，可用一个电阻等效替代；将内部含有独立源的二端网络称为有源二端网络，如图 1-39（b）所示。有源二端网络对外电路提供电能，可用电压源模型等效，即戴维南定理。

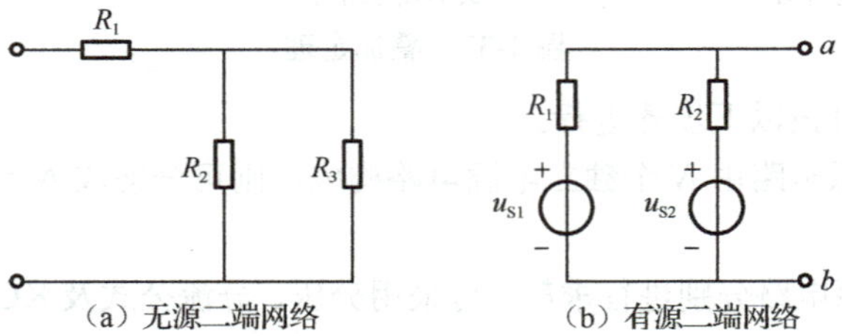

图 1-39　二端网络

任何一个线性有源二端网络，对外电路的作用都可以用理想电压源 u_{OC} 与一个电阻 R_0 串联的组合等效代替，其中 u_{OC} 等于该有源二端网络的开路电压，R_0 等于该有源二端网络中所有独立电源置零后，所得的无源二端网络的等效电阻，这就是戴维南定理。将图 1-40（b）称为图 1-40（a）的戴维南等效电路。

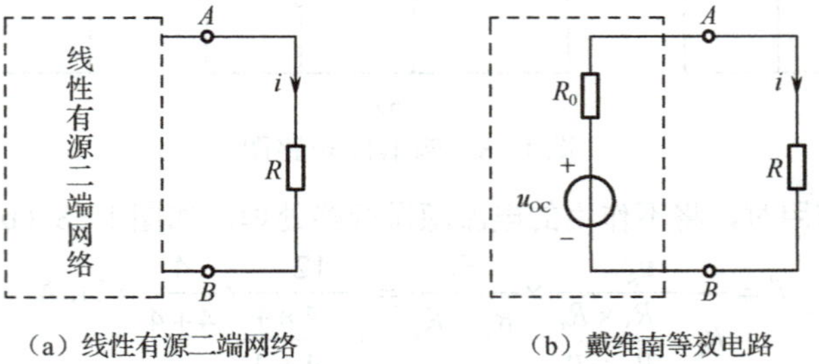

图 1-40　戴维南定理示意图

求线性有源二端网络的开路电压 u_{OC} 可用所学过的任何一种分析电路的方法，而求等效电路的等效电阻 R_0，必须先将线性有源二端网络除源。

【例 1-12】 求如图 1-41（a）所示电路的戴维南等效电路。

解：【方法一】利用电源的等效变换法求解，过程见图 1-41（a）→图 1-41（b）→图 1-41（c）。图 1-41（c）中，开路电压 u_{OC} 为 50V，100Ω 电阻为等效电阻 R_0。

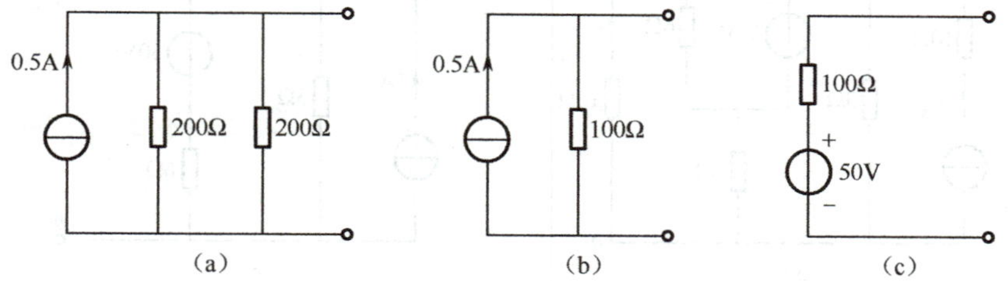

图 1-41 例 1-12 电路图

【方法二】利用戴维南定理的定义求解。

由图 1-42（a）所示的电路可得开路电压 u_{OC} 为（//表示并联）

$$u_{OC} = 0.5\times 200//200=50\text{V}$$

将图 1-42（a）所示的电路中的所有独立电源置零，得到无源二端网络，如 1-42（b）所示。从而求得等效电阻为

$$R_0 = 200//200=100\Omega$$

画出戴维南等效电路，如图 1-42（c）所示。

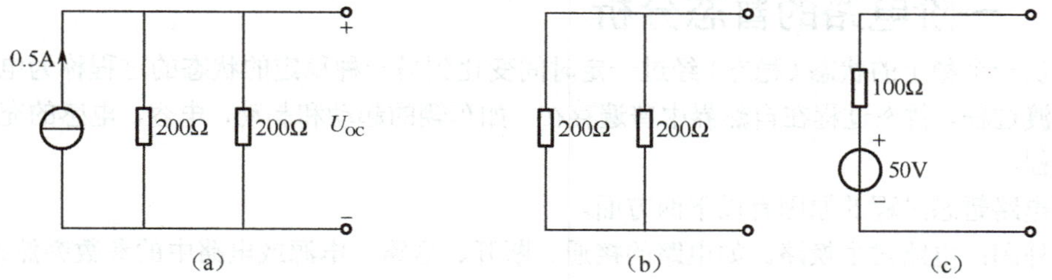

图 1-42 例 1-12 电路图

如果只需要计算复杂电路中某一条支路的电流，应用戴维南定理是很方便的，用其分析电路的一般步骤如下。

（1）断开待求电流的支路，得到一个有源二端网络。

（2）求此有源二端网络的开路电压 u_{OC} 或短路电流 i_{SC}。

（3）将有源二端网络中的全部电源置零，计算其等效电阻 R_0。

（4）画戴维南等效电路，计算待求电流。

【例 1-13】 用戴维南定理计算图 1-43（a）所示的电路中的电流 i。

解：（1）求开路电压 u_{OC}。将所求支路从 a、b 两端取出，如 1-43（b）所示，则由叠加定理可得开路电压 u_{OC} 为

$$u_{OC} = 5\times\frac{3\times 6}{3+6}+\frac{30}{3+6}\times 3 = 20\text{V}$$

（2）求等效电阻 R_0。将图 1-43（b）中的理想电压源、理想电流源去掉，画出求等效电阻 R_0 的电路图，如图 1-43（c）所示，即无源二端网络，从 a、b 两端求得

$$R_0 = 3//6=2\Omega$$

（3）求电流 i。画出戴维南等效电路，如图 1-43（d）所示，从 a、b 两端接入待求支路，由欧姆定律得

$$i=\frac{u_{\mathrm{OC}}}{2+16}=\frac{10}{9}\mathrm{A}$$

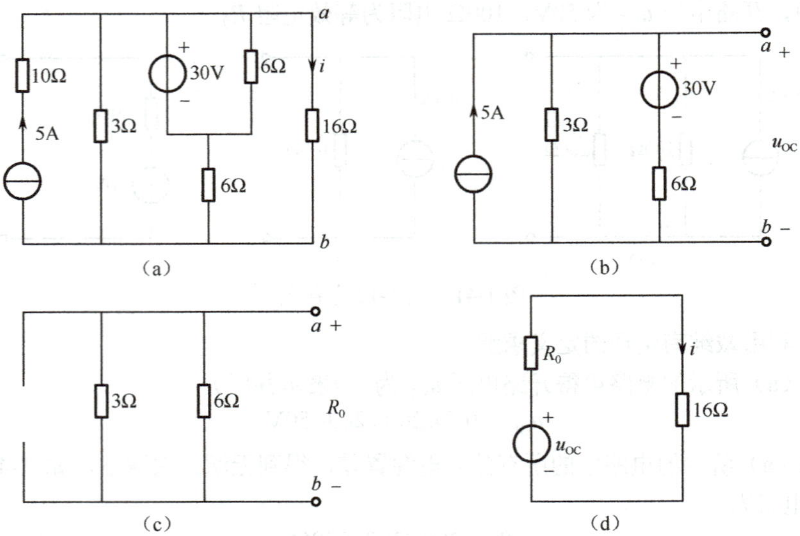

图 1-43　例 1-13 电路图

1.7　一阶电路的暂态分析

电路从一个稳定的状态（稳态）经过一定时间变化到另一种稳定的状态的过程称为电路的暂态过程或过渡过程。暂态过程在自然界中普遍存在，如车辆的起动和制动，电容、电感的充放电都存在暂态过程。

引起电路暂态过程的原因有以下两方面。

（1）外因：电路发生换路。如电路的接通、断开、短路、电源或电路中的参数突然改变等。

（2）内因：电路中含有储能元件（电容、电感或耦合电感元件）。

电路的暂态过程虽然短，但对电路产生的影响却十分重大。一方面要充分利用电路的暂态规律来实现振荡信号的产生、信号波形的改善和变换、电子继电器的延时动作等；另一方面又要防止电路在暂态过程中产生的过电压或过电流的现象。过电压可能会击穿电气设备，从而影响到设备的安全运行；过电流可能会产生过大的机械力或引起电气设备和元件的局部过热，从而使其遭受机械损坏或热损坏，甚至造成人身安全事故。

1.7.1　换路定律

换路瞬间电容两端的电压和通过电感的电流不能发生跃变，这个理论称为换路定律。

为便于分析，做出如下假定：电路在 t=0 时刻发生换路，用 $t=0_-$ 表示换路前的终止瞬间，$t=0_+$ 表示换路后的初始瞬间。0_- 和 0_+ 在数值上都等于 0，前者是指 t 从负值趋近于零，后者是指 t 从正值趋近于零。换路后，电路中各电压、电流最初瞬间的值，称为初始值，用 $u(0_+)$ 和 $i(0_+)$ 表示。在 $t=0_-$ 到 $t=0_+$ 的换路瞬间，u_C 和 i_L 不能突变，用公式表示为

$$\begin{aligned}u_C(0_+)&=u_C(0_-)\\ i_L(0_+)&=i_L(0_-)\end{aligned}\qquad(1\text{-}49)$$

换路定律的实质是电路中储能元件能量的释放与储存不能突变。在电容中储存的电场能量为 $\frac{1}{2}Cu_C^2$，在电感中储存的磁场能量为 $\frac{1}{2}Li_L^2$，由于换路时能量不能跃变，故电容上的电压 u_C 和电感上的电流 i_L 一般不能跃变。

利用换路定律可以确定换路后瞬间的电容电压和电感电流，从而确定电路的初始状态，即初始值。

【例 1-14】 如图 1-44（a）所示，电压源电压 $u_S = 20V$，$R_1 = 4\Omega$，$R_2 = 3\Omega$，开关 S 闭合前电容电压 u_C 为零；t=0 时开关 S 闭合，电路如图 1-44（b）所示，求电压 $u_1(0_+)$、$u_2(0_+)$ 和 $u_C(0_+)$，电流 $i_1(0_+)$、$i_2(0_+)$ 和 $i_C(0_+)$。

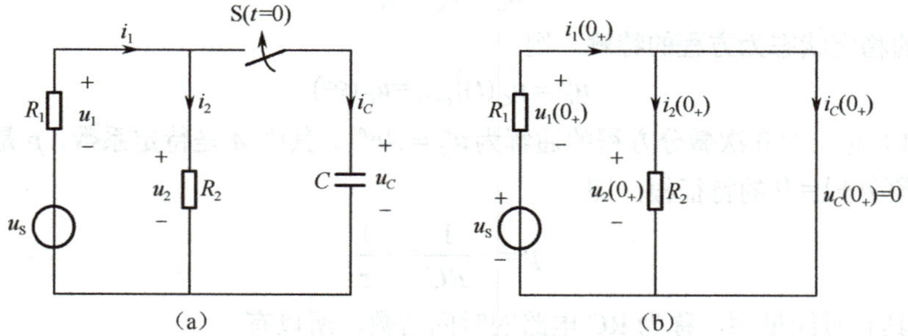

图 1-44 例 1-14 电路图

解：开关 S 闭合前电容电压 u_C 为零，有 $u_C(0_-)=0$，根据换路定律，有

$$u_C(0_+) = u_C(0_-) = 0$$

所以

$$u_2(0_+) = u_C(0_+) = 0$$

$$u_1(0_+) = -u_S = -20\text{ V}$$

$$i_1(0_+) = -\frac{u_1(0_+)}{R_1} = -\frac{-20}{5}\text{A} = 4\text{A}$$

$$i_2(0_+) = \frac{u_2(0_+)}{R_2} = 0\text{A}$$

$$i_C(0_+) = i_1(0_+) - i_2(0_+) = (4-0)\text{A} = 4\text{A}$$

求解电路的初始值时，只要满足换路定律的条件，并且 $u_C(0_-)=0$，则在换路瞬间（$t=0_+$ 时）电容相当于短路。同理，对于一个 $i_L(0_-)=0$ 的电感来说，只要满足换路定律的条件，则在换路瞬间（$t=0_+$ 时）电感相当于开路。

1.7.2 RC 电路的暂态分析

如图 1-45（a）所示的 RC 电路，开关 S 在闭合前电容电压 $u_C(0-)=U_0$，此时电路的储能是非零状态。设在 t=0 瞬间换路，即 t=0 时将 S 闭合，电路与恒压源 U_S 接通，给电容充电。

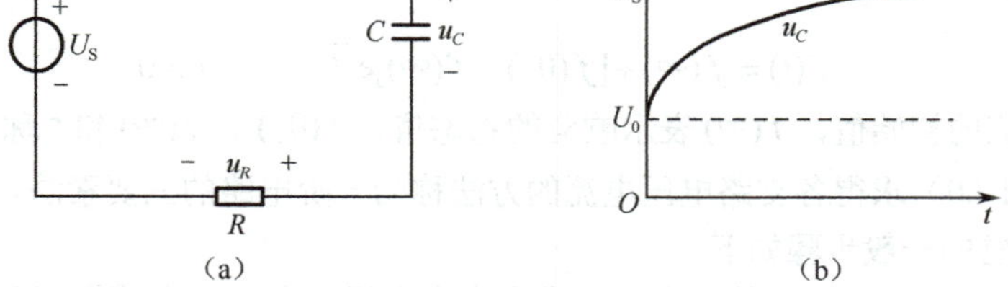

图 1-45 RC 电路

当 t>0 时，由 KVL 得

$$u_C + i_C R = U_S \tag{1-50}$$

将$i_C = C\frac{\mathrm{d}u_C}{\mathrm{d}t}$代入式（1-50）中得

$$RC\frac{\mathrm{d}u_C}{\mathrm{d}t} + u_C = U_S \tag{1-51}$$

式（1-51）的解由特解u'_C和通解u''_C两部分构成，即

$$u_C = u'_C + u''_C \tag{1-52}$$

取换路后的稳定状态为方程的特解，则

$$u'_C = u_C(t)\big|_{t\to\infty} = u_C(\infty) \tag{1-53}$$

令式（1-51）对应的齐次微分方程的通解为$u''_C = A\mathrm{e}^{pt}$。其中A是待定系数，p是齐次方程所对应的特征方程$RCp + 1 = 0$的特征根，即

$$p = -\frac{1}{RC} = -\frac{1}{\tau} \tag{1-54}$$

$\tau = RC$，具有时间量纲，称为RC电路的时间常数，所以有

$$u_C = u_C(\infty) + A\mathrm{e}^{-\frac{t}{\tau}} \tag{1-55}$$

将初始条件与通解代入原方程，得到积分常数为

$$A = u_C(0_+) - u_C(\infty) \tag{1-56}$$

所以电容电压最终可表示为

$$u_C(t) = u_C(\infty) + [u_C(0_+) - u_C(\infty)]\mathrm{e}^{-\frac{t}{\tau}} \tag{1-57}$$

式（1-57）为求一阶RC电路暂态过程中电容电压的通式。由此可得电容电压随时间变化的波形如图1-45（b）所示。在式（1-57）中，若$u_C(0_+) = 0$而$u_C(\infty) \neq 0$，则

$$u_C(t) = u_C(\infty)(1 - \mathrm{e}^{-\frac{t}{\tau}}) \qquad t > 0 \tag{1-58}$$

$u_C(0_+) = 0$表示电容无初始储能，产生暂态过程的原因是外部输入。这种储能元件无初始储能仅由外部输入产生的电压或电流称为零状态响应。

在式（1-57）中若$u_C(\infty)$=0而$u_C(0_+) \neq 0$，则

$$u_C(t) = u_C(0_+)\mathrm{e}^{-\frac{t}{\tau}} \qquad t>0 \tag{1-59}$$

此时暂态过程的产生完全是靠电容的初始储能。当电容的能量释放完毕，暂态过程也就结束了。这种储能元件释放能量而不是由外部输入产生的电压或电流称为零输入响应。

在$u_C(0_+)$和$u_C(\infty)$都不为零的情况下，也就是既有电容初始储能，又有外部输入时产生的电压或电流称为全响应。

在一阶RC电路中，其他支路电压或电流的全解也和式（1-57）的形式相同，因此式（1-57）可改写为一般形式：

$$f(t) = f(\infty) + [f(0_+) - f(\infty)]\mathrm{e}^{-\frac{t}{\tau}} \qquad t > 0 \tag{1-60}$$

$f(0_+)$表示响应的初始值，$f(\infty)$表示响应的稳态值。$f(0_+)$、$f(\infty)$和τ称为一阶电路全响应的三要素。用式（1-60）求得各支路电压电流的方法称为一阶电路的三要素法。

用三要素法解题的一般步骤如下。

（1）根据换路前（$t = 0_-$）的等效电路，求出电容电压$u_C(0_-)$或电感电流$i_L(0_-)$。

（2）根据换路定律$u_C(0_+) = u_C(0_-)$，$i_L(0_+) = i_L(0_-)$，画出换路后（$t = 0_+$时）的等效电路，用一个电压值为$u_C(0_+)$的理想电压源替代电容元件或用一个电流值为$i_L(0_+)$的理想电流源替代原电路的电感元件，求出其他响应的初始值$f(0_+)$。

（3）稳态时（$t=\infty$ 时），电容相当于开路，电感相当于短路，画出稳态等效电路，求出稳态下响应 $f(\infty)$。

（4）求出电路的时间常数 τ：$\tau=R_{eq}C$，R_{eq} 为从动态元件两端看进去的戴维南等效电阻。

（5）根据式（1-60），代入三要素，即可求得响应 $f(t)$。

需要注意的是，时间常数 τ 的大小直接影响暂态过程的快慢。τ 值越大，暂态过程时间就越长；τ 值越小，暂态过程时间越短。

【例 1-15】 电路如图 1-46 所示，在开关闭合前电路已处于稳态，求开关闭合后的电压 u_C。

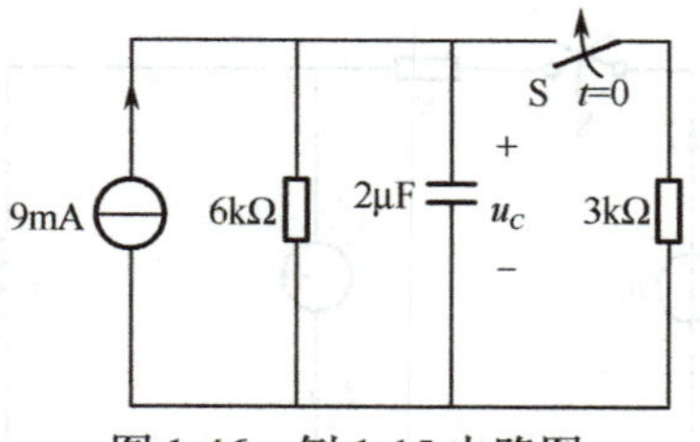

图 1-46　例 1-15 电路图

解：开关闭合前电容有储能，开关闭合后电源和储能同时作用，属于全响应问题。

初始值：

$$u_C(0_+)=u_C(0_-)=9\times10^{-3}\times6\times10^{3}=54\text{V}$$

稳态值：

$$u_C(\infty)=9\times10^{-3}\times\frac{6\times3}{6+3}\times10^{3}=18\text{V}$$

时间常数：

$$\tau=6//3\times10^{3}\times2\times10^{-6}=4\times10^{-3}\text{s}$$

电压 $u_C(t)$：

$$u_C(t)=u_C(\infty)+[u_C(0+)-u_C(\infty)]\text{e}^{-\frac{t}{\tau}}=18+(54-18)\text{e}^{-250t}=18+36\text{e}^{-250t}\text{V}$$

1.7.3　RL 电路的暂态分析

RL 电路的暂态分析与 RC 电路的暂态分析类似。以图 1-47 所示的 RL 电路为例。

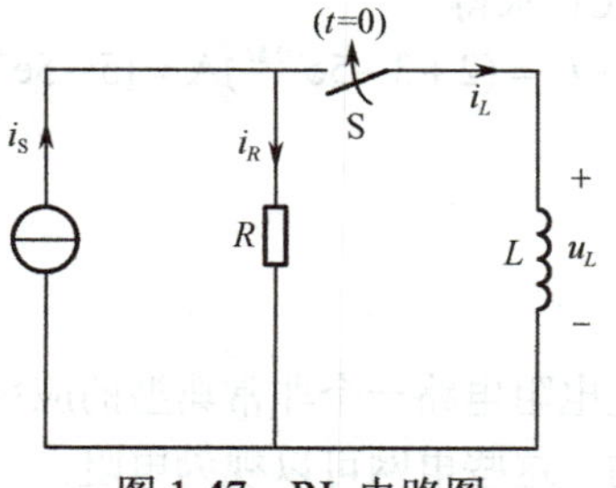

图 1-47　RL 电路图

设在 t=0 时开关 S 闭合，此时有

$$i_R+i_L=i_S \tag{1-61}$$

其中 $i_R=\dfrac{u_L}{R}$，$u_L=L\dfrac{\text{d}i_L}{\text{d}t}$，代入式（1-61）得

$$\frac{L}{R}\frac{\text{d}i_L}{\text{d}t}+i_L=i_S \tag{1-62}$$

与式（1-51）类似，式（1-62）是以电感电流 i_L 为变量的一阶常系数非齐次线性微分方程。因

此可以得出一阶 RL 电路暂态过程中电感电流的表达式为

$$i_L(t) = i_L(\infty) + [i_L(0_+) - i_L(\infty)]e^{-\frac{t}{\tau}} \tag{1-63}$$

式中，$i_L(\infty)$ 为 RL 电路换路后电感电流的稳态值；$i_L(0_+)$ 为换路后电感电流的初始值，其大小由换路定律确定；$\tau = \dfrac{L}{R}$ 为 RL 电路的时间常数。

【例 1-16】 在图 1-48 所示的电路中，已知 u_S=10V，R=2Ω，L=4H，i_S=2A。试求 S 闭合后电路中的电流 i_L 和 i。

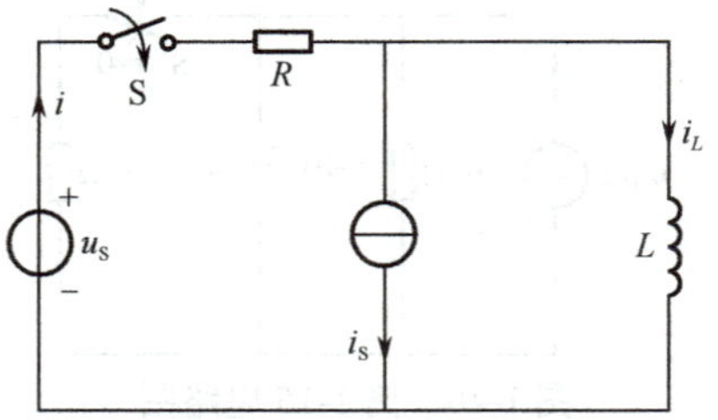

图 1-48　例 1-16 电路图

解：换路前由于有电流源存在，故电感中有储能，换路后，又有新的电源接入，故属于 RL 电路的全响应问题，可用三要素法求解。

初始值：

$$i_L(0_+) = i_L(0_-) = -2\text{A}$$

稳态值：

$$i_L(\infty) = \frac{u_S}{R} - i_S = \left(\frac{10}{2} - 2\right)\text{A} = 3\text{A}$$

时间常数：

$$\tau = \frac{L}{R} = \frac{4}{2}\text{s} = 2\text{s}$$

电流 $i_L(t)$：

$$i_L(t) = [3 + (-2+3)e^{-0.5t})]\text{A} = (3 - 5e^{-0.5t})\text{A}$$

电流 i 由换路后的电路根据 KCL 求得

$$i = i_S + i_L = (2 + 3 - 5e^{-0.5t})\text{A} = (5 - 5e^{-0.5t})\text{A}$$

1.8　应用举例

1. 汽车后窗玻璃除霜器

汽车后窗玻璃除霜器的栅格是电阻电路一个非常典型的应用实例，它是将一系列水平的陶瓷混银电网烧结在玻璃内表面而形成的，这些电网可以视为电阻。

通常将这些水平栅格线两端焊接到垂直汇流条中，当在两根汇流条之间加上电压时，将在所有水平栅格线中产生电流，栅格线的电阻因消耗电能而发热，进而使后窗玻璃发热，消除掉后窗玻璃上的冰霜，达到除霜的目的。

水平栅格线的数量与汽车的样式和结构有关，典型的数量范围是 9～16。

2. 电压表

电压表可由微安表改装得到，如图 1-49 所示。设表头（微安表）的内阻为 R_g，允许通过的最大电流（满偏电流）为 i_g，表头所能测量的最大电压（量程）为 u_g=i_gR_g。为了测量较高的电压 u，

必须给表头串联分压电阻 R，分担一部分电压。设 $u=ku_g$（k 为量程倍率），由欧姆定律有

$$u=i_g(R_g+R)=i_gR_g(1+R/R_g)=u_g(1+R/R_g)\Rightarrow\begin{cases}k=1+R/R_g & (1\text{-}63)\\ R=(k-1)R_g & (1\text{-}64)\end{cases}$$

其中，式（1-63）为电压表量程倍率 k 的计算公式；式（1-64）为分压电阻 R 的计算公式。

可见，串联的分压电阻越大，量程倍率越大，可测量的电压范围越宽。分压电阻有时也称倍压器，它除了分压作用，还起到限流作用，一方面防止大电流损坏表头，另一方面减小对被测支路电流的影响。

使用电压表时，通过旋转开关分别选取不同的分压电阻与表头串联，即可实现多量程的电压测量，如图 1-50 所示（图中只画出了 3 个电压量程 u_1、u_2、u_3）。设量程 u_i 的倍率为 k_i，即 $u_i=k_iu_g$（i=1, 2, …, n），可以证明，各个分压电阻的计算公式为

$$R_i=(k_i-k_{i-1})R_g\ (k_0=1) \tag{1-65}$$

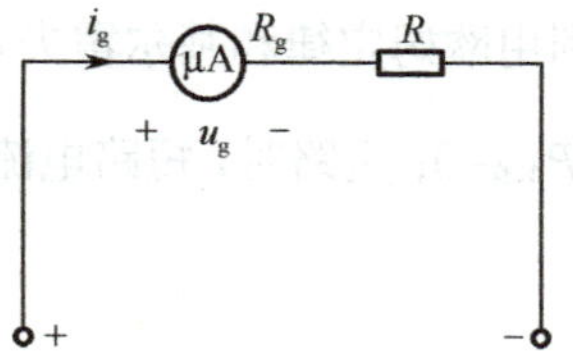

图 1-49　电压表

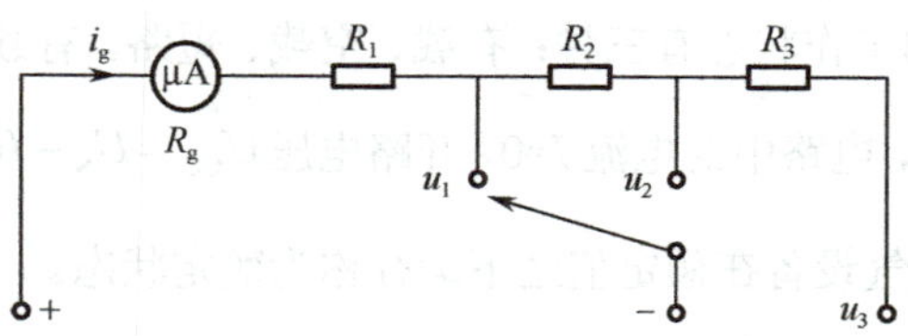

图 1-50　串联电阻扩大电压表的量程

3．扩大电流表量程

为了扩大电流表的量程，便于测量大电流，通常给微安表安装并联电阻，分担一部分电流（分流），以免大电流损坏微安表，如图 1-51 所示。设表头（微安表）的内阻为 R_g，允许通过的最大电流（量程）为 i_g，设微安表并联分流电阻 R 后的量程为 i，且 $i=ki_g$（k 为量程倍率），由欧姆定律有

$$i_gR_g=(i-i_g)R=(k-1)i_gR\Rightarrow\begin{cases}k=1+R_g/R & (1\text{-}66)\\ R=R_g/(k-1) & (1\text{-}67)\end{cases}$$

其中，式（1-66）为电流表量程倍率 k 的计算公式；式（1-67）为分流电阻 R 的计算公式。可见，并联的分流电阻越小，电流表的量程越大，可测量的电流范围越宽。

在电流表中，常采用闭路抽头式分流结构来扩大电流表量程，如图 1-52 所示（图中只画出了 3 个电流量程 i_1、i_2、i_3）。使用电流表时，通过旋转开关分别选取不同的分流电阻与表头并联，即可实现多量程的电流测量。设量程 i_j 的倍率为 k_j，即 $i_j=k_ji_g$（j=1, 2, …, n），可以证明，各个分流电阻的计算公式为

$$\begin{aligned}R_{总}&=R_g+\sum R_j=R_g+\frac{R_g}{k_n-1}=\frac{k_n}{k_n-1}R_g\\ R_j&=\left(\frac{1}{k_j}-\frac{1}{k_{j-1}}\right)R_{总}\ (k_0\to\infty)\end{aligned} \tag{1-68}$$

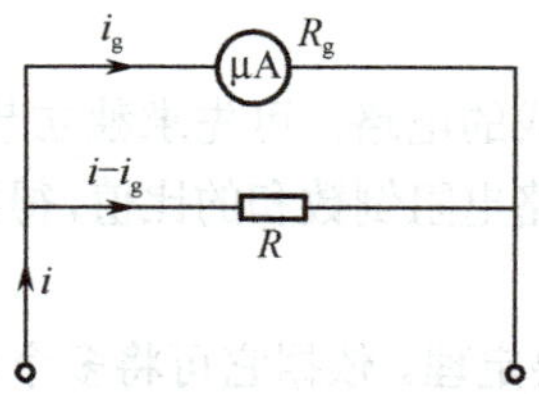

图 1-51　并联电阻扩大电流表的量程

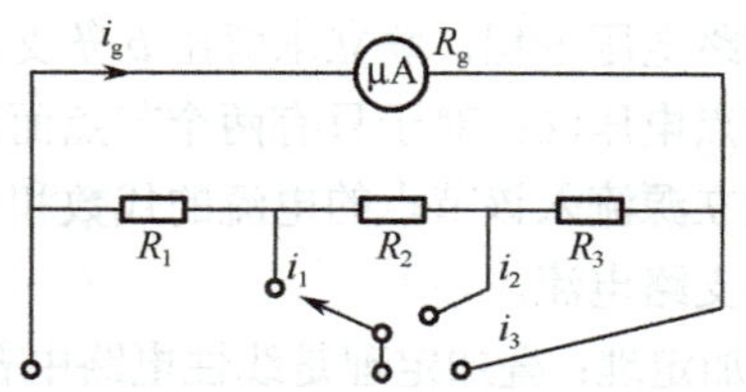

图 1-52　多量程电流表

本章小结

1．电路的作用与组成

电路就是电流流过的闭合路径。它由电源、负载和中间环节三部分组成。电源提供电能，负载取用电能，中间环节起电能传输、电路控制等作用。

2．电路的主要物理量

电流、电压、电功率、电位等是电路的基本物理量。在分析电路时，首先要假设电压、电流的参考方向，并且对于无源元件尽可能采用关联参考方向。当电压、电流取关联参考方向时，$P = UI$；当电压、电流取非关联参考方向时，$P = -UI$。当 $P>0$ 时，表示元件消耗（吸收）功率，该元件为负载性元件；反之，当 $P<0$ 时，表示元件产生（发出）功率，该元件为电源性元件。

3．电路的工作状态

电路的工作状态有三种：有载、空载、短路。有载时可以利用欧姆定律和基尔霍夫定律进行分析；空载时，电路中的电流 $I=0$，开路电压 $U_{\rm OC} = U_{\rm S} - IR_0 = U_{\rm S}$，$P_{负载}=0$；短路时，短路电流 $I_{\rm SC} = \dfrac{U_{\rm S}}{R_0}$，$P_{负载}=0$。电气设备在额定值之下运行称为额定状态。

4．电路中的常用元件

常用的无源元件有电阻、电感、电容，有源元件有理想电压源、理想电流源。

在关联参考方向下，电阻关系、电感关系、电容关系的伏安关系分别为

$$u=Ri,\quad u = -e_L = L\frac{{\rm d}i}{{\rm d}t},\quad i = \frac{{\rm d}q}{{\rm d}t} = C\frac{{\rm d}u}{{\rm d}t}$$

理想电压源的电压恒定不变或按给定规律变化，而电流随外电路而变；理想电流源的电流恒定不变或按给定规律变化，而电压随外电路而变。

实际电源的电路模型有电压源模型和电流源模型，电压源模型是理想电压源和电阻元件的串联组合，电流源模型是理想电流源和电阻元件的并联组合，它们之间可以进行等效变换。等效变换的条件是内阻相等，且 $i_{\rm S}=u_{\rm S}/R_0$。

5．电路的基本定律

基尔霍夫电流定律也称基尔霍夫第一定律，是指对各支路电流施加线性约束关系，即 $\sum\limits_{k=1}^{n} I_k = 0$；基尔霍夫电压定律也称基尔霍夫第二定律，是指对各支路电压施加线性约束关系，即 $\sum\limits_{k=1}^{n} U_k = 0$。这两个定律仅与元件的相互连接有关，与元件的性质无关。

6．电路的分析方法

（1）支路电流法：以支路电流为未知量，应用基尔霍夫定律列写电路方程，通过解方程组得到各支路电流。对于具有 n 个节点和 b 条支路的电路，可列出（$n-1$）个独立的节点电流方程和 $[b-(n-1)]$ 个独立的回路电压方程，联立求解出 b 条支路电流。

（2）节点电压法：对于只有两个节点而由多条支路并联组成的电路，可先求独立节点的电压，它等于各独立源流入该节点的电流的代数和与该节点相连各支路电阻倒数和的比值，得到节点电压后，再求各支路电流。

（3）叠加定理：叠加定理是线性电路中普遍适用的一个重要定理。依据它可将多个电源共同作用下在任一支路中产生的电压或电流，分解为各个电源单独作用时在该支路中产生的电压或电流的

代数和。某电源单独作用时，将其他理想电压源短路，理想电流源开路，而电源内阻均须保留。

(4) 戴维南定理：含独立源的二端网络，对外部而言一般可用电压源与电阻串联组合等效替代。电压源的电压 u_{OC} 等于有源二端网络的开路电压，电阻 R_0 等于无源二端网络的等效电阻。

7. 一阶电路的暂态分析

电路从一个稳定的状态经过一定时间变化到另一个稳定的状态的过程称为电路的暂态过程。一阶电路的暂态过程可以利用三要素法进行分析，其一般形式为

$$f(t)=f(\infty)+[f(0_+)-f(\infty)]e^{-\frac{t}{\tau}}$$

式中，$f(t)$ 为响应，$f(\infty)$ 为响应的稳态值，$f(0_+)$ 为响应的初始值；τ 为电路的时间常数。一阶 RC 电路的时间常数 $\tau=RC$，一阶 RL 电路的时间常数 $\tau=\dfrac{L}{R}$。

习题 1

1-1 试求图 1-53 所示的电路中的 U_{ab}。

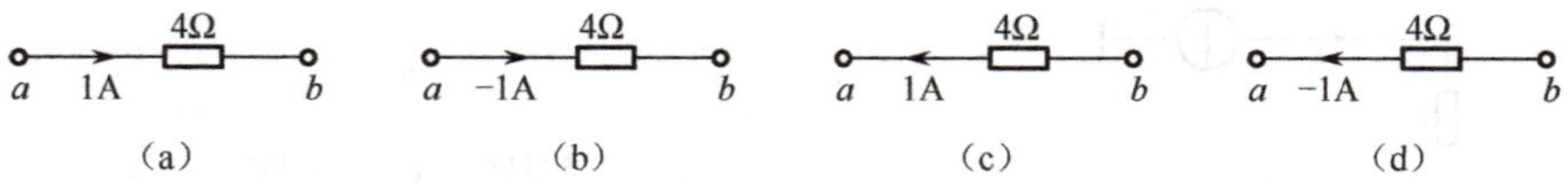

图 1-53 习题 1-1 图

1-2 根据图 1-54 所示的参考方向，判断元件是吸收还是发出功率，其功率各为多少？

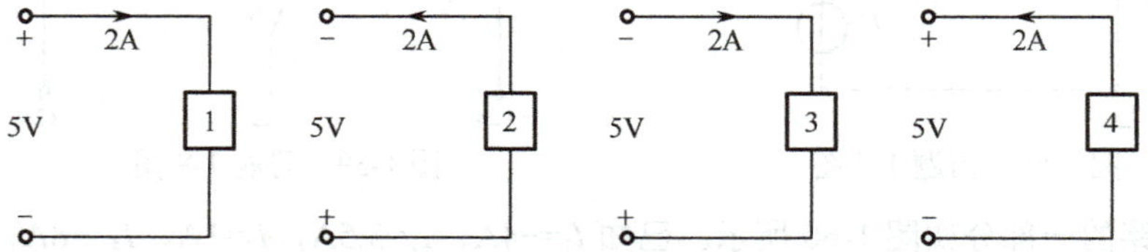

图 1-54 习题 1-2 图

1-3 在如图 1-55 所示的电路中，三个元件的电流、电压的参考方向如图示，经实验测得 $I_1=3\text{A}$，$I_2=-3\text{A}$，$I_3=-3\text{A}$，$U_1=-120\text{V}$，$U_2=70\text{V}$，$U_3=-50\text{V}$。

(1) 试标出各元件电流的实际方向和端电压的实际极性；

(2) 判断哪些元件是电源，哪些元件是负载；

(3) 计算各元件的功率，电源发出的功率和负载吸收的功率是否平衡？

1-4 一个电热器从 220V 的电源上取用的功率为 1000W，如果将它接到 110V 的电源上，则取用的功率为多少？

1-5 在图 1-56 中，已知 $U_1=-6\text{V}$，$U_2=4\text{V}$。

(1) 求电压 U_{ab}；

(2) 试问 a、b 两点哪点的电位高？

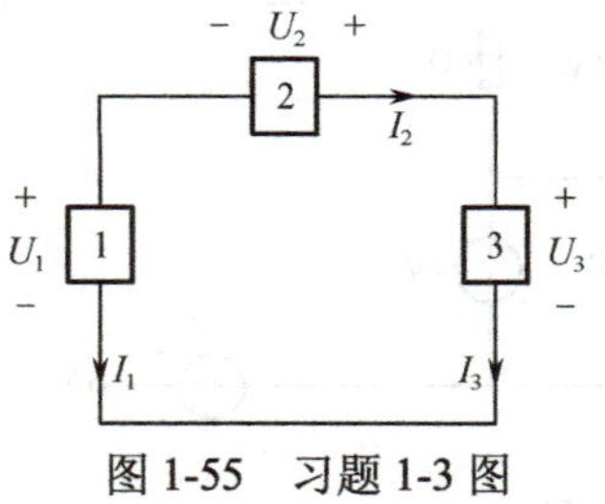

图 1-55 习题 1-3 图

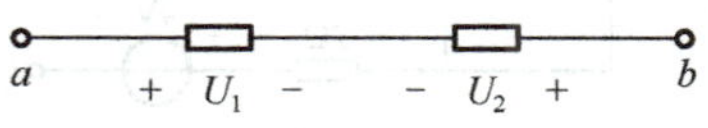

图 1-56 习题 1-5 图

1-6　求图 1-57 所示的各电路中 A 点的电位 V_A。

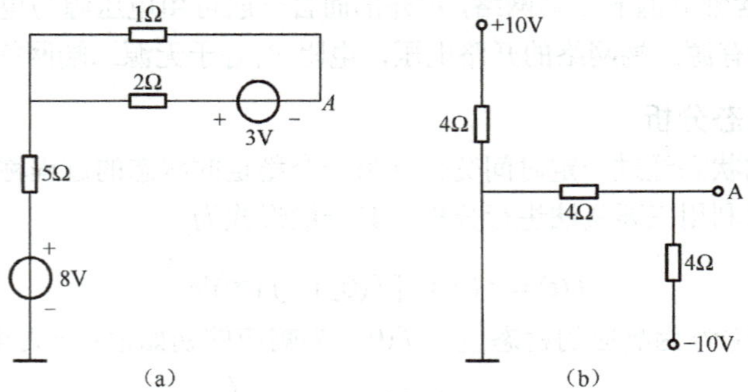

图 1-57　习题 1-6 图

1-7　在图 1-58 所示的电路中，已知 I_S=2A，U_S=12V，R_1=R_2=4Ω，R_3=16Ω。分别求 S 断开和闭合后 A 点的电位 V_A。

1-8　如图 1-59 所示，在开关 S 断开和闭合时，分别计算 a、b、c 三点的电位。

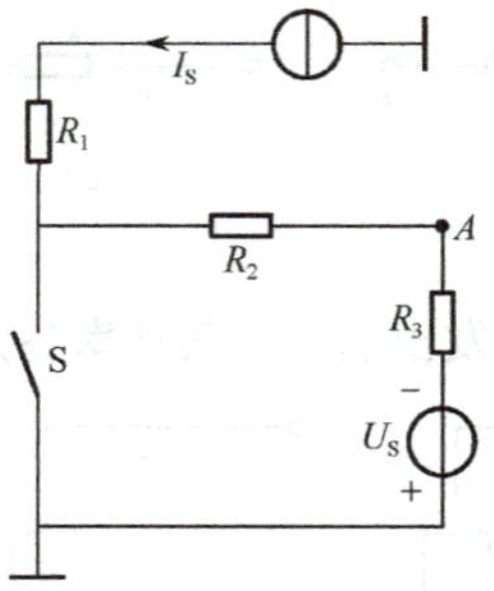

图 1-58　习题 1-7 图

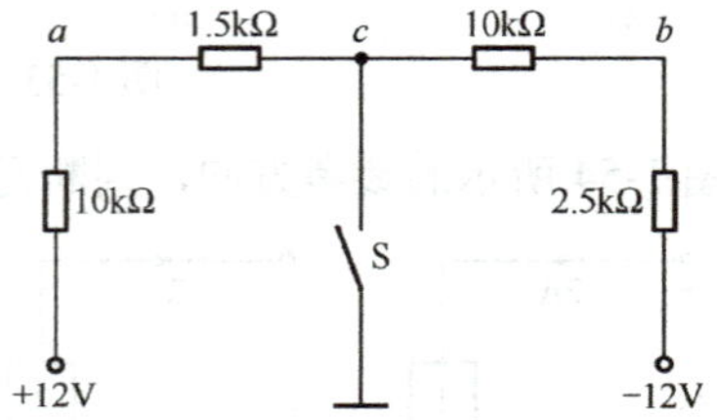

图 1-59　习题 1-8 图

1-9　某电路的一部分如图 1-60 所示。已知 I_1=−4A，I_2=3.5A，I_3=1A，I_4=−8A，计算流过电阻 R 的电流 I_R 和交汇于节点 B 另一条支路的电流 I_5。

1-9　在图 1-61 所示的电路中，电流 I=10mA，I_1=6mA，R_1=3kΩ，R_2=1kΩ，R_3=2kΩ。求 I_4、I_5。

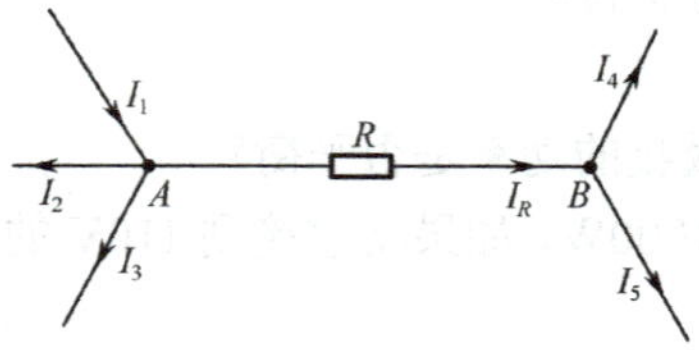

图 1-60　习题 1-9 图

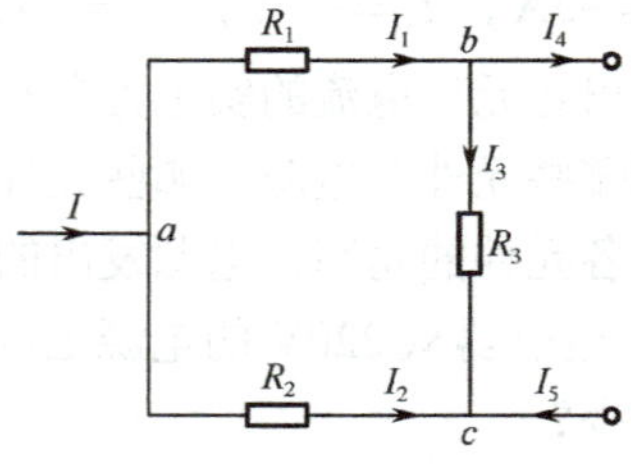

图 1-61　习题 1-10 图

1-11　在图 1-62 所示的电路中，a、b 两点间处于开路状态，试计算开路电压 U_{ab}。

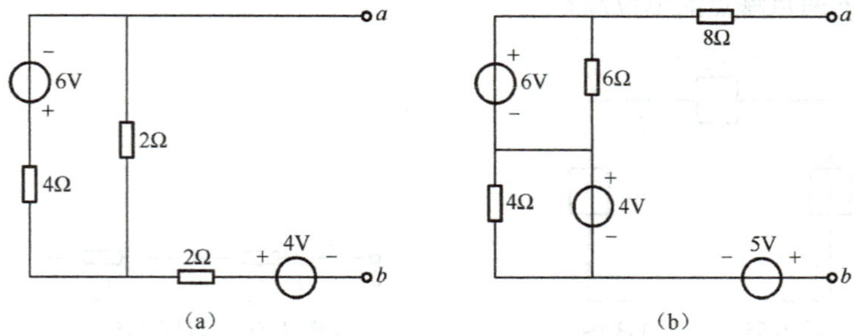

图 1-62　习题 1-11 图

1-12　电路如图 1-63 所示。

（1）计算电流源的端电压；

（2）计算电流源和电压源的功率，指出是吸收还是发出功率。

1-13　电路如图 1-64 所示。

（1）计算电流 I_1 和 I；

（2）计算电路中各元件的功率，指出是吸收还是发出功率。

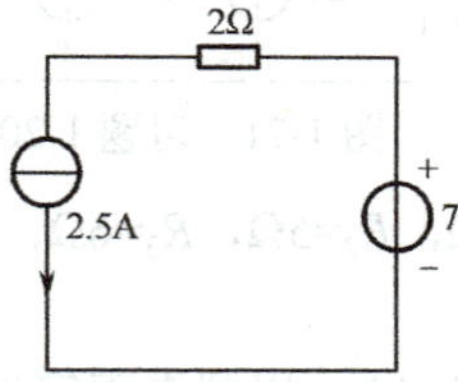

图 1-63　习题 1-12 图

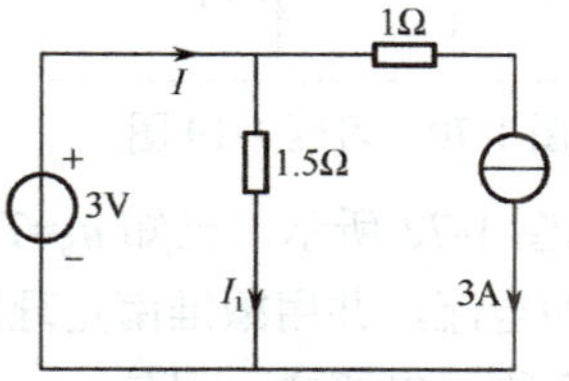

图 1-64　习题 1-13 图

1-14　电路如图 1-65 所示，求各电路的等效电阻 R_{ab}。

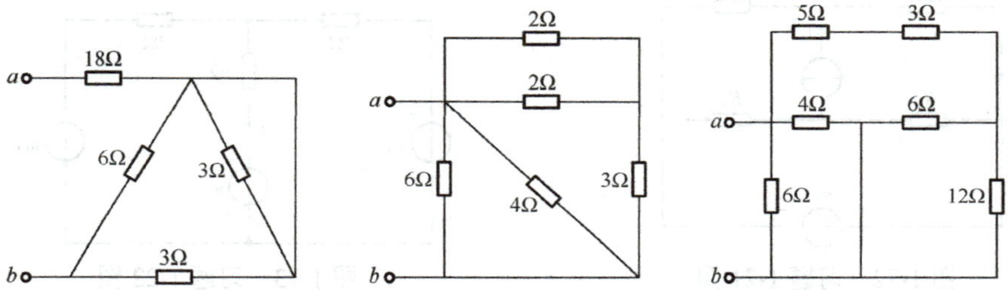

（a）　（b）　（c）

图 1-65　习题 1-14 图

1-15　将图 1-66 所示的各电路化为一个电压源与一个电阻串联的组合。

1-16　将图 1-67 所示的各电路化为一个电流源与一个电阻并联的组合。

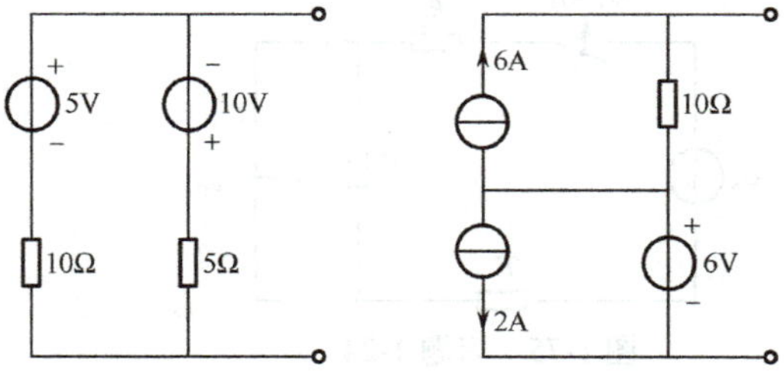

（a）　（b）

图 1-66　习题 1-15 图

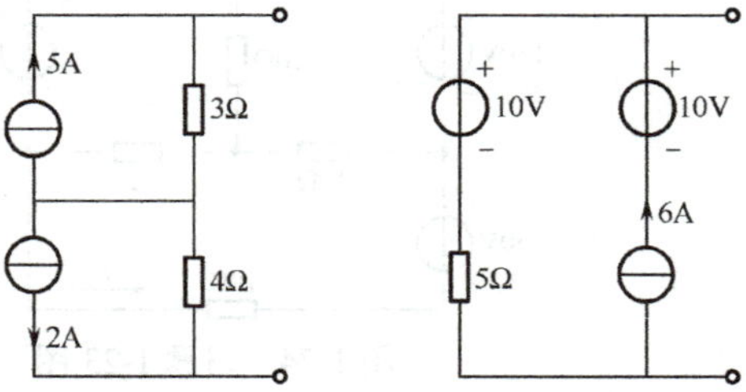

（a）　（b）

图 1-67　习题 1-16 图

1-17　电路如图 1-68 所示，利用电源的等效变换求 8Ω 电阻吸收的功率。

1-18　用电源等效变换法求图 1-69 中的电流 i。

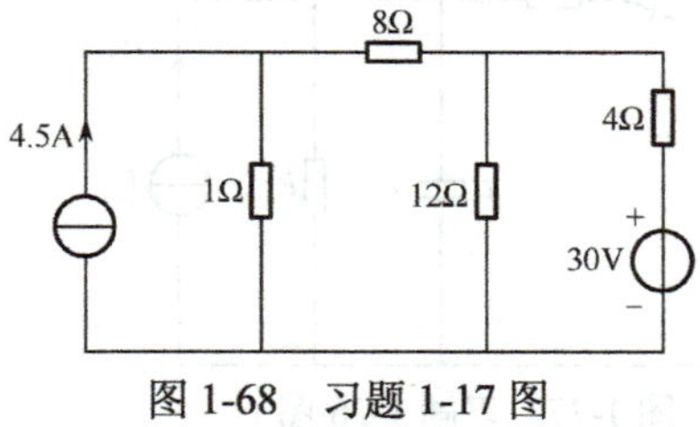

图 1-68　习题 1-17 图

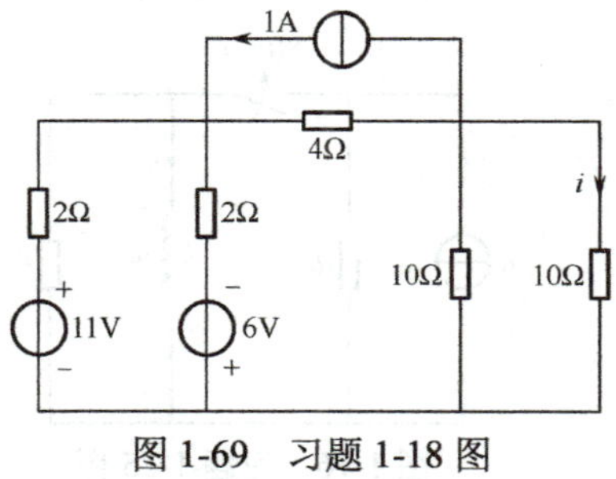

图 1-69　习题 1-18 图

1-19　电路如图 1-70 所示，试用支路电流法求出各支路电流。

1-20　电路如图 1-71 所示，试用节点电压法求 u。

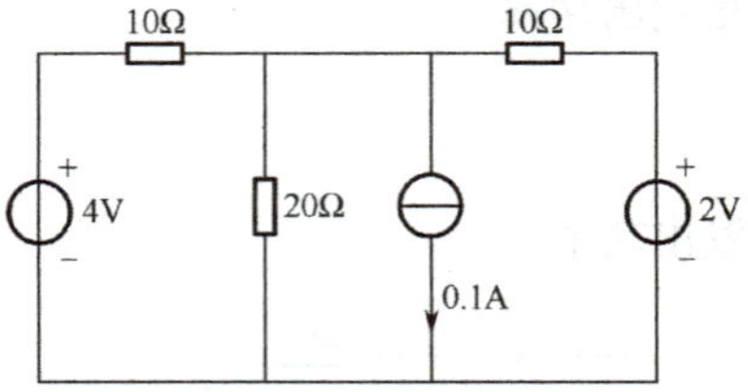

图 1-70　习题 1-19 图

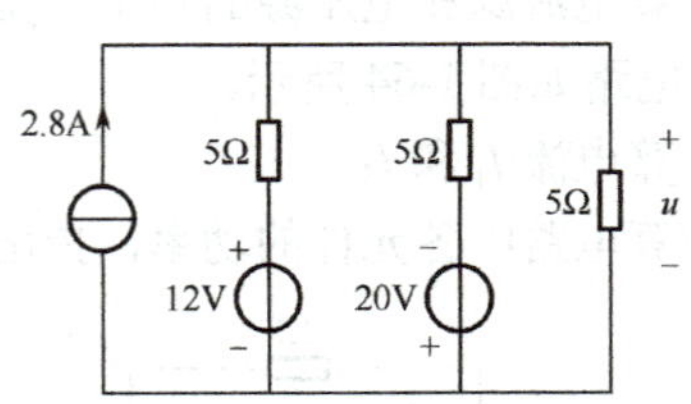

图 1-71　习题 1-20 图

1-21　电路如图 1-72 所示，已知 u_S=7V，i_S=1A，R_1=1Ω，R_2=5Ω，R_3=6Ω，R_4=3Ω。试用叠加定理计算 R_2 支路的电流，并用戴维南定理验证。

1-22　图 1-73 所示电路中，已知 u_{S1}=18V，u_{S2}=12V，I=4A。用戴维南定理求电压源 u_S 等于多少。

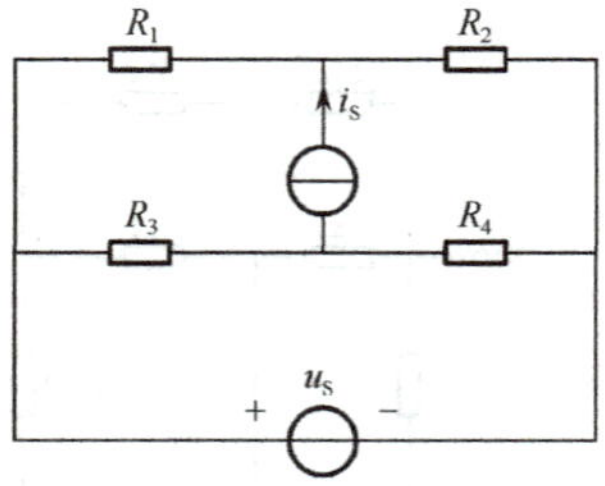

图 1-72　习题 1-21 图

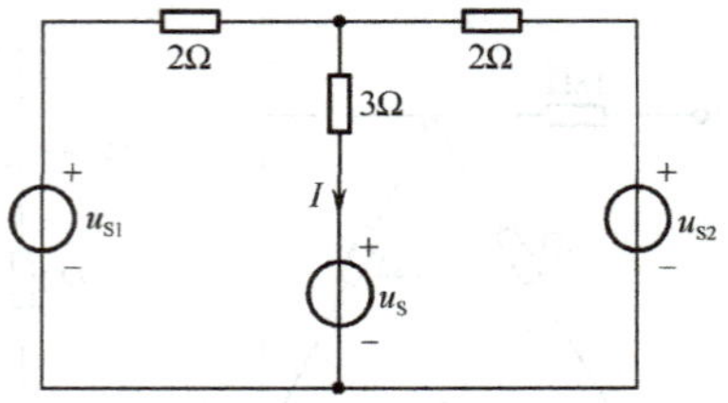

图 1-73　习题 1-22 图

1-23　用戴维南定理计算图 1-74 所示电路中的电流 i。

1-24　如图 1-75 所示，直流电压源的电压 U_S=120V，电阻 R_1=R_2=3kΩ，R_3=6kΩ，C=10μF，$u_C(0_-)$=2V，在 t=0 时闭合开关 S，试用三要素法求电容电压 $u_C(t)$和电容电流 $i_C(t)$。

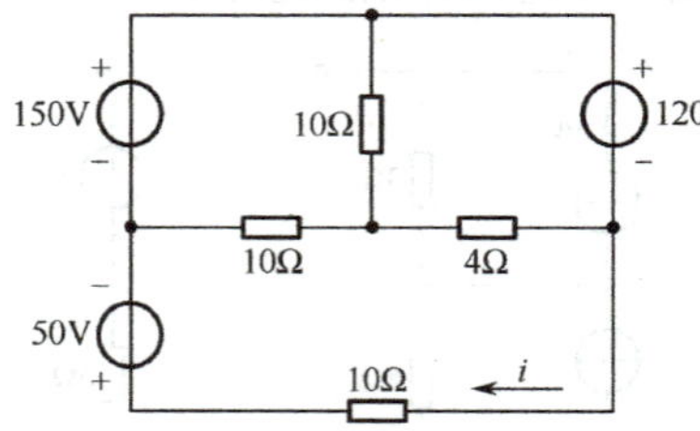

图 1-74　习题 1-23 图

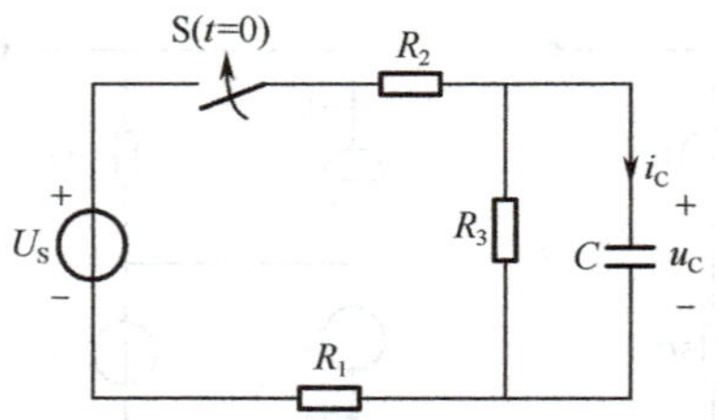

图 1-75　习题 1-24

1-25　电路如图 1-76 所示，直流电流源的电流 I_S=2A，电阻 R_1=50Ω，R_2=75Ω，L=0.3H，$i_L(0_-)$=3A，在 t=0 时开关 S 闭合，试用三要素法求电感电流 $i_L(t)$和电感电压 $u_L(t)$。

1-26　电路如图 1-77 所示，直流电压源的电压 U_S=100V，直流电流源的电流 I_S=0.2A，R_1=400Ω，R_2 =100Ω，C=125μF，电路已稳定。试用三要素法求换路后的 $u_C(t)$。

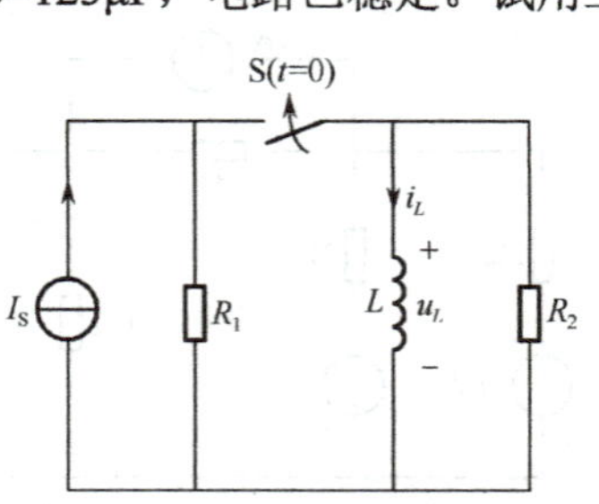

图 1-76　习题 1-25 图

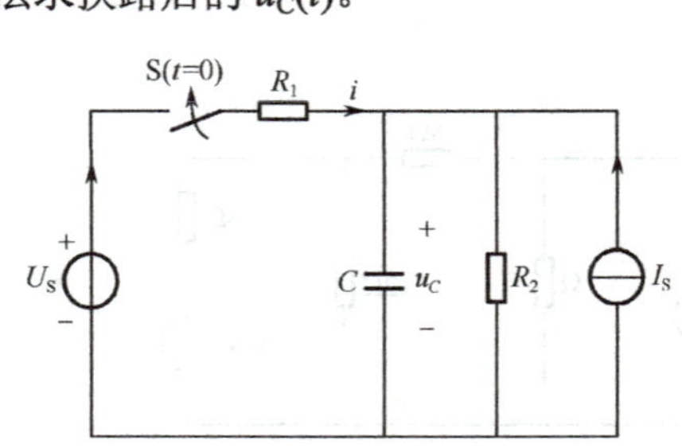

图 1-77　习题 1-26 图

第 2 章　正弦交流电路

2.1　正弦量的基本概念

随时间按正弦规律变化的电压和电流统称为正弦量，或称为正弦交流电。其一般表达式为

$$i = I_{\mathrm{m}} \sin(\omega t + \psi_i) \tag{2-1}$$

式（2-1）对应的波形图，如图 2-1 所示。由式（2-1）可知，如果 I_{m}、ω、ψ_i 已知，电流 i 与时间 t 的关系就是唯一确定的。因此，称 I_{m}、ω、ψ_i 为正弦量的三要素。

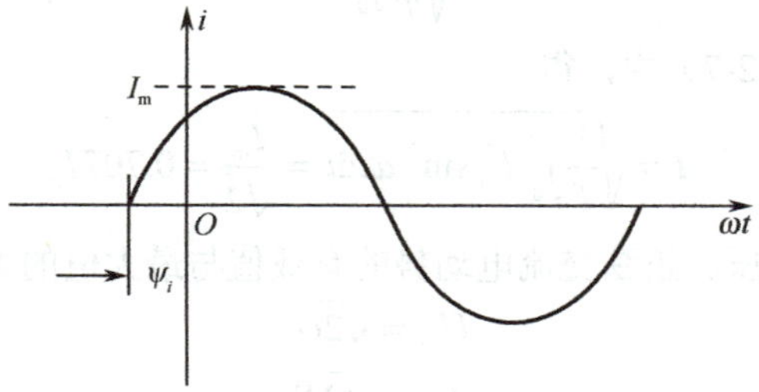

图 2-1　正弦电流波形图

1. 周期、频率和角频率

正弦量变化一次所需的时间称为周期，用字母 T 表示，单位是秒（s）。正弦量每秒内变化的次数称为频率，用字母 f 表示，单位是赫兹（Hz）。周期与频率互为倒数，即

$$f = \frac{1}{T} \tag{2-2}$$

在我国和大多数国家都采用 50Hz 作为电力标准频率，而有些国家（如美国、日本等）采用 60Hz，这种频率称为工频。在日常供电和工业生产中均采用这种频率的电源。正弦量变化的快慢还可以用角频率来表示，它是正弦量在每秒内变化的弧度，用字母 ω 表示，单位为弧度/秒（rad/s）。周期、频率、角频率的关系为

$$\omega = \frac{2\pi}{T} = 2\pi f \tag{2-3}$$

2. 瞬时值、最大值、有效值

正弦量在任一瞬间的值称为瞬时值，用小写字母表示，如 i、u、e 分别表示电流、电压、电动势的瞬时值。瞬时值中最大的值称为幅值，用大写字母加下标 m 表示，如 I_{m}、U_{m}、E_{m} 分别表示正弦电流、电压、电动势的幅值。

在工程技术中，正弦量的大小常常用有效值表示，有效值是从电流的热效应等效的角度来定义的。一个正弦交流电流和一个直流电流，在相等的时间 t 内通过同一电阻 R 所产生的热量相同，则这个直流电流就称为该交流电流的有效值，用大写字母表示，如 I、U、E 分别表示正弦电流、电压、电动势的有效值。

当正弦电流 i 流过电阻 R 时，该电阻在一个周期 T 内产生的热量为

$$Q_1 = 0.24\int_0^T i^2 R\mathrm{d}t \tag{2-4}$$

当直流电流 I 流过同一电阻 R 时，在相同的时间 T 内产生的热量为

$$Q_2 = 0.24 I^2 RT \tag{2-5}$$

当 $Q_1 = Q_2$ 时，得

$$\int_0^T i^2 R\mathrm{d}t = I^2 RT \tag{2-6}$$

所以，正弦交流电流的有效值为

$$I=\sqrt{\frac{1}{T}\int_0^T i^2\mathrm{d}t} \tag{2-7}$$

由上式可知：正弦交流电流的有效值为它在一个周期内的方均根值。同样也可以得到正弦交流电压、正弦交流电动势的有效值为

$$U=\sqrt{\frac{1}{T}\int_0^T u^2\mathrm{d}t} \tag{2-8}$$

$$E=\sqrt{\frac{1}{T}\int_0^T e^2\mathrm{d}t} \tag{2-9}$$

把$i=I_\mathrm{m}\sin\omega t$代入式（2-7）中，得

$$I=\sqrt{\frac{1}{T}\int_0^T I_\mathrm{m}^2\sin^2\omega t\mathrm{d}t}=\frac{I_\mathrm{m}}{\sqrt{2}}=0.707I_\mathrm{m} \tag{2-10}$$

与此类似，正弦交流电压、正弦交流电动势的有效值与最大值的关系为

$$U_\mathrm{m}=\sqrt{2}U \tag{2-11}$$

$$E_\mathrm{m}=\sqrt{2}E \tag{2-12}$$

由此可见，正弦交流电的最大值等于其有效值的$\sqrt{2}$倍。因此，正弦量i可以改写为

$$i=\sqrt{2}I\sin(\omega t+\psi_i) \tag{2-13}$$

可见，I、ω、ψ_i也可以用来表示正弦交流电的三要素。一般的交流电压表和电流表的读数指的就是有效值，电气设备铭牌上的额定值等也都是有效值。但是，电气设备与电子器件的耐压是按最大值选取的，否则，当设备的交流电流（电压）达到最大值时设备就有被击穿的危险。

3．相位、初相位、相位差

在式（2-13）中，随时间变化的角度$(\omega t+\psi_i)$称为正弦交流电的相位，或相位角，它反映了正弦交流电随时间变化的进程。其中，ψ_i是正弦量在t=0时的相位，称为初相位，简称初相，其单位用弧度或度来表示，取值范围为$|\psi_i|\leqslant\pi$。

显然，正弦量的初相与计时起点有关，所取的计时起点不同，正弦量的初相不同，其初始值就不同。计时起点可以根据需要任意选择，当电路中同时存在多个同频率的正弦量时，可以选择某一正弦量由负方向变化通过零值时的瞬间作为计时起点，这个正弦量的初相就为零，这个正弦量称为参考正弦量，这时，其他正弦量的初相也就确定了。

在电路中，两个同频率正弦量相位之差称为相位差，用字母φ表示。例如，设两个同频率正弦量为

$$\begin{aligned}u&=U_\mathrm{m}\sin(\omega t+\psi_u)\\ i&=I_\mathrm{m}\sin(\omega t+\psi_i)\end{aligned} \tag{2-14}$$

则它们的相位差φ为

$$\varphi=(\omega t+\psi_u)-(\omega t+\psi_i)=\psi_u-\psi_i \tag{2-15}$$

可见，两个同频率正弦量的相位差等于它们的初相之差，它是一个与时间和计时起点无关的常数，即当正弦量的计时起点改变时，其相位和初相都会随之改变，但它们的相位差φ保持不变，通常情况下$|\varphi|\leqslant\pi$。

电路中常用“超前”和“滞后”的概念来表示正弦量之间的相位关系。

当φ>0，即$\psi_u>\psi_i$时，称电压超前电流φ角，或电流滞后电压φ角，如图 2-2（a）所示。

当φ=0，即$\psi_u=\psi_i$时，称电压u与电流i同相，如图 2-2（b）所示。

当$\varphi=\pm\pi$时，称电压u与电流i反相，如图 2-2（c）所示。

当$\varphi = \pm\dfrac{\pi}{2}$时，称电压$u$与电流$i$正交，如图 2-2（d）所示。

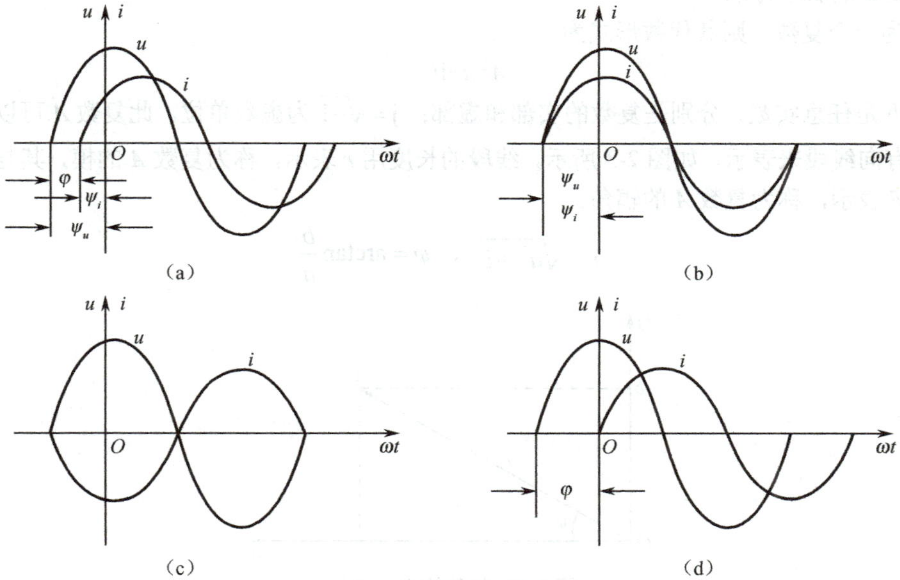

图 2-2　两个同频率正弦量的相位关系

【例 2-1】 有一正弦交流电压，频率为 50Hz，最大值为 310V，当 t=0 时，其瞬时值为 155V，试写出其瞬时值的表达式。

解：设该电压的瞬时值表达式为

$$u = U_{\mathrm{m}} \sin(\omega t + \psi_u)$$

当 t=0 时，其电压为 155V，最大值为 310V，则

$$155 = 310\sin\psi_u$$

则

$$\psi_u = 30^\circ \text{或} 150^\circ$$

又因为

$$\omega = 2\pi f = 2\pi \times 50 = 314\text{rad/s}$$

因此，正弦交流电压瞬时值表达式为

$$u = 310\sin(314t + 30^\circ)\text{V 或} u = 310\sin(314t + 150^\circ)\text{V}$$

【例 2-2】 某两个正弦交流电流分别为$i_1 = 25\sin(\omega t + 30^\circ)$，$i_2 = 10\sin(\omega t - 15^\circ)$，试求两者的相位差，并说明两者的相位关系。

解：i_1的初相位$\psi_1 = 30^\circ$，i_2的初相位$\psi_2 = -15^\circ$，所以i_1与i_2的相位差

$$\varphi = \psi_1 - \psi_2 = 45^\circ$$

所以，i_1超前i_2 45°，或者说i_2滞后i_1 45°。

2.2 正弦量的相量表示法

在分析交流电路时，不可避免地要进行正弦量的计算。如果直接利用正弦函数及其波形图来分析电路，将会十分烦琐。为此，引入了“相量表示法”的概念，把三角函数运算简化为复数形式的代数运算，极大地简化了正弦交流电路的分析计算过程。相量表示法是以复数和复数的运算为基础的，所以首先介绍一下有关复数的基础知识。

1．复数

（1）复数的表示方法

设 A 为一个复数，则其代数形式为

$$A=a+\mathrm{j}b \tag{2-16}$$

式中，a、b 是任意实数，分别是复数的实部和虚部；$\mathrm{j}=\sqrt{-1}$ 为虚数单位。此复数 A 可以用复平面内的一条有向线段来表示，如图 2-3 所示，线段的长度用 r 表示，称为复数 A 的模，其与实轴方向的夹角用 φ 表示，称为复数 A 的辐角。

$$r=\sqrt{a^2+b^2}\,,\quad \varphi=\arctan\frac{b}{a} \tag{2-17}$$

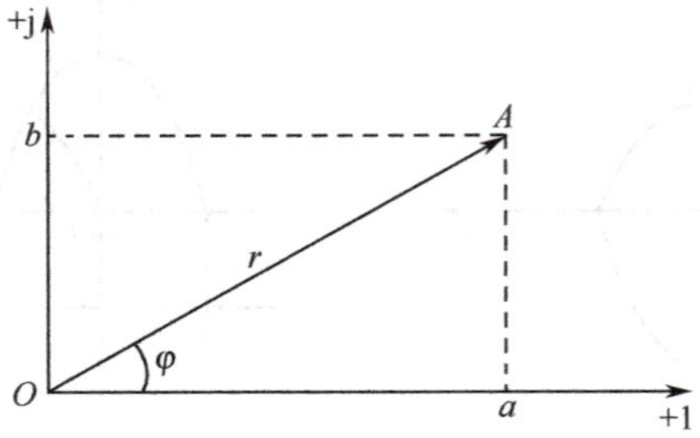

图 2-3　复数的表示方法

由图 2-3 有

$$a=r\cos\varphi\,,\quad b=r\sin\varphi \tag{2-18}$$

则有

$$A=r\cos\varphi+\mathrm{j}r\sin\varphi=r(\cos\varphi+\mathrm{j}\sin\varphi) \tag{2-19}$$

根据欧拉公式 $\mathrm{e}^{\mathrm{j}\varphi}=\cos\varphi+\mathrm{j}\sin\varphi$，可以得出复数的指数形式：

$$A=r\mathrm{e}^{\mathrm{j}\varphi} \tag{2-20}$$

或简写为极坐标形式：

$$A=r\underline{/\varphi} \tag{2-21}$$

以上四种复数形式之间可以互相转换。

（2）复数的运算

① 复数的加减运算。复数的加减运算一般采用代数形式和三角函数形式，即复数的实部与实部相加减；虚部与虚部相加减。

例如：

$$A_1=a_1+\mathrm{j}b_1$$
$$A_2=a_2+\mathrm{j}b_2$$

则

$$A_1\pm A_2=(a_1\pm a_2)+\mathrm{j}(b_1\pm b_2) \tag{2-22}$$

复数的加减运算也可以在复平面内用平行四边形法则作图来完成，如图 2-4 所示。

② 复数的乘除运算。复数的乘除运算一般采用指数形式和极坐标形式进行。当两个复数相乘时，其模相乘，辐角相加；当两个复数相除时，其模相除，辐角相减。

例如：

$$A_1=r_1\mathrm{e}^{\mathrm{j}\varphi_1}$$
$$A_2=r_2\mathrm{e}^{\mathrm{j}\varphi_2}$$

则

$$A_1A_2 = r_1r_2\mathrm{e}^{\mathrm{j}(\varphi_1+\varphi_2)} \tag{2-23}$$

$$\frac{A_1}{A_2} = \frac{r_1}{r_2}\mathrm{e}^{\mathrm{j}(\varphi_1-\varphi_2)} \tag{2-24}$$

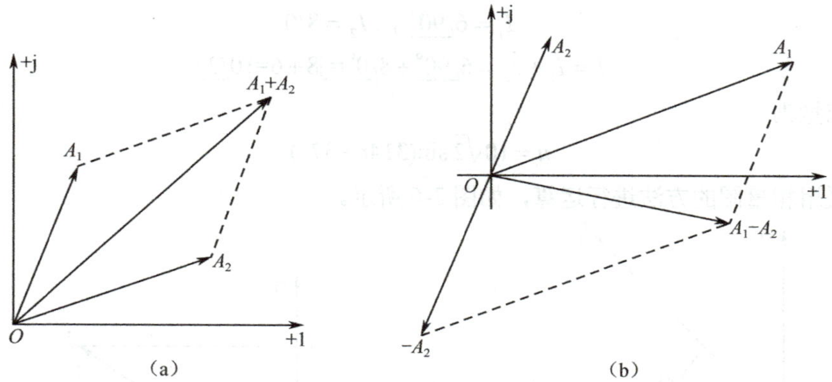

图 2-4　复数的加减运算

注意：复数中关于虚数单位 j，常有下列关系：

$$\mathrm{j}^2=-1\text{，}\quad \mathrm{j}^3=-\mathrm{j}\text{，}\quad \mathrm{j}^4=1\text{，}\quad \mathrm{j}^{-1}=\frac{1}{\mathrm{j}}=-\mathrm{j} \tag{2-25}$$

另外，j 与 90° 辐角之间的关系为

$$\begin{aligned}\mathrm{j}&=\cos 90^\circ+\mathrm{j}\sin 90^\circ=\mathrm{e}^{\mathrm{j}90^\circ}=\underline{/90^\circ}\\ -\mathrm{j}&=\cos 90^\circ-\mathrm{j}\sin 90^\circ=\mathrm{e}^{-\mathrm{j}90^\circ}=\underline{/-90^\circ}\end{aligned} \tag{2-26}$$

2. 正弦量的相量表示法

一个正弦量是由其有效值（最大值）、角频率、初相位来决定的。在分析线性电路时，正弦激励和响应均为同频率的正弦量，因此在分析正弦交流电路时可以把频率这一要素作为已知量，这样，正弦量就可以由有效值（最大值）、初相位来决定了。由复数的指数形式可知，复数也有两个要素，即复数的模和辐角。这样就可以用复数来表示正弦量。用复数的模表示正弦量的大小，用复数的辐角表示正弦量的初相位，这种用来表示正弦量的复数称为相量。

例如，正弦电压 $u=U_\mathrm{m}\sin(\omega t+\psi_u)$，其最大值的相量形式为 $\dot{U}_\mathrm{m}=U_\mathrm{m}\mathrm{e}^{\mathrm{j}\psi_u}$，其有效值的相量形式为 $\dot{U}=U\mathrm{e}^{\mathrm{j}\psi_u}$。

为了与一般的复数相区别，用来表示正弦量的复数用大写字母上面加“·”表示。

由此可见，正弦量与表示正弦量的相量是一一对应的关系，如果已知正弦量，就可以写出与之对应的相量；反之，如果已知相量，并且给出了正弦量的频率，同样可以写出正弦量。比如，正弦电流 $i=5\sqrt{2}\sin(314t+30^\circ)$，其有效值相量为 $\dot{I}=5\mathrm{e}^{\mathrm{j}30^\circ}$。再如，已知正弦电压的频率 f=50Hz，其有效值相量为 $\dot{U}=220\mathrm{e}^{\mathrm{j}45^\circ}$，则其正弦量为 $u=220\sqrt{2}\sin(314t+45^\circ)$。

相量是一个复数，它在复平面上的图形称为相量图，只有同频率的正弦量才可以画在同一相量图上。画相量图时应注意，相同的物理量应成比例；另外还要注意各个正弦量之间的相位关系。比如，正弦电流

$$i_1=5\sqrt{2}\sin(314t+45^\circ)\text{，}\quad i_2=3\sqrt{2}\sin(314t-30^\circ)$$

的有效值相量分别为

$$\dot{I}_1=5\mathrm{e}^{\mathrm{j}45^\circ}\text{，}\quad \dot{I}_2=3\mathrm{e}^{-\mathrm{j}30^\circ}$$

两者的相位差为 $\psi_1-\psi_2=45^\circ-(-30^\circ)=75^\circ$，如图 2-5 所示。

需要注意的是，正弦量是时间的函数，而相量并非时间的函数；相量可以表示正弦量，但不等

于正弦量。

【例 2-3】 已知正弦量$i_1 = 6\sqrt{2}\sin(314t + 90^\circ)$，$i_2 = 8\sqrt{2}\sin(314t)$，试求 $i=i_1+i_2$。

解：i_1、i_2对应的有效值相量分别为

$$\dot{I}_1 = 6\underline{/90^\circ}\ ,\quad \dot{I}_2 = 8\underline{/0^\circ}$$

$$\dot{I} = \dot{I}_1 + \dot{I}_2 = 6\underline{/90^\circ} + 8\underline{/0^\circ} = \text{j}8 + 6 = 10\underline{/37^\circ}$$

其对应的正弦量为

$$u = 10\sqrt{2}\sin(314t + 37^\circ)$$

也可以采用相量图的方法进行运算，如图 2-6 所示。

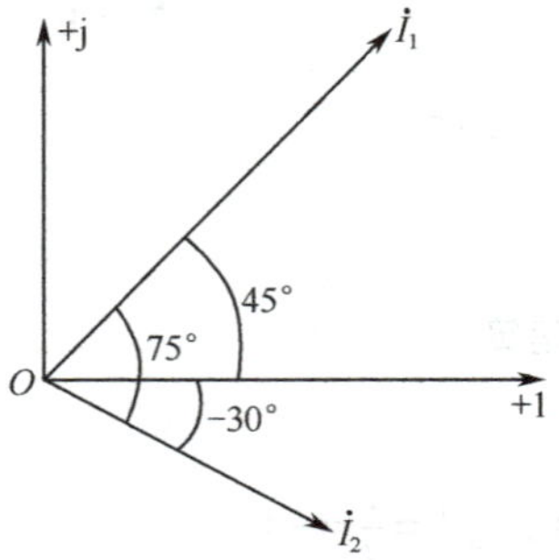

图 2-5　相量图

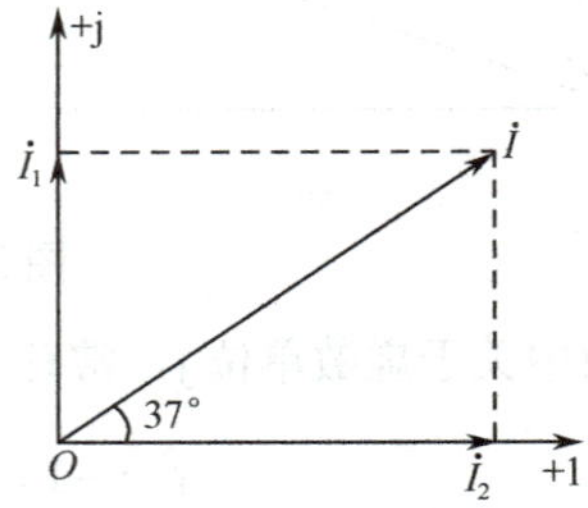

图 2-6　例 2-3 图

2.3　单一参数的正弦交流电路

在分析交流电路时，必须首先掌握单一参数元件电路中电压与电流之间的关系，因为其他电路是这些单一参数元件的组合。

2.3.1　电阻元件的交流电路

1．正弦电压与电流的关系

图 2-7 所示为仅含有电阻元件的正弦交流电路。电压和电流的参考方向如图所示，设任意瞬时在电阻 R 两端施加的电压为

$$u_R = \sqrt{2}U_R\sin(\omega t + \psi_u) \tag{2-27}$$

根据欧姆定律，通过电阻 R 的电流为

$$i_R = \frac{u_R}{R} = \frac{\sqrt{2}U_R\sin(\omega t + \psi_u)}{R} = \sqrt{2}I_R\sin(\omega t + \psi_i) \tag{2-28}$$

由式（2-24）可知，$\psi_u = \psi_i$，$I_R = \dfrac{U_R}{R}$，$I_{\text{Rm}} = \dfrac{U_{\text{Rm}}}{R}$。

因此，在电阻元件的交流电路中，通过电阻的电流 i_R 与其电压 u_R 是同频率、同相位的两个正弦量，其波形图如图 2-8 所示；且电压与电流的瞬时值、有效值、最大值之间均符合欧姆定律。

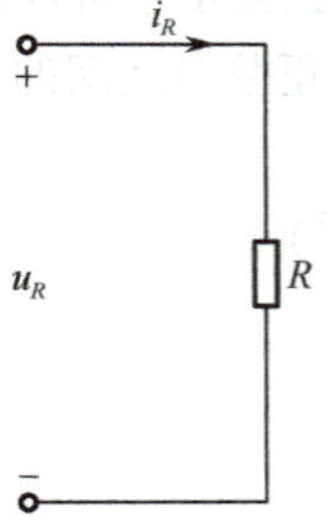

图 2-7　电阻电路

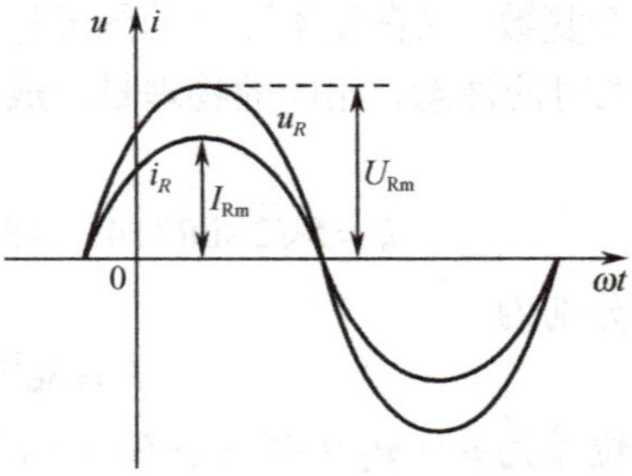

图 2-8　电阻电路电压、电流的波形图

常用相量的形式来分析电阻电路，其相量模型如图 2-9（a）所示。

将电阻元件的电压和电流用相量形式表示有

$$\dot{U}_R = U_R \angle \psi_u$$

$$\dot{I}_R = I_R \angle \psi_i = \frac{U_R}{R} \angle \psi_u = \frac{\dot{U}_R}{R} \tag{2-29}$$

式（2-29）是电阻电路中欧姆定律的相量形式。由此也可看出，电阻电路的电压和电流同相，其相量图如图 2-9（b）所示。

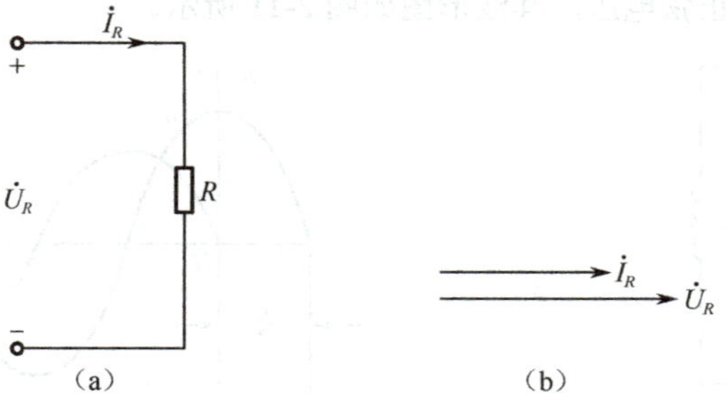

图 2-9　电阻元件的相量模型

2. 电阻电路中的功率

电路任意瞬时所吸收的功率称为瞬时功率，用 p 表示。它等于该瞬时的电压与电流的乘积。因此，电阻电路所吸收的瞬时功率为

$$p = u_R i_R = \sqrt{2}U_R \sin\omega t \cdot \sqrt{2}I_R \sin\omega t = U_R I_R (1-\cos 2\omega t) \tag{2-30}$$

由式（2-30）可以看出，瞬时功率 p 总是大于零，说明电阻是耗能元件。

瞬时功率无实际意义，通常所说的功率是指电路在一个周期内消耗（吸收）功率的平均值，称为平均功率或有功功率，用 P 表示。

$$P = \frac{1}{T}\int_0^T U_R I_R (1-\cos 2\omega t)\mathrm{d}t = U_R I_R = I_R^2 R = \frac{U_R^2}{R} \tag{2-31}$$

【例 2-4】 把一个 200Ω 的电阻接到频率为 50Hz，电压有效值为 12V 的正弦电源上，求通过电阻的电流有效值。如果电压值不变，电源频率改为 5000Hz，这时的电流是多少？平均功率是多少？

解： 因为电阻元件电阻的大小与频率无关，所以电压有效值保持不变时，电流值也不变，即

$$I = \frac{U}{R} = \frac{12}{200} = 0.06\text{A}\ ,\quad P = UI = 12 \times 0.06 = 0.72\text{W}$$

2.3.2　电感元件的交流电路

1. 正弦电压与电流的关系

图 2-10 所示为仅含有电感元件的交流电路。设任意瞬时，电压 u_L 和电流 i_L 在关联参考方向下的关系为

$$u_L = L\frac{\mathrm{d}i_L}{\mathrm{d}t} \tag{2-32}$$

如设电流为参考相量，即

$$i_L = \sqrt{2}I_L \sin\omega t \tag{2-33}$$

则有

$$u_L = L\frac{\mathrm{d}i_L}{\mathrm{d}t} = \sqrt{2}\omega LI_L\cos\omega t = \sqrt{2}\omega LI_L\sin(\omega t + 90^\circ) = \sqrt{2}U_L\sin(\omega t + 90^\circ) \quad (2\text{-}34)$$

由式（2-34）可知，$U_L = \omega LI_L = X_L I_L$ 或 $U_{Lm} = \omega LI_{Lm} = X_L I_{Lm}$，其中

$$X_L = \frac{U_L}{I_L} = \omega L \quad (2\text{-}35)$$

这里 X_L 称为电感元件的感抗，单位为欧姆。

由式（2-33）和式（2-34）可以看出，当正弦电流通过电感元件时，在电感上产生一个同频率的、相位超前电流 90° 的正弦电压，其波形图如图 2-11 所示。

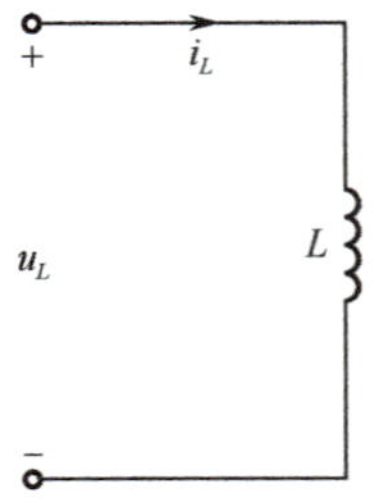

图 2-10　电感电路

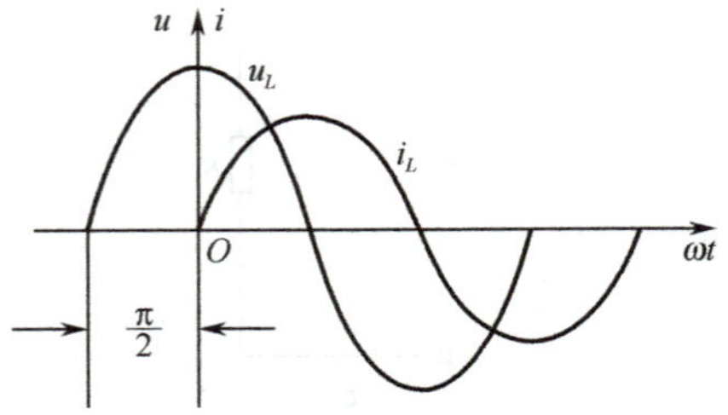

图 2-11　电感电路波形图

式（2-35）表明：电感元件端电压的有效值和电流的有效值之间符合欧姆定律。

常用相量的形式来分析电感电路，其相量模型如图 2-12（a）所示。由式（2-33）和式（2-34）可以写出电感元件电压和电流的相量形式分别为

$$\dot{I}_L = I_L\angle 0^\circ$$
$$\dot{U}_L = \omega LI_L\angle 90^\circ = \mathrm{j}X_L\dot{I}_L \quad (2\text{-}36)$$

式（2-36）是电感电路欧姆定律的相量形式，其相量图如图 2-12（b）所示。

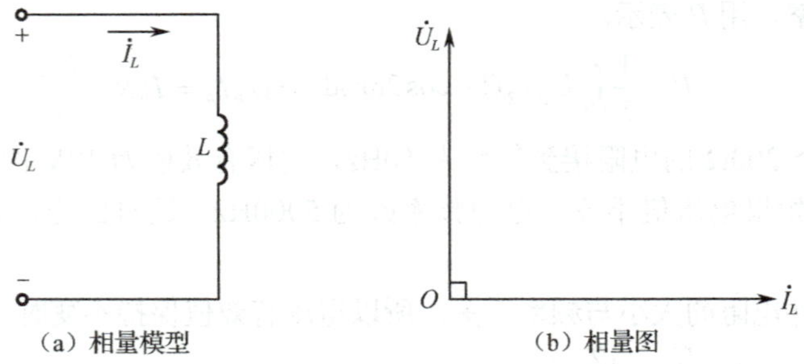

图 2-12　电感元件的相量关系

2．电感电路中的功率

电感电路所吸收的瞬时功率为

$$p = u_L i_L = \sqrt{2}U_L\sin(\omega t + 90^\circ)\cdot\sqrt{2}I_L\sin\omega t = U_L I_L\sin 2\omega t \quad (2\text{-}37)$$

可见，电感从电源吸收的瞬时功率是幅值为 $U_L I_L$，以 2ω 的角频率随时间变化的正弦量。其平均功率（有功功率）为

$$P = \frac{1}{T}\int_0^T U_L I_L\sin 2\omega t\mathrm{d}t = 0 \quad (2\text{-}38)$$

这就是说，电感不消耗功率，与电源之间只存在能量的交换；所以，电感是一个储能元件。电感与电源之间功率交换的最大值用 Q_L 表示。即

$$Q_L = U_L I_L = I_L^2 X_L = \frac{U_L^2}{X_L} \quad (2\text{-}39)$$

式（2-39）与电阻电路中的$P=U_R I_R = I_R^2 R=\frac{U_R^2}{R}$在形式上是相似的，但有本质的区别。$P$是电路中消耗的功率，而$Q_L$只反映电路中能量互换的速率，称为无功功率，单位为乏（var）或千乏（kvar）。

【例 2-5】 把一个 0.1H 的电感元件接到频率为 50Hz、电压有效值为 20V 的正弦电源上，求通过电感的电流的有效值。如果电压的有效值不变，电源频率改为 5000Hz，这时电流的有效值又是多少？

解： 当f=50Hz 时，可得

$$X_L = 2\pi fL = 2\times3.14\times50\times0.1 = 31.4\Omega$$

$$I_L = \frac{U}{X_L} = \frac{20}{31.4} = 0.637\text{A} = 637\text{mA}$$

当f=5000Hz 时，可得

$$X_L = 2\pi fL = 2\times3.14\times5000\times0.2 = 3140\Omega$$

$$I_L = \frac{U}{X_L} = \frac{20}{3140} = 0.00637\text{A} = 6.37\text{mA}$$

可见，电压一定时，电感上的电流与频率成反比。

2.3.3 电容元件的交流电路

1．正弦电压与电流的关系

图 2-13 所示为仅含有电容元件的交流电路。设任意瞬时，电压u_C和电流i_C在关联参考方向下的关系为

$$i_C = C\frac{\mathrm{d}u_C}{\mathrm{d}t} \tag{2-40}$$

如设电压为参考相量，即

$$u_C = \sqrt{2}U_C\sin\omega t \tag{2-41}$$

则有

$$i_C = C\frac{\mathrm{d}u_C}{\mathrm{d}t} = \sqrt{2}\omega CU_C\cos\omega t = \sqrt{2}\omega CU_C\sin(\omega t+90^\circ) = \sqrt{2}I_C\sin(\omega t+90^\circ) \tag{2-42}$$

式（2-42）中，$I_C=\omega CU_C$，即

$$\frac{U_C}{I_C} = \frac{1}{\omega C} = \frac{1}{2\pi fC} = X_C \tag{2-43}$$

在式（2-43）中，X_C称为电容的容抗，单位为欧姆。

由式（2-41）和式（2-42）可以看出，当电容元件两端施加正弦电压时，在电容上产生一个同频率的、相位超前电压 90° 的正弦电流，其波形图如图 2-14 所示。

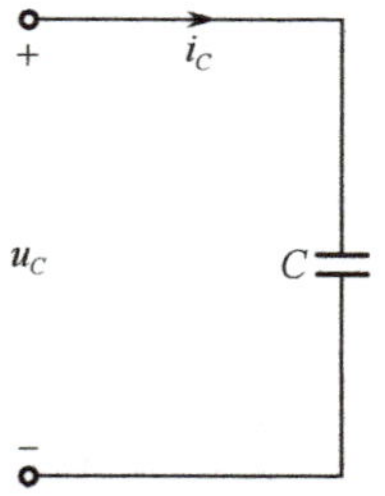

图 2-13 电容电路

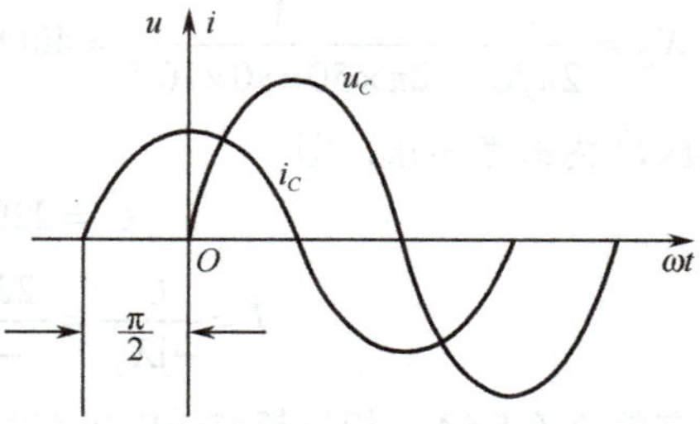

图 2-14 电容电路波形图

式（2-43）表明：电容元件端电压的有效值和电流的有效值之间符合欧姆定律。

常用相量的形式来分析电容电路，其相量模型如图 2-15（a）所示。由式（2-41）和式（2-42）

可以写出电容元件电压和电流的相量形式分别为

$$\dot{U}_C = U_C\underline{/0^\circ}$$

$$\dot{I}_C = \omega C U_C \underline{/90^\circ} = \frac{\dot{U}_C}{-\mathrm{j}\dfrac{1}{\omega C}} = \frac{\dot{U}_C}{-\mathrm{j}X_C} \text{或} \dot{U}_C = -\mathrm{j}X_C\dot{I}_C \tag{2-44}$$

式（2-44）是电容电路欧姆定律的相量形式，其相量图如图 2-15（b）所示。

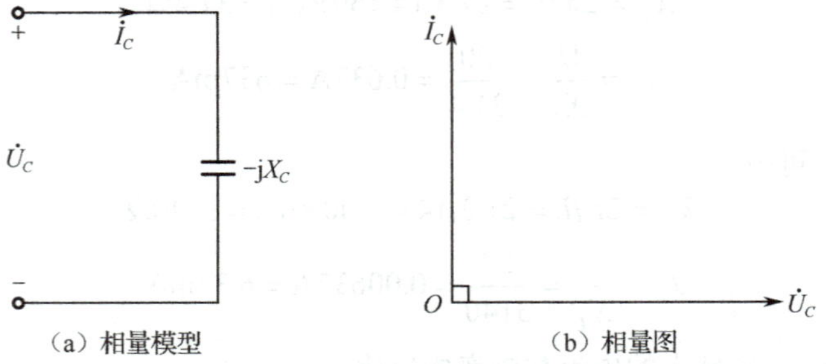

图 2-15　电容元件的相量关系

2. 电容电路中的功率

电容电路所吸收的瞬时功率为

$$p = u_C i_C = \sqrt{2}U_C \sin\omega t \cdot \sqrt{2}I_C \sin(\omega t + 90^\circ) = U_C I_C \sin 2\omega t \tag{2-45}$$

可见，电容从电源吸收的瞬时功率是幅值为$U_C I_C$，以2ω的角频率随时间变化的正弦量。其平均功率（有功功率）为

$$P = \frac{1}{T}\int_0^T U_C I_C \sin 2\omega t \mathrm{d}t = 0 \tag{2-46}$$

这就是说，电容与电感相似，不消耗有功功率，与电源之间只存在能量的交换；所以，电容也是一个储能元件。电容与电源之间功率交换的最大值，称为无功功率，用Q_C表示。即

$$Q_C = -U_C I_C = -I_C^2 X_C = -\frac{U_C^2}{X_C} \tag{4-47}$$

为了区别电容与电感的无功功率值，电容的无功功率值取负值，电感的无功功率取正值。

【例 2-6】 设有一电容器，其电容$C = 80\mu\mathrm{F}$，电阻可忽略不计，将其接于 50Hz 、220V 的电源上，试求：

（1）该电容的容抗X_C；

（2）电路中的电流I及其与电压的相位差；

（3）电容的无功功率Q_C。

解：（1）$X_C = \dfrac{1}{2\pi f C} = \dfrac{1}{2\pi \times 50 \times 80 \times 10^{-6}} = 40\Omega$。

（2）设电压$\dot{U}$为参考相量，即

$$\dot{U} = 220\underline{/0^\circ}$$

$$\dot{I} = \frac{\dot{U}}{-\mathrm{j}X_C} = \frac{220\underline{/0^\circ}}{-\mathrm{j}40} = \mathrm{j}5.5$$

即电流的有效值 I=5.5A，相位超前于电压 90° 。

（3）$Q_C = -I^2 X_C = -5.5^2 \times 40 = -1210\mathrm{var}$。

2.4 RLC 串联交流电路

RLC 串联交流电路（简称 RLC 串联电路）如图 2-16（a）所示。电路中的各元件通过同一电流，电流与各电压的参考方向如图所示。

1. 正弦电压与电流的关系

当正弦电流 $i=\sqrt{2}I\sin\omega t$ 通过图 2-16（a）所示的电路时，在电阻、电感、电容上产生的电压分别为 u_R、u_L、u_C，根据基尔霍夫电压定律有

$$u=u_R+u_L+u_C \tag{2-48}$$

由于 u_R、u_L、u_C 为同频率的正弦量，故可以用相量表示，即

$$\dot{U}=\dot{U}_R+\dot{U}_L+\dot{U}_C \tag{2-49}$$

其相量模型如图 2-16（b）所示。

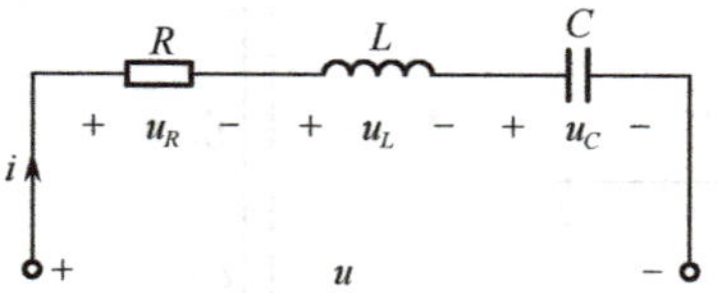

（a）电路图

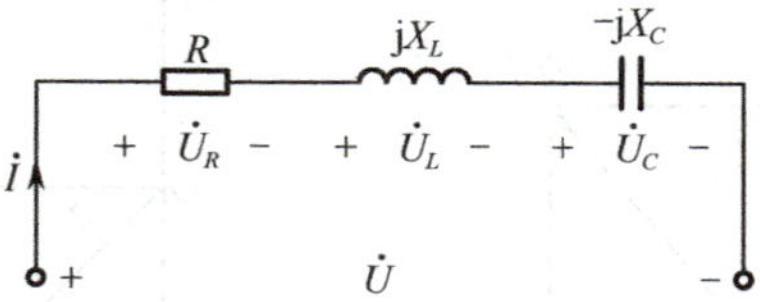

（b）相量模型

图 2-16　RLC 串联电路

将 $\dot{U}_R=R\dot{I}$，$\dot{U}_L=\mathrm{j}\omega L\dot{I}$，$\dot{U}_C=-\mathrm{j}\dfrac{1}{\omega C}\dot{I}$ 代入式（2-49），可得

$$\dot{U}=\left[R+\mathrm{j}\left(\omega L-\frac{1}{\omega C}\right)\right]\dot{I} \tag{2-50}$$

设：

$$\dot{U}=Z\dot{I} \tag{2-51}$$

其中：

$$Z=R+\mathrm{j}\left(\omega L-\frac{1}{\omega C}\right)=R+\mathrm{j}(X_L-X_C)=R+\mathrm{j}X=|Z|\angle\varphi \tag{2-52}$$

式（2-51）为正弦交流电路中欧姆定律的相量形式。Z 称为 RLC 串联电路的复阻抗，简称阻抗，单位为欧姆；$|Z|$ 为阻抗的阻抗值，单位为欧姆；X 称为电抗，单位为欧姆；φ 称为阻抗角。图 2-16（b）可以用图 2-17 来替代。

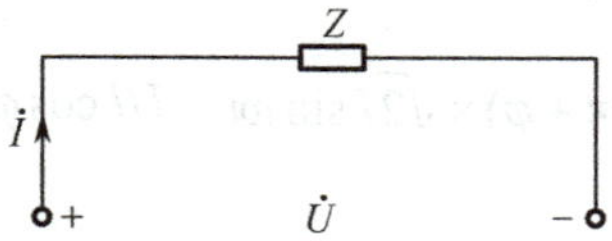

图 2-17　RLC 串联等效电路

由式（2-52）可知

$$|Z|=\sqrt{R^2+X^2}=\sqrt{R^2+\left(\omega L-\frac{1}{\omega C}\right)^2} \tag{2-53}$$

$$\varphi=\arctan\frac{X}{R}=\arctan\frac{\omega L-\dfrac{1}{\omega C}}{R} \tag{2-54}$$

由式（2-52）还可以得出

$$Z=\frac{\dot{U}}{\dot{I}}=\frac{U\angle\psi_u}{I\angle\psi_i}=|Z|\angle\psi_u-\psi_i=|Z|\angle\varphi \tag{2-55}$$

可见，阻抗角φ也是电压和电流的相位差角。由式（2-53）可以看出，阻抗的实部是电阻R、虚部是电抗X。这里要注意的是：阻抗虽然是复数，但它不是时间的函数，所以不是相量，因此Z的上面没有“·”。

由式（2-51）和式（2-52）可以看出，阻抗Z仅由电路的参数及电源的频率决定，与电压、电流的大小无关。

若$X_L > X_C$，则$\varphi>0$，电压超前电流，电路呈电感性，如图2-18（a）所示。

若$X_L < X_C$，则$\varphi<0$，电压滞后电流，电路呈电容性，如图2-18（b）所示。

若$X_L = X_C$，则$\varphi=0$，电压与电流同相位，电路呈电阻性，如图2-18（c）所示。

单一的电阻、电感、电容可以视为阻抗的特例，它们的阻抗分别为$Z=R$，$Z=\mathrm{j}\omega L$，$Z=-\mathrm{j}\dfrac{1}{\omega C}$。

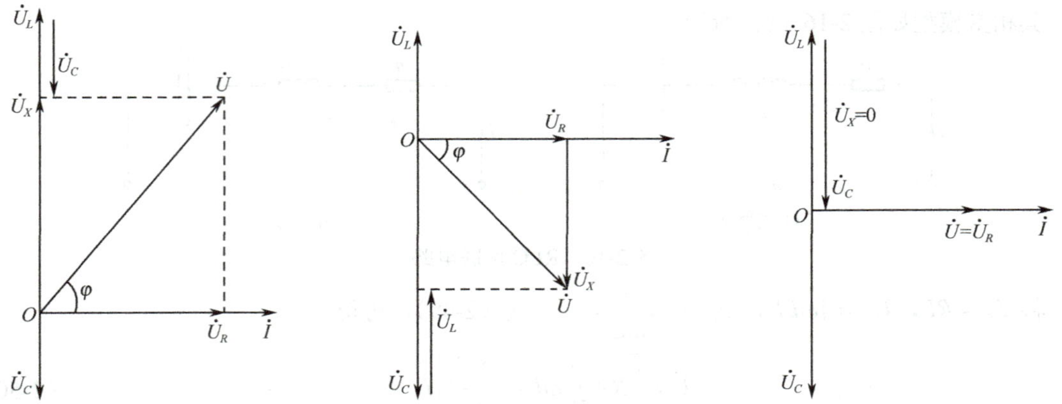

（a）呈电感性　（b）呈电容性　（c）呈电阻性

图2-18　RLC串联电路相量图

2．RLC串联电路中的功率

（1）瞬时功率和有功功率

图2-16所示为RLC串联电路，端电压u和电流i的参考方向如图所示。

设

$$i=\sqrt{2}I\sin\omega t$$

$$u=\sqrt{2}U\sin(\omega t+\varphi) \tag{2-56}$$

则瞬时功率

$$p=ui=\sqrt{2}U\sin(\omega t+\varphi)\times\sqrt{2}I\sin\omega t=UI\cos\varphi-UI\cos(2\omega t+\varphi) \tag{2-57}$$

有功功率

$$P=\frac{1}{T}\int_0^T p\mathrm{d}t=\frac{1}{T}\int_0^T[UI\cos\varphi-UI\cos(2\omega t+\varphi)]\mathrm{d}t=UI\cos\varphi \tag{2-58}$$

由式（2-58）可见，正弦交流电路的有功功率不仅与电压和电流的有效值有关，还与它们的相位差φ有关。φ又称功率因数角，$\cos\varphi$称为功率因数，用λ表示，是交流电路中一个非常重要的指标。

（2）无功功率

在RLC串联电路中，不仅要进行能量的转换，而且电感与电容还要与电源进行能量的交换；电感、电容与电源之间进行能量交换的规模的大小用无功功率来衡量，其值为

$$Q=UI\sin\varphi \tag{2-59}$$

由于电感元件的电压超前电流90°，电容元件的电压滞后电流90°，因此，感性无功功率与容

性无功功率之间可以相互补偿，即

$$Q = Q_L - Q_C \tag{2-60}$$

（3）视在功率

在交流电路中，电气设备是根据其发热（电流的大小）的耐压（电压的最大值）情况来设计和使用的，通常将电压有效值和电流有效值的乘积定义为视在功率（设备的容量），用 S 表示，单位为伏安（V·A）。其表达式为

$$S = UI = |Z| I^2 \tag{2-61}$$

（4）功率三角形

由式（2-58）、式（2-59）及式（2-61）可知

$$S = UI = \sqrt{P^2 + Q^2} \tag{2-62}$$

可以用功率三角形来表示有功功率 P、无功功率 Q、视在功率 S 之间的关系，如图 2-19 所示。由图 2-19 可得

$$\varphi = \arctan\frac{Q}{P} \tag{2-63}$$

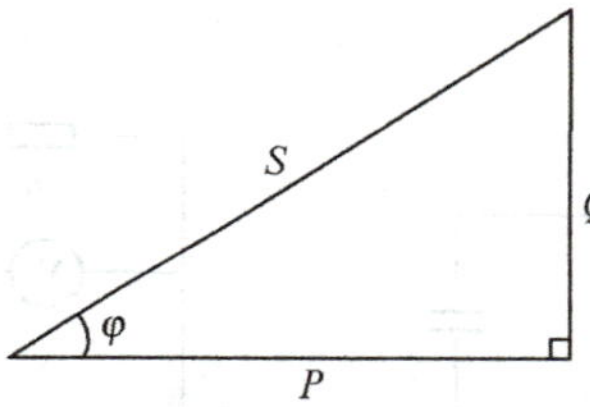

图 2-19　功率三角形

【例 2-7】 在 RLC 串联电路中，已知 $R = 30\Omega$，$L = 127\text{mH}$，$C = 40\mu\text{F}$，电压源电压 $u = 220\sqrt{2}\sin(314t + 30^\circ)\text{V}$，试求：该串联电路的阻抗 Z，电路中的电流 i，电路的功率 P 和 Q。

解：

$$X_L = \omega L = 314 \times 127 \times 10^{-3} = 40\Omega$$

$$X_C = \frac{1}{\omega C} = \frac{1}{314 \times 40 \times 10^{-6}} = 80\Omega$$

$$Z = R + \text{j}(X_L - X_C) = 30 + \text{j}(40 - 80) = (30 - \text{j}40)\Omega = 50\angle -53.1^\circ\,\Omega$$

$$\dot{I} = \frac{\dot{U}}{Z} = \frac{220\angle 30^\circ}{50\angle -53.1^\circ} = 4.4\angle 83.1^\circ\,\text{A}$$

$$i = 4.4\sqrt{2}\sin(314t + 83.1^\circ)\text{A}$$

$$P = UI\cos\varphi = 220 \times 4.4 \times \cos(-53.1^\circ) = 580.8\text{W}$$

$$Q = UI\sin\varphi = 220 \times 4.4 \times \sin(-53.1^\circ) = -774.4\text{var}$$

2.5　正弦交流电路的分析

在交流电路中，常采用相量法来分析电路，为此，需要掌握欧姆定律和基尔霍夫定律的相量形式。直流电路中由欧姆定律和基尔霍夫定律所推导出的结论、分析方法和定理，都可以扩展到交流电路中。

2.5.1　基尔霍夫定律的相量形式

根据基尔霍夫电流定律，在电路的任意节点，任何时刻，都有

$$i_1 + i_2 + \cdots + i_n = 0 \tag{2-64}$$

即

$$\sum i_k = 0 \tag{2-65}$$

若这些电流都是同频率的正弦量，则可以用相量形式表示为

$$\dot{I}_1 + \dot{I}_2 + \cdots + \dot{I}_n = 0 \tag{2-66}$$

$$\sum \dot{I}_k = 0 \tag{2-67}$$

式（2-67）是基尔霍夫电流定律在正弦交流电路中的相量形式，它与直流电路中的基尔霍夫电流定律 $\sum i_k = 0$ 在形式上是相似的。

基尔霍夫电压定律对电路中任一回路在任意瞬时都是成立的，即 $\sum u_k = 0$。同样，这些电压 u_k 都是同频率的正弦量，可以用相量形式表示为

$$\sum \dot{U}_k = 0 \tag{2-68}$$

式（2-68）是基尔霍夫电压定律在正弦交流电路中的相量形式，它与直流电路中的基尔霍夫电压定律 $\sum u_k = 0$ 在形式上是相似的。

【例 2-8】 如图 2-20 所示，已知图 2-20（a）中电流表 A_1、A_2、A_3 的读数都是 10A，图 2-20（b）中电压表 V_1、V_2、V_3 的读数分别是 30V、30V、70V，试求电路中电流表 A 和电压表 V 的读数。

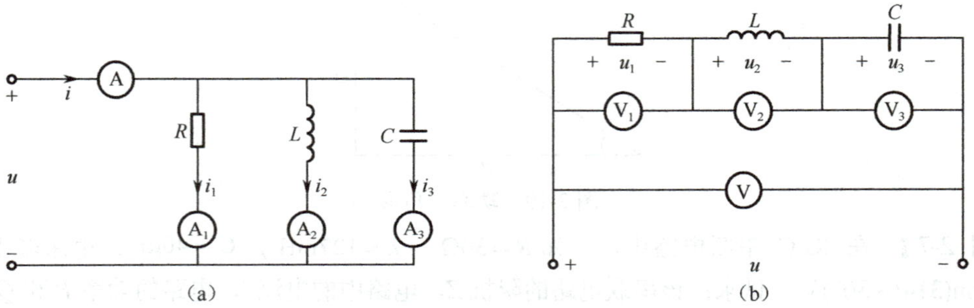

图 2-20　例 2-8 电路图

解：在图 2-20（a）中，由于并联电路中各支路的电压相同，所以设端电压为参考相量，即

$$\dot{U} = U\underline{/0^\circ}$$

$$\dot{I}_1 = 10\underline{/0^\circ}\text{A}（电阻元件电流与电压同相）$$

$$\dot{I}_2 = 10\underline{/-90^\circ}\text{A}（电感元件电流滞后电压90°）$$

$$\dot{I}_3 = 10\underline{/90^\circ}\text{A}（电容元件电流超前电压 90°）$$

由 KCL 可得

$$\dot{I} = \dot{I}_1 + \dot{I}_2 + \dot{I}_3 = (10\underline{/0^\circ} + 10\underline{/-90^\circ} + 10\underline{/90^\circ})\text{A} = (10 - \text{j}10 + \text{j}10) = 10\text{A}$$

所以，图 2-20（a）中，电流表 A 的读数为 10A。

在图 2-20（b）中，由于并联电路中各元件的电流相同，所以设电流为参考相量，即

$$\dot{I} = I\underline{/0^\circ}$$

则有

$$\dot{U}_1 = 30\underline{/0^\circ}\text{V}（电阻元件电流与电压同相）$$

$$\dot{U}_2 = 30\underline{/90^\circ}\text{V}（电感元件电流滞后电压 90°）$$

$$\dot{U}_3 = 70\underline{/-90^\circ}\text{V}（电容元件电流超前电压 90°）$$

由 KCL 可得

$$\dot{U} = \dot{U}_1 + \dot{U}_2 + \dot{U}_3 = (30\underline{/0^\circ} + 30\underline{/90^\circ} + 70\underline{/-90^\circ})\text{V} = (30 + \text{j}30 - \text{j}70)\text{V} = 50\underline{/-53.13^\circ}\text{V}$$

所以，图 2-20（b）中电压表 V 的读数为 50V。

2.5.2 阻抗的串联和并联

1. 阻抗的串联

图 2-21 所示为若干个阻抗的串联电路，它的等效阻抗 Z 为

$$\begin{aligned} Z &= Z_1 + Z_2 + \cdots + Z_n \\ &= (R_1 + \mathrm{j}X_1) + (R_2 + \mathrm{j}X_2) + \cdots + (R_n + \mathrm{j}X_n) \\ &= (R_1 + R_2 + \cdots + R_n) + \mathrm{j}(X_1 + X_2 + \cdots + X_n) \\ &= R + \mathrm{j}X \\ &= |Z| \underline{/\varphi} \end{aligned} \tag{2-69}$$

式（2-69）中，R 称为串联电路的等效电阻，它等于各串联电阻的和；X 称为串联电路的等效电抗，它等于各串联电抗的和（感抗取正值，容抗取负值）。

2. 阻抗的并联

图 2-22 所示为若干个阻抗的并联电路，它的等效阻抗 Z 的倒数等于各并联阻抗的倒数和，即

$$\frac{1}{Z} = \frac{1}{Z_1} + \frac{1}{Z_2} + \cdots + \frac{1}{Z_n} \tag{2-70}$$

当只有两个阻抗并联时，可得

$$Z = \frac{Z_1 Z_2}{Z_1 + Z_2} \tag{2-71}$$

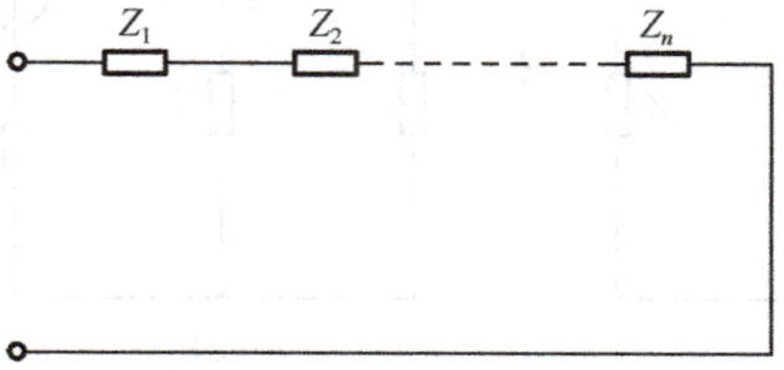

图 2-21 阻抗的串联

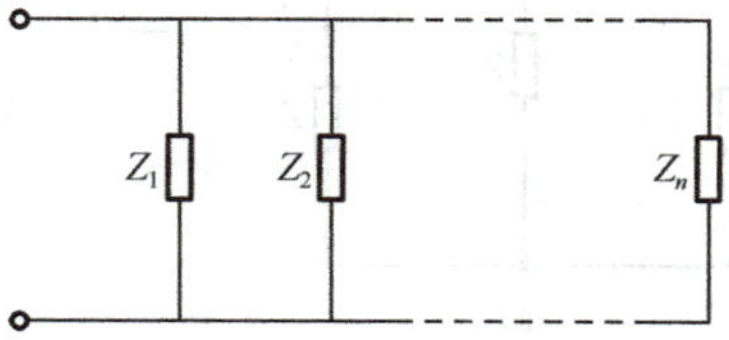

图 2-22 阻抗的并联

【例 2-9】 在图 2-23 所示电路中，已知 $R_1 = 4\Omega$，$X_L = 3\Omega$，$R_2 = 6\Omega$，$X_C = 8\Omega$，电源电压的有效值 $U = 10\mathrm{V}$，试求：（1）电路的等效阻抗；（2）各支路电流。

解：（1）设 $\dot{U} = 10\underline{/0^\circ}\mathrm{V}$，则

$$Z_{\mathrm{RL}} = (4 + \mathrm{j}3)\Omega\text{；}\ Z_{\mathrm{RC}} = (6 - \mathrm{j}8)\Omega$$

$$Z = \frac{Z_{\mathrm{RL}} \cdot Z_{\mathrm{RC}}}{Z_{\mathrm{RL}} + Z_{\mathrm{RC}}} = \frac{5\underline{/36.9^\circ} \cdot 10\underline{/-53.1^\circ}}{10 - \mathrm{j}5} = 2\sqrt{5}\underline{/10.4^\circ}\Omega$$

（2）各支路电流分别为

$$\dot{I}_1 = \frac{\dot{U}}{R + \mathrm{j}X_L} = \frac{10\underline{/0^\circ}}{5\underline{/36.9^\circ}} = 2\underline{/-36.9^\circ}\mathrm{A}$$

$$\dot{I}_2 = \frac{\dot{U}}{R - \mathrm{j}X_C} = \frac{10\underline{/0^\circ}}{10\underline{/-53.1^\circ}} = 1\underline{/53.1^\circ}\mathrm{A}$$

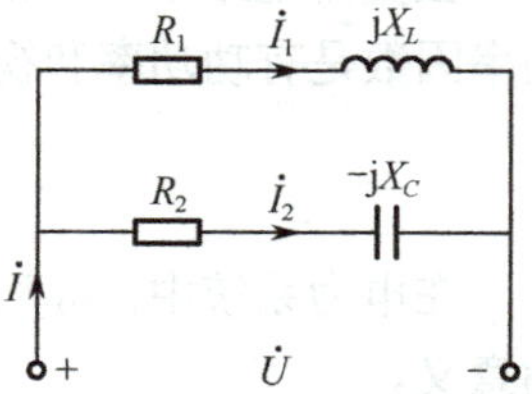

图 2-23 例 2-9 电路图

2.5.3 复杂正弦交流电路的分析

在正弦交流电路中，以相量形式表示的欧姆定律和基尔霍夫定律与直流电路有相似的表达式；因而在直流电路中，由欧姆定律和基尔霍夫定律推导出的支路电流法、节点电压法、叠加定理、等效电源定理等都可以同样扩展到正弦交流电路中。在扩展中，直流电路中的各物理量在交流电路中用相量的形式来代替；直流电路中的电阻 R 用阻抗 Z 来代替。

【例 2-10】 在图 2-24 所示的电路中，两个电源的电压有效值均为 220 V，相位相差 30°，内

阻阻抗 $Z_1 = Z_2 = (2+\mathrm{j}2)\Omega$，负载阻抗 $Z = (10+\mathrm{j}10)\Omega$，试求负载电流 $\dot{I}$。

解：（1）用支路电流法求解。

设 $\dot{U}_{S1}$ 为参考相量，$\dot{U}_{S2}$ 超前 $\dot{U}_{S1}$ 30°，则有

$$\dot{U}_{S1} = 220\underline{/0^\circ}\,\mathrm{V} \qquad \dot{U}_{S2} = 220\underline{/30^\circ}\,\mathrm{V}$$

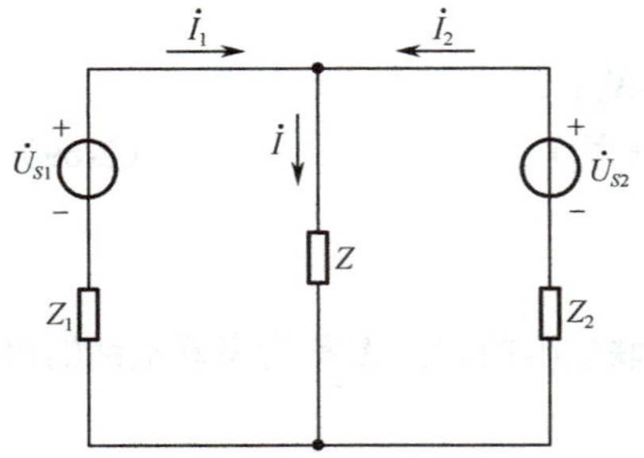

图 2-24 例 2-10 电路图

各支路电流的参考方向如图 2-24 所示。

由 KCL 得

$$\dot{I}_1 + \dot{I}_2 = \dot{I}$$

由 KVL 得

$$\dot{I}_1 Z_1 + \dot{I}Z = \dot{U}_{S1}$$

$$\dot{I}_2 Z_2 + \dot{I}Z = \dot{U}_{S2}$$

联立以上三个方程，解得

$$\dot{I} = 13.7\underline{/-30^\circ}\,\mathrm{A}$$

（2）用叠加定理求解。

在图 2-25 所示的电路中，图 2-25（a）可视为图 2-25（b）和图 2-25（c）的叠加，负载电流 $\dot{I} = \dot{I}^{(1)} + \dot{I}^{(2)}$。

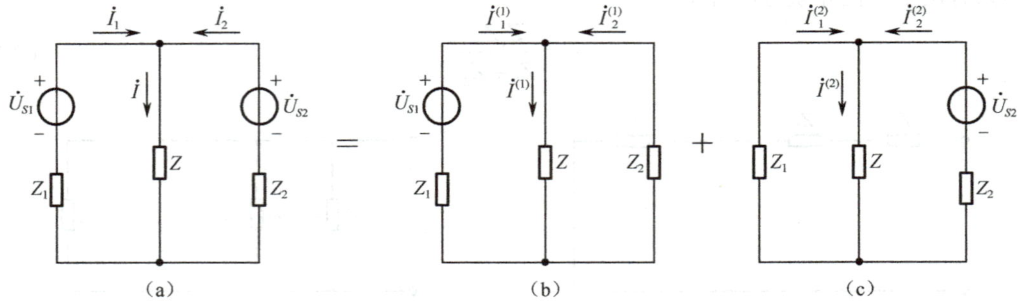

图 2-25 例 2-10 叠加定理

此题还可以用戴维南定理、节点电压法来求解，所得结果与上述完全一致，在此不一一叙述。

2.6 功率因数及其提高

在交流电路中，电压与电流之间的相位差 φ 的余弦称为功率因数，用 $\cos\varphi$ 表示，在数值上，功率因数是有功功率和视在功率的比值，即

$$\cos\varphi = \frac{P}{S} \tag{2-72}$$

在电力系统中，功率因数直接影响系统运行的经济性，提高电力系统的功率因数具有极为重要的意义。

提高功率因数即提高有功功率的利用率，可以使发电设备的容量得以充分利用，或减小电源与负载间无功交换的规模。另外，无功互换虽不直接消耗电源能量，但会影响输电线路的电能损耗和电压损耗，根据 $I = \dfrac{P}{U\cos\varphi}$ 可知，功率因数越小，I 越大，线路功率损耗 $\Delta P = I^2 r$ 越大（r 为线路电阻）；而且当输电线路上的压降 $\Delta U = Ir$ 增加时，加到负载上的电压降低，会影响负载的正常工作。

要提高功率因数就必须设法减小负载占用的无功功率，而且不改变原负载的工作状态。因此，感性负载需要并联容性元件去补偿其无功功率。由于负载通常都是感性的，下面以感性负载并联容性元件为例，分析提高功率因数的过程。

如图 2-26（a）所示，设负载的端电压为$\dot{U}$，在未并联电容时，感性负载上的电流为$\dot{I}_1$，$\dot{I}_1$与$\dot{U}$的相位差为φ_1；并联电容后，$\dot{I}_1$不变，电容支路的电流为$\dot{I}_C$，且端电流$\dot{I}=\dot{I}_1+\dot{I}_C$，$\dot{I}$与$\dot{U}$的相位差为$\varphi_2$，相量图如图 2-26（b）所示。显然，$\varphi_1>\varphi_2$，因此，$\cos\varphi_1<\cos\varphi_2$，并联电容后，功率因数提高了。

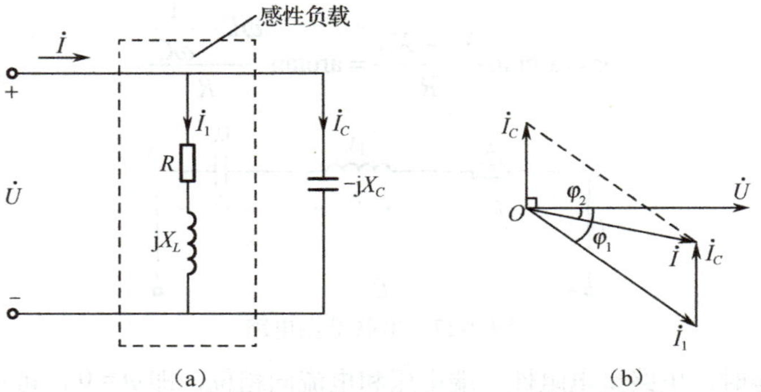

图 2-26　感性负载并联电容元件提高功率因数

【例 2-11】 有一个感性负载，其有功功率 P=20kW，将其接到 220V、50Hz 的交流电源上，功率因数为 0.6，现在欲并联一个电容，将其功率因数提高到 0.9，试问：所需补偿的无功功率 Q_C 及电容 C 分别为多少？

解： 未并联电容时，功率因数为 0.6，即

$$\cos\varphi_1=0.6 \qquad \varphi_1=53^\circ$$

电路的无功功率

$$Q_1=P\tan\varphi_1=26.67\text{kvar}$$

并联电容后，功率因数为 0.9，即

$$\cos\varphi_2=0.9 \qquad \varphi_2=26^\circ$$

电路的无功功率

$$Q_2=P\tan\varphi_2=9.75\text{kvar}$$

所需补偿的无功功率

$$Q_C=Q_1-Q_2=16.92\text{kvar}$$

由于$Q_C=\dfrac{U^2}{X_C}=2\pi fCU^2$，因此所需并联的电容

$$C=\frac{Q_C}{2\pi fU^2}=1113\mu\text{F}$$

2.7　电路中的谐振

在含有电阻、电感、电容元件的交流电路中，当电路端口的电压$\dot{U}$和电流$\dot{I}$同相位，电路呈现电阻性时，电路就处于谐振状态。谐振的实质是电容中的电场能与电感中的磁场能相互转换，此增彼减，完全补偿。电场能和磁场能的总和时刻保持不变，电源不必与电容或电感往返转换能量，只需供给电路中电阻所消耗的能量。根据电路结构的不同，谐振可以分为串联谐振和并联谐振。

2.7.1　串联谐振

1．串联谐振

图 2-27 所示的电路为 RLC 串联谐振电路，电路的阻抗为

$$Z = R + j(X_L - X_C) = R + j\left(\omega L - \frac{1}{\omega C}\right) \tag{2-73}$$

$$|Z| = \sqrt{R^2 + (X_L - X_C)^2} = \sqrt{R^2 + \left(\omega L - \frac{1}{\omega C}\right)^2} \tag{2-74}$$

$$\varphi = \arctan\frac{X_L - X_C}{R} = \arctan\frac{\omega L - \frac{1}{\omega C}}{R} \tag{2-75}$$

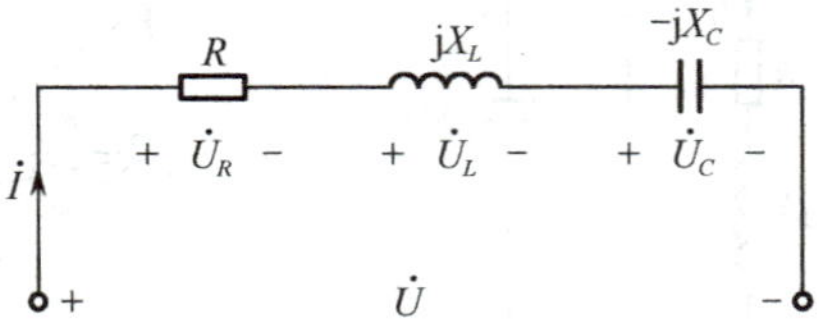

图 2-27　串联谐振电路

当电路发生谐振时，电路呈电阻性，端电压和电流同相位，即$\varphi = 0$，可得

$$X_L = X_C \text{ 或 } \omega L = \frac{1}{\omega C} \tag{2-76}$$

由式（2-76）可以看出，调整ω、L和C三个数值中的任意一个，均可使上式成立，从而使电路发生谐振。电路发生谐振时的角频率用ω_0表示，称为谐振角频率，则有

$$\omega_0 = \frac{1}{\sqrt{LC}} \text{ 或 } f_0 = \frac{1}{2\pi\sqrt{LC}} \tag{2-77}$$

f_0称为谐振频率。

2. 串联谐振电路的特征

由式（2-74）可知，串联谐振时，$|Z| = R$，这时的$|Z|$具有最小值，且为一个纯电阻。电感、电容串联的阻抗为0，相当于短路。谐振时电路的电流为$I_0 = \frac{U}{|Z|} = \frac{U}{R}$，称为谐振电流。

由图2-18（c）可知，串联谐振时，$\dot{U}_L = -\dot{U}_C$，即电感上的电压与电容上的电压大小相等、方向相反，互相抵消。如果$X_L = X_C \gg R$，则有$U_L = U_C \gg U$，即电感或电容上的电压远远大于电路的端电压，这种现象称为过高压现象，往往会造成元件的损坏。通常将串联谐振电路中U_L或U_C与U的比值称为品质因数，用Q来表示，即

$$Q = \frac{U_L}{U} = \frac{U_C}{U} = \frac{\omega_0 L}{R} = \frac{1}{\omega_0 RC} = \frac{1}{R}\sqrt{\frac{L}{C}} \tag{2-78}$$

2.7.2 并联谐振

1. 并联谐振

图2-29所示的是另外一种典型的谐振电路，即谐振发生在并联电路中，电阻R和电感L串联，表示实际线圈，与电容C并联组成并联谐振电路。电感支路的电流

$$\dot{I}_L = \frac{\dot{U}}{R + jX_L} = \frac{\dot{U}}{R + j\omega L} \tag{2-79}$$

电容支路的电流

$$\dot{I}_C = \frac{\dot{U}}{-jX_C} = j\omega C\dot{U} \tag{2-80}$$

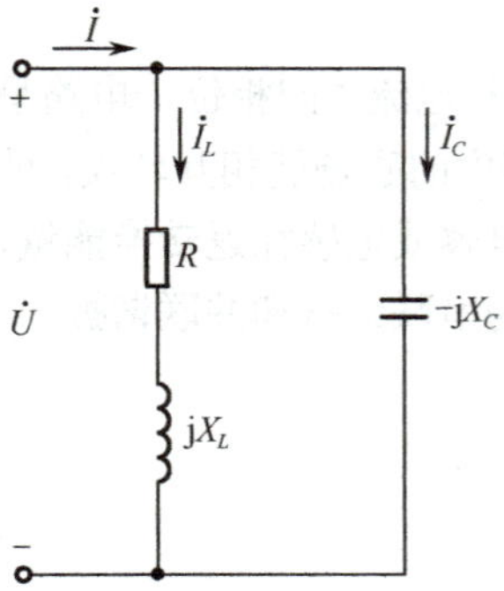

图 2-29　并联谐振电路

总电流

$$\dot{I}=\dot{I}_L+\dot{I}_C=\frac{\dot{U}}{R+\mathrm{j}\omega L}+\mathrm{j}\omega C\dot{U}$$

$$=\left[\frac{R-\mathrm{j}\omega L}{R^2+(\omega L)^2}+\mathrm{j}\omega C\right]\dot{U} \tag{2-81}$$

$$=\left[\frac{R}{R^2+(\omega L)^2}+\mathrm{j}\left(\omega C-\frac{\omega L}{R^2+(\omega L)^2}\right)\right]\dot{U}$$

当发生谐振时，$\dot{I}$ 与 $\dot{U}$ 同相位，则式（2-81）中的虚部为零，即

$$\omega C=\frac{\omega L}{R^2+(\omega L)^2} \tag{2-82}$$

一般情况下，R 很小，尤其在频率较高时，$\omega L \gg R$，因此有

$$\omega C=\frac{1}{\omega L} \tag{2-83}$$

所以，谐振角频率

$$\omega_0=\frac{1}{\sqrt{LC}} \tag{2-84}$$

谐振频率

$$f_0=\frac{1}{2\pi\sqrt{LC}} \tag{2-85}$$

2．并联谐振电路的特征

并联谐振电路的电压和电流同相，电路呈电阻性，此时电路中的阻抗最大，电流最小。并联谐振时的总电流为

$$\dot{I}_0=\frac{R}{R^2+(\omega L)^2}\dot{U}=\frac{\dot{U}}{\dfrac{R^2+(\omega L)^2}{R}}=\frac{\dot{U}}{Z} \tag{2-86}$$

式中

$$Z=\frac{R^2+(\omega_0 L)^2}{R}\approx\frac{(\omega_0 L)^2}{R}=\frac{L}{RC}$$

所以

$$\dot{I}_0=\frac{\dot{U}}{\dfrac{L}{RC}}$$

并联谐振时，由于电路呈电阻性，电感电流 $\dot{I}_L$ 和电容电流 $\dot{I}_C$ 几乎大小相等、相位相反，总电流很小，因此，电感或电容的电流大小有可能远远超过总电流，电感或电容的电流与总电流的比值称为品质因数 Q，其值为

$$Q=\frac{I_L}{I_0}=\frac{\omega_0 L}{R} \tag{2-87}$$

在无线电系统中，谐振的应用比较广泛，但在电力工程中，又要避免谐振给电气设备带来的危害。

2.8 三相交流电路

电力输配电系统中使用的交流电源绝大多数是三相系统。前面研究的单相交流电也是由三相系统中的一相提供的。之所以采用三相系统供电，是因为其在发电、输电及将电能转换为机械能方面

都具有明显的优越性。三相系统由三相电源、三相负载和三相输电线路三部分组成。

2.8.1 三相电源

三相电源是由三相发电机产生的，图 2-30 所示便是一台三相交流发电机的示意图。将三相完全相同的绕组 A-X、B-Y、C-Z（首-尾）对称分布在定子凹槽内，三相定子绕组的首尾互差 120°，通入直流电励磁。当转子由原动机沿拖动逆时针方向以角速度 ω 做匀速旋转时，各相绕组的导线都切割磁力线而产生幅值相等（绕组相同）、频率相同（以同一角速度切割）、相位上相差 120° 的三相交流电压。若以图 2-30 中 A 相（位于磁场中的中性面上）为参考，则三相电压源电压的瞬时值表达式为

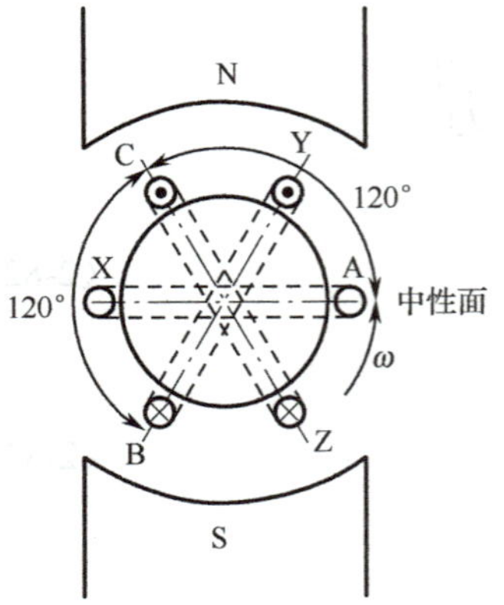

图 2-30　三相交流发电机示意图

$$
\begin{aligned}
u_A &= \sqrt{2}U_P\sin(\omega t)\text{V} \\
u_B &= \sqrt{2}U_P\sin(\omega t-120^\circ)\text{V} \\
u_C &= \sqrt{2}U_P\sin(\omega t+120^\circ)\text{V}
\end{aligned}
\tag{2-88}
$$

对应的相量形式为

$$
\begin{aligned}
\dot{U}_A &= U_P\angle 0^\circ \\
\dot{U}_B &= U_P\angle -120^\circ \\
\dot{U}_C &= U_P\angle +120^\circ
\end{aligned}
\tag{2-89}
$$

式中，U_P 表示相电压的有效值，相电压即三相电源每一相两端的电压。

这种电压的有效值相等、角频率相同、相位互差120° 的三相电源称为对称三相电源，其各相波形图如图 2-31 所示，与之对应的相量图如图 2-32 所示。对称三相电源的特点为

$$
\begin{aligned}
u_A + u_B + u_C &= 0 \\
\dot{U}_A + \dot{U}_B + \dot{U}_C &= 0
\end{aligned}
\tag{2-90}
$$

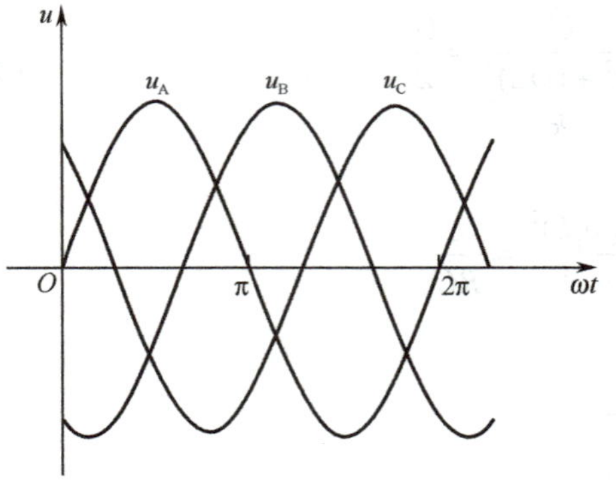

图 2-31　三相电源各相波形图

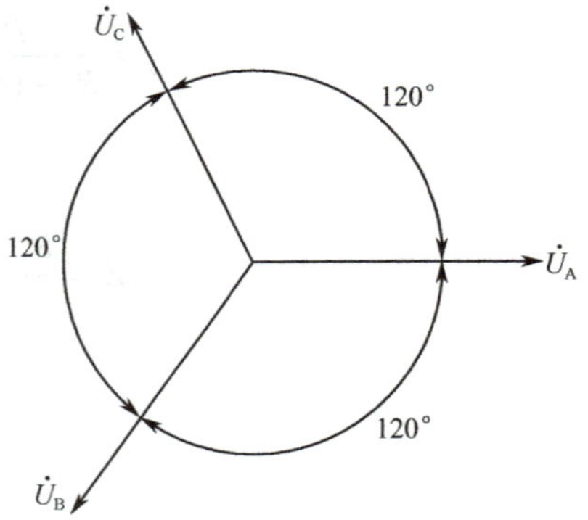

图 2-32　三相电源相量图

三相电压依次达到最大值的先后次序称为“相序”。上述三相电压的相序是 A、B、C，称为正序。与此相反，如果转子顺时针旋转，则三相电压的相序是 C、B、A，称为逆序。电力系统一般采用正序。

三相电源的连接一般有星形（Y）连接和三角形（△）连接两种方式。图 2-33 所示为三相电压源的星形连接方式，简称星接。把三相绕组的末端 X、Y、Z 连在一起，用点 N 表示，称为电源的中性点，由此引出一条传输线，称为中性线（或零线）。由三相绕组的始端 A、B、C 分别引出 3 条传输线，称为相线或火线。此电路中有三相电源，四根传输线，称为三相四线制供电系统。可能对负载提供两种电压。相线 A、B、C 之间（即相线之间）的电压称为线电压，例如图 2-33 中的电压 $\dot{U}_{AB}$、$\dot{U}_{BC}$、$\dot{U}_{CA}$。每一相电源的电压称为相电压，例如图 2-33 中的电压 $\dot{U}_A$、$\dot{U}_B$、$\dot{U}_C$。相线

中的电流称为线电流，各相电压源中的电流称为相电流。

显然，对称三相电源做星接时相、线电压有如下关系：

$$\begin{aligned} u_{AB} &= u_A - u_B \\ u_{BC} &= u_B - u_C \\ u_{CA} &= u_C - u_A \end{aligned} \tag{2-91}$$

相量关系为

$$\begin{aligned} \dot{U}_{AB} &= \dot{U}_A - \dot{U}_B \\ \dot{U}_{BC} &= \dot{U}_B - \dot{U}_C \\ \dot{U}_{CA} &= \dot{U}_C - \dot{U}_A \end{aligned} \tag{2-92}$$

以$\dot{U}_A$为参考相量，即$\dot{U}_A = U_P\underline{/0^\circ}$，于是$\dot{U}_B = U_P\underline{/-120^\circ}$，$\dot{U}_C = U_P\underline{/120^\circ}$，则三相电压的相量图如图 2-34 所示。对应的线电压为

$$\begin{aligned} \dot{U}_{AB} &= \sqrt{3}\dot{U}_A\underline{/30^\circ} \\ \dot{U}_{BC} &= \sqrt{3}\dot{U}_B\underline{/30^\circ} \\ \dot{U}_{CA} &= \sqrt{3}\dot{U}_C\underline{/30^\circ} \end{aligned} \tag{2-93}$$

则有$\dot{U}_{AB} + \dot{U}_{BC} + \dot{U}_{CA} = 0$，所以，以上三个方程中，只有两个是独立的。

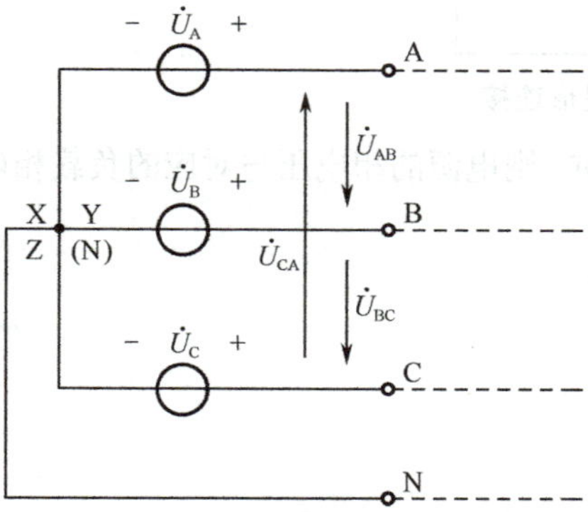

图 2-33　三相电压源的星形连接

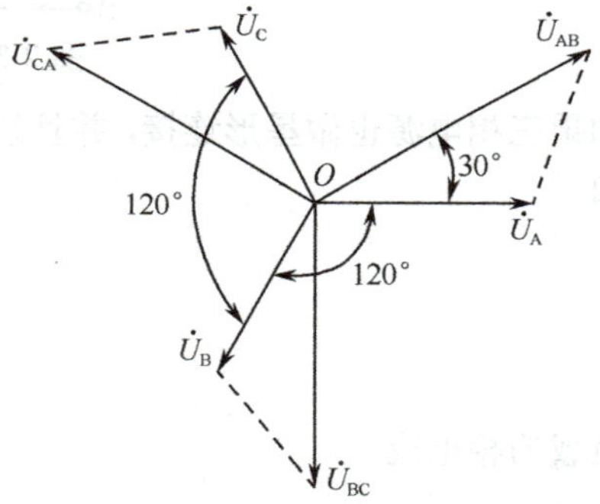

图 2-34　星形连接时的相量图

由此看出，星形连接对称三相电压源的线电压有效值与相电压有效值之间的关系是

$$U_L = \sqrt{3}U_P \tag{2-94}$$

线电压超前对应的相电压30°。式中，U_L为线电压的有效值，U_P为相电压的有效值。通常在低压配电系统中，相电压为 220V，线电压为 380V。

电源做星形连接时，相电流、线电流有如下关系：

$$I_L = I_P \tag{2-95}$$

如果把对称三相电压源的正、负极依次连接形成一个回路，再从端子 A、B、C 引出端线，如图 2-35 所示，就称为三相电压源的三角形连接，简称角接。三角形电源的线电压、相电压、线电流和相电流的概念与星形电源相同。三角形电源不能引出中线。显然三角形连接的相电压与线电压相等，即$\dot{U}_{AB} = \dot{U}_A$，$\dot{U}_{BC} = \dot{U}_B$，$\dot{U}_{CA} = \dot{U}_C$。

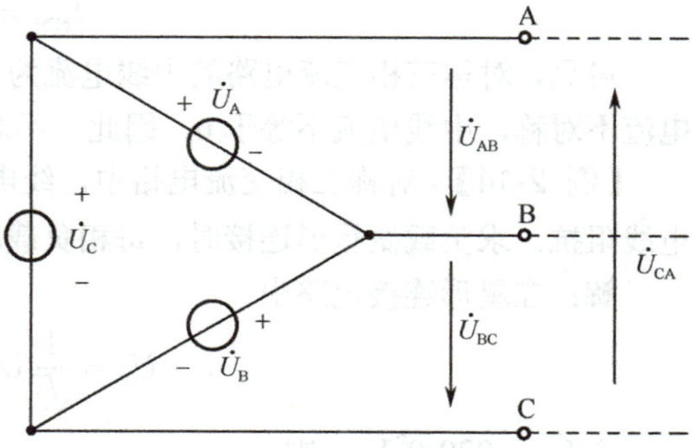

图 2-35　三相电压源的三角形连接

2.8.2 三相交流电路的电压和电流

三相负载的基本连接方式也有星形连接和三角形连接两种。采用哪一种连接方式，应根据电源电压和负载的额定电压的大小来决定。原则上，应该使负载的实际电压等于其额定电压。

1．三相负载的星形连接

图 2-36 所示为三相负载的星形连接电路。图中 $\dot{I}_A$、$\dot{I}_B$、$\dot{I}_C$ 为负载的线电流，$\dot{I}_{A'}$、$\dot{I}_{B'}$、$\dot{I}_{C'}$ 为负载的相电流；$\dot{U}_{A'}$、$\dot{U}_{B'}$、$\dot{U}_{C'}$ 为负载的相电压。由图可以看出，三相负载做星形连接时，各相电流、线电流相等。即

$$I_P = I_L \tag{2-96}$$

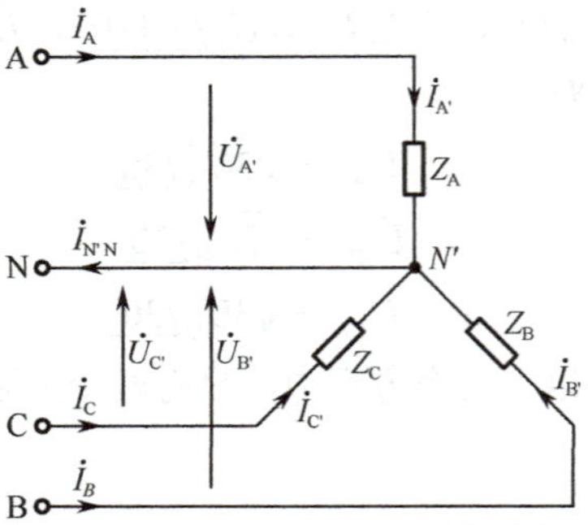

图 2-36 三相负载的星形连接

如果三相电源也做星形连接，并且忽略端线上的阻抗，则电源的相电压与对应的负载相电压相等，即

$$\begin{aligned}\dot{U}_A &= \dot{U}_{A'}\\ \dot{U}_B &= \dot{U}_{B'}\\ \dot{U}_C &= \dot{U}_{C'}\end{aligned} \tag{2-97}$$

则有负载的相电流

$$\begin{aligned}\dot{I}_{A'} &= \frac{\dot{U}_{A'}}{Z_A} = \frac{\dot{U}_A}{Z_A}\\ \dot{I}_{B'} &= \frac{\dot{U}_{B'}}{Z_B} = \frac{\dot{U}_B}{Z_B}\\ \dot{I}_{C'} &= \frac{\dot{U}_{C'}}{Z_C} = \frac{\dot{U}_C}{Z_C}\end{aligned} \tag{2-98}$$

由于三相电源是对称的，如果三相负载也对称，即 $Z_A = Z_B = Z_C$，则相电流必然对称，这样的电路称为对称三相交流电路。此时中线电流

$$\dot{I}_{N'N} = \dot{I}_{A'} + \dot{I}_{B'} + \dot{I}_{C'} = 0 \tag{2-99}$$

可见，对称三相交流电路的中线电流为 0，所以可以省略中线。不对称三相交流电路中，由于电流不对称，中线电流不等于 0，因此，不对称三相交流电路必须有中线。

【例 2-14】 对称三相交流电路中，线电压 $U_L = 380\text{V}$，三相负载阻抗均为 $(8+\text{j}6)\Omega$，忽略输电线阻抗。求负载做星形连接时，每相负载的电流。

解：在星形连接电路中

$$U_P = \frac{1}{\sqrt{3}}U_L = \frac{1}{\sqrt{3}} \times 380 = 220\text{V}$$

令 $\dot{U}_A = 220\underline{/0^\circ}\text{V}$，则

$$\dot{I}_A=\frac{\dot{U}_A}{Z}=\frac{220\underline{/0^\circ}}{8+j6}=22\underline{/-36.8^\circ}\text{A}$$

根据对称性有

$$\dot{I}_B=22\underline{/-156.8^\circ}\text{A}$$
$$\dot{I}_C=22\underline{/83.2^\circ}\text{A}$$

2. 三相负载的三角形连接

图 2-37（a）所示为三相负载的三角形连接电路。这里，$\dot{I}_A$、$\dot{I}_B$、$\dot{I}_C$为三相负载做三角形连接时的线电流；$\dot{I}_{AB}$、$\dot{I}_{BC}$、$\dot{I}_{CA}$为三相负载做三角形连接时的相电流。

由图 2-37（a）可见，三相负载做三角形连接时相电压、线电压相等，即

$$U_L=U_P \tag{2-100}$$

若$Z_{AB}=Z_{BC}=Z_{CA}=Z$，则相电流$\dot{I}_{AB}$、$\dot{I}_{BC}$、$\dot{I}_{CA}$是对称的，以$\dot{I}_{AB}$为参考相量，相量图如图 2-37（b）所示。从图 2-37（b）中可以看出

$$\begin{aligned}\dot{I}_A&=\sqrt{3}\dot{I}_{AB}\underline{/-30^\circ}\\ \dot{I}_B&=\sqrt{3}\dot{I}_{BC}\underline{/-30^\circ}\\ \dot{I}_C&=\sqrt{3}\dot{I}_{CA}\underline{/-30^\circ}\end{aligned} \tag{2-101}$$

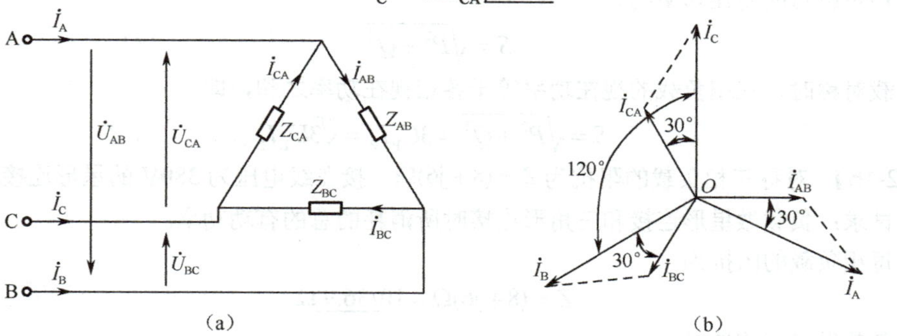

图 2-37　三相负载的三角形连接

由式（2-101）可见，相电流超前对应的线电流30°，线电流有效值为相电流有效值的$\sqrt{3}$倍。即

$$I_L=\sqrt{3}I_P \tag{2-102}$$

【例 2-15】 三角形连接的对称负载，三相负载阻抗均为$Z=(6+j8)\Omega$，接于线电压$U_L=380\text{V}$的星形连接三相电源上，试求负载的相电流和线电流。

解：由于负载对称，因此可归结为一相来计算。

阻抗：

$$Z=6+j8\Omega=10\underline{/53.1^\circ}\Omega$$

由题目可知：

$$U_P=U_L=380\text{V}$$

相电流：

$$I_P=\frac{U_P}{|Z|}=\frac{380}{10}=38\text{A}$$

线电流：

$$I_L=\sqrt{3}I_P=\sqrt{3}\times 38=65.8\text{A}$$

2.8.3　三相交流电路的功率

在三相交流电路中，不论负载是否对称，也不论负载是星形连接还是三角形连接，三相负载所

消耗的总的有功功率为各相有功功率之和，即

$$P = P_A + P_B + P_C = U_A I_A \cos\varphi_A + U_B I_B \cos\varphi_B + U_C I_C \cos\varphi_C \tag{2-103}$$

上式中，φ_A、φ_B、φ_C 分别是所在相的相电压与相电流的相位差。

当负载对称时，各相的有功功率是相等的，总的有功功率为

$$P = 3U_P I_P \cos\varphi \tag{2-104}$$

其中 φ 是相电压与相电流的相位差角，即每相负载的阻抗角或功率因数角。

当负载做星形连接时，$U_P = \frac{1}{\sqrt{3}}U_L$，$I_P = I_L$；当负载做三角形连接时，$U_P = U_L$，$I_P = \frac{1}{\sqrt{3}}I_L$，代入式（2-104）中，有

$$P = \sqrt{3}U_L I_L \cos\varphi \tag{2-105}$$

这里需要注意的是，φ 仍是相电压与相电流的相位差角。

同理，三相负载的无功功率等于各相无功功率之和，即

$$Q = Q_A + Q_B + Q_C = U_A I_A \sin\varphi_A + U_B I_B \sin\varphi_B + U_C I_C \sin\varphi_C \tag{2-106}$$

在三相对称电路中，则有

$$Q = 3U_P I_P \sin\varphi = \sqrt{3}U_L I_L \sin\varphi \tag{2-107}$$

而三相负载总的视在功率则为

$$S = \sqrt{P^2 + Q^2} \tag{2-108}$$

当负载对称时，三相负载的视在功率等于各相视在功率之和，即

$$S = \sqrt{P^2 + Q^2} = 3U_P I_P = \sqrt{3}U_L I_L \tag{2-109}$$

【例 2-16】 对称三相负载的阻抗为 $Z = (8 + j6)\Omega$，接在线电压为 380V 的星形连接的对称三相电源上，试求：负载做星形连接和三角形连接时所消耗的总的有功功率。

解：每相负载的阻抗为

$$Z = (8 + j6)\Omega = 10\underline{/36.9^\circ}\Omega$$

（1）负载做星形连接时

相电压：

$$U_P = \frac{U_L}{\sqrt{3}} = 220\text{V}$$

相电流：

$$I_P = I_L = \frac{U_P}{|Z|} = 22\text{A}$$

$$\cos\varphi = 0.8$$

总的有功功率：

$$P = 3U_P I_P \cos\varphi = 3 \times 220 \times 22 \times 0.8 = 11.6\text{kW}$$

（2）负载做三角形连接时（负载的相电压等于电源的线电压）

相电流：

$$I_P = \frac{U_P}{|Z|} = \frac{U_L}{|Z|} = \frac{380}{10} = 38\text{A}$$

三相功率：

$$P = 3U_P I_P \cos\varphi = 3 \times 380 \times 38 \times 0.8 = 34.7\text{kW}$$

比较例 2-16 的计算结果可知，在电源电压一定的情况下，三相负载的连接方式不同，负载所消耗的功率也不同；因此，三相负载在电源电压一定的情况下，都有确定的连接方式，不可任意连接。

2.9 应用举例

1. 日光灯电路元件的连接及其工作过程

日光灯结构如图 2-38 所示，开关 S 闭合时日光灯管不导电，全部电压加在启辉器两触片之间，使启辉器中的氖气被击穿，产生气体放电，放电产生的热量使 U 形动触片（双金属片）受热膨胀后与静触片接通，于是有电流通过日光灯管的灯丝和镇流器。启辉器内部接通后氖气不再导电，短时间后双金属片冷却收缩与静触片断开，电路中的电流突然减小；根据自感现象，这时镇流器两端会产生超过 1000V 的感应电动势，与电源电压叠加在一起，使日光灯管内的汞蒸气被电离，产生放电现象，带电粒子轰击灯管内壁上的荧光粉使日光灯发光。日光灯被点亮后，灯管两端的电压降为 100V 左右，这时由于镇流器的限流作用，灯管中的电流不会过大。同时并联在灯管两端的启辉器也因电压降低而达不到要求的电压，不能放电，其触片保持断开状态。

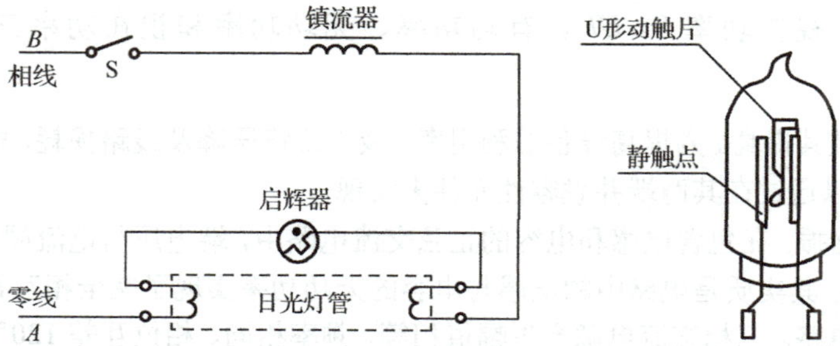

图 2-38　日光灯结构

2. 日光灯的使用

日光灯和白炽灯相比虽然有节电的优点，但因电路较复杂也容易出故障。影响日光灯寿命的因素有很多，除与灯管和镇流器本身的质量有关以外，是否被正确使用对其寿命的影响很大，为延长其使用寿命，必须注意以下几点。

（1）日光灯不能频繁启动，频繁启动会使灯管的寿命缩短。

（2）减小电源电压的波动。电压过高，会使流过灯管的电流过大，寿命缩短；电压过低，会使流过灯管的电流大幅度减小，灯丝预热温度不够，电子发射能力不足，启动困难，寿命缩短。

（3）灯管和镇流器应配套使用。配合功率过大的镇流器，会使灯管两端电压增高；配合功率过小的镇流器，会使灯管两端电压降低，从而影响灯管的使用寿命。

（4）温、湿度要适当，温度低、湿度大会造成启动困难。

本章小结

本章介绍了正弦量的基本概念、正弦量的相量表示法、单一参数的正弦交流电路、RLC 串联交流电路、正弦交流电路的分析、功率因数及其提高、电路中的谐振及三相交流电路。主要知识点如下。

（1）正弦量的基本概念。随时间按正弦规律周期性变化的电压和电流统称为正弦量，又称为正弦交流电。如果已知正弦量的三要素，即最大值（有效值）、角频率（频率）和初相位，就可以写出它的瞬时值表达式，也可以画出它的波形图。

（2）正弦量的相量表示法。用一个复数表示一个正弦量的方法称为相量表示法。在正弦交流电路中，正弦量可以转换成对应的相量进行运算，在相量运算时，还可以借助相量图进行辅助分析，使计算更加简便。

（3）单一参数的正弦交流电路。单一参数电路欧姆定律的相量形式是$\dot{U}_R = \dot{I}_R R$、$\dot{U}_L = \mathrm{j}\dot{X}_L I_L$、$\dot{U}_C = -\mathrm{j}\dot{X}_C I_C$。它们反映了电压与电流的量值关系和相位关系，其中 $X_L=\omega L$ 为电感元件的感抗，$X_C = \dfrac{1}{\omega C}$为电容元件的容抗。

（4）正弦交流电路的分析。基尔霍夫电流定律的相量形式为$\sum \dot{I}_k = 0$，电压定律的相量形式为$\sum \dot{U}_k = 0$。任何一个无源二端网络都可以等效成一个阻抗，即

$$Z = \frac{\dot{U}}{\dot{I}} = \frac{U \angle \psi_u}{I \angle \psi_i} = |Z| \angle \psi_u - \psi_i = |Z| \angle \varphi$$

正弦交流电路的分析方法与直流电路相似，即将直流电路中的各物理量在交流电路中用相量的形式来表示；直流电路中的电阻用阻抗来代替。

在正弦交流电路中，任意阻抗Z所消耗的有功功率$P = UI\cos\varphi$。其中$\cos\varphi$为功率因数。无功功率$Q = UI\sin\varphi$，视在功率$S = UI$。有功功率、无功功率和视在功率三者之间的关系为$S = \sqrt{P^2 + Q^2}$。

（5）功率因数及其提高。为提高设备的利用率，减小线路压降及线路损耗，需要提高功率因数。对于感性负载，可以通过在其两端并联容性元件来实现。

（6）电路中的谐振。在包含电感和电容的正弦交流电路中，端电压与电流同相，电路呈电阻性，称电路发生了谐振；其实质是电路中的电感与电容的无功功率实现了完全相互补偿。

（7）三相交流电路。三相交流电源产生幅值相等、频率相同、相位互差 120° 的对称三相电压。三相负载有星形和三角形两种连接方式。当负载做星形连接时，线电流与相电流相等。若负载对称，则中线电流为零，中线可省略，否则不可省略，且中线上不可安装熔断器和开关。当负载做三角形连接时，相电压、线电压相等；若负载对称，则线电流是相电流的$\sqrt{3}$倍，相电流超前对应的线电流 30°。

习题 2

2-1 已知工频电压u的最大值为 220V，t=0s 时的瞬时值为 110V。（1）求u的有效值、角频率和初相位；（2）写出u的表达式，画出波形图，并求出t=0.025s 时u的瞬时值。

2-2 已知某正弦电压的角频率为 314rad/s，初相为−45°。当t=0.006s 时，其瞬时值为 5.2V，试写出该电压的瞬时值表达式。

2-3 试写出下列正弦量的有效值的相量形式，并画出相量图。

（1）$i_1 = 5\sqrt{2}\sin(\omega t + 60^\circ)\mathrm{A}$　　（2）$i_2 = 7\sqrt{2}\cos(\omega t + 60^\circ)\mathrm{A}$

2-4 已知正弦量的频率$f = 50\mathrm{Hz}$，试写出下列相量所对应的正弦量的瞬时表达式。

（1）$\dot{U}_\mathrm{m} = 220\angle 90^\circ \mathrm{V}$　　（2）$\dot{U} = 220\mathrm{e}^{\mathrm{j}45^\circ}\mathrm{V}$

（3）$\dot{I} = (6 + \mathrm{j}8)\mathrm{A}$　　（4）$\dot{I}_\mathrm{m} = \mathrm{j}13\mathrm{A}$

2-5 已知$u_1 = 220\sqrt{2}\sin(\omega t + 60^\circ)\mathrm{V}$，$u_2 = 110\cos(\omega t - 30^\circ)\mathrm{V}$。试求它们的有效值、初相位及相位差，并画出$u_1$和$u_2$的波形图。

2-6 20Ω 的理想电阻，接在一个交流电压为$u = 100\sqrt{2}\sin(\omega t + 30^\circ)\mathrm{V}$的电路中，试写出通过该电阻的电流瞬时值表达式，并计算该电阻所消耗的功率P。

2-7 在图 2-39 中，已知正弦量的有效值分别为$U_1 = 220\mathrm{V}$，$U_2 = 110\sqrt{2}\mathrm{V}$，$I$=10A，频率$f$=50Hz。试写出各正弦量的瞬时值表达式及其相量表达式。

2-8 在图 2-40（a）中，电压表 V_1、V_2 的读数分别为 60V、80V；在图 2-40（b）中，电压表 V_1、V_2、V_3 的读数分别为 20V、85V、100V。求图中u_s的有效值。

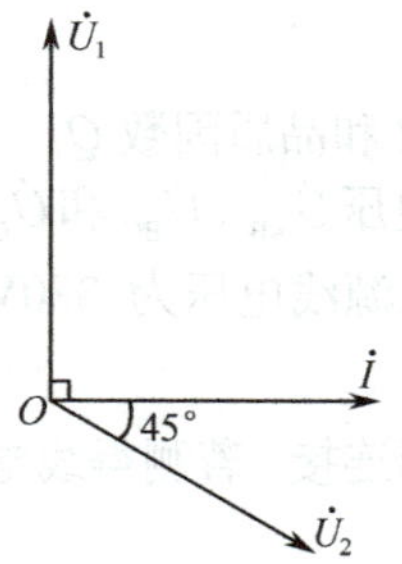

图 2-39　习题 2-7 图

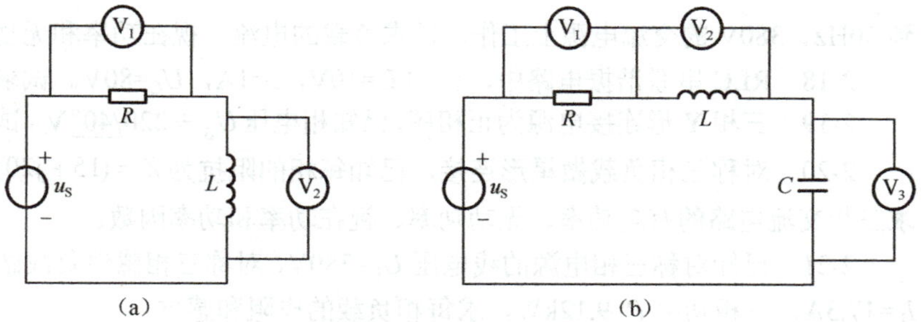

图 2-40　习题 2-8 图

2-9　将一个线圈接到 20V 的直流电压上，消耗的功率为 40W，若改接到 220V，f=50Hz 的交流电压上，该线圈消耗的功率为 1000W，求该线圈的电感 L。

2-10　把电阻 $R=3\Omega$，感抗 $X_L=4\Omega$ 的线圈接在 U=220V 的交流电路中，求电流的有效值 I 和各元件电压的有效值 U_R、U_L，有功功率 P，无功功率 Q，视在功率 S。

2-11　在图 2-41 所示的电路中，若 R=40kΩ，C=4μF，$u=10\sqrt{2}\sin(10^3t+30^\circ)\text{V}$，求电流 i，并画出其相量图。

2-12　在图 2-42 所示的电路中，已知 R_1=4Ω，X_L=3Ω，R_2= 6Ω，X_C= 8Ω，电源电压的有效值 U=10V，试求：（1）电路的等效阻抗；（2）各支路电流。

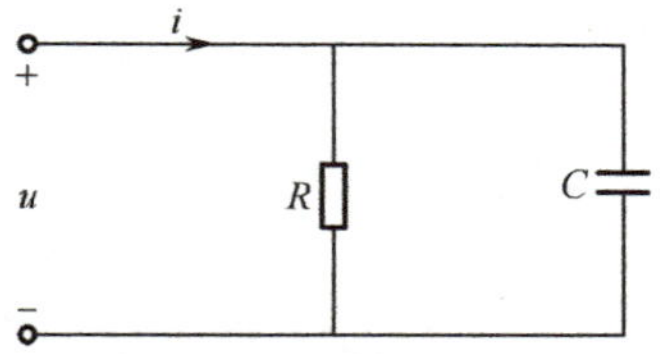

图 2-41　习题 2-11 图

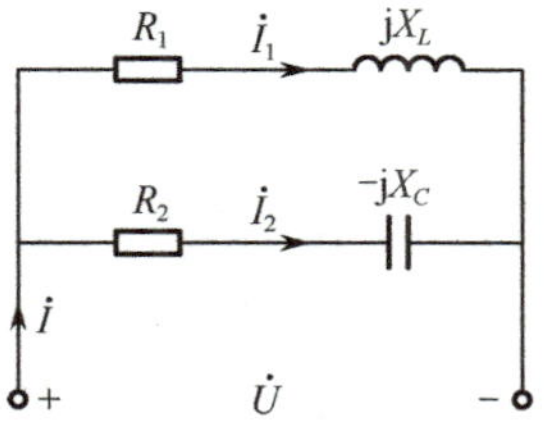

图 2-42　习题 2-12 图

2-13　在图 2-43 中，已知 $\dot{I}_S=2\underline{/0^\circ}\text{A}$，求电压 $\dot{U}$。

2-14　在图 2-44 中，已知 U=220V，R=6Ω，X_L=8Ω，X_C=20Ω，试求：电路总电流 $\dot{I}$，支路电流 $\dot{I}_1$ 和 $\dot{I}_2$，线圈支路的功率因数 λ_1，整个电路的功率因数 λ。

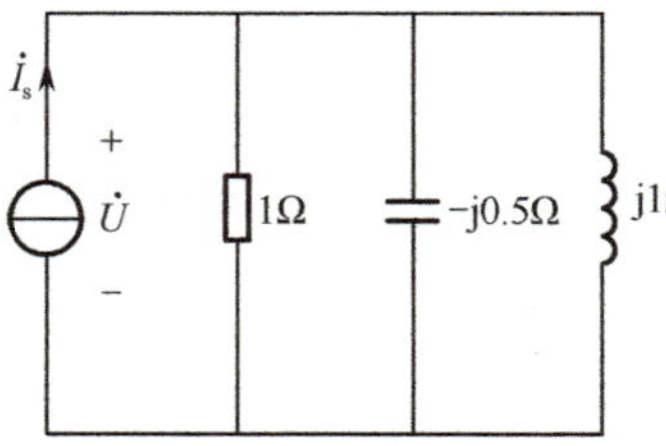

图 2-43　习题 2-13 图

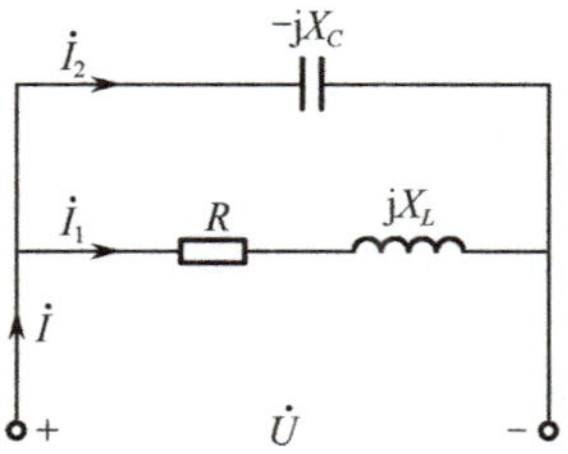

图 2-44　习题 2-14 图

2-15　将一个感性负载接于 100V、50Hz 的交流电源时，电路中的电流为 10A，消耗的功率为 800W，试求负载的功率因数 $\cos\varphi$ 及 R、L。

2-16　有一个交流发电机，其额定容量 S_N=10kVA，额定电压为 220V，f=50Hz，与一个感性负载相连，负载的功率因数 $\cos\varphi$=0.6，有功功率 P=8kW，试问：

（1）发电机的输出电流是否超过它的额定值？

（2）如果将 $\cos\varphi$ 从 0.6 提高到 0.9，应在负载两端并联多大的电容？功率因数提高后，发电机的容量是否有剩余？

2-17　有一个感性负载，额定功率 P_N=60kW，额定电压 U_N=380V，额定功率因数 λ=0.6。现接到 50Hz、380V 的交流电源上工作。试求负载的电流、视在功率和无功功率。

2-18　RLC 串联谐振电路中，已知 U=10V，I=1A，U_C=80V。试求电阻 R 和品质因数 Q。

2-19　三相 Y 形连接电源为正相序，已知相电压 $\dot{U}_{\mathrm{B}} = 220\underline{/40^\circ}\,\mathrm{V}$，试求线电压 $\dot{U}_{\mathrm{AB}}$、$\dot{U}_{\mathrm{BC}}$ 和 $\dot{U}_{\mathrm{CA}}$。

2-20　对称三相负载做星形连接，已知每相的阻抗为 $Z = (15 + \mathrm{j}20)\Omega$，电源线电压为 380V，求三相交流电路的有功功率、无功功率、视在功率和功率因数。

2-21　已知对称三相电源的线电压 U_{L}=380V，对称三相感性负载做三角形连接，若测得线电流 I_{L}=17.3A，三相功率 P=9.12kW，求每相负载的电阻和感抗。

第3章　变压器

变压器是利用电磁感应定律制成的一种静止的电气设备，具有变换电压、电流、阻抗等功能。

在电力系统中，为减小线路上的功率损耗，实现远距离输电，一般用变压器将发电机发出的电源电压升高后再送入输电电网。在配电地点，为了用户的安全和降低用电设备的制造成本，先用变压器将电压降低，然后分配给用户。电力系统应用的变压器容量大，称为电力变压器，标志其性能的主要指标是外指标和效率。

在电子技术中，主要利用变压器进行整流、传递信号和阻抗匹配。这样的变压器的容量都较小，效率不是其主要的性能指标。除此之外，变压器还包括自耦变压器、仪用互感器及用于金属热加工的电焊变压器、电炉变压器等。

3.1　变压器的基本结构

变压器的主要结构包括铁芯、绕组、箱体及其他零部件。

铁芯是变压器的主磁路，又是绕组的支撑骨架。为了减少铁芯内的磁滞和涡流损耗，通常采用含硅量为5%、厚度为0.35mm或0.5mm的两平面涂绝缘漆的或经氧化膜处理的硅钢片叠装而成。

按绕组套入铁芯的形式，单相变压器可分为心式和壳式两种，如图3-1所示。心式变压器的特点是绕组包围着铁芯，结构简单，用铁量较少，绕组的安装和绝缘比较容易，多用于容量较大的变压器，一般的电力变压器均采用心式结构。壳式变压器的特点是铁芯包围着绕组，用铜量较少，多用于小容量的变压器。

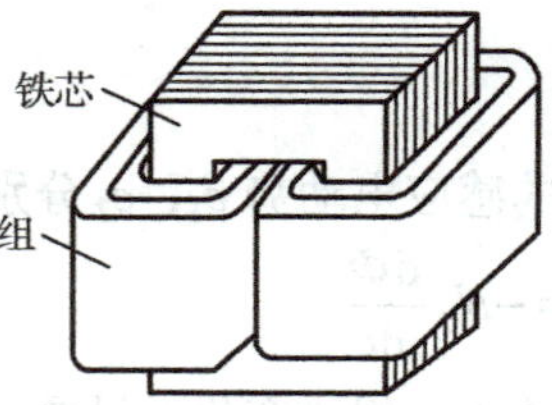

（a）心式

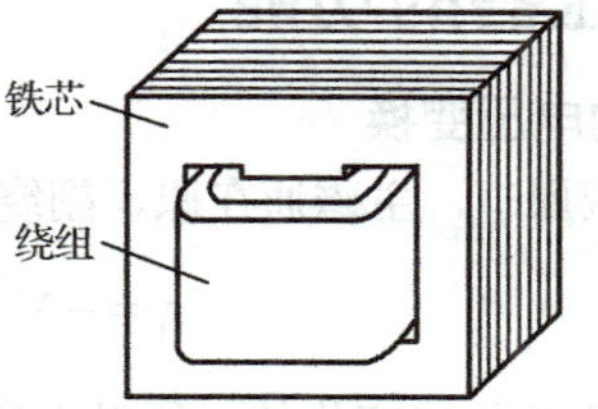

（b）壳式

图3-1　单相变压器

绕组是变压器的电路部分，一般用高强度漆包铜线（也可用铝线）绕制而成。接高压电网的绕组称为高压绕组，接低压电网的绕组称为低压绕组，根据高、低压绕组的相对位置，可分为同心式和交叠式两种不同的排列方法。

变压器除上述几种基本组成部分外，还有分接开关、气体继电器、安全气道、测温器等组成部分，这里不一一介绍。

3.2　变压器的工作原理

图3-2所示为单相变压器的工作原理，为了便于分析，图中将高压绕组和低压绕组分别画在两个铁芯柱上。连接电源的线圈称为原绕组（或原边），也称一次绕组，匝数为N_1，对应的物理量用u_1、i_1、e_1表示；连接负载的线圈称为副绕组（或副边），也称二次绕组，匝数为N_2，对应的物理量用u_2、i_2、e_2表示。原绕组输入功率，副绕组输出功率。原、副绕组没有电的联系，只通过铁芯（磁路）相互联系。

变压器的原绕组接交流电源，副绕组开路，称为变压器的空载，此时原绕组电流i_1=i_{10}，称为空载电流；副绕组电流i_2=0，负载不消耗功率。

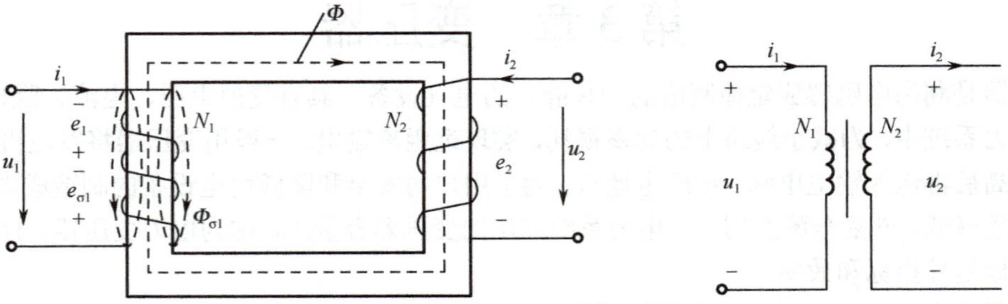

图 3-2　单相变压器的工作原理

原绕组空载电流为 i_{10}，也称励磁电流，副绕组空载电压为 u_{20}。建立磁动势 $F_0=N_1i_{10}$，磁动势 F_0 在铁芯中产生主磁通Φ和漏磁通$\Phi_{\sigma1}$，主磁通Φ分别与原绕组、副绕组相交链，产生感应电动势 e_1、e_2。若感应电动势 e_1、e_2 与主磁通Φ的参考方向之间符合右手螺旋定则，由楞次定律可得

$$\begin{aligned} e_1 &= -N_1\frac{\mathrm{d}\Phi}{\mathrm{d}t} \\ e_2 &= -N_2\frac{\mathrm{d}\Phi}{\mathrm{d}t} \end{aligned} \tag{3-1}$$

漏磁通$\Phi_{\sigma1}$只与原绕组交链，产生感应电动势 $e_{\sigma1}$。

以上分析，就是变压器空载状态时的基本物理过程，可见变压器通过磁耦合的关系将原绕组的电能传递给副绕组。

3.3　变压器的功能

1．变压器的电压变换

根据电磁感应原理，主磁通在原、副绕组中产生的感应电动势 e_1、e_2 分别为

$$e_1=-N_1\frac{\mathrm{d}\Phi}{\mathrm{d}t}，\quad e_2=-N_2\frac{\mathrm{d}\Phi}{\mathrm{d}t}$$

由于 u_1 是按正弦规律变化的，所以主磁通Φ也会按正弦规律变化。设 $\Phi=\Phi_{\mathrm{m}}\sin\omega t$，则

$$\begin{aligned} e_1 &= -N_1\frac{\mathrm{d}\Phi}{\mathrm{d}t}=-N_1\omega\Phi_{\mathrm{m}}\cos\omega t=2\pi fN_1\Phi_{\mathrm{m}}\sin(\omega t-90^\circ)=E_{1\mathrm{m}}\sin(\omega t-90^\circ) \\ e_2 &= -N_2\frac{\mathrm{d}\Phi}{\mathrm{d}t}=-N_2\omega\Phi_{\mathrm{m}}\cos\omega t=2\pi fN_2\Phi_{\mathrm{m}}\sin(\omega t-90^\circ)=E_{2\mathrm{m}}\sin(\omega t-90^\circ) \end{aligned} \tag{3-2}$$

感应电动势的有效值分别为

$$\begin{aligned} E_1 &= \frac{E_{1\mathrm{m}}}{\sqrt{2}}=\frac{2\pi fN_1\Phi_{\mathrm{m}}}{\sqrt{2}}=4.44fN_1\Phi_{\mathrm{m}} \\ E_2 &= \frac{E_{2\mathrm{m}}}{\sqrt{2}}=\frac{2\pi fN_2\Phi_{\mathrm{m}}}{\sqrt{2}}=4.44fN_2\Phi_{\mathrm{m}} \end{aligned} \tag{3-3}$$

根据图 3-2 所示的参考方向，可得原、副绕组回路电压的方程为

$$\begin{aligned} u_1 &= R_1i_1-e_1-e_{\sigma1} \\ u_2 &= u_{20}=e_2 \end{aligned}$$

则有

$$U_1\approx E_1，\quad U_2=U_{20}\approx E_2$$

可得

$$\frac{U_1}{U_{20}}\approx\frac{E_1}{E_2}=\frac{N_1}{N_2}=k \tag{3-4}$$

式中，k 称为变压器的电压比，它定义为变压器空载运行时，原、副绕组上的电压比，它也等于原、副绕组的匝数比。只要选择适当的电压比，就可以实现变换电压的目的。当 $k>1$ 时，变压器为降压变压器；当 $k<1$ 时，变压器为升压变压器。对于已制成的变压器而言，k 值一定，故副绕组电压随原绕组电压的变化而变化。

【例 3-1】 某单相变压器接到 U_1=220V 的正弦交流电源上，已知副绕组空载电压 U_{20}=20V，副绕组匝数 N_2=50，求变压器的电压比 k 及原绕组匝数 N_1。

解：

$$k=\frac{U_1}{U_{20}}=\frac{220}{20}=11$$

$$N_1=kN_2=11\times 50=550$$

2．变压器的电流变换

变压器的副绕组接负载后，副绕组有电流流过，若忽略原绕组和副绕组的等效电阻和漏感抗压降，变压器的负载运行如图 3-3 所示。副绕组感应电动势 e_2 产生交流电流 i_2，原绕组的电流由空载励磁电流 i_{10} 变为 i_1。副绕组内流过电流 i_2 时产生交变磁动势 $F_2=N_2i_2$，磁动势 F_2 也要产生磁通，此时变压器铁芯中的主磁通由原绕组磁动势和副绕组磁动势共同产生，磁动势 F_2 有改变铁芯中原有主磁通的趋势。但是，在原绕组且交流电压不变的情况下，变压器的主磁通将基本保持不变，即变压器负载运行时的总磁动势应与变压器空载时的磁动势基本相等，因而原绕组电流由 i_{10} 变为 i_1，使原绕组的磁动势由 N_1i_{10} 变为 N_1i_1，以抵消副绕组磁动势 F_2 的作用，磁动势平衡方程为

$$N_1i_1+N_2i_2=N_1i_{10} \tag{3-5}$$

其相量形式为

$$N_1\dot{I}_1+N_2\dot{I}_2=N_1\dot{I}_{10} \tag{3-6}$$

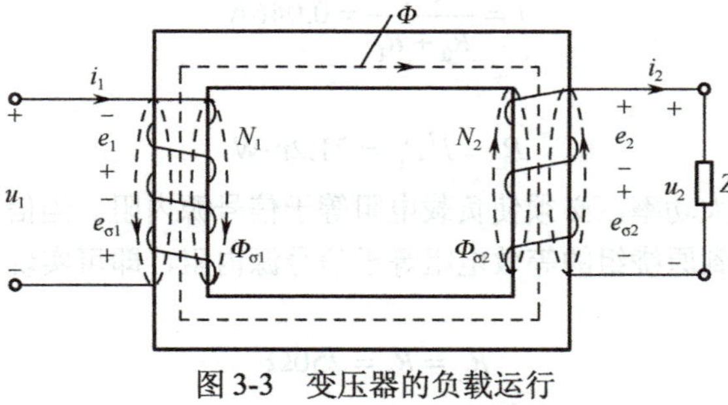

图 3-3 变压器的负载运行

变压器空载电流 i_{10} 主要用来励磁。由于铁芯的磁导率μ很大，故空载电流 i_{10} 很小，常忽略不计，于是式（3-6）变为

$$N_1\dot{I}_1\approx -N_2\dot{I}_2 \tag{3-7}$$

即原、副绕组的磁动势在相位上近似反相。

原、副绕组电流有效值的关系为

$$\frac{I_1}{I_2}\approx\frac{N_2}{N_1}=\frac{1}{k} \tag{3-8}$$

由式（3-8）可知，变压器原、副绕组电流比近似等于其匝数比的倒数。改变原、副绕组的匝数，可以改变原、副绕组电流的比值，这就是变压器的电流变换作用。

3．变压器的阻抗变换

在图 3-4（a）所示的电路中，变压器的原绕组接上电源电压 $\dot{U}_1$，副绕组接入负载阻抗 Z_L，从原绕组看进去，可用一个阻抗 Z_L' 来等效，图 3-4（b）是其等效电路。

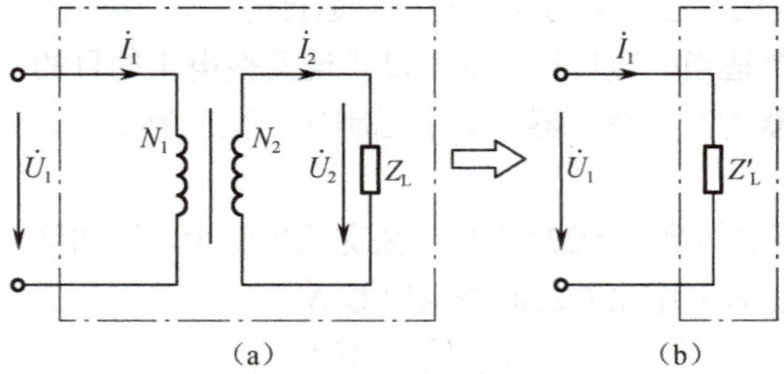

图 3-4　变压器的阻抗变换

由于 $Z_L = \dfrac{\dot{U}_2}{\dot{I}_2}$，而从原绕组看进去的等效阻抗

$$Z'_L = \frac{\dot{U}_1}{\dot{I}_1} = \frac{k\dot{U}_2}{\dot{I}_2 / k} = k^2 \frac{\dot{U}_2}{\dot{I}_2} = k^2 Z_L \tag{3-9}$$

可见，把阻抗为 Z_L 的负载接到电压比为 k 的变压器的副绕组上时，从原绕组看进去的等效阻抗就变为 $k^2 Z_L$，实现了阻抗的变换。当副绕组上的负载阻抗一定时，通过选取不同的匝数比的变压器，在原绕组上可得到不同的等效阻抗，因此，在电子线路和通信工程中，为了获得最大的功率输出，可以利用变压器使负载阻抗正好等于电源的内阻抗，实现阻抗匹配。

【例 3-2】 某交流信号源 U_S=12V，内阻 R_0=250Ω，负载电阻 R_L=10Ω，试求：（1）负载直接接入信号源时，负载获取的功率 P_L。（2）在信号源与负载之间接入一个输出变压器，负载获得最大功率时变压器的电压及负载获取的最大功率 P_{Lmax}。

解：（1）负载直接接入信号源时，电路电流

$$I = \frac{U_S}{R_0 + R_L} = 0.046\text{A}$$

负载吸取的功率

$$P_L = I^2 R_L = 21.2\text{mW}$$

（2）要使负载获得最大功率，必须使负载电阻等于信号源内阻。当信号源接入输出变压器后，只要保证变压器负载折算到原绕组的等效电阻等于信号源内阻，即可实现在负载上取得最大功率，也就是存在

$$R_L = R_0 = 250\Omega$$

由阻抗变换关系可求得变压器的电压比

$$k = \sqrt{\frac{R'_L}{R_L}} = \sqrt{\frac{250}{10}} = 5$$

此时信号源输出的电流

$$I = \frac{U_S}{R_0 + R'_L} = 0.024\text{A}$$

负载获得的最大功率

$$P_{Lmax} = I^2 R'_L = 0.024^2 \times 250\text{W} = 144\text{mW}$$

显然，利用变压器使其负载阻抗与电源的内阻抗相匹配，可以获得较高的功率输出。

3.4　变压器的运行特性

1．变压器的外特性

当变压器原绕组电压 U_1、额定频率和负载功率因数 $\cos\varphi$ 一定时，副绕组电压 U_2 随负载电流

I_2变化的关系$U_2 = f(I_2)$称为变压器的外特性，如图 3-5 所示。它反映了当变压器负载性质（$\cos\varphi$）一定时，副绕组电压随负载电流变化的情况。

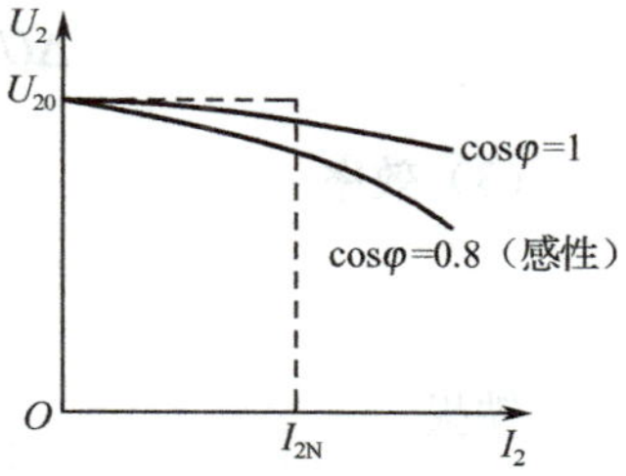

图 3-5　变压器的外特性曲线

当负载是电阻或感性负载时，输出电压 U_2 随输出电流 I_2 的增加呈下降趋势。对于相同的负载电流 I_2，负载的感性越强，功率因数越低，对应的输出电压 U_2 下降也越多。一般地，人们总是希望副绕组电压 U_2 的变动越小越好，副绕组电压的变化程度可用电压变化率$\Delta U\%$来表示，即

$$\Delta U\% = \frac{U_{20}-U_2}{U_{20}} \times 100\% \tag{3-10}$$

式中，U_{20}和 U_2分别是空载和额定负载时的副绕组电压的有效值。显然变压器从空载到额定负载的运行过程中，输出电压 U_2 的下降程度是衡量变压器输出电压稳定性的主要指标。电力变压器的电压调整率一般在 5%左右。

2．变压器的损耗和效率

变压器在运行时存在两种损耗：铜损和铁损。铜损是变压器运行时其原、副绕组的直流电阻 R_1 和 R_2 上的损耗，即$\Delta P_{Cu}=I_1^2R_1+I_2^2R_2$，它与负载电流的大小有关；铁损是交变的主磁通在铁芯中产生的磁滞损耗和涡流损耗，即ΔP_{Fe}，它与铁芯的材料、电源电压 U_1、电源频率 f 等参数有关，而与负载的大小无关。

设变压器的输出功率为 P_2。则输入功率 P_1 为

$$P_1 = P_2 + \Delta P_{Cu} + \Delta P_{Fe} \tag{3-11}$$

输出功率 P_2 与输入功率 P_1 之比称为变压器的效率，通常用百分数表示，即

$$\eta = \frac{P_2}{P_1} \times 100\% = \frac{P_2}{P_2 + \Delta P_{Cu} + \Delta P_{Fe}} \times 100\% \tag{3-12}$$

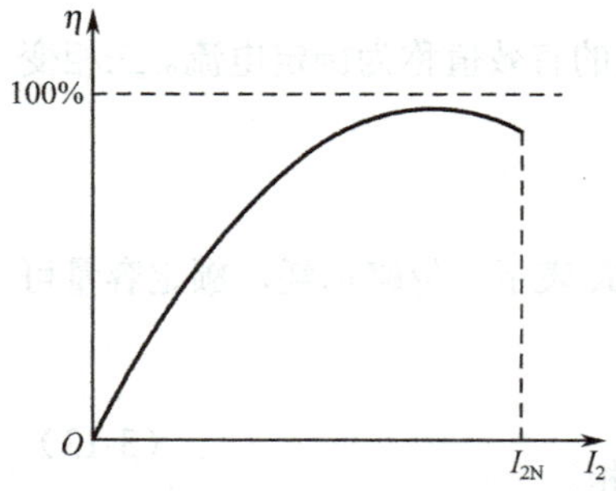

图 3-6　变压器效率与负载电流的关系

当电源电压 U_1 和频率 f 一定时，主磁通$\varPhi$基本不变，铁损也基本不变，故铁损又称为不变损耗。而铜损随负载电流的变化而变化，故又称为可变损耗。由于变压器空载时铜损$\Delta P_{Cu}=I_{10}^2R_1$很小，电源输入的功率（称为空载损耗）基本上都损耗在铁芯上，故可认为空载损耗等于铁损。随着负载的增大，开始时η也增大，但后来因铜损增加得很快，η反而有所下降，在不到额定负载时出现η的最大值。所以变压器并非运行在额定负载时效率最高，变压器效率η与负载电流 I_2 的关系如图 3-6 所示。通常在额定负载的 80%左右时，变压器的工作效率最高。小型变压器的效率为 60%～90%，大型电力变压器的效率可达 99%。

【例 5-3】 有一个单相变压器，U_1=220V，f=50Hz。空载时 U_{20}=110V，I_{10}=1A，空载损耗功率 P_0=55W。副绕组接电阻额定负载时，I_1=9.2A，I_2=18A，U_2=106V，主绕组侧输入功率 P_1=2120W。试求：（1）变压器的电压比 k；（2）电压变化率$\Delta U\%$；（3）效率及变压器的铁损ΔP_{Fe}、铜损ΔP_{Cu}。

解：（1）电压比

$$k = \frac{U_1}{U_{20}} = \frac{220}{110} = 2$$

（2）电压变化率

$$\Delta U\% = \frac{U_{20}-U_2}{U_{20}}\times 100\% = \frac{110-106}{110}\times 100\% = 3.6\%$$

（3）效率

$$\eta = \frac{P_2}{P_1}\times 100\% = \frac{106\times 18}{2120}\times 100\% = 90\%$$

铁损

$$\Delta P_{Fe} \approx P_0 = 55W$$

铜损

$$\Delta P_{Cu} = P_1 - P_2 - P_{Fe} = 157W$$

3.5 变压器的额定值

变压器在规定的使用环境和运行条件下的主要技术数据的限定值称为额定值。额定值通常标在变压器的铭牌上，故也称为铭牌数据。铭牌数据是选择和使用变压器的依据。这里介绍几个主要的铭牌数据，其他的数据可以依据变压器的型号查看相关手册。

1. 型号

按照国家标准的有关规定，型号由有关字母和数字组成。字母表示的意义：S 表示三相，D 表示单相；数字代表主要的技术数据。

2. 额定电压

变压器在额定运行情况下，根据变压器的绝缘强度和允许温升所规定的原绕组应加的电压的有效值称为原绕组的额定电压，用 U_{1N} 表示。副绕组的额定电压 U_{2N} 在电力系统中是指变压器原绕组施加额定电压时副绕组空载电压的有效值；在仪器仪表中通常是指变压器原绕组施加额定电压、副绕组接额定负载时的输出电压的有效值。三相变压器的额定电压一律指线电压。

3. 额定电流

变压器在额定运行情况下，原、副绕组允许长时间通过的电流的有效值称为额定电流。三相变压器额定电流一律指线电流。

4. 额定容量

额定容量即额定视在功率，表示变压器输出功率的能力，用 S_N 表示，忽略损耗，额定容量可以表示为

$$\begin{aligned} S_N &= U_{2N}I_{2N} = U_{1N}I_{1N} \text{（单相）} \\ S_N &= \sqrt{3}U_{2N}I_{2N} = \sqrt{3}U_{1N}I_{1N} \text{（三相）} \end{aligned} \tag{3-13}$$

5. 额定频率 f_N

额定频率 f_N 是指变压器应接入的电源频率，我国电力系统的标准频率为 50Hz。

3.6 特殊变压器

3.6.1 自耦变压器

前面介绍的变压器，其原、副绕组是相互绝缘的，没有电的直接联系，称为双绕组变压器。如果原、副绕组共用一个绕组，使低压绕组成为高压绕组的一部分，这种只具有一个绕组的变压器称为自耦变压器，如图 3-7 所示，原、副绕组间不仅有磁的耦合，而且还有电的联系。自耦变压器两绕组之间仍然满足电压、电流、阻抗的变换关系。即

$$\frac{U_1}{U_2} \approx \frac{N_1}{N_2} = k, \quad \frac{I_1}{I_2} \approx \frac{N_2}{N_1} = \frac{1}{k} \tag{3-14}$$

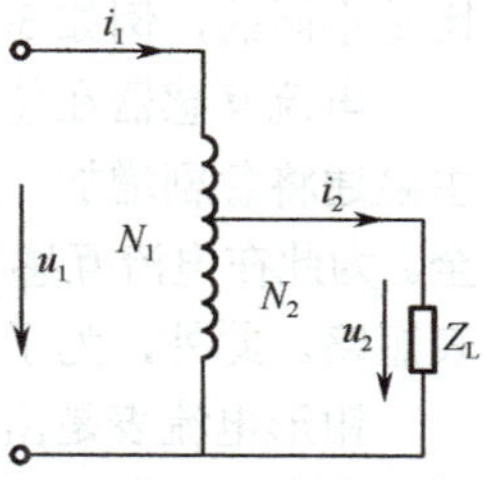

图 3-7 自耦变压器

自耦变压器仅用于电压比不大的场合，一般 k 为 1.5～2。在某些场合，我们希望电压可以平滑地被调节，因此，有的自耦变压器利用滑动触点均匀改变副绕组的匝数，从而使副绕组的电压平滑可调，这种可以平滑地调节电压的自耦变压器称为调压器。图 3-8 所示是实验室中常用的调压器的外形和原理。转动手柄可改变副绕组的匝数，从而达到调压的目的，输入电压可取 220V 或 110V 两种，输出电压的调节范围为 0～250V。

自耦变压器也可做成三相的，通常接成星形，如图 3-9 所示。三相异步电动机的一种起动方法——自耦降压起动法，就是利用三相自耦变压器实现的。

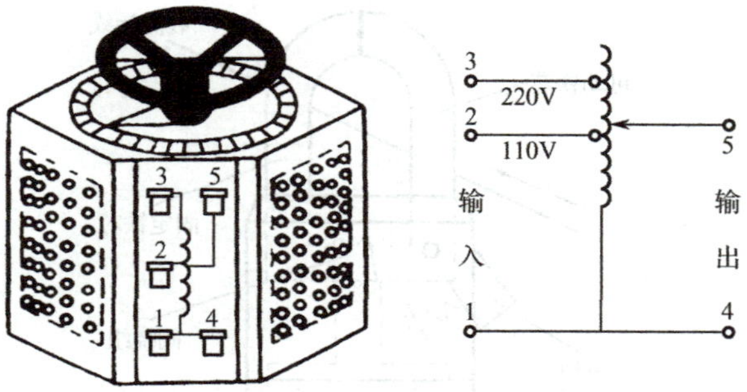

图 3-8 实验室中常用的调压器

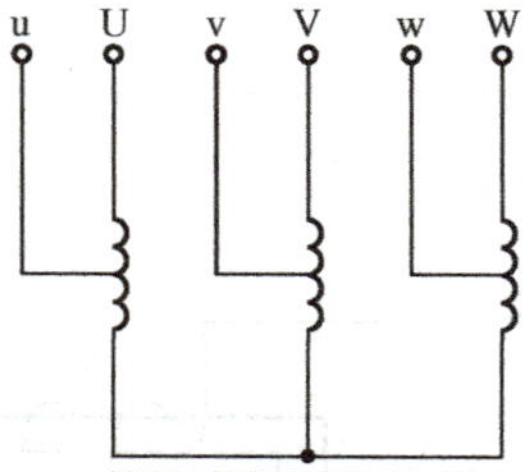

图 3-9 三相自耦变压器

使用调压器时应注意以下几点：

（1）原、副绕组不能对调使用，否则可能会烧坏绕组，甚至造成电源短路；

（2）接通电源前，先将滑动触头移至零位，接通电源后，再逐渐转动手柄，将输出电压调到所需值，而且通电前，应先将图 3-8 中的接线柱 1 和接线柱 4 相连，并一起接到零线上，以保证调压器的安全使用，用毕，再将手柄转回零位，以备下次安全使用；

（3）无论输出电压多低，其电流也不允许大于额定电流。

3.6.2 仪用互感器

用于测量的变压器称为仪用互感器，简称互感器。使用互感器的主要目的：一是扩大测量仪表的量程，使测量仪表与大电流或高电压电路隔离；二是进行继电保护。按用途分，仪用互感器可分为电流互感器和电压互感器两种。

1. 电流互感器

电流互感器是根据变压器的电流变换原理制成的。它可将线路上的大电流变为副绕组上的小电流，以适应电流表的量程，并使测量仪表与高压电路隔开，以确保人身及设备安全。

电流互感器如图 3-10 所示，其原绕组用粗线绕成，通常只有一匝或几匝，串联在被测线路上，通过原绕组的电流与负载电流相等；副绕组匝数较多，与电流表或功率表的电流线圈串联成闭合回路。因为电流表或功率表的电流线圈电阻很小，所以电流互感器的副绕组相当于短路，根据变压器原理，原、副绕组的电流比如下：

$$\frac{I_1}{I_2} = \frac{N_2}{N_1} = k_i \quad 或 \quad I_1 = k_i I_2 \tag{3-15}$$

式（3-15）中，k_i 为电流互感器的电流比。当 $N_2 >> N_1$ 时，k_i 很大，$I_2 << I_1$，故利用电流互感器可用小量程的电流表来测量大电流。测量时只要把电流表的读数乘以电流比即得被测的电流值。通常电流互感器副绕组的额定电流都规定为 5A，在不同电流等级的电路中所用的电流互感器的电流

比是不同的，例如 30/5、50/5、100/5 等。

电流互感器在使用时副绕组不允许开路，当副绕组开路时，铁芯中由于失去了 i_2 的去磁作用，主磁通将急剧增加，使铁芯过热而烧毁绕组，同时副绕组中会感应出高电压，危及人身和设备的安全。为此在电流互感器的副绕组不允许接入熔断器和开关，在副绕组电路拆装仪表时，必须先将仪表短路。此外，为了安全，电流互感器的铁芯和副绕组都必须接地。

钳形电流表是由电流互感器和电流表组成的测量仪表，用它测量电流时不必断开被测电路，使用十分方便。图 3-11 所示是一种钳形电流表的外形及结构原理，其钳形铁芯可以开合，测量电流时先按下压块，使可动铁芯张开，将被测电流的导线套进钳形铁芯内，然后放开压块使铁芯闭合。这样，被套进的载流导线就成为电流互感器的原绕组，其匝数 N_1=1。电流互感器的副绕组绕在铁芯上并与电流表构成闭合回路，可从电流表上直接读出被测电流的大小。

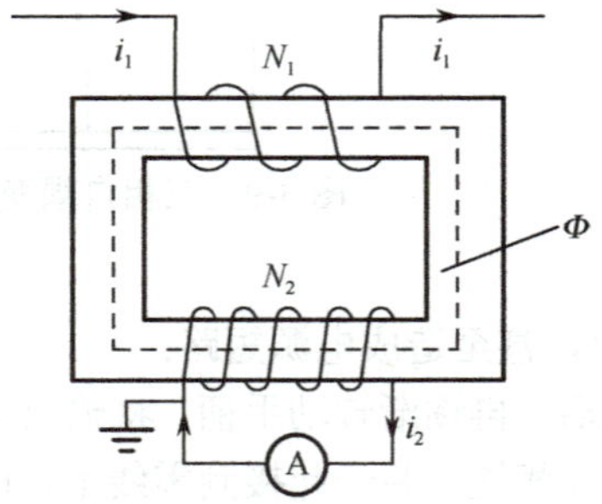

图 3-10　电流互感器

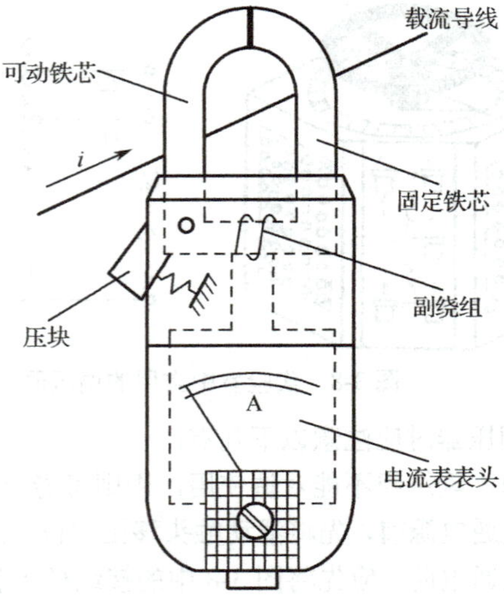

图 3-11　钳形电流表

2．电压互感器

电压互感器可将高电压变换为低电压，然后连接测量仪表或继电保护等，使仪表、设备及工作人员与高压电路隔离。

电压互感器如图 3-12 所示，其原绕组匝数多，与被测的高压线路并联；副绕组匝数少，与电压表、功率表的电压线圈等并联。由于电压表或功率表的阻抗很大，因此电压互感器副绕组的电流很小，近似于变压器的空载运行状态，于是有

$$\frac{U_1}{U_2}=\frac{N_1}{N_2}=k_u \quad 或 \quad U_1=k_u U_2 \tag{3-16}$$

式（3-16）中，k_u 称为电压互感器的电压比。当 $N_1>>N_2$ 时，k_u 很大，$U_2<<U_1$，故可用低量程的电压表测量高电压。由于 k_u 是已知的，测量时只要把电压表的读数乘以电压比就可以得到 U_1。通常不论电压互感器的额定电压是多少，其副绕组的额定电压皆为 100V，可采用统一的 100V 标准电压表。因此，在不同电压等级的电路中所用的电压互感器，其电压比是不同的，例如 6000/100、10000/100 等。

为了工作安全，电压互感器的铁芯、金属外壳及低压绕组的一端都必须接地。如果不接地，万一高压、低压绕组之间的绝缘损坏，低压侧将出现高电压，这对工作人员来说是非常危险的。另外，使用时要防止副绕组短路，因为短路电流很大，会烧坏绕组，故应在原、副绕组接入熔断器进行保护。

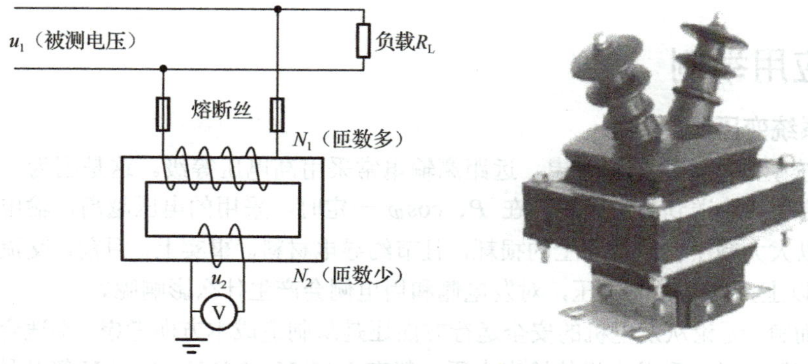

图 3-12　电压互感器的原理及实物

3.6.3 电焊变压器

电焊变压器又称交流电焊机，如图 3-13 所示，是一种特殊的降压变压器，它是由降压变压器、阻抗调节器、焊钳和导线等组成的，在工程技术上应用很广。

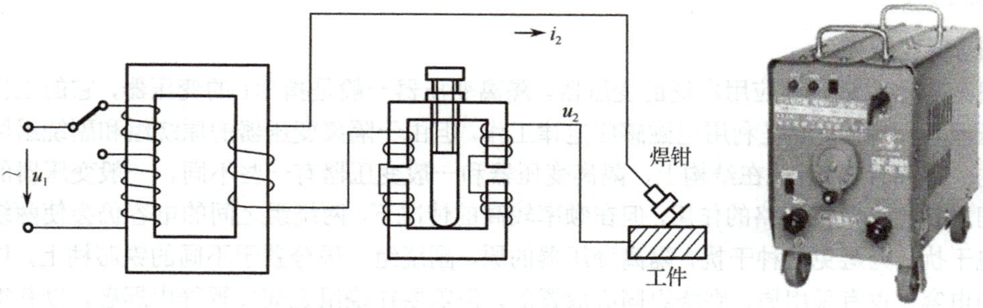

图 3-13　电焊变压器的原理及实物

为了使焊接顺利进行，这种变压器具有以下特性。

1．具有陡降的特性

这种变压器所输出的电压可随输出电流的变化而变化，开始焊接时，输出电压迅速降低，以限制短路电流，使电流不至于无限增大而烧毁电源。这种特性称为陡降特性，这就满足了焊接所需的各种电压要求。

（1）初级电压。即接入电焊变压器的外电压，一般为 220V 或 380V，可通过改变初级绕组的分接头实现。

（2）空载电压。为了满足引弧与安全带的需要，空载时，要求空载电压为 60～80V，这样既能顺利起弧，又对人身比较安全。

（3）零电压。为了保证焊接过程中的频繁短路（焊条与焊件接触），要求电压能自动降低，趋近于零，以保证短路电流不至于无限增大而烧毁电源。

（4）工作电压。焊接起弧以后，要求电压能自动下降到电弧正常工作所需的电压，即工作电压，为 20～40V，此电压也称为安全电压。

（5）电弧电压。即电弧两端的电压，此电压应在工作电压的范围内。焊接时，电弧的长短会发生变化：若电弧长度长，则电弧电压应高些；若电弧长度短，则电弧电压应低些。因此，电焊变压器应适应电弧长度的变化而保证电弧的稳定。

2．具有焊接电流可调节的特性

为了适应不同材料和板厚的焊接要求，焊接电流能从几十安培调到几百安培，并可根据工件的厚度和所用焊条直径的大小任意调节所需的电流值。粗调时，常用改变输出线头的接法；细调时，常用改变电焊变压器内可动铁芯或可动线圈的位置的方法来得到所需电流值。

3.7 应用举例

1. 电力系统变压器

在电力系统中，从经济角度考虑，远距离输电常采用高电压等级。这是因为，若发电厂欲将 $P = 3UI\cos\varphi$ 的功率输送到用电区域，在 P、$\cos\varphi$ 一定时，采用的电压越高，输电线路中的电流越小，这样可以大大减小输电线路上的损耗，且节约导电材料。事实上，目前，交流输电的电压已达 500kV 甚至以上，这样高的电压，对发电侧和用电侧会产生什么影响呢？

就发电侧而言，无论从发电机的安全运行方面还是从制造成本方面考虑，不适合也不允许由发电机直接产生高压。考虑到发电机的输出电压一般有 3.15kV、6.3kV、10.5kV 等几种，因此必须用升压变压器将电压升高才能实现电能的远距离输送。

就用电侧而言，由于多数用电器所需电压为 380V、220V。高电压的电能输送到用电区域后，为了适应用电设备的电压要求，还需要通过各级变电站利用降压变压器将电压降低为各类用电器所需要的电压值。

2. 隔离变压器

隔离变压器也是一种应用广泛的变压器。隔离变压器一般是指 1:1 的变压器，它的工作原理和普通变压器是一样的，都是利用电磁感应定律工作，但由于隔离变压器的原绕组和副绕组回路需要有较好的“隔离性”，因此在结构上，隔离变压器和一般变压器有一些不同。一般变压器的原、副绕组之间虽然也有隔离电路的作用，但在频率较高的情况下，两绕组之间的电容仍会使两绕组之间出现静电干扰。为避免这种干扰，隔离变压器的原、副绕组一般分置于不同的铁芯柱上，以减小两者之间的电容；也有采用原、副绕组同心放置的，但需要在绕组之间加置静电屏蔽，以获得较高的抗干扰性。除结构上的不同外，隔离变压器的副绕组不接地，副绕组任意一根线与地之间没有电位差，因此使用安全。

隔离变压器的隔离性和安全性的特点，决定了隔离变压器的主要作用：使原绕组与副绕组完全隔离，同时利用铁芯的高频损耗大的特点，抑制高频杂波传入控制回路，从而保护设备；另外，能够隔离危险电压，保护人身安全。

本章小结

本章介绍了变压器的基本结构、工作原理、功能、运行特性、额定值，以及特殊变压器，主要内容归纳如下。

（1）变压器是利用电磁感应定律制成的一种静止的电气设备，它由闭合铁芯和绕在其上的原、副绕组组成。

（2）变压器具有变换电压、电流和阻抗的功能。即

$$\frac{U_1}{U_2} \approx \frac{N_1}{N_2} = k\text{；}\quad \frac{I_1}{I_2} \approx \frac{N_2}{N_1} = \frac{1}{k}\text{；}\quad |Z'_{\mathrm{L}}| \approx \left(\frac{N_1}{N_2}\right)^2 |Z_{\mathrm{L}}| = k^2 |Z_{\mathrm{L}}|$$

（3）变压器的电压变化率和效率是它的两个主要运行参数，其中电压变化率 $\Delta U\% = \frac{U_{20} - U_2}{U_{20}} \times 100\%$，效率 $\eta = \frac{P_2}{P_1} = \frac{P_2}{P_2 + P_{\mathrm{Cu}} + P_{\mathrm{Fe}}}$。

（4）自耦变压器的特点是原绕组与副绕组共用一个绕组，原、副绕组既有磁的联系，又有电的联系。由自耦变压器构成的调压器，其副绕组绕组匝数可以通过滑动触头任意改变，因此副绕组电压可以被平滑调节。仪用互感器有电压互感器和电流互感器两种。电压互感器用于测量高电压，原绕组并联于待测电路，副绕组连接电压表，不允许短路；电流互感器用于测量大电流，原绕组串联

于待测电路，副绕组连接电流表，不允许开路。钳形电流表是由电流互感器和电流表组成的测量仪表，用它测量电流时，不必断开被测电路，使用十分方便。

习题 3

3-1 变压器的铁芯起什么作用？不用铁芯行不行？

3-2 为什么变压器的铁芯要用硅钢片叠成？用整块的铁芯行不行？

3-3 变压器能否用来变换直流电压？如果将变压器接到与它的额定电压相同的直流电源上，会产生什么后果？

3-4 变压器能改变原、副绕组的电压和电流，它也能改变原、副绕组的功率吗？

3-5 有一台 D-50/10 单相变压器，S_N=50kV、U_{1N}/U_{2N}=10500/230。试求变压器原、副绕组线圈的额定电流。

3-6 某铁芯线圈，接入 50Hz、220V 的交流电源上，线圈电流为 3A，消耗功率 100W。如果改接 12V 的直流电源，电流为 10A。试求：

（1）铁芯线圈在直流电源作用时的铜损和铁损；

（2）铁芯线圈在交流电源作用时的铜损、铁损及功率因数。

3-7 一台容量为 20kVA 的照明变压器，它的电压为 6600V/220V，它能够正常供应 220V、40W 的白炽灯多少盏？能够供应 $\cos\varphi$=0.6、电压为 220V、功率为 40W 的日光灯多少盏？

3-8 有一交流铁芯绕圈，接入 220V、50Hz 的交流电源时，通过的电流为 4A，消耗功率为 100W，若忽略线圈漏阻抗压降，试求：

（1）铁芯线圈的功率因数；

（2）铁芯线圈的等效电阻和等效电抗。

3-9 变压器副绕组电压 U_2=20V，在接有电阻性负载时，测得副绕组电流 I_2=5.5A，变压器的输入功率为 132W，试求变压器的效率及损耗的功率。

3-10 电阻值为 8Ω的扬声器，通过变压器接到 E=10V、R_0=250Ω的信号源上。设变压器原绕组的匝数为 500，副绕组的匝数为 100。试求：

（1）变压器原绕组的等效阻抗模$|Z|$;

（2）扬声器消耗的功率。

3-11 单相变压器原绕组匝数 N_1=1000，副绕组匝数 N_2=500，现原绕组加电压 U_1=220V，副绕组接电阻性负载，测得副绕组电流 I_2=4A，忽略变压器的内阻抗及损耗，试求：

（1）原绕组的等效阻抗$|Z_1'|$；

（2）负载消耗的功率 P_2。

3-12 一台单相变压器，S_N=50kVA，额定电压 U_{1N}/U_{2N}=6000V/230V，试求：

（1）变压器的电压比；

（2）当变压器在满载情况下向功率因数为 0.85 的负载供电时，测得副绕组的电压为 220V，求输出的有功功率、视在功率和无功功率。

3-13 使用电压互感器时应该注意哪些事项？

3-14 使用电流互感器时应该注意哪些事项？

第 4 章　三相异步电动机

电机是完成机械能与电能相互转换的设备。把机械能转换为电能的电机称为发电机；把电能转换为机械能的电机称为电动机。

按使用电源的种类不同，电动机可分为交流电动机和直流电动机。交流电动机按其工作特点又分为同步电动机和异步电动机。其中异步电动机由于结构简单、运行可靠、制造容易、价格低廉、坚固耐用、有较高的效率和相当好的工作特性的优点，在工、农业生产中得到广泛应用。异步电动机按电源的相数不同又分为三相异步电动机和单相异步电动机，其中三相异步电动机主要用于机床、水泵、通风机、起重机等设备的动力装置；单相异步电动机主要用于医疗器械、家用电器等设备的动力装置。

本章主要介绍三相异步电动机的基本结构、工作原理及使用。

4.1　三相异步电动机的基本结构

三相异步电动机主要由固定不动的定子和旋转的转子两部分组成，定子、转子之间由空气隙隔开，根据电动机容量的不同，空气隙一般在 0.4～4mm 的范围内。按照转子结构的不同，可将三相异步电动机分成笼型和绕线型两种。三相异步电动机的外形和内部结构如图 4-1 所示。

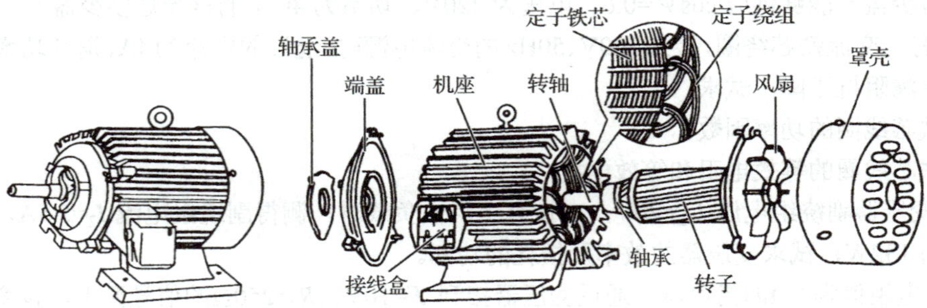

图 4-1　三相异步电动机的外形和内部结构

三相异步电动机的定子主要由机座、定子铁芯和定子绕组等组成。机座是用来固定和支撑定子铁芯的，由铸铁或铸钢浇铸成型。定子铁芯是电动机磁路的一部分，由涂有绝缘漆的 0.5mm 硅钢片压叠而成，装在机座的内壁上。在定子铁芯的内圆周上冲压有均匀分布的线槽，槽内放置三相对称的定子绕组（简称三相绕组），绕组由绝缘导线绕制而成，绕组与铁芯间有良好的绝缘，如图 4-2 所示。

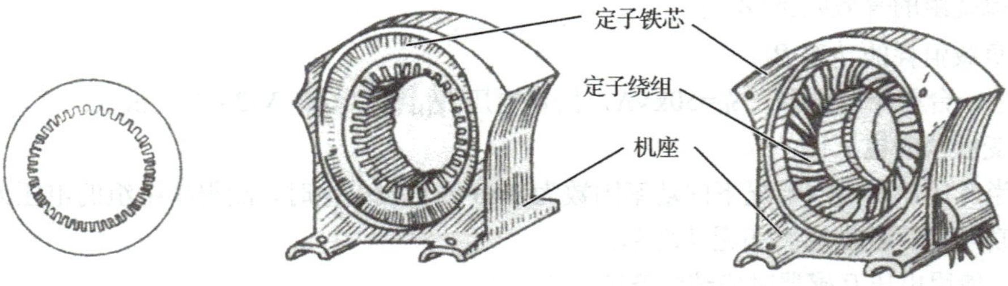

（a）定子铁芯的硅钢片　（b）定子铁芯和机座　（c）嵌有三相绕组

图 4-2　三相异步电动机的定子

定子绕组是三相异步电动机的电路部分，它们在定子内圆周空间排列，彼此相隔 120°，构成对称的三相绕组。大、中容量的高压电动机的定子绕组常连接成星形，只引出三根线，而中、小容量的低压电动机常把三相绕组的六个出线头都引到接线盒中，可以根据需要连接成星形或三角形，如图 4-3 所示。接线板上的接线端子分为上下两排，其中一排 U_1、V_1、W_1 在机内分别与三相绕组的各首端连接；另一排 U_2、V_2、W_2 在机内分别与三相绕组的各末端连接，而每相的首端与邻相的末端依次上下排列。这样，就可以在接线板上方便地把三相绕组连接成三角形或星形，使电动机能在两种不同的线电压下工作，如图 4-4 所示。

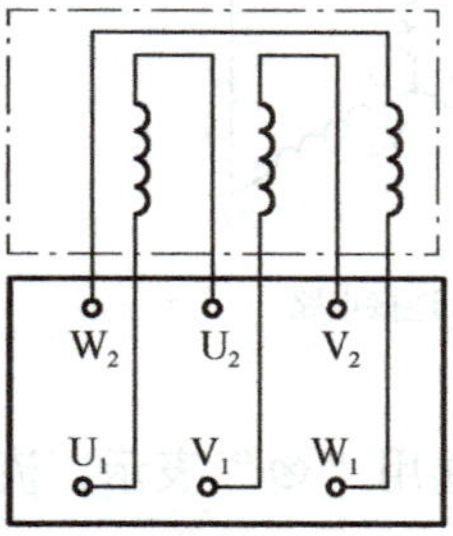

图 4-3　三相绕组与接线端子间的连接

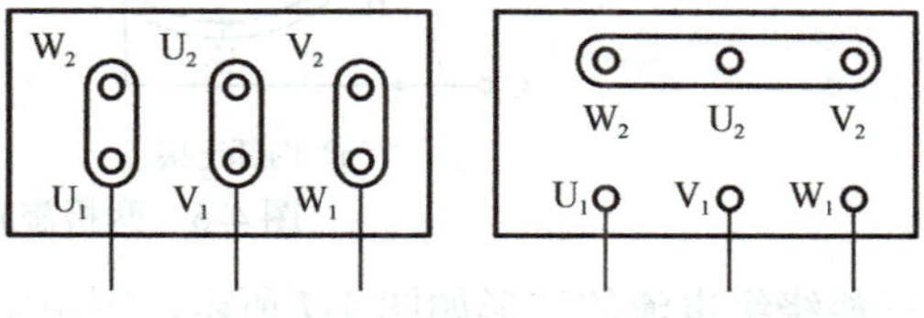

（a）三角形连接　（b）星形连接

图 4-4　三相绕组的两种连接方法

三相异步电动机的转子主要由转子铁芯、转子绕组、转轴及风扇等组成。转子铁芯也是电动机磁路的一部分，由 0.5mm 厚的表面冲槽的硅钢片叠成圆柱形，如图 4-5（a）所示，固定在转轴上，铁芯外圆周上有均匀分布的槽，槽内放置转子绕组。按结构的不同，转子绕组可分为笼型和绕线型两种。笼型转子绕组是在转子铁芯的每一个槽中插入一根铜条，在铜条两端各用一个铜环（称为端环）把导条连接起来，称为铸铜笼型转子，如图 4-5（b）所示。也可用铸铝的方法，即转子导条和端环风扇叶用铝液一次浇铸而成，称为铸铝笼型转子，如图 4-5（c）所示。

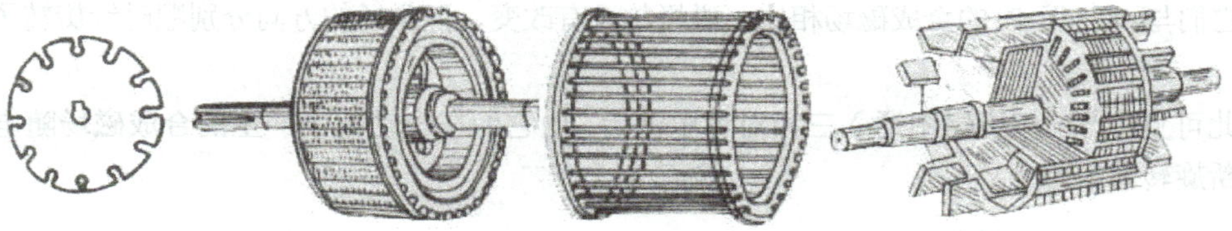

（a）硅钢片　（b）铸铜笼型转子　（c）铸铝笼型转子

图 4-5　笼型转子

目前功率在 100kVA 以上的笼型电动机采用铸铜的方式，功率在 100kVA 以下的电动机采用铸铝的方式。笼型异步电动机由于制作简单，工作可靠，在实际工作中得到广泛的应用。

4.2　三相异步电动机的工作原理

三相异步电动机是靠旋转着的定子磁场切割转子导体产生感应电流的，该旋转磁场又对带电的转子导体进行作用，产生转矩而带动转子转动，从而实现机电能量的转换。

4.2.1　旋转磁场

1．旋转磁场的产生

三相异步电动机的定子铁芯槽内放置有对称的三相绕组 U_1U_2、V_1V_2、W_1W_2。设每相只含有一个线圈，三相绕组做星形连接，如图 4-6 所示。当三相绕组的三个首端 U_1、V_1 和 W_1 分别与三相电源 A、B、C 接通时，在三相绕组中便有对称的三相交流电流 i_A、i_B、i_C，瞬时表达式为

$$i_A = I_m \sin \omega t$$
$$i_B = I_m \sin(\omega t - 120^\circ)$$
$$i_C = I_m \sin(\omega t + 120^\circ)$$

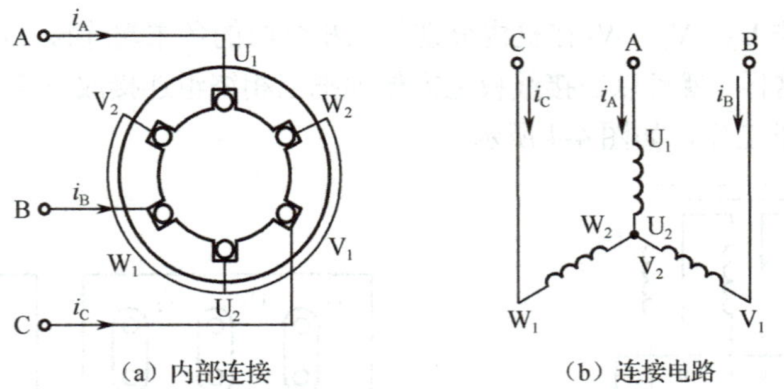

（a）内部连接　　（b）连接电路

图 4-6　两极旋转磁场绕组的连接

三相绕组电流的波形如图 4-7 所示，图中实际电流的流入端用“⊗”表示，流出端用“⊙”表示。

现在以三相绕组电流变化的几个瞬间来分析三相绕组电流在空间所形成的磁场分布情况。当 $\omega t=0^{\circ}$ 时，由波形图可以看出，i_A=0，i_B<0，电流从 V_2 端流入，V_1 端流出；i_C>0，电流从 W_1 端流入，W_2 端流出。根据电流的流向，应用右手螺旋定则判断三相绕组电流所产生的合成磁场有一对磁极，方向由上向下，即 N 极在上，S 极在下，如图 4-7（a）所示。

当 $\omega t=120^{\circ}$ 时，对应的电流 i_A>0，i_B=0，i_C<0，三相绕组电流及其合成磁场如图 4-7（b）所示，仍是一对磁极，与 $\omega t=0^{\circ}$ 时的合成磁场相比，按顺时针方向旋转了 120°。

同理可以得 $\omega t=240^{\circ}$ 和 $\omega t=360^{\circ}$ 时的三相绕组电流及其合成磁场，如图 4-7（c）、图 4-7（d）所示，它们与 $\omega t=0^{\circ}$ 时的合成磁场相比，磁极数没有改变，但磁场的方向分别顺时针旋转了 240° 和 360°。

由此可见，当三相绕组中通入三相对称电流后，由它们在电动机中产生的合成磁场随电流的变化在不断旋转着。

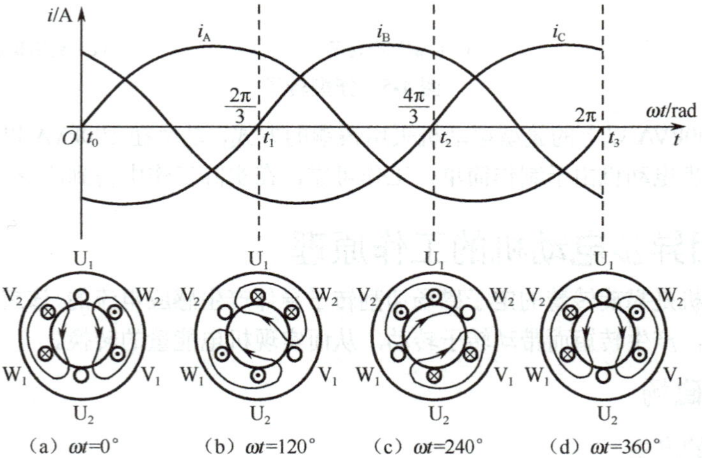

（a）ωt=0°　（b）ωt=120°　（c）ωt=240°　（d）ωt=360°

图 4-7　三相绕组电流和合成磁场的产生

2. 旋转磁场的方向

三相电源存在两种相序：正序和逆序。在分析旋转磁场时，通入三相绕组的电源相序为 A→B→C→A，即正序，得到的是顺时针旋转的磁场；如果调换三相电源的任意两根电源线（如对调 B 与 C)，那么电源的相序即发生改变，变为逆序 A→C→B→A，逆序的三相电源接入三相绕组时，产生的合成磁场的旋转方向就会改变。即若改变相序，则旋转磁场的旋转方向也随之改变，三相异步电动机的反转正是利用这个原理。

3．旋转磁场的转速

三相异步电动机的极数就是旋转磁场的磁极对数，用 p 表示磁极对数；磁极对数与三相绕组的数目及其连接方式有关。上述三相绕组的每相只含有一个绕组，产生一对磁极旋转磁场，即 p=1；若每相绕组有两个线圈串联，则合成的旋转磁场的磁极对数 p=2。以此类推，如果每相串接 n 个绕组，合成的旋转磁场的磁极对数 p=n。

而当磁极对数 p=2 时，可以得出：三相绕组电流变化一周，旋转磁场在空间只旋转半圈。事实上，对于 p 对磁极的电动机，其旋转磁场的转速为一对磁极时的 $1/p$。

旋转磁场的转速又称同步转速，用 n_0 表示，单位是转/分钟（r/min）。对于工作频率为 f_1、磁极对数 p=1 的三相异步电动机来说，旋转磁场的转速 $n_0 = 60f_1$，当三相异步电动机磁极对数为 p 时，其同步转速

$$n_0 = \frac{60f_1}{p} \tag{4-1}$$

在工作频率 f_1=50Hz 时，同步转速 n_0 与磁极对数 p 的关系如表 4-1 所示。

表 4-1　f_1=50Hz 时同步转速 n_0 与磁极对数 p 的对应关系

p	1	2	3	4	5
n_0/（r/min）	3000	1500	1000	750	600

4.2.2　三相异步电动机的转动原理

图 4-8 所示是三相异步电动机的转动原理。三相异步电动机三相绕组接入三相电源后，电机内形成一个以转速 n_0 按顺时针方向旋转的磁场，处于磁场中的笼型转子的导条因相对运动的出现而相当于逆时针方向切割磁力线，于是在转子的导条中就会产生感应电动势，笼型转子端面短接的结果使得导条中形成感应电流，其方向可用右手螺旋定则确定：上半部分的导条电流流出，下半部分的导条电流流入。通有电流的导条因处于磁场中，又会与磁场相互作用，根据左手定则，可确定上半部分导条受到的电磁力 F 的方向向右，下半部分导条受到的电磁力 F 的方向向左，且两者大小相等，方向相反。这样的一对电磁力相对于转轴形成电磁转矩 T，其方向与旋转磁场的方向一致，此转矩带动笼型转子跟着旋转磁场顺时针旋转。

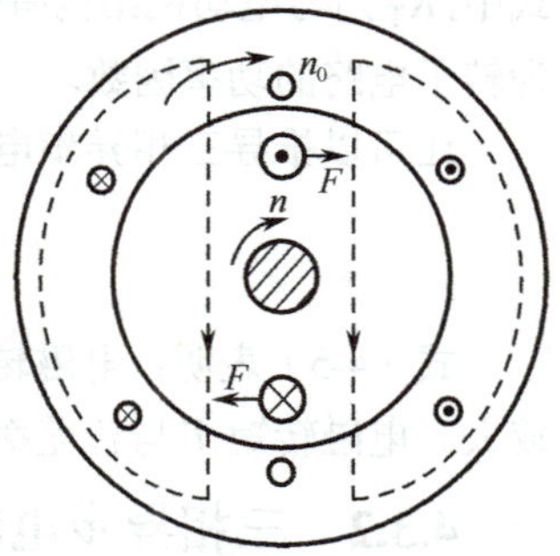

图 4-8　三相异步电动机的转动原理

三相异步电动机转子转动的方向与旋转磁场的方向一致，而旋转磁场的方向又取决于电动机的三相电源相序，因此，三相异步电动机转子转动的方向与三相电源的相序有关。改变三相电源的相序，可使三相异步电动机的转向发生变化，即任意对调电动机的两根电源线，可使电动机反转。

三相异步电动机的转子转速 n 恒小于旋转磁场的转速 n_0，即 $n<n_0$，只有这样，转子绕组与定子旋转磁场之间才有相对运动（转速差），转子绕组才能产生感应电动势和感应电流，从而产生电磁转矩。因而 $n<n_0$ 是三相异步电动机转子转动的必要条件，异步的名称也由此而来。

4.2.3　转差率

将同步转速 n_0 与转子转速 n 之差称为转速差，转速差与同步转速的比值称为转差率，用 s 表示，即

$$s = \frac{n_0 - n}{n_0} \tag{4-2}$$

转差率是分析三相异步电动机运行情况的一个重要参数，它与负载情况有关。起动瞬间，转子

尚未转动，n=0，s=1；稳定运行时 n 接近 n_0，s 很小，额定运行时 s 为 0.01～0.08；空载时，$n≈n_0$，$s≈0$。三相异步电动机所带的负载越大，转速越慢，转差率就越大；负载越小，转速越快，转差率就越小。由式（4-2）推得

$$n=(1-s)n_0 \tag{4-3}$$

【例 4-1】 一台三相异步电动机的额定转速为 1440r/min，电源频率为 50Hz，试求：该电动机的同步转速、磁极对数和额定运行时的转差率。

解：由于电动机的额定转速小于且接近于同步转速，对照表 4-1 可知，与 1440r/min 最接近的同步转速 n_0=1500r/min，与此相对应的磁极对数是 p=2。

额定运行时的转差率

$$s=\frac{n_0-n}{n_0}=\frac{1500-1440}{1500}=0.04$$

4.3 三相异步电动机的电磁转矩与机械特性

4.3.1 三相异步电动机的电磁转矩

三相异步电动机的电磁转矩是由定子绕组产生的旋转磁场与转子绕组产生的感应电流相互作用而产生的。磁场越强，转子电流越大，则电磁转矩也越大。可以证明，三相异步电动机的电磁转矩与旋转磁场和转子电流的关系为

$$T=K_{\mathrm{T}}\Phi I_2\cos\varphi_2 \tag{4-4}$$

式中，K_{T}为与电动机结构有关的一个常数；Φ为旋转磁场的每极磁通；I_2为转子电流的有效值；$\cos\varphi_2$为转子电路的功率因数。

还可以推导三相异步电动机的电磁转矩与电动机参数之间的关系

$$T=K_{\mathrm{T}}'\frac{sR_2U_1^2}{R_2^2+(sX_{20})^2} \tag{4-5}$$

式（4-5）表明：电磁转矩 T 与电源电压 U_1 的平方成正比，电源电压的变动对电磁转矩的影响较大。电磁转矩 T 与转差率 s、转子等效电路中的电阻 R_2 及空载等效电抗 X_{20} 有关。

4.3.2 三相异步电动机的机械特性

当电源电压 U_1、频率 f_1 及电阻 R_2 一定时，X_{20} 也是常数。因此，由式（4-5）可以得出三相异步电动机电磁转矩 T 与转差率 s 的关系曲线 T=$f(s)$，如图 4-9 所示。通常称 T=$f(s)$曲线为三相异步电动机的转矩特性曲线。

从三相异步电动机的转矩特性曲线可以看出，当 s=0，即 $n=n_0$时，T=0，即为理想的空载运行状态；随着 s 的增大，T 也开始增大，但 T 到达最大值以后，随着 s 的继续增大，T 反而减小。

根据三相异步电动机的转速 n 与转差率 s 的关系，把 T=$f(s)$曲线中的 s 轴变换为 n 轴，把 T 轴平移到 s=1，即 n=0 处，再按顺时针方向旋转 90°，便可得到曲线 n=$f(T)$，称为机械特性曲线，如图 4-10 所示。

从理论上说，三相异步电动机的转差率 s 在 0～1 之间，即转速 n 在 0～n_0之间，但实际上在此范围内，电动机并非均能稳定运行。经分析可知，以最大转矩 T_{m}为界，机械特性分为两个区，上边为稳定区，下边为不稳定区。

当电动机工作在稳定区上的某一点时，电磁转矩 T 能适应负载转矩 T_{L} 的变化而自动调节，稳定运行，故称为稳定区。该区段的曲线较为平坦，转速 n 变化不大，即具有较硬的机械特性，这种特性很适应金属切削机床等机械。

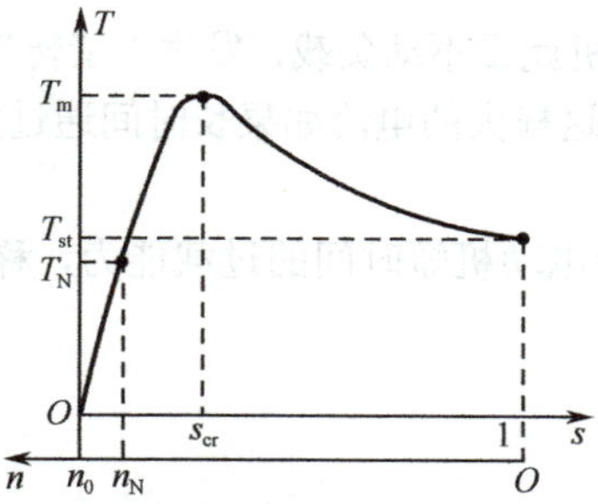

图 4-9　三相异步电动机的转矩特性曲线

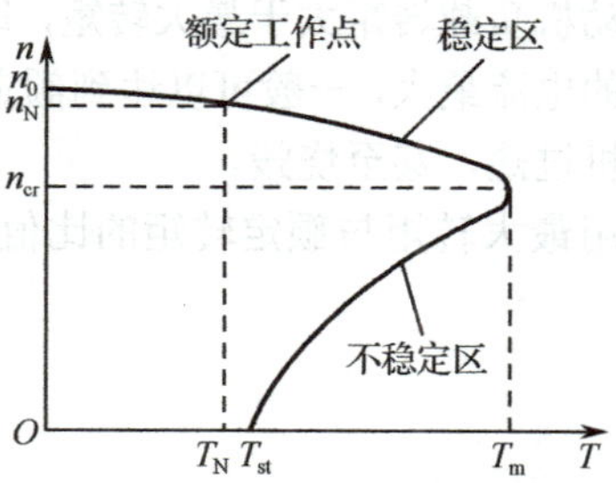

图 4-10　三相异步电动机的机械特性曲线

若电动机工作在不稳定区，则电磁转矩 T 不能自动适应负载转矩 T_L 的变化，因而不能稳定运行。

1．额定转矩 T_N

额定转矩 T_N 表示三相异步电动机在额定状态工作时的电磁转矩。电动机转轴上的功率等于角速度和电磁转矩的乘积，即 $P=T\omega$，因此

$$T_N=\frac{P_N}{\omega_N}=\frac{P_N\times10^3}{\dfrac{2\pi n_N}{60}}=9550\frac{P_N}{n_N} \tag{4-6}$$

式（4-6）中，ω的单位为 rad/s，P_N 的单位为 kW，n_N 的单位为 r/min，T_N 的单位为 N·m。

2．最大转矩 T_m

从机械特性曲线上看，电磁转矩有一个最大值，称为最大转矩 T_m，它表示电动机带动最大负载的能力，也称为临界转矩。对应于最大转矩的转差率为 s_m，称为临界转差率，将式（4-5）等号两边对 s 进行求导，并令其导数等于零，即

$$\frac{dT}{ds}=0$$

可得

$$s_m=\frac{R_2}{X_{20}} \tag{4-7}$$

代入式（4-5）中得

$$T_m=K_T'\frac{U_1^2}{2X_{20}} \tag{4-8}$$

由式（4-7）、式（4-8）可见，最大转矩 T_m 与电源电压的平方 U_1^2 成正比，与 X_{20} 成反比，与电阻 R_2 无关；而临界转差率 s_m 与电阻 R_2 成正比，与 X_{20} 成反比。T_m 与 U_1 及 R_2 的关系曲线分别如图 4-11 和图 4-12 所示。

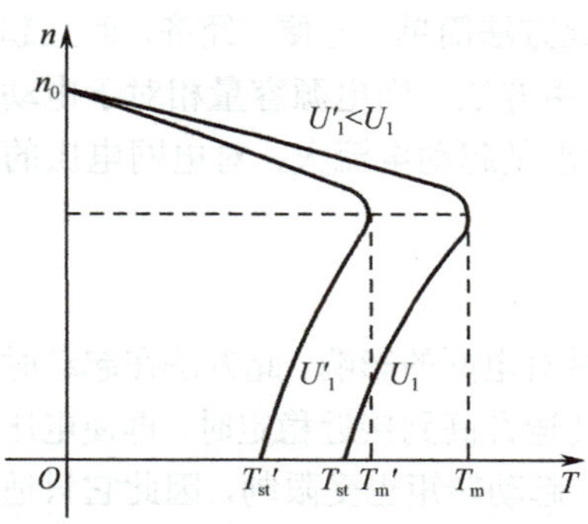

图 4-11　对应于不同电源电压的机械特性曲线

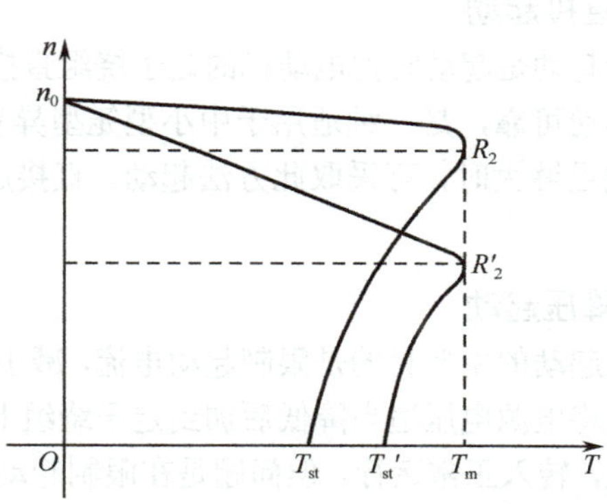

图 4-12　对应于不同转子等效电路中的电阻的机械特性曲线

当电动机负载转矩大于最大转矩，即 $T_L>T_m$ 时，电动机就带不动负载，发生“堵转”现象，此时电动机的电流最大，一般可以达到额定电流的 5～7 倍，这样大的电流如果长时间通过定子绕组，会使电动机过热，甚至烧毁。

通常用最大转矩与额定转矩的比值 T_m/T_N 来表示异步电动机短时间的过载能力，称为过载系数，即

$$\lambda_m = \frac{T_m}{T_N} \tag{4-9}$$

一般三相异步电动机的过载系数 λ_m 在 1.8～2.2 之间。

3．起动转矩 T_{st}

电动机在接通电源刚起动的瞬间，即 $n=0$，$s=1$ 时的电磁转矩称为起动转矩，用 T_{st} 表示。起动转矩 T_{st} 必须大于负载转矩 T_L，且 T_{st} 越大，起动时间越短，起动越快。

通常用起动转矩与额定转矩的比值 T_{st}/T_N 来表示三相异步电动机的起动能力，称为起动系数，即

$$\lambda_{st} = \frac{T_{st}}{T_N} \tag{4-10}$$

一般三相异步电动机的起动能力不强，起动系数 λ_{st} 在 1.0～2.2 之间。

4.4　三相异步电动机的使用

4.4.1　三相异步电动机的起动

三相异步电动机的定子绕组与电源接通后，转子由零转速开始运转，直至以一定转速稳定运行的过程称为起动。

三相异步电动机在刚接通电源的瞬间，其转速 $n=0$，定子旋转磁场对静止转子的相对速度最大，于是转子电流达到最大值，定子电流也最大，约为额定电流的 5～7 倍。由转矩 $T = K_T \Phi I_2 \cos\varphi_2$ 的关系可知，对于笼型异步电动机，此时转子的起动电流虽大，但转子电路的功率因数很低，故起动转矩并不大，只有额定转矩的 1.0～2.2 倍，所以笼型异步电动机的起动性能较差。

一般来说，对电动机起动的要求是：起动电流小，起动转矩大，起动时间短。

若电动机起动电流较大，在输电线路上造成的电压降也较大，可能会影响同一电网中其他负载的正常工作，例如使其他电动机的转矩减小，转速降低，甚至停转，或使日光灯熄灭等。若电动机起动转矩较小，则起动时间较长，可能无法在满载情况下起动。由于三相异步电动机的起动电流大而起动转矩小，故常采取一些措施来减小起动电流，增大起动转矩。

三相异步电动机的起动方法有直接起动和降压起动两种。

1．直接起动

直接起动是起动时把电动机的定子绕组直接接入电网。此方法简单、方便、经济，而且起动时间短，起动可靠，是一种适用于中小型笼型异步电动机的常用方法。当电源容量相对于电动机的功率来说足够大时，可采取此方法起动。直接起动的主要缺点是起动电流大，对电网电压的影响较大。

2．降压起动

降压起动的主要目的是限制起动电流，减小电动机起动时对电网的影响。此方法在起动时借助起动设备将电源电压适当降低后加到定子绕组上，待电动机转速升高到接近稳定时，再使电压恢复到额定值，转入正常运行。但问题是在限制起动电流的同时，起动转矩也受限制，因此它只适用于在轻载或空载情况下起动。最常用的降压起动方法有 Y-△换接降压起动和自耦降压起动。

（1）Y-△换接降压起动

Y-△换接降压起动只适用于正常运行时定子绕组做△形（三角形）连接，且每相绕组都有两个引出端子的三相笼型异步电动机，接线图如图 4-13 所示。起动时，开关 K_1 和 K_3 闭合，定子绕组接成 Y 形（星形），此时加在电动机绕组上的电压是额定电压的 $\frac{1}{\sqrt{3}}$；待电动机转速升高到稳定值后，将开关 K_3 断开，K_1 和 K_2 闭合，定子绕组改为△形，电动机在全压下正常运行，起动完毕。

设定子绕组每相阻抗的大小为$|Z|$，电源线电压为 U_L，△形连接时直接起动的线电流为 $I_{st\triangle}$，Y 形连接降压起动时的线电流为 I_{stY}，则有

$$\frac{I_{stY}}{I_{st\Delta}}=\frac{\dfrac{U_L}{\sqrt{3}|Z|}}{\sqrt{3}\dfrac{U_L}{|Z|}}=\frac{1}{3} \tag{4-11}$$

可见，用 Y-△换接降压起动时的起动电流是△形连接直接起动时的 1/3。

由于电磁转矩与定子绕组相电压的平方成正比，所以用 Y-△换接降压起动时的起动转矩也减小为直接起动时的 $(1/\sqrt{3})^2=1/3$，即

$$T_{stY}=\frac{1}{3}T_{st\Delta} \tag{4-12}$$

Y-△换接降压起动设备简单、操作方便、动作可靠。目前，4～100kW 的异步电动机均设计成 380V 的△形连接的工作方式，因此，Y-△换接降压起动方法得以广泛应用。

正常运行时，若定子绕组是 Y 形连接的，不能采用这种起动方法，可采用自耦降压起动法。

（2）自耦降压起动

自耦降压起动就是利用三相自耦变压器将电动机起动时的定子绕组的线电压降低，以达到减小起动电流的目的，其接线图如图 4-14 所示。起动时，合上开关 K_1、K_2，使三相电源接入自耦变压器的原绕组，而电动机的定子绕组则接到自耦变压器的副绕组，这时电动机得到的电压低于电源电压，因而减小了起动电流，待电动机转速升高后，把开关 K_1、K_2 断开，让定子绕组直接与电源相连，在全压下正常运行，自耦变压器则与电路脱离。

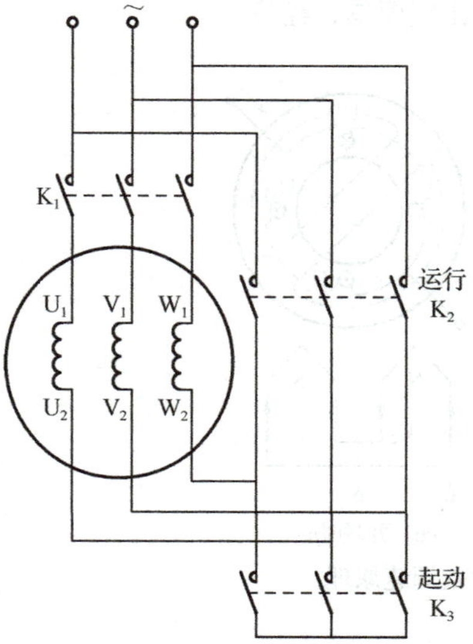

图 4-13　Y-△换接降压起动接线图

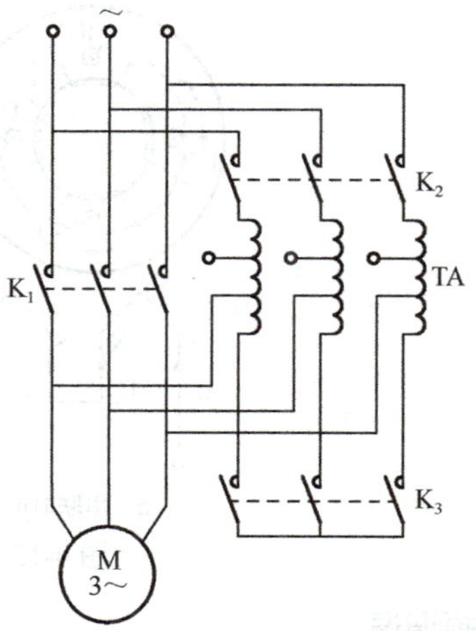

图 4-14　自耦降压起动接线图

自耦降压起动时，电动机定子绕组电压降为直接起动时的 1/k（k 为变压器电压比），起动转矩降为直接起动时的 1/k^2；定子电流（即变压器副绕组电流）降为直接起动时的 1/k，而变压器原绕组电流（即线路电流）则降为直接起动时的 1/k^2。起动用的自耦变压器称为起动补偿器，它通常都包含几个抽头，输出不同的电压，例如，QJ_2 型有三个抽头，其电压等级分别是电源电压的 55%、64%、73%；QJ_3 型也有三个抽头，其电压等级分别是电源电压的 40%、60%、80%，以满足不同的起动要求。

自耦降压起动的优点是起动电压可根据需要选择，缺点是设备较笨重，一般只用于功率较大和不能用 Y-△换接降压起动的场合。

对于绕线型异步电动机，通常采用“转子电路串入适当电阻”的起动方法，既可限制起动电流，又可增大起动转矩，克服了笼型异步电动机起动电流大、起动转矩小的缺点。绕线型异步电动机在起动过程中，需要逐级将起动电阻移除。

4.4.2 三相异步电动机的调速

调速是指在电动机负载不变的情况下，人为地改变电动机的转速。根据转差率的定义，三相异步电动机的转速

$$n = (1-s)n_0 = (1-s)\frac{60f_1}{p} \tag{4-13}$$

因此，三相异步电动机的调速可通过改变磁极对数 p、转差率 s 及电源的工作频率 f_1 来实现。

1. 变极调速

变极调速就是改变电动机旋转磁场的磁极对数 p，使电动机的同步转速发生变化而实现电动机的调速。在分析三相异步电动机的旋转磁场时已经知道，改变三相定子绕组中每相绕组的绕组数目及其连接方法就可以改变旋转磁场的磁极对数。

把 U 相绕组分成 U_1U_2 和 $U_1'U_2'$ 两个相同的线圈。当这两个线圈串联时，如图 4-15（a）所示，合成磁场是四极（p=2）的旋转磁场；当这两个线圈并联时，如图 4-15（b）所示，合成磁场是两极（p=1）的旋转磁场。所以通过这两个线圈的不同连接方式，可得到不同的磁极对数，从而可以改变电动机的转速。这也是多速电动机的原理。

改变磁极对数调速虽然不能实现平滑调速，但是比较简单、经济。

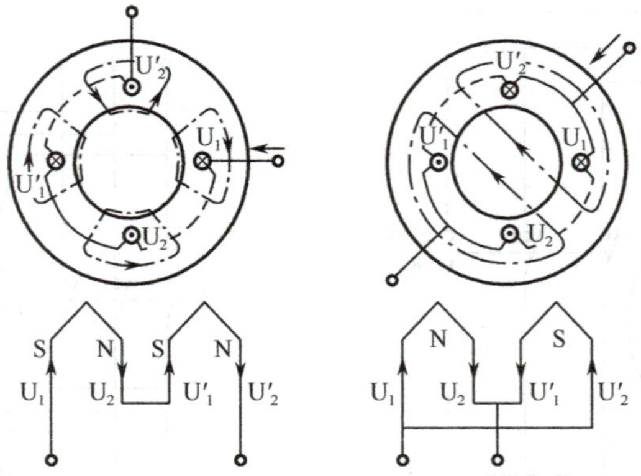

（a）串联时p=2　　（b）并联时p=1

图 4-15　改变磁极对数调速原理

2. 变频调速

改变三相异步电动机的电源频率 f_1，可以进行平滑调速，其调速性能好，但它需要一套专用的变频设备。近年来，硅闸流管变频技术的发展，促进了变频调速的应用。图 4-16 所示的变频调速

装置主要由整流器和逆变器两大部分构成。整流器将 50Hz 的三相交流电变换为直流电，再由逆变器变换为频率（f_1）可调、电压（U_1）可调的三相交流电，提供给异步电动机。

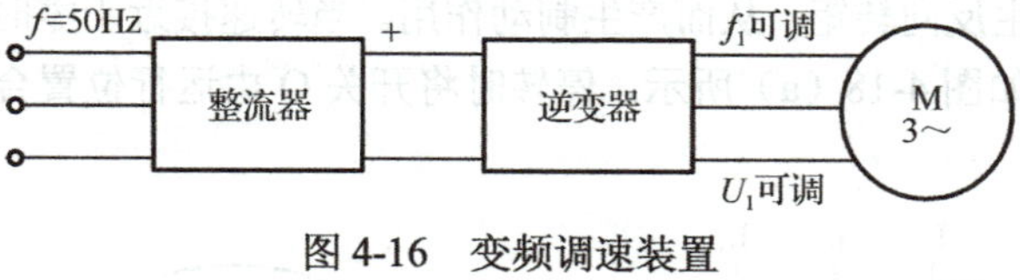

图 4-16　变频调速装置

3．变转差率调速

变转差率 s 调速是在不改变同步转速 n_0 条件下的调速，通常用于绕线型异步电动机。通过在转子电路中串联调速电阻来改变转子电路的等效电阻 R_2，进而改变电动机的机械特性。

这种调速方法的优点是线路简单，调速电阻往往又可作为起动电阻；缺点是功率损耗大，电动机的效率低，常用于起重设备中。

4.4.3　三相异步电动机的制动

电动机在断开电源后，由于惯性会继续转动一段时间后才停转。在一些工业应用中，为了提高生产率和安全度，有些生产机械要求电动机能准确、迅速停转，这就需要用强制的方法迫使电动机迅速停转，称为电动机的制动。三相异步电动机制动的方法有机械制动和电气制动两种。

机械制动是利用机械装置使电动机断开电源后迅速停转，常用的方法为电磁抱闸制动。电动机起动时电磁抱闸线圈同时通电，电磁铁吸合，使抱闸打开；电动机断电时，电磁抱闸线圈同时断电，电磁铁释放，在弹簧的作用下，抱闸把电动机转子紧紧抱住，实现制动。起重机械采用这种方法制动，不但可以提高生产效率，还可以防止在工作过程中因突然断电使重物滑下而造成的事故。

电气制动就是使电动机产生一个与旋转方向相反的电磁转矩（即制动转矩）。三相异步电动机常用的制动方法有能耗制动、反接制动和发电反馈制动。

1．能耗制动

能耗制动指的是在电动机断电的同时，接通直流电源，如图 4-17（a）所示。此时直流磁场是固定不变的，转子由于惯性沿原方向运转，与直流磁场产生相对运动，转子导条切割磁力线，根据右手螺旋定则和左手定则不难确定，这时的转子电流与固定磁场相互作用产生的电磁转矩，其方向与电动机原转向相反，为制动转矩，如图 4-17（b）所示，在此制动转矩作用下，电动机将迅速停转。制动转矩的大小与直流电流的大小有关，且可以通过调节电阻 R_P 的值来控制。电动机停转后，转子与磁场相对静止，制动转矩也随之消失。

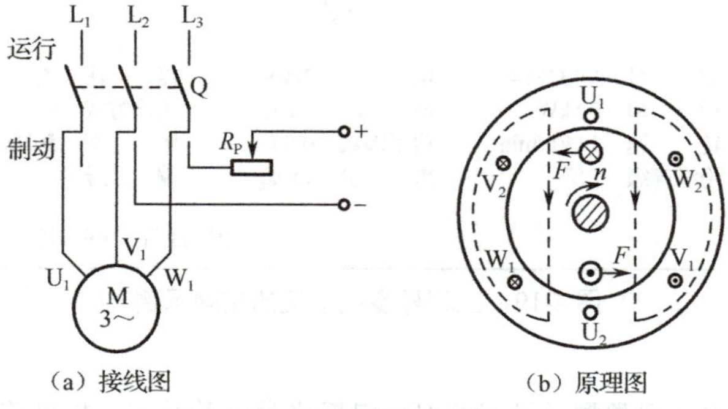

（a）接线图　　（b）原理图

图 4-17　能耗制动

能耗制动的优点是制动能力强、制动平稳、没有大的冲击，应用能耗制动能使生产机械准确停车，被广泛用于矿井提升和起重机运输等生产机械。其缺点是需要直流电源，低速时制动力矩小，且电动机功率较大时，制动的直流设备耗资大。

2．反接制动

当要求电动机停转时，可将电源三根导线中任意两根位置对调，即改变电源的相序，使旋转磁场反向旋转，对转子产生反向转矩，从而产生制动作用。当转速接近于零时，利用某种控制电器将电源自动切断，接线图如图 4-18（a）所示。停转时将开关 Q 由运行位置合向制动位置，原理图如图 4-18（b）所示。

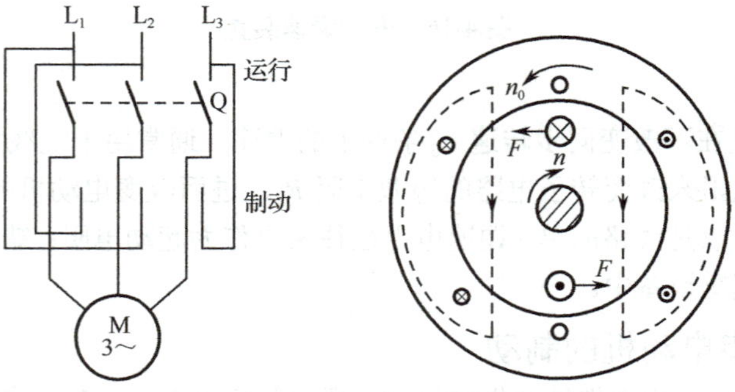

（a）接线图　　（b）原理图

图 4-18　反接制动

在反接制动时，由于旋转磁场与转子的相对转速很大，因而定子电流较大，所以功率较大的电动机利用此法进行制动时，必须在定子电路（笼型）或转子电路（绕线型）中串联适当的限流电阻。

3．发电反馈制动

当转子的转速 n 大于同步转速 n_0 时，转矩也是制动的。如当起重机快速下放重物时，重物拖动转子，使转速 $n>n_0$，这时转子绕组切割旋转磁场的方向与原状态相反，则转子绕组的感应电动势和电流方向也随之相反，电磁转矩方向也相反，成为制动转矩。实际上，此时的电动机已转入发电机运行状态，并将动能转换为电能送回电源，故称为发电反馈制动。

多速电动机在转速从高速调至低速的瞬间，转子转速高于旋转磁场转速，也会产生发电反馈制动，迫使电动机转速迅速下降。

4.5　三相异步电动机的铭牌数据

电动机外壳上都有铭牌，如图 4-19 所示。铭牌上面提供了这台电动机的一些基本数据。这些数据是选择、使用、维护电动机的重要依据。

××××电机厂

型　号	Y132M-4	电　压	380V	接　法	△
功　率	7.5kW	电　流	15.4A	工作方式	S_1
转　速	1440r/min	功率因数	0.85	频　率	50Hz
绝缘等级	B级	重　量	150kg	编　号	

出厂日期　×年×月

图 4-19　三相异步电动机的铭牌示例

1．型号

型号用来反映产品的系列类型及技术特征，包括产品名称代号、规格代号等，由汉语拼音大写字母或英文字母加阿拉伯数字组成，如 Y132M-4，其中 Y 表示三相笼型异步电动机（若为 YR，则表示三相绕线型异步电动机），132 表示机座中心高为 132mm，M 表示中机座（S 表示短机座，L 表示长机座），4 表示磁极对数。

2. 电压与接法

电压（即额定电压 U_N）是指电动机额定运行时，加在定子绕组出线端的线电压的有效值。它与绕组接法有对应关系。如 380V/220V、Y/△是指线电压为 380V 时采用 Y 形连接，线电压为 220V 时采用△形连接。目前，Y 系列异步电动机的额定电压都是 380V，3kW 以下的接成 Y 形，而功率在 4kW 以上的接成△形。

3. 功率

功率（即额定功率 P_N）是指在额定运行情况下，电动机轴输出的机械功率，单位是 kW。额定功率总是小于电动机从电网输入的功率 P_{1N}，其差值等于电动机本身的损耗功率，包括铜损、铁损及电动机轴承等的机械损耗等。

4. 电流

电流（即额定电流 I_N）是指电动机额定运行时线电流的有效值。当定子绕组有两种接法时，就标出两种相应的额定电流值。

5. 转速

转速（即额定转速 n_N）是指电动机额定运行时的转速，也称满载转速，以每分钟的转数计。

6. 工作方式

三相异步电动机常用的工作方式有三种。S_1 表示连续工作，S_2 表示短时工作，S_3 表示断续工作。

7. 绝缘等级

绝缘等级按电动机绕组所用绝缘材料在使用时具有的极限温度(即电动机绝缘结构中最热点的最高允许温度）来划分，电动机的绝缘等级共分六级，分别是 A 级、E 级、B 级、F 级、H 级和 C 级，对应的极限温度为 105℃、120℃、130℃、155℃、180℃及>180℃。目前一般电动机较多采用的是 E 级和 B 级。

8. 功率因数

功率因数是指电动机额定运行时定子电路的功率因数，常用 $\cos\varphi_N$ 表示，一般为 0.7～0.9。

4.6 应用举例

【例 4-2】 已知一台型号为 Y112M-4 的三相异步电动机，其额定数据如下：P_N=4kW，n_N=1440r/min，U_N=380V，η_N=84.5%，$\cos\varphi_N$=0.82，λ_{st}=2.2，λ_m=2.2，采用△形连接。试求：

（1）额定电流 I_N；

（2）额定转差率 s_N；

（3）额定转矩 T_N、最大转矩 T_m、起动转矩 T_{st}。

解：（1）由于 $P_{1N}=\sqrt{3}U_N I_N\cos\varphi_N$，并且 $P_N=\eta_N\cdot P_{1N}$，因此

$$I_N=\frac{P_N}{\sqrt{3}U_N\cos\varphi_N\eta_N}=\frac{4\times10^3}{\sqrt{3}\times380\times0.82\times0.845}=8.77\text{A}$$

（2）由 n_N=1440r/min 可知，电动机的同步转速 n_0=1500r/min，磁极对数 p=2，则

$$s_N=\frac{n_0-n_N}{n_0}=0.04$$

（3）额定转矩 T_N、最大转矩 T_m、起动转矩 T_{st} 如下：

$$T_N=9550\frac{P_N}{n_N}=26.53\text{N}\cdot\text{m}$$

$$T_m = \lambda_m T_N = 58.34\text{N}\cdot\text{m}$$
$$T_{st} = \lambda_{st} T_N = 58.34\text{N}\cdot\text{m}$$

【例 4-3】 型号为 Y250M-4 的三相异步电动机，其 P_N=55kW，U_N=380V，n_N=1470r/min，采用△形连接，λ_{st}=1.9。试回答：

（1）若负载转矩 T_L=T_N，采用直接起动和 Y-△换接降压起动两种方式，电动机能否起动？

（2）当 T_L=300N·m 时，电动机能否采用 Y-△换接降压起动？

（3）当 T_L=300N·m 时，能否用自耦变压器 80%的抽头进行降压起动？

解：（1）采用直接起动时，因为 $T_{st\Delta} = \lambda_{st} T_N = 1.9T_N > T_L$，所以可以直接起动。

采用 Y-△换接降压起动时，因为起动转矩 $T_{stY} = \frac{1}{3}T_{st\Delta} = \frac{1.9T_N}{3} = 0.63T_N < T_L$，所以不能采用 Y-△换接降压起动。

（2）由已知得 $T_N = 9550\frac{P_N}{n_N} = 357.3\text{N}\cdot\text{m}$，电动机采用△形连接，直接起动时 $T_{st\Delta} = 1.9T_N =$ $678.9\text{N}\cdot\text{m}$，采用 Y-△换接降压起动时 $T_{stY} = \frac{T_{st\Delta}}{3} = 226.3\text{N}\cdot\text{m}$，由于 $T_L = 300\text{N}\cdot\text{m} > T_{stY}$，所以电动机不能起动。

（3）若采用自耦变压器 80%的抽头降压起动，则起动转矩为 $T_{st} = \frac{T_{st\Delta}}{k^2} = 0.8^2 \times 678.9\text{N}\cdot\text{m} =$ $434.5\text{N}\cdot\text{m} > T_L$，故电动机能起动。

本章小结

三相异步电动机是工业生产和日常生活中应用非常广泛的电动机，本章的主要内容如下。

1．三相异步电动机的基本结构

三相异步电动机包括定子和转子两部分。定子主要包括机座、定子铁芯、定子绕组；转子主要包括转轴、转子铁芯、转子绕组。

2．三相异步电动机的工作原理

定子绕组通入三相对称电流产生旋转磁场，该旋转磁场切割转子绕组，在转子绕组中产生感应电动势和感应电流，转子电流在旋转磁场的作用下产生电磁力并形成电磁转矩，驱动转子跟着旋转磁场转动。

旋转磁场的转速（同步转速）：

$$n_0 = \frac{60f_1}{p}$$

转子转速：

$$n = (1-s)n_0$$

转差率：

$$s = \frac{n_0 - n}{n_0}$$

3．三相异步电动机的电磁转矩与机械特性

三相异步电动机的电磁转矩公式为 $T = K'_T \frac{sR_2U_1^2}{R_2^2 + (sX_{20})^2}$，可画出转矩特性曲线 $T = f(s)$，而后可得机械特性曲线 $n = f(T)$。

三相异步电动机的电磁转矩 T 与外加电压 U_1 的平方成正比。

三相异步电动机机械特性曲线分为稳定区和不稳定区两部分，电动机正常运行时在稳定区工作。另外，在机械特性曲线上还有额定转矩 T_N、最大转矩 T_m 和起动转矩 T_{st}。其中额定转矩 $T_N=9550P_N/n_N$；最大转矩 T_m 的大小决定了三相异步电动机的过载能力，$\lambda_m = T_m/T_N$；起动转矩 T_{st} 的大小反映了异步电动机的起动性能，$\lambda_{st} = T_{st}/T_N$。

4．三相异步电动机的使用

三相异步电动机起动时的特点是起动电流大、起动转矩小。常用的起动方法是直接起动和降压起动。降压起动包括 Y-△换接降压起动、自耦降压起动。

笼型异步电动机可采用变极和变频的方法调速，绕线型异步电动机可采用变转差率的方法调速，即在转子回路中串联可变电阻。其中变极调速属于有极调速，变频调速和变转差率调速属于无极调速。

三相异步电动机常用的制动方法有能耗制动、反接制动和发电反馈制动。

5．三相异步电动机的铭牌数据

铭牌数据上的电压和电流是指线电压和线电流，功率是指电动机轴上输出的机械功率。

习题 4

4-1 单项选择题

（1）三相异步电动机产生电磁转矩是由于（　　）。

A．定子磁场与定子电流的相互作用　　B．转子磁场与转子电流的相互作用

C．旋转磁场与转子电流的相互作用　　D．转子磁场与定子电流的相互作用

（2）三相异步电动机的转速越高，其转差率（　　）。

A．越大　　B．越小　　C．不变　　D．不定

（3）三相异步电动机的同步转速与（　　）。

A．定子绕组相电压成反比　　B．定子绕组电流成反比

C．定子绕组电流的频率成反比　　D．旋转磁场的磁极对数成反比

（4）三相异步电动机的电磁转矩与（　　）。

A．定子电流成反比　　B．定子电压平方成正比

C．定子电压平方成反比　　D．定子电压成正比

（5）三相异步电动机的转子的转向与（　　）有关。

A．电源相序　　B．电流大小　　C．电源频率　　D．电压大小

（6）三相异步电动机的转速 n 越高，则转子电流 I_2（　　）。

A．越大　　B．越小　　C．不变　　D．无法确定

（7）起重设备上的异步电动机常采用的起动方法是（　　）。

A．直接起动　　B．Y-△降压

C．自耦降压　　D．转子回路串接电阻自动

（8）三相异步电动机在运行中转子突然被卡住而不能转动，则电动机的电流将（　　）。

A．不变　　B．减小　　C．增大　　D．无法确定

4-2 已知电源频率 f_1=50Hz，转差率 s_N=0.02，试求：p=2 及 p=3 的三相异步电动机的同步转速 n_0 及额定转速 n_N。

4-3 一台三相笼型异步电动机，接在频率为 50Hz 的三相电源上，已知在其额定电压下满载运行的转速为 940r/min。试求：

（1）电动机的磁极对数；

（2）额定转差率；

（3）额定条件下，转子相对于定子旋转磁场的转差率；

（4）当转差率为 0.04 时的转速。

4-4　已知 Y100L1-4 型三相异步电动机，额定功率为 2.2kW，额定转速为 1420r/min，功率因数为 0.82，效率为 81%，额定电压为 380V，额定频率为 50Hz，采用 Y 形连接。试求：

（1）额定相电流和线电流；

（2）额定转矩；

（3）额定转差率。

4-5　一台型号为 Y160M-2 的三相异步电动机，额定功率 P_N=11kW，额定转速 n_N=2930r/min，λ_m=2.2，λ_{st}=2。试求额定转矩 T_N、最大转矩 T_m、起动转矩 T_{st}。

4-6　一台型号为 Y160L-6 型的三相异步电动机，查得其数据如表 4-1 所示。

表 4-1　数据

额定功率（kW）	额定电压（V）	满载时			$\frac{起动电流}{额定电流}$	$\frac{起动转矩}{额定转矩}$	$\frac{最大转矩}{额定转矩}$
		转速（r/min）	效率（%）	功率因数（$\cos\varphi$）			
11	380	970	87	0.78	6.5	2.0	2.0

求同步转速、额定转差率、额定电流、额定转矩、额定输入功率、最大转矩、起动转矩和起动电流。

4-7　一台三相笼型异步电动机，其额定数据如下：P_N=3.0kW，U_N= 220V/380V（△/Y），I_N=11.2A/6.48A，n_N=1430r/min，f_1=50Hz，I_{st}/I_N=7.0，T_m/T_N=2.0，T_{st}/T_N=1.8，$\cos\varphi_N$=0.84。试求：

（1）额定转差率；

（2）额定转矩；

（3）最大转矩；

（4）起动转矩；

（5）额定状态下运行时的效率；

（6）当供电电压为 380V 时，定子绕组的连接方式和直接起动时的起动电流。

4-8　某三相笼型异步电动机，其额定数据如下：P_N=10kW，U_N= 380V，I_N=19.9A，n_N=1450r/min，I_{st}/I_N=7.0，T_{st}/T_N=1.4。若负载转矩为 20 N·m，电源允许的最大电流为 60A，试问应采用直接起动还是采用 Y-△换接降压起动，为什么？

4-9　一台三相异步电动机的额定功率为 4kW，额定电压为 220V/380V，Y/△连接，额定转速为 1450r/min，额定功率因数为 0.85，额定效率为 86%，试求：

（1）额定运行时的输入功率；

（2）两种接法时的额定电流；

（3）额定转矩。

4-10　一台△形连接的三相笼型异步电动机，若在额定电压下起动，流过每相绕组的起动电流 I_{st}=20.84A，起动转矩 T_{st}=26.39N·m，试求用 Y-△换接降压起动、电压比 k=2 的自耦变压器降压起动，这两种情况下的起动电流和起动转矩。

第5章 继电接触控制系统

自动控制可以通过电气、机械、液压等手段来实现。其中电气自动控制的应用最广泛、最方便。本章以三相笼型异步电动机为控制对象，介绍几种常用的控制电器、保护电器和典型的控制线路。

5.1 常用的低压电器

电器按其工作电压可分为低压电器和高压电器，低压电器是指工作电压在交流 1200V 或直流 1500V 以下的各种电器。电器按其职能又可分为控制电器和保护电器，用于各种控制电路和控制系统的电器称为控制电器，如开关、按钮、接触器等；用于保护电路及用电设备的电器称为保护电器，如熔断器、热继电器等。控制电器的种类很多，按其动作方式可分为手动电器和自动电器两类。手动电器的动作是由工作人员手动操作的，如刀开关、组合开关、按钮等；自动电器的动作是按指令、信号或某个物理量的变化而自动完成的，如继电器、接触器和行程开关等。

1. 刀开关

刀开关是一种手动电器，用于隔离电源和负载。由于刀开关一般不设置灭弧装置，灭弧能力较差，所以只能用于小容量（5.5kW）电动机的直接起、停控制。常见的胶盖瓷底刀开关的结构如图 5-1（a）所示，刀开关主要由刀片（动触点）和刀座（静触点）组成，按极数（刀片数）不同，刀开关可分单极、双极和三极三种，刀开关的图形符号如图 5-2（b）所示。

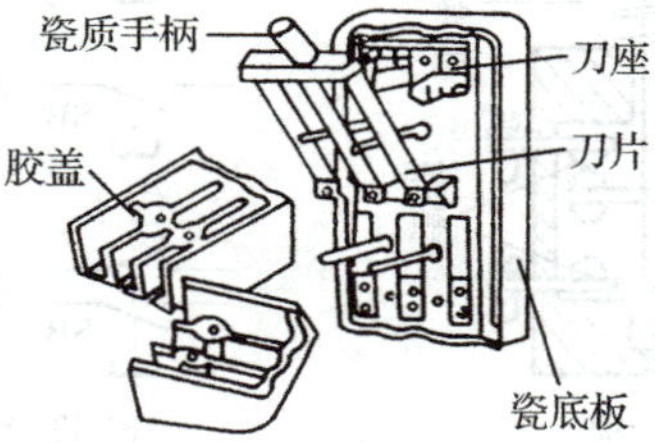

（a）结构

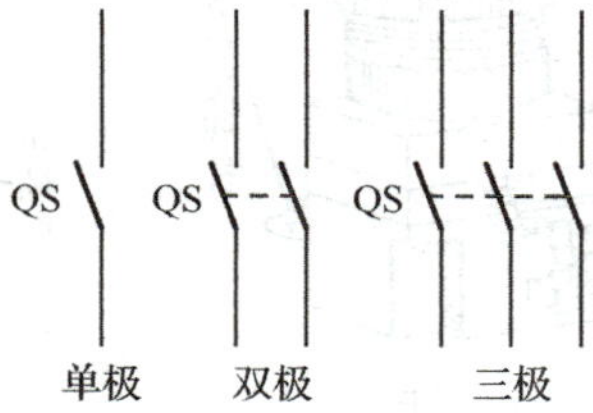

（b）图形符号

图 5-1 常见的刀开关的结构及其图形符号

在选择刀开关时要考虑电动机的起动电流，一般刀开关的额定电流应是电动机额定电流的 3～5 倍。安装刀开关时，电源线应接在静触点上，负荷线应接在和刀片相连的端子上。带有熔丝的刀开关，负荷线应接在刀片下侧熔丝的另一端，以保证刀开关切断电源后，刀片和熔丝不带电。在垂直安装时，操作手柄向上合为接通，向下拉为断开，不能反接，否则会因刀片松动自然下落而误将电路接通，刀开关的额定电流应大于它所控制的最大负荷电流。

2. 组合开关

组合开关又称转换开关，属于手动电器，主要用于接通电源或切断电路、换接电源，也可用来控制小功率电动机，它的结构、接线及图形符号如图 5-2 所示。

它由数层动、静触片组装而成，有单极、双极、三极和多极结构。动触片安装在操作手柄的转轴上，静触片的一端固定在绝缘垫板上，随转轴旋转而变换其通断位置，可以使一些触片合拢，另一些触片断开，故组合开关可以同时切换多条电路。组合开关具有一定的灭弧能力，但触片通电能力有限，一般在交流 380V、直流 220V 和电流 100A 以下的电路中作为电源开关。

3. 按钮

按钮是用来发出指令信号的手动电器，主要用于接通或断开小电流的控制电路，从而控制电动机或其他电气设备的运行。按钮的外形、结构及图形符号如图 5-3 所示，它主要由按钮帽、复位弹簧、动触点和静触点组成，按钮帽与复位弹簧及动触点连轴。在按钮帽未被按下时，动触点是与上面的静触点接通的，这对触点称为动断触点或常闭触点；动触点与下面的静触点是断开的，这对触点称为动合触点或常开触点。当按下按钮帽时，上面的动断触点断开，而下面的动合触点接通；当松开按钮帽时，动、静触点在复位弹簧的作用下复位，使动断触点和动合触点都恢复原来的状态。

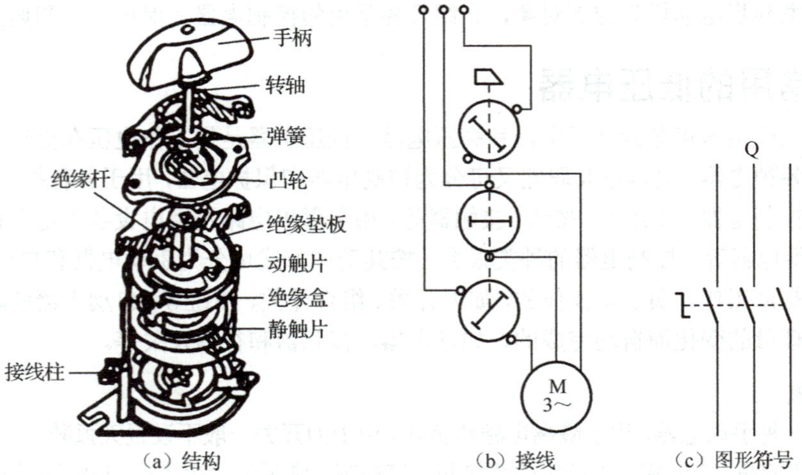

图 5-2　组合开关

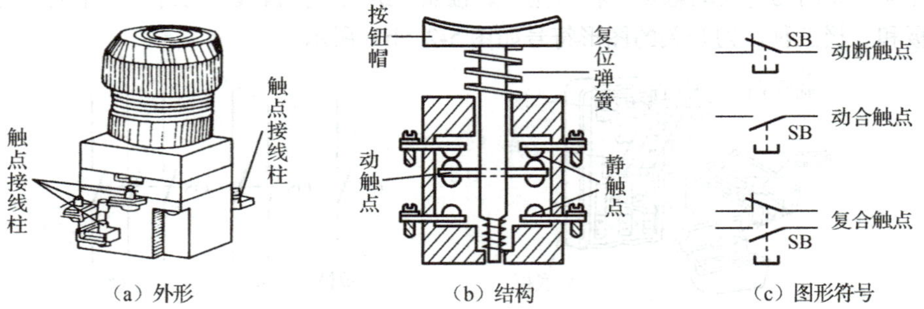

图 5-3　按钮

按钮的触点可以含有多对，可以根据需要组合成多组动合和动断触点，构成一种多联按钮，如双联按钮和三联按钮。为了区别按钮在电路中所具有的控制功能，一般在实际按钮的按钮帽上设置不同的颜色。

4．熔断器

熔断器是电路中最常用的短路保护电器，串联在被保护的电路中，它主要由熔体和外壳构成。熔体是熔断器的核心，一般做成片状或丝状，采用熔点较低、电阻率较高的锌、铅锡合金，或截面积较小的高熔点材料银、铜、铝等。当电路发生严重过载或短路时，电路中的电流超过熔体的额定电流，使熔体温度急剧上升，超过其熔点而熔断，从而使电源与用电设备断开，以保护电器和设备。

常用的熔断器有三种：插入式熔断器、螺旋式熔断器和管式熔断器，其结构及图形符号如图 5-4 所示。

熔断器的选择取决于熔体的电流，选择时，应首先确定熔体的额定电流 I_{NR}，方法如下：

（1）用于保护照明或电热设备的熔断器，熔体的额定电流应等于或稍大于负载的额定电流 I_N，即

$$I_{NR} \geqslant I_N$$

（2）用于保护单台长期工作电动机的熔断器，其熔体的额定电流应满足：

$$I_{NR} \geqslant \frac{I_{st}}{1.5 \sim 2.5}$$

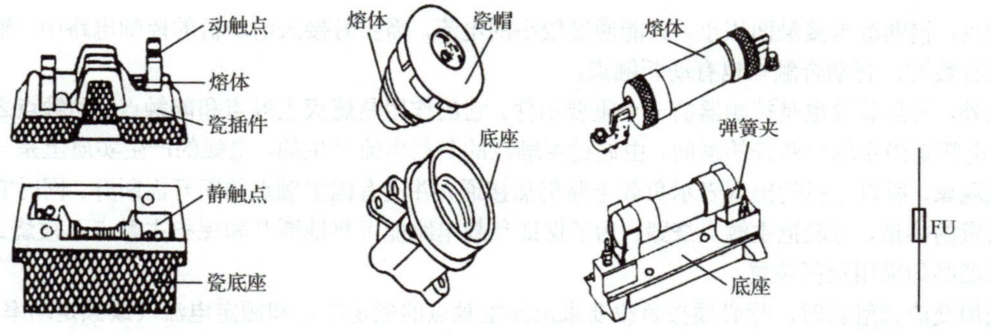

（a）插入式熔断器　（b）螺旋式熔断器　（c）管式熔断器　（d）图形符号

图 5-4　常用的熔断器及其图形符号

（3）用于保护频繁起动的电动机的熔断器，其熔体的额定电流应满足：

$$I_{NR} \geqslant (3\sim3.5)I_N$$

（4）用于保护多台电动机的熔断器，其熔体的额定电流应满足：

$$I_{NR} \geqslant (1.5\sim2.5)I_{Nmax} + \sum I_N$$

式中，I_{Nmax} 为容量最大的一台电动机额定电流，$\sum I_N$ 为其他电动机的额定电流之和。

5．交流接触器

交流接触器是用来频繁地接通和断开主电路或大容量控制电路的自动电器，但它本身不能切断短路电路和过载电路。它常作为电动机的电源开关，与按钮配合可以控制电动机的起动、停止。它的结构、原理示意图及图形符号如图 5-5 所示，其主要组成部分是电磁铁和触点。电磁铁包含吸引线圈、动铁芯和静铁芯；触点分为主触点、动触点和静触点；吸引线圈绕在静铁芯上，静铁芯与静触点固定不动，而动铁芯、动触点及弹簧直接连于一体，是可动部件。

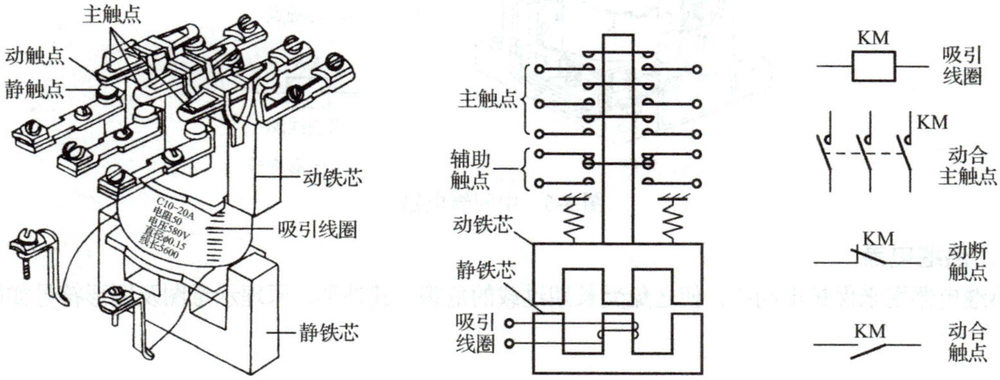

（a）结构　（b）原理示意图　（c）图形符号

图 5-5　交流接触器

交流接触器在吸引线圈通电时的状态称为吸合状态，未通电时的状态称为释放状态。按交流接触器工作状态的不同，可将其触点分为动合（常开）触点和动断（常闭）触点两类。交流接触器在释放状态时，处于断开的触点称动合触点，处于接通状态的触点称动断触点。当电磁铁的吸引线圈通过额定电流时，电磁铁产生电磁力，动铁芯带动动触点运动，动、静铁芯吸合，使动断触点断开，动合触点闭合；当吸引线圈断电时，电磁力消失，动铁芯在弹簧的作用下带动动触点复位，使动断触点和动合触点恢复原状。

交流接触器的触点，大多是桥式双断点式的。按照触点接触面积的大小，可分为主触点和辅助触点两种。主触点的接触面积大，能通过较大的电流，主要用于接通电动机的主电路，主触点均为动合触点；辅助触点接触面积小，只能通过较小的电流，需要时接入电动机的控制电路中，辅助触点一般有数对，有动合触点也有动断触点。

此外，灭弧装置也是接触器的一个重要部件。它的作用是熄灭主触点和静触点、动触点之间的电弧。电弧是当主触点断开的瞬间，由通过主触点的负载电流产生的。电弧的产生实质上是一种气体导电现象，所以电弧的出现表示负载电路仍然接通，并没有因主触点的断开而断开。同时它还将产生大量的热量，可能把主触点烧毁。为了保证负载电路能可靠地断开和保护主触点不被烧毁，交流接触器必须采用灭弧装置。

选用交流接触器时，除必须按负载要求选择主触点的额定电压和额定电流（或额定功率）外，还必须考虑吸引线圈的额定电压和动合、动断触点的数量。常见的国产交流接触器有 CJ0 和 CJ10 系列。其吸引线圈的额定电压有 36V、127V、220V 和 380V 四个等级。交流接触器主触点的额定电流分为 10A、20A、40A、60A、100A 和 150A 六个等级。

6．中间继电器

中间继电器常用来传递信号和同时控制多个电路，也可直接用来控制小容量电动机或其他电气执行元件。

中间继电器的结构和原理与交流接触器基本相同，只是电磁系统小一些，触点多一些。常见的中间继电器的外形及图形符号如图 5-6 所示。

在选择中间继电器时，主要应考虑电压等级和触点数量。

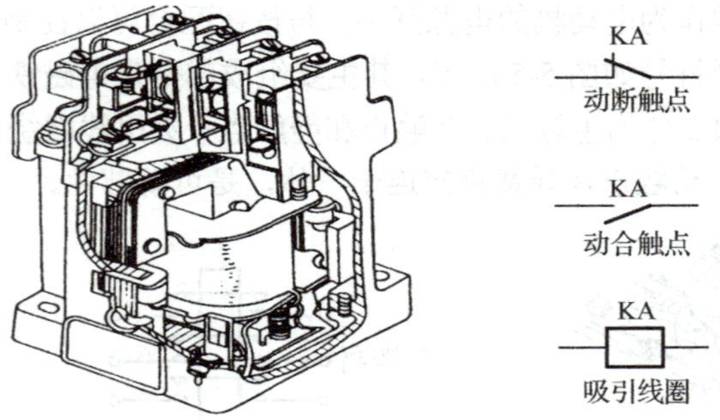

（a）外形　　（b）图形符号

图 5-6　中间继电器

7．热继电器

热继电器用来保护电动机，使之免受长期过载的危害。其外形、原理示意图及图形符号如图 5-7 所示。

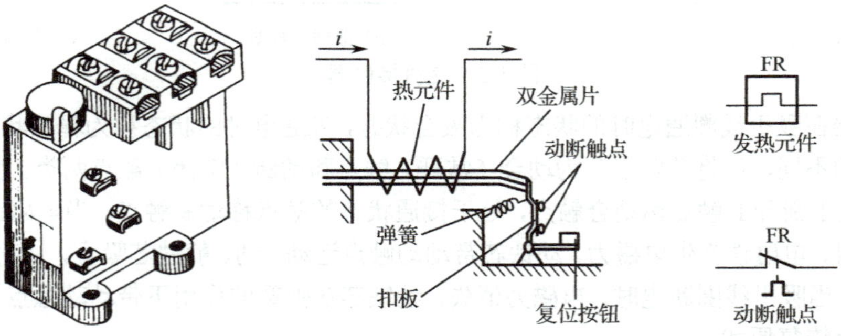

（a）外形　　（b）原理示意图　　（c）图形符号

图 5-7　热继电器

热继电器是利用电流的热效应而完成动作的。其中，热元件是一段阻值不大的电阻丝或电阻片，接在电动机的主电路中。双金属片是由两种膨胀系数相差较大的不同的金属薄片碾压而成的，图中上层的金属片膨胀系数小，下层的金属片膨胀系数大，且热元件缠绕在金属片上。当电动机发生过载时，热元件中流过的电流超过其额定电流，热元件产生较多的热量，促使双金属片膨胀，不同膨胀系数的双金属片将发生严重变形而向上弯曲，因而脱扣，扣板在弹簧的拉力下将动断触点断开。动断触点接在电动机的控制电路中，这样，控制电路断开，从而电动机的主电路断开。

由于热惯性，热继电器不能用于短路保护。因为在发生短路事故时，要求电路立即断开，而热继电器是不能立即完成动作的。但是热惯性也是合乎要求的，在电动机起动或短时间过载时，热继电器不会动作，这可避免电动机不必要的停转，如果要热继电器复位，按下复位按钮即可。

热继电器有两个或三个热元件，使用时分别串联在两根或三根电源线上，可直接反映三相电流的大小。选用热继电器时，应根据负载的额定电流来确定其型号和热元件的电流等级。

8. 自动空气断路器

自动空气断路器又称自动空气开关，简称自动开关，是常用的一种低压保护电器，当电路发生过载、短路和欠电压等不正常情况时能使电路自动断开。它与熔断器配合使用，是低压设备和线路保护的一种最基本的保护手段。

自动空气开关的主要组成部分有触点系统、灭弧装置、机械传动机构和保护装置等，自动空气开关的外形、原理示意图和图形符号如图 5-8 所示。开关的脱扣机构是一套连杆装置，主触点闭合后就被锁钩锁住。如果电路中发生故障，脱扣机构就在有关脱扣器的作用下将锁钩脱开，于是主触点在释放弹簧的作用下迅速断开。在正常运行时，过电流脱扣器的衔铁是释放着的，一旦发生严重过载或短路故障时，与主电路串联的线圈流过大电流而产生较强的电磁力把衔铁往下吸而顶开锁钩，使主触点断开，起到过电流保护作用；当电路电压正常时，电路上的励磁线圈产生足够强的电磁力将衔铁吸住，使衔铁同搭钩脱离，主触点得以闭合。若电路欠电压（电压严重下降或断电），其电磁力减小或完全消失，衔铁就被释放而顶开锁钩，主触点断开。当电源恢复正常后，必须重新合闸才能工作，实现欠电压保护。

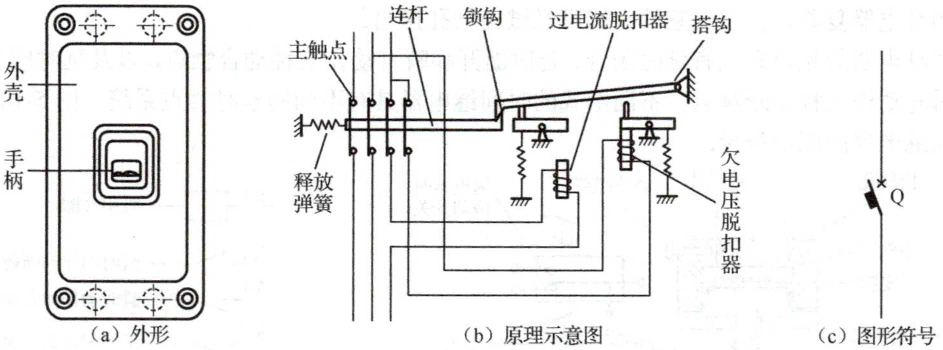

（a）外形　（b）原理示意图　（c）图形符号

图 5-8　自动空气开关

自动空气开关有装置式（DZ 型，又称塑料外壳式）和万能式（DW 型，又称框架式）两种。前者有绝缘外壳，结构紧凑，外壳有操作手柄，体积小。后者有较强的断流能力。自动空气开关的选择，除满足额定电压和额定电流的要求外，各种脱扣器的动作值都需要按相应保护要求来调整。

9. 行程开关

行程开关又称限位开关，它是利用机械部件的位移来切换电路的自动电器。

行程开关有直线式、单滚轮式和双滚轮式等。直线式行程开关的结构和工作原理与按钮类似，其外形、结构和图形符号如图 5-9 所示。首先将行程开关安装在适当位置，当预装在生产机械运动部件上的撞块压下推杆时，行程开关的动断触点断开，动合触点闭合。当撞块离开推杆时，弹簧将推杆和触点恢复原状。

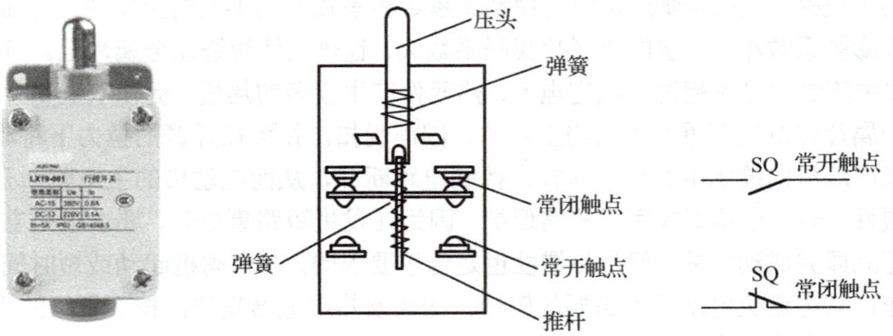

（a）外形　　（b）结构　　（c）图形符号

图 5-9　行程开关

10．时间继电器

时间继电器是在获得电信号后，经过人为设定的延迟时间后才产生变化的一种继电器，是控制线路接通或断开的自动电器。时间继电器按其工作原理可分为电磁式、空气阻尼式、电动式和电子式。目前，在交流电路中广泛采用的是空气阻尼式。按延时的方式不同，时间继电器可分为通电延时型和断电延时型两种，现以通电延时型空气阻尼式时间继电器为例，介绍时间继电器的工作原理。

通电延时型空气阻尼式时间继电器的结构如图 5-10（a）所示，它主要由电磁系统、触点、空气室和传动机构组成。吸引线圈通电后，将动铁芯吸下，使动铁芯和托板向下移动，托板的移动使下边的微动开关迅速动作，同时使托板与活塞杆之间有一段距离，在释放弹簧的作用下，活塞杆将下移；但是因为空气室与活塞杆相连的橡皮膜受到下面空气的阻力，活塞杆不能迅速下移，而是靠空气室的进气孔送进的空气压力才能够移动；由于进气孔比较小，所以活塞杆移动缓慢，经过一定时间后，活塞杆下移的距离才能保证杠杆碰撞通电延时微动开关，使其发生动作，实现通电后的延时；延迟时间为自吸引线圈通电时刻起到杠杆迫使通电延时微动开关动作时为止。通过调节进气孔的螺钉可以调整进气量的多少，从而调节延迟时间的长短。当吸引线圈断电后，依靠恢复弹簧的作用，时间继电器复原，而空气室的空气可经过出气孔排出。

时间继电器的触点系统有延时闭合、延时断开和瞬时动作三种动合触点，以及延时闭合、延时断开和瞬时动作三种动断触点。不同形式的时间继电器具有不同的延时触点系统。图 5-10（b）所示为时间继电器的图形符号。

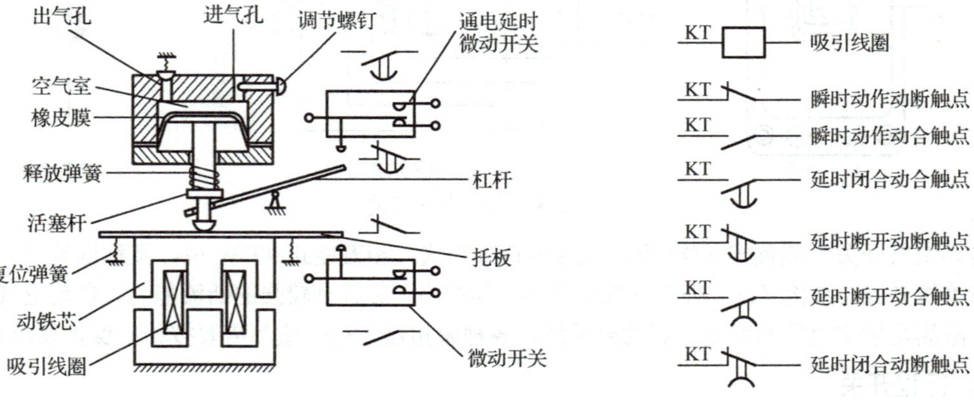

（a）结构　　（b）图形符号

图 5-10　通电延时空气式时间继电器

空气阻尼式时间继电器的优点是结构简单，延时范围大；但缺点是准确度较低。在要求准确延时的情况下，应考虑采用三极管时间继电器。

5.2 三相异步电动机常用的控制电路

用交流接触器和按钮来控制电动机的起停，用热继电器进行电动机的过载保护，这就是继电-接触器控制的最基本电路。在分析、绘制控制系统的电气原理图时，应遵循以下原则。

（1）主电路（动力电路，通过大电流），位于图的左侧或上方；控制电路（辅助电路，通过小电流）是为主电路服务的，位于图的右侧或下方。

（2）分析、绘制电气原理图时按从上到下、从左至右的顺序进行。图中，线圈处于未带电状态，触点、按钮均未受到外力的作用，即各电器均处于自然状态。

（3）同一电器的不同部件不论在什么位置，都用同一图形符号标注。

1．点动控制电路

点动控制是指按下按钮时电动机转动，松开按钮时电动机停转，常用于电机检修后试车或生产机械的位置调整。点动控制电路如图 5-11 所示。

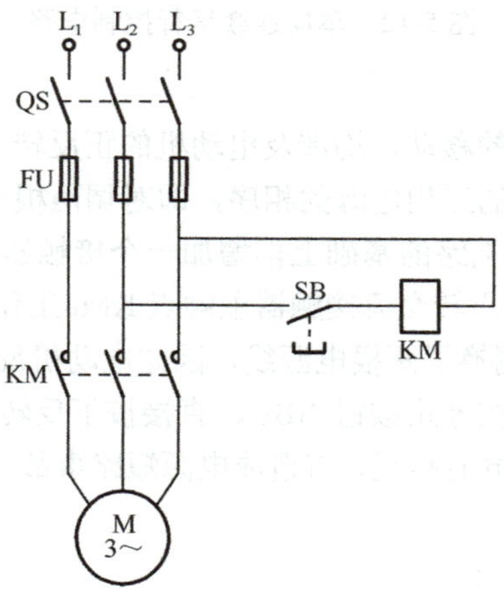

图 5-11　点动控制电路

在电路图中，主电路由刀开关 QS、熔断器 FU、交流接触器的主触点 KM 及电动机 M 组成。控制电路由按钮 SB 和交流接触器的吸引线圈 KM 组成。工作过程是合上开关 QS，按下按钮 SB，交流接触器吸引线圈 KM 通电，动合主触点 KM 闭合，电动机 M 通电运行。释放按钮 SB，交流接触器吸引线圈 KM 断电，动合主触点 KM 断开，电动机 M 断电停转。

2．单向连续运行控制电路

单向连续运行是指按下起动按钮后，电动机 M 单方向持续运转，按下停止按钮后，电动机停转。单向连续运行控制电路如图 5-12 所示。

合上开关 QS，按下按钮 SB_2，交流接触器吸引线圈 KM 通电，辅助动合触点 KM 闭合，此时释放按钮 SB_2，吸引线圈仍通过辅助触点继续保持通电，使电动机继续运行。交流接触器用自己的动合辅助触点锁住自己的线圈电路，这种作用称为自锁，该触点也称为自锁触点。若要使电动机停转，按下动断按钮 SB_1，使交流接触器吸引线圈 KM 断电，主触点和自锁触点同时断电，电动机也跟着停转。按钮 SB_1 称为停止按钮，按钮 SB_2 称为起动按钮。

电路中的熔断器 FU 起短路保护作用，热继电器 FR 起过载保护作用，交流接触器除通断电动机的电源外，还兼具失压、欠压保护作用。

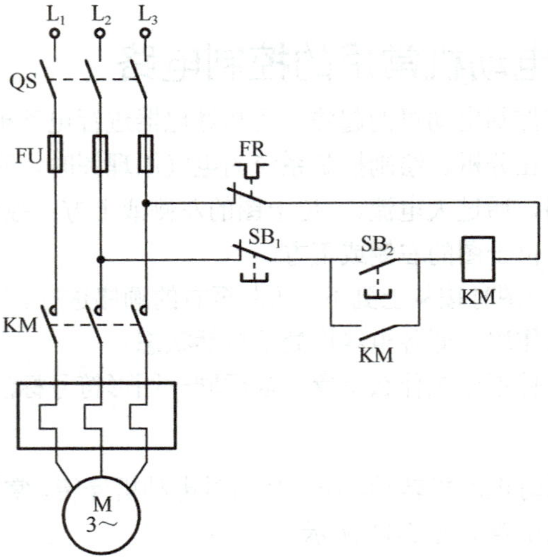

图 5-12　单向连续运行控制电路

3. 正反转控制电路

机械设备左右、前后、上下的移动，均涉及电动机的正反转。为了实现三相异步电动机的正、反转，只需要改变引入到电动机的三相电源的相序，即对调两根电源线即可。

在电动机单向连续运行控制电路的基础上再增加一个接触器及相应的控制电路就可实现正反转控制电路，如图 5-13 所示。当正转交流接触器主触点 KM_F 工作时，电动机正转；当反转交流接触器主触点 KM_R 工作时，由于调换了两根电源线，因此电动机反转。但是此种接法，一旦操作者发生误操作，在电动机正转时未按停止按钮 SB_{SP}，直接按下反转按钮 SB_R，使反转交流接触器与正转交流接触器的吸引线圈电路同时接通，将造成电源短路事故。所以在正反转控制电路中，必须保证两个接触器不同时工作。

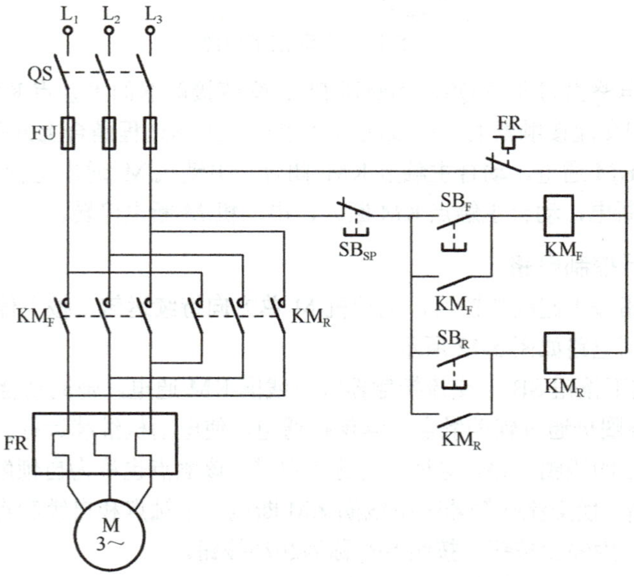

图 5-13　正反转控制电路

对图 5-13 加以改进，将两个交流接触器的动断辅助触点分别串联到另一个交流接触器的吸引线圈支路上，实现两个交流接触器不能同时工作，这种方式称为电气互锁，如图 5-14（a）所示，这两个动断辅助触点称为互锁触点。但这种控制电路也有缺点，即电动机反转时，必须先按下停止按钮，再按下另一转向的起动按钮。这种操作对于一些功率较小的，允许直接正、反转起动的电动机的频繁起动来说不方便，为此可采用复合按钮和双重互锁正反转控制电路，如图 5-14（b）所示。

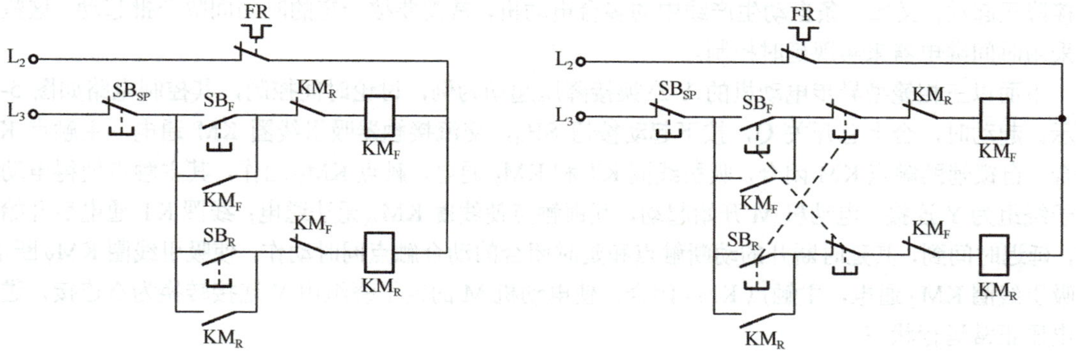

（a）电气互锁正反转控制电路（b）双重互锁正反转控制电路

图 5-14 带有互锁的正反转控制电路

当电动机正转时，按下反转按钮 SB_R，它的动断触点断开，使正转交流接触器的吸引线圈 KM_F 断电，同时它的动合触点闭合，使反转交流接触器的吸引线圈 KM_R 通电，于是电动机由正转直接变为反转。同理，当电动机反转时，按下正转按钮 SB_F 可以使电动机直接正转，操作方便。

5. 行程控制

所谓行程控制就是根据生产机械运动部件的位置或行程距离进行控制，如起重机械和某种机床的直线运动部件，当到达边缘位置时，就要求自动停止或往复运动。这种控制可利用行程开关实现。通过行程开关，控制生产机械的运动，当其运行到某一规定位置时，由行程开关改变对电路的控制，以改变生产机械的状态。

用行程开关控制工作台往复运动的示意图和控制电路如图 5-15 所示，其主电路与电动机的正反转控制电路相同。当按下正转按钮 SB_F 时，交流接触器的吸引线圈 KM_F 通电，动合触点 KM_F 闭合，电动机驱动工作台向左运动，直到撞块推动 SQ_F 的推杆，动断触点 SQ_F 断开，交流接触器的吸引线圈 KM_F 断电，电动机停转，工作台停止运行；当按下反转按钮 SB_R 时，电动机反转，工作台向右运动。

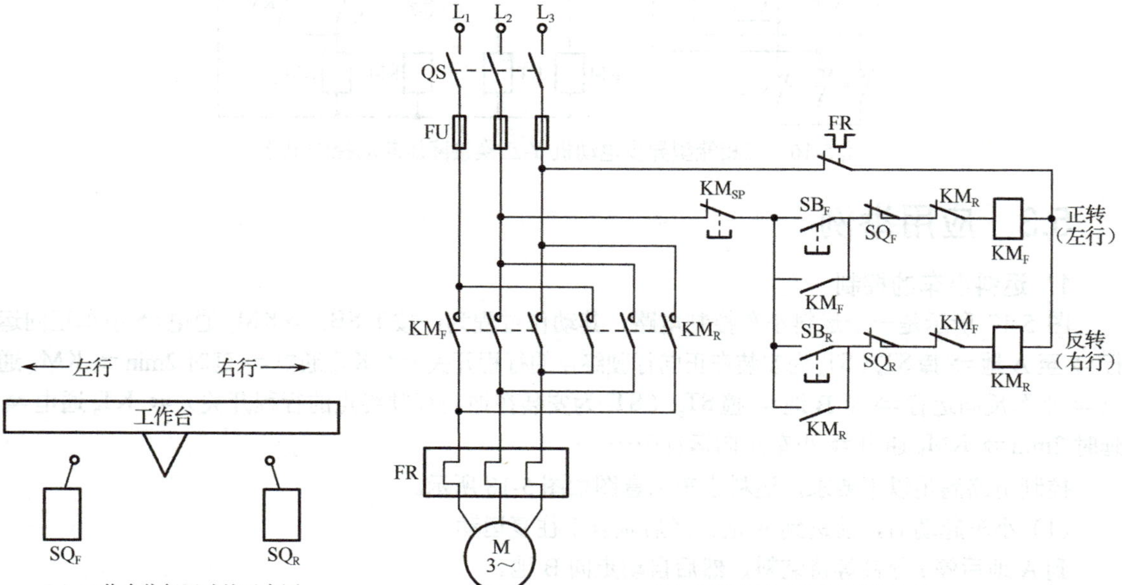

（a）工作台往复运动的示意图（b）工作台往复运动的控制电路

图 5-15 行程控制电路

6. 时间控制电路

某些生产机械的控制电路需要按一定的时间间隔来接通或者断开，例如三相异步电动机的 Y-△换接降压起动；又如一条自动生产线中的多台电动机，常需要按一定的时间间隔分批起动，这些都需采用时间继电器来实现延时控制。

下面以三相笼型异步电动机的 Y-△换接降压起动为例，讨论时间控制，其控制电路如图 5-16 所示。起动时，合上总开关 Q，按下起动按钮 SB_{st}，交流接触器吸引线圈 KM 通电，主触点 KM 闭合，自锁辅助触点 KM 闭合，吸引线圈 KT 和 KM_Y 通电，触点 KM_Y 动作，其主触点使得电动机定子绕组为 Y 连接，电动机 M 开始起动，互锁触点使线圈 $KM_\triangle$ 无法通电；线圈 KT 通电后开始延时，延迟时间到，其延时断开的动断触点和延时闭合的动合触点同时动作，使吸引线圈 KM_Y 断电，而吸引线圈 $KM_\triangle$ 通电，主触点 $KM_\triangle$ 闭合，使电动机 M 的定子绕组由 Y 连接转换为△连接，进入全电压正常运行状态。

停止时，只需要按下停止按钮 SB_{sp}，使吸引线圈 KM 和 $KM_\triangle$ 断电，其主触点断开，电动机 M 便停止运转。

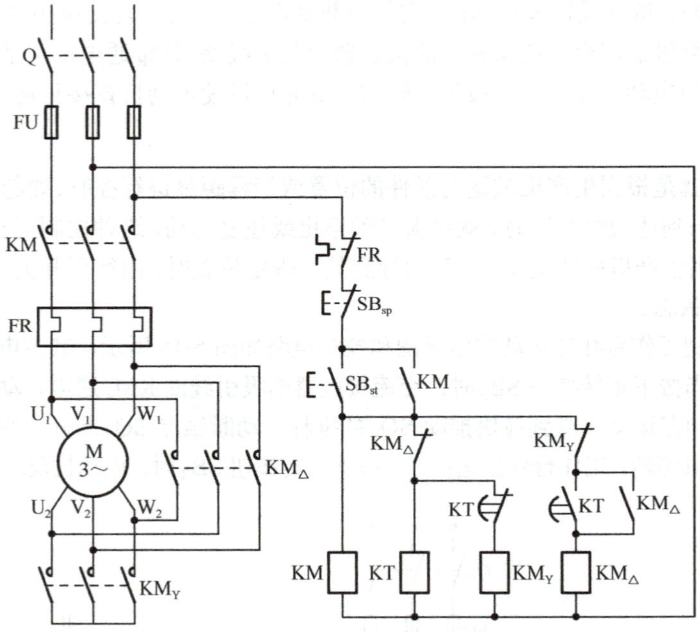

图 5-16　三相笼型异步电动机 Y-△换接降压起动控制电路

5.3 应用举例

1. 运料小车的控制

图 5-17 所示是一个运料小车控制电路，其动作过程为：按下 SB_F ⇒ KM_F 通电⇒ 小车正向运行⇒ 至 A 地⇒ 撞 ST_a（ST_a 为安装在正向行驶终点的行程开关）⇒ KT_a 通电⇒ 延时 2min⇒ KM_R 通电⇒ 小车反向运行⇒ 至 B 地⇒ 撞 ST_b（ST_b 为安装在逆向行驶终点的行程开关）⇒ KT_b 通电⇒ 延时 2min⇒ KM_F 通电⇒ 小车正向运行……

控制电路满足以下要求，运料小车示意图如图 5-18 所示。

（1）小车起动后，前进到 A 地。然后做以下往复运动：

到 A 地后停 t 分钟等待装料，然后自动走向 B 地。

到 B 地后停 t 分钟等待卸料，然后自动走向 A 地。

(2) 有过载和短路保护。

(3) 小车可停在任意位置。

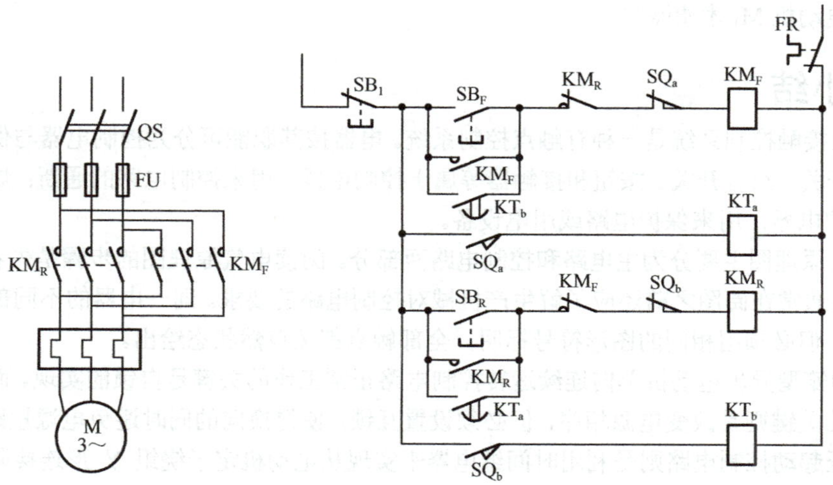

图 5-17 运料小车控制电路

图 5-18 运料小车示意图

2. 联锁控制电路

在多台电动机工作的系统中，根据生产工艺的要求，其中的某些电动机可能要按照一定的顺序起动，或者按照一定的顺序停止，这种按照一定的顺序工作的多台电动机的控制就是联锁控制。两台电动机的联锁控制电路如图 5-19 所示，两台电动机 M_1 和 M_2，分别由一套控制电器控制其起动和停止，要求是 M_1 起动后 M_2 才能起动，M_2 停止后 M_1 才能停止。

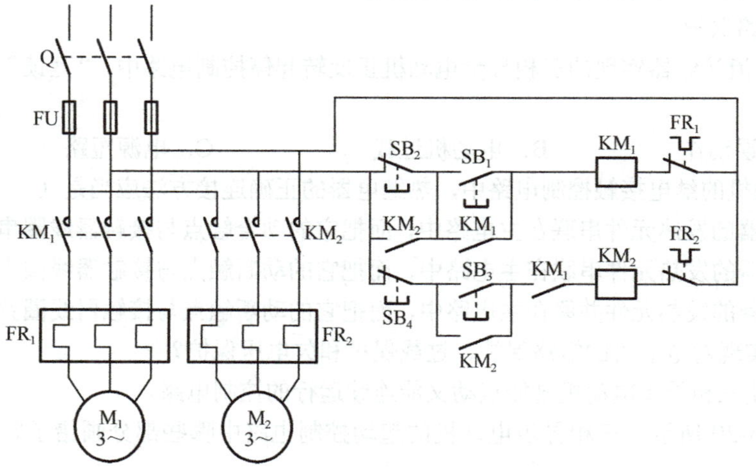

图 5-19 两台电动机的联锁控制电路

下面分析其控制过程：起动时，根据控制要求，需要在 M_2 的控制电路中串联一个动合辅助触点 KM_1，这样当按下电动机 M_1 的起动按钮 SB_1 时，吸引线圈 KM_1 通电，电动机 M_1 起动，同时两个动合辅助触点 KM_1 闭合，一个实现自锁，一个为吸引线圈 KM_2 的通电做好准备；此时，再按下电动机 M_2 的起动按钮 SB_3，电动机 M_2 才能起动。停止时，根据控制要求，必须在电动机 M_1 的停

止按钮 SB_2 的两端并联一个动合辅助触点 KM_2，当电动机 M_2 停转时，即按下电动机 M_2 的停止按钮 SB_4 时，吸引线圈 KM_2 断电，该触点断开后，再按下电动机 M_1 的停止按钮 SB_2，吸引线圈 KM_1 才能断电，电动机 M_1 才能停转。

本章小结

（1）继电接触控制系统是一种有触点控制系统。电器按其职能可分为控制电器与保护电器两大类，其中刀开关、组合开关、按钮和接触器等属于控制电器，用来控制电路的通断；熔断器和热继电器属于保护电器，用来保护电路或用电设备。

（2）电气原理图主要分为主电路和控制电路两部分。阅读电气原理图的步骤是先看主电路，再看控制电路，通常在阅图之前还应了解生产机械对控制电路的要求。同一电器的不同部件可画在电路的不同处，但必须用相同的图形符号标明。全部触点都按自然状态绘出。

（3）三相笼型异步电动机单向连续运转控制电路正常工作的关键是自锁的实现。而电动机正反转控制电路的关键则是改变电源相序，但必须设置互锁，使得换向的同时避免电源短路。电动机的 Y-△换接降压起动控制电路则是利用时间继电器来实现从电动机定子绕组 Y 形连接降压起动到定子绕组△形连接全压运行的自动切换。

习题 5

5-1　选择题

（1）在电动机的继电接触控制电路中，热继电器的功能是实现（　　）。

A．短路保护　　B．零压保护　　C．过载保护

（2）熔断器额定电流是指熔体在大于此电流下（　　）。

A．立即烧断　　B．过一段时间烧断　　C．永不烧断

（3）在电动机的机电接触控制电路中，零压保护的功能是（　　）。

A．防止电源电压降低烧坏电机

B．防止停电后再恢复供电时电动机自行起动。

C．实现短路保护。

（4）在用交流接触器实现的三相异步电动机正反转起停控制电路中，“互锁”环节的作用是防止（　　）。

A．电动机误动作　　B．电动机过载　　C．电源短路

（5）在电动机的继电接触控制电路中，热继电器的正确连接方法应当是（　　）。

A．热继电器的发热元件串联在主电路中，而把它的动合触点与接触器线圈串联在控制电路中

B．热继电器的发热元件串联在主电路中，而把它的动断触点与接触器线圈串联在控制电路中

C．热继电器的发热元件并联在主电路中，而把它的动断触点与接触器线圈并联在控制电路中

5-2　如何实现对电动机的短路保护、过载保护和欠电压保护？

5-3　设计使三相异步电动机既能点动又能连续运行的控制电路。

5-4　如图 5-20 所示，三相异步电动机的起动控制电路中哪些部分画错了？请画出正确的电路图。

5-5　在图 5-21 所示的具有辅助触点互锁的正反转控制电路中哪部分画错了？请画出正确的电路图。

5-6　如图 5-22 所示，三相异步电动机的控制电路中哪部分画错了？请画出正确的电路图。

5-7　设计三相异步电动机用时间继电器控制的 Y-△换接降压起动控制电路（要求具有互锁触点）。

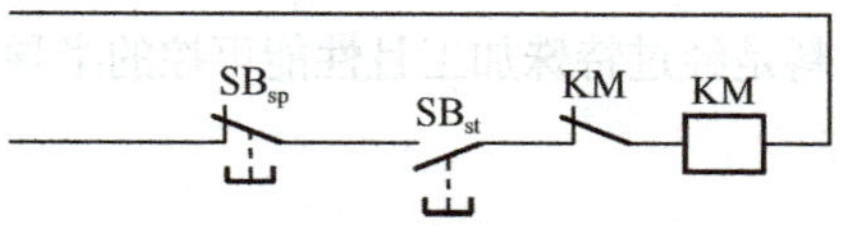

图 5-20　习题 5-4 图

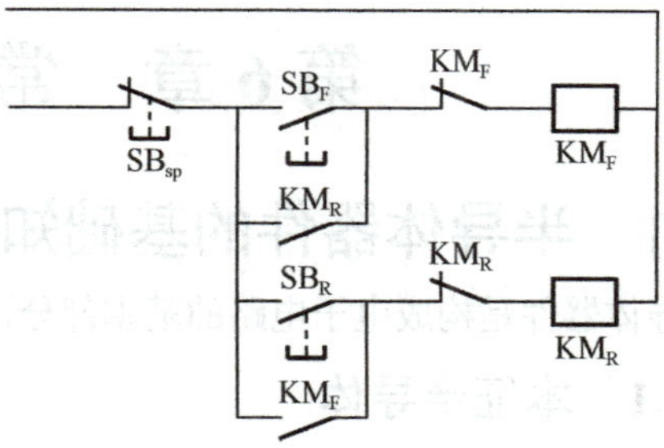

图 5-21　习题 5-5 图

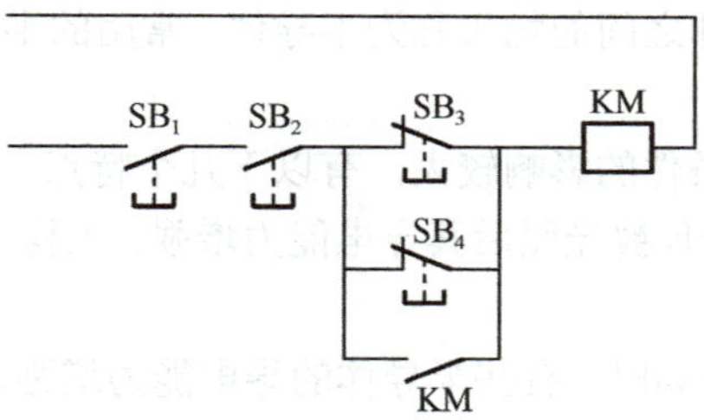

图 5-22　习题 5-6 图

5-8　设计两台三相异步电动机（M_1，M_2）的联锁控制电路，要求 M_2 只能在 M_1 工作后才能起动，要求 M_2 停转后 M_1 才能停转。

5-9　图 5-23 所示为两台三相异步电动机的控制电路，试说明此电路具有什么控制功能。

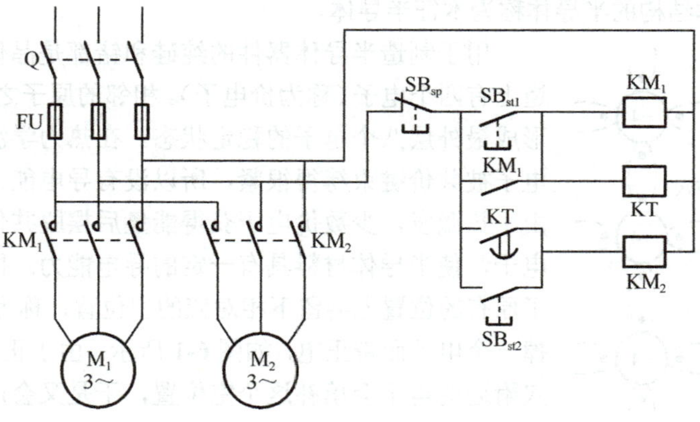

图 5-23　习题 5-9 图

5-10　试设计某电动机控制电路，控制要求如下：

（1）电动机具有正反转控制功能；

（2）电动机具有正向运转的点动控制功能；

（3）电路具有短路保护、过载保护和欠电压保护功能。

第 6 章　常用的半导体器件

6.1　半导体器件的基础知识

半导体器件是构成电子电路的基本部分，所用的材料是经过特殊加工且性能可控的半导体材料。

6.1.1　本征半导体

1．半导体及其特点

导电能力介于导体和绝缘体之间的物质称为半导体。常用的半导体有硅、锗、硒、一些金属的硫化物和氧化物等。

半导体的导电能力受外界条件的影响较大，有以下几个特点。

（1）光敏性。有些半导体一旦被光照后其导电能力增强。工程上利用这一特点制成了各种光电管、光电池等光敏元件。

（2）热敏性。当环境温度升高时，有些半导体的导电能力增强。工程上利用这一特点制成了各种热敏元件，用来检测温度的变化。

（3）掺杂性。在纯净的半导体内掺入微量的某种元素后，其导电能力可增强几十万倍乃至几百万倍。工程上利用这一特点制成了二极管、三极管、场效应管及晶闸管等不同用途的半导体器件。

2．本征半导体

纯净的具有晶体结构的半导体称为本征半导体。

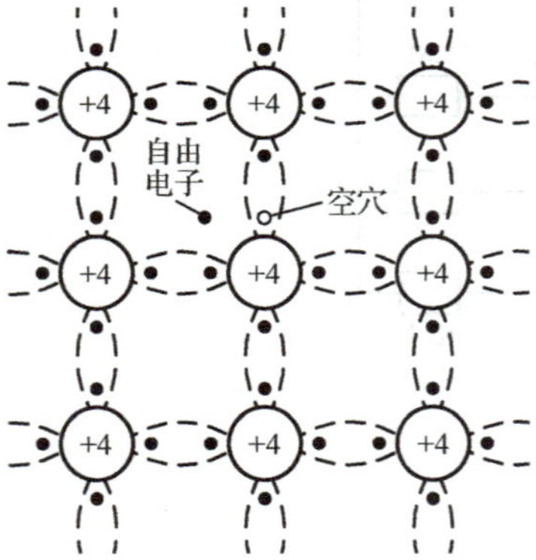

图 6-1　本征半导体中的自由电子和空穴

用于制造半导体器件的纯硅和锗都是晶体，其原子最外层轨道上有四个电子（称为价电子）。相邻的原子之间构成共价键结构，形成最外层八个电子的稳定状态。在热力学温度为零的情况下，电子被共价键束缚得很紧，所以没有导电能力。当温度升高时，由于热激发，少数价电子获得能量后摆脱共价键的束缚成为自由电子，使半导体材料具有一定的导电能力。同时，在这些自由电子原有的位置上会留下相对应的空位置，称为“空穴”，空穴因失掉一个电子而带正电，如图 6-1 所示。由于正负电的相互吸引，空穴附近的电子会填补这个空位置，于是又会产生新的空穴，又会有相邻的电子来填补……如此进行下去就会形成空穴运动。由热激发产生的自由电子和空穴是成对出现的，自由电子和空穴都称为载流子。

半导体材料在外加电压作用下出现的电流是由自由电子和空穴两种载流子的运动形成的，这是半导体导电与金属导电的本质区别。

本征半导体中载流子的数目很少，导电能力很差，如果掺入微量的其他合适的元素，就可以使半导体的导电能力大大提高。

6.1.2　N 型半导体和 P 型半导体

1．N 型半导体

如果在本征半导体中，掺入磷、锑、砷等五价元素，由于杂质原子的最外层有五个价电子，因此它与周围四个硅（锗）原子组成共价键时，还多余一个价电子。故在构成的共价键结构中由于存在多余的价电子而产生大量自由电子，如图 6-2 所示。这种半导体主要靠电子导电，所以称为电子半导体或 N 型半导体。在 N 型半导体中，自由电子的浓度远远大于空穴的浓度，故自由电子称为多数载流子，空穴称为少数载流子。

2. P 型半导体

在本征半导体中，掺入硼、镓、铟等三价元素，由于杂质原子的最外层只有三个价电子，故在构成的共价键结构中由于缺少价电子而形成大量空穴，如图 6-3 所示。这种半导体主要靠空穴导电，所以称为 P 型半导体。在 P 型半导体中，空穴的浓度远远大于自由电子的浓度，故空穴称为多数载流子，自由电子称为少数载流子。

不论是 P 型半导体还是 N 型半导体，都是电中性的，对外不显电性。

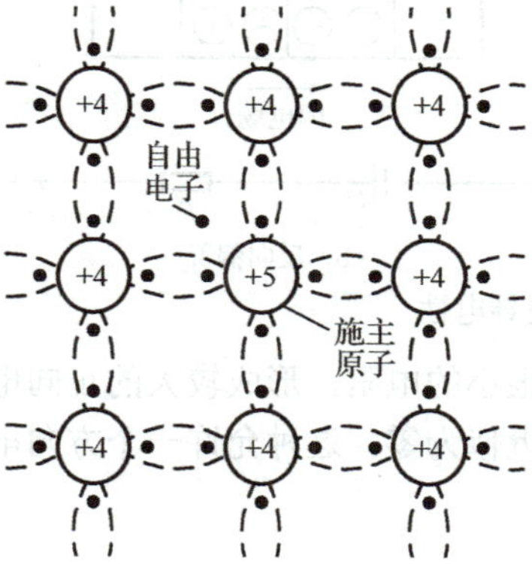

图 6-2　N 型半导体

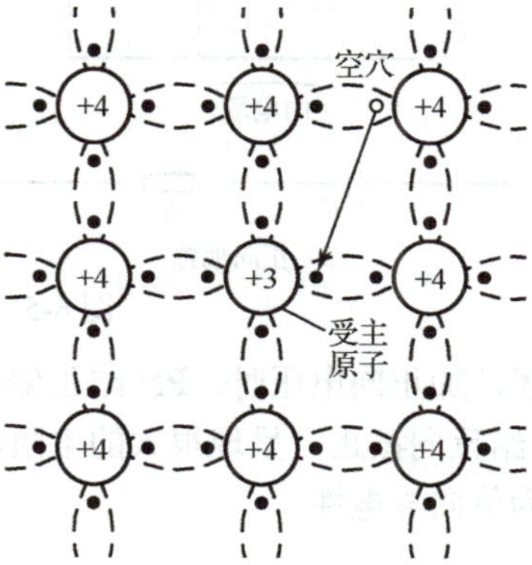

图 6-3　P 型半导体

6.1.3　PN 结及其单向导电性

在同一片半导体基片上，分别制造 P 型半导体和 N 型半导体，在它们的交界面处就形成了 PN 结。PN 结具有单向导电性。

1. PN 结的形成

当 P 型半导体和 N 型半导体制作在一起时，由于交界两侧半导体类型不同，存在自由电子和空穴的浓度差。P 区的空穴向 N 区运动，N 区的自由电子向 P 区运动，如图 6-4（a）所示，这种由于载流子浓度差产生的运动称为扩散运动。此时 N 区出现正离子，P 区出现负离子，它们是不能移动的，称为空间电荷区，从而形成内电场，方向为从 N 区指向 P 区。内电场阻碍扩散运动，有利于少数载流子向对方运动，这种在电场力的作用下，少数载流子的运动称为漂移运动。当扩散运动和漂移运动达到动态平衡时，空间电荷区的宽度就稳定下来，这个空间电荷区就是 PN 结，如图 6-4（b）所示。

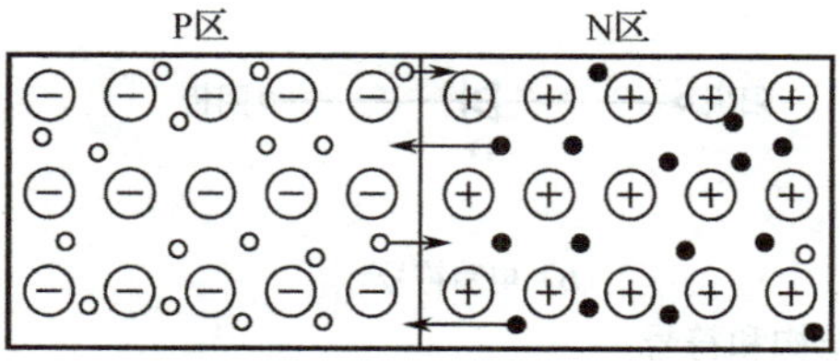

（a）扩散运动

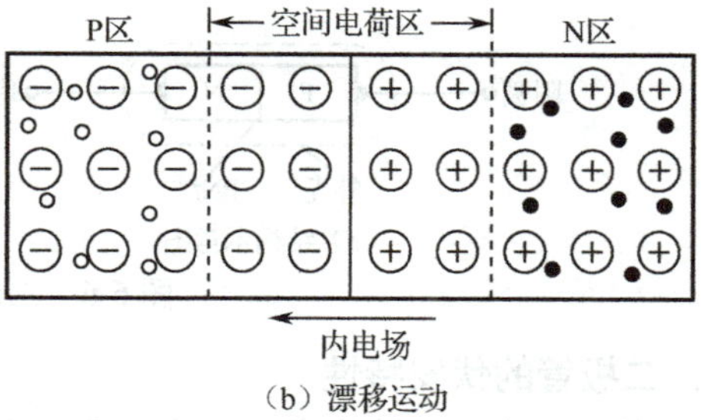

（b）漂移运动

图 6-4　PN 结的形成

2. PN 结的单向导电性

将直流电压的正端接到 P 区，负端接到 N 区，如图 6-5（a）所示，称为 PN 结正向偏置，简称正偏。此时外电场抵消内电场的作用，使 PN 结变窄，形成较大的正向电流，PN 结呈现很小的电阻，称为导通。

将直流电压的正端接到 N 区，负端接到 P 区，如图 6-5（b）所示，称为 PN 结反向偏置，简称反偏。此时外电场与内电场方向一致，加强了内电场，使 PN 结变宽，只能形成很小的反向电流，PN 结呈现很大的电阻，称为截止。

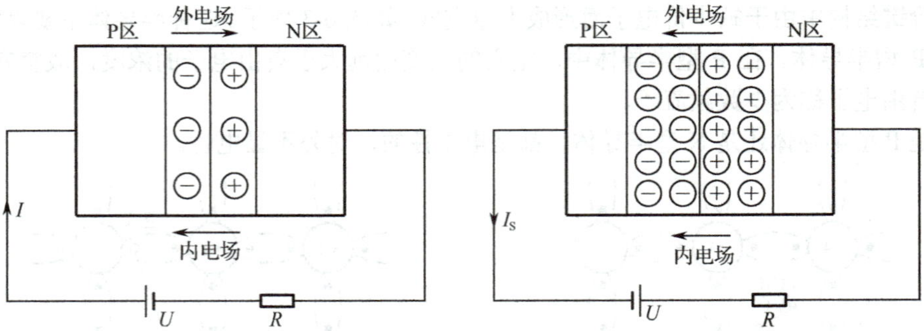

（a）正向偏置　　（b）反向偏置

图 6-5　PN 结的单向导电性

综上所述，加正向电压时，PN 结正偏导通，呈现很小的电阻，形成较大的正向电流；加反向电压时，PN 结反向截止，呈现很大的电阻，反向电流近似为零。这种允许一个方向电流顺利通过的特性，称为单向导电性。

6.2　半导体二极管

半导体二极管是最简单的半导体器件，用途广泛，例如用于整流、检波、元件保护及作为开关元件等。

6.2.1　二极管的结构和特性

1．二极管的结构

在 PN 结上加引线和封装，就形成了一个二极管。由 P 区引出的电极称为正极（或阳极），由 N 区引出的电极称为负极（或阴极），如图 6-6（a）所示。

二极管的电路符号如图 6-6（b）所示，其箭头方向表示正向电流的方向。二极管种类很多，按半导体材料的不同可分为硅管和锗管；按结构的不同可分为点接触、面接触和平面型三大类。点接触二极管 PN 结面积小，用于检波和变频等高频电路；面接触二极管 PN 结面积大，用于工频大电流整流电路；平面型二极管用于集成电路制造工艺，PN 结面积可大可小，用于高频整流和开关电路。

（a）结构示意图　　（b）电路符号

图 6-6　二极管的结构和符号

2．二极管的伏安特性

二极管由一个 PN 结构成，因此它具有单向导电性。在外加电压 u_D 的作用下，二极管电流 i_D 的变化规律称为二极管的伏安特性曲线，如图 6-7 所示，其数学表达式为

$$i_D = I_S(e^{\frac{u_D}{U_T}} - 1) \tag{6-1}$$

式中，I_S 为二极管的反向饱和电流；U_T 为温度电压当量（$U_T = kT/q$，k=1.38×10^{-23}J/K，为玻尔兹曼常数）；T 为热力学温度，单位为 K；常温时，U_T≈26mV。

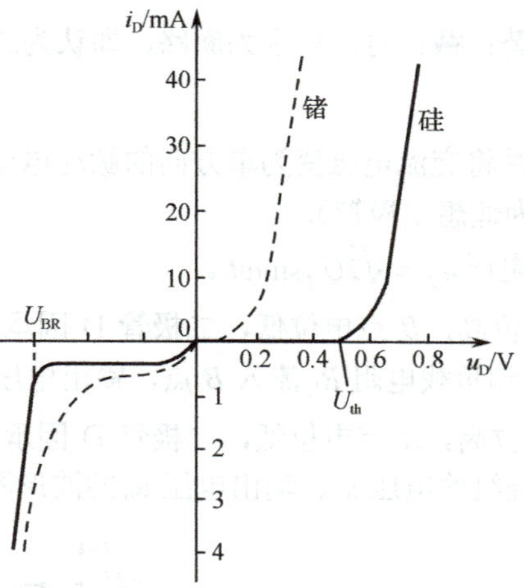

图 6-7　二极管的伏安特性曲线

由图 6-7 可知，当外加电压小于 U_{th} 时，正向电流几乎为零，该电压称为死区电压。在室温下硅管 $U_{th}≈0.5V$，锗管 $U_{th}≈0.1V$。当外加正向电压大于 U_{th} 后，二极管的电流随外加电压的增加而显著增大，伏安关系曲线几乎陡直上升，即电流迅速增大时，二极管两端的电压变化却很小，呈现出低阻特性，近似恒压源。实际电路中二极管导通时的正向压降，硅管为 0.6～0.8V，锗管为 0.1～0.3V，又称为导通电压，用 $U_{D(on)}$ 表示。通常认为，当正向电压 $u_D>U_{D(on)}$ 时，二极管导通；当正向电压 $u_D<U_{D(on)}$ 时，二极管截止。

二极管外加反向电压时，反向电流数值很小，且与反向电压无关，称为反向饱和电流。硅管的反向饱和电流为纳安（nA）数量级，锗管的反向饱和电流为微安（μA）数量级。

当反向电压加到 U_{BR} 时，二极管的反向电流随反向电压的增加而急剧增大，这种现象称为反向击穿。U_{BR} 称为反向击穿电压，一般在几十伏以上（高反压管可达几千伏）。

6.2.2　二极管的主要参数

为了描述二极管的性能，常引用以下几个主要参数。

1．最大整流电流 I_F

最大整流电流 I_F 是指二极管长期运行时允许通过的最大正向平均电流。使用时若超过此值，可能烧坏二极管。

2．最大反向工作电压 U_{RM}

最大反向工作电压 U_{RM} 是指允许施加在二极管两端的最大反向电压，一般取反向击穿电压的一半作为 U_{RM}。

3．反向电流 I_R

反向电流 I_R 是指二极管未击穿时的反向电流值。此值越小，二极管的单向导电性越好。I_R 值会随温度的上升显著增加。

4．最高工作频率 f_M

最高工作频率 f_M 是指保证二极管单向导电作用的最高工作频率。当工作频率超过 f_M 时，二极管的单向导电性能就会变差，甚至失去单向导电特性。

6.2.3　二极管的应用

利用二极管的单向导电性，其可以构成各种应用电路（如二极管整流、检波、钳位、限幅电路）及在脉冲与数字电路中作为开关元件。在分析二极管应用电路时，关键是判断二极管的导通或截止。

理想二极管导通时用短路线代替；截止时，可视为断路，即认为二极管反向电阻为无穷大。

1．整流

利用二极管的单向导电特性将交流电压变为单方向的脉动电压的过程称为整流。简单的整流电路如图 6-8 所示（假设二极管为理想二极管）。

设整流变压器的副绕组的电压 $u_2=\sqrt{2}U_2\sin\omega t$ 。

当 u_2 在正半周时，A 点电位高，B 点电位低，二极管 D 因承受正向电压，而处于导通状态。电流从 A 点流出，经二极管 D 和负载电阻 R_L 流入 B 点，输出电压为 $u_o=u_2=\sqrt{2}U_2\sin\omega t$ 。

当 u_2 在负半周时，B 点电位高，A 点电位低，二极管 D 因承受反向电压，而处于截止状态，输出电压 $u_o=0$ 。变压器的副绕组的电压 u_2、输出电压 u_o 的波形图如图 6-9 所示。

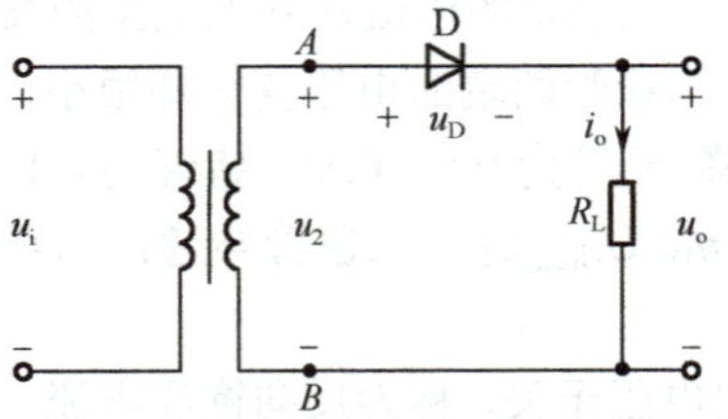

图 6-8　整流电路

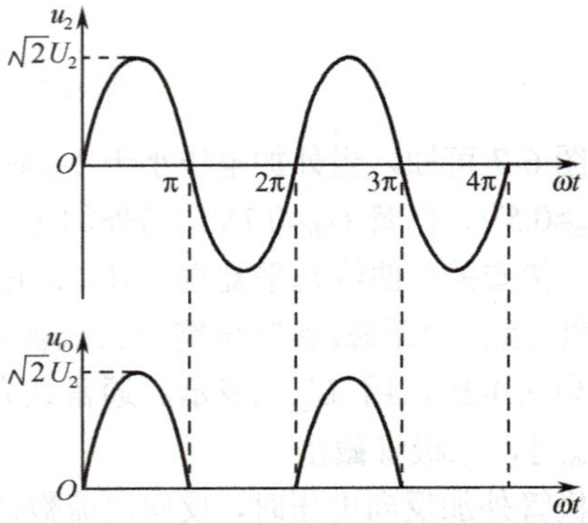

图 6-9　单相半波整流电路的波形图

2．检波

收音机从载波信号中检出音频信号的过程称为检波。检波的工作原理与整流相似，载波信号经过二极管后负半周波被削去，经过电容后高频信号旁路，负载上得到低频信号。检波电路如图 6-10 所示。

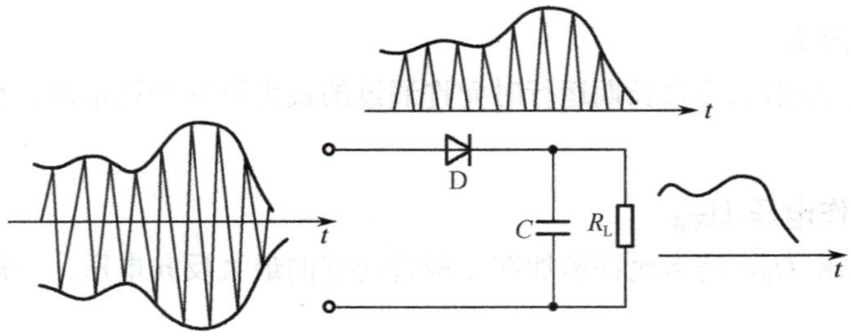

图 6-10　检波电路

3．限幅

限幅的作用是限制输出电压的幅度。

【例 6-1】 限幅电路如图 6-11（a）所示。已知输入电压 $u_i=10\sin\omega t$ V，试分析 E 分别为 6V 和−6V 时输出电压 u_o 的波形。

解： 当 E=6V，u_i>6V 时，二极管导通，u_o=6V；当 u_i<6V 时二极管截止，u_o=u_i。波形图如图 6-11（b）所示，即限幅电平为 6V。

当 E=−6V，u_i>−6V 时，二极管导通，u_o=−6V；当 u_i<−6V 时二极管截止，u_o=u_i。波形图如图 6-11（c）所示，即限幅电平为−6V。

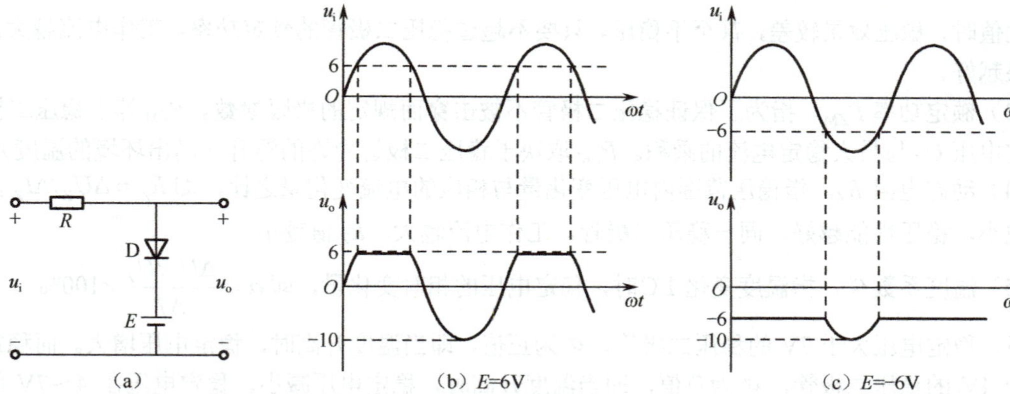

（a）　（b）E=6V　（c）E=−6V

图 6-11　例 6-1 图

4．钳位与隔离

当二极管正向导通时，由于正向压降很小，可以忽略，所以强制使其阳极电位与阴极电位基本相等，这种作用称为二极管的钳位作用。当二极管外加反向电压时，二极管截止，相当于断路，阳极与阴极被隔离，这种作用称为二极管的隔离作用。例如，在图 6-12 所示的电路中，当输入端 A 的电位 $V_A=+3\text{V}$，B 的电位 $V_B=0\text{V}$ 时，因为 A 端电位比 B 端电位高，所以 D_A 优先导通，如果忽略二极管正向压降，则 $V_F\approx+3\text{V}$。当 D_A 导通后，D_B 上加的是反向电压，因而截止。在这里，D_A 起钳位作用，把输出端 F 的电位钳制在+3V，D_B 起隔离作用，把输入端 B 和输出端 F 隔离。

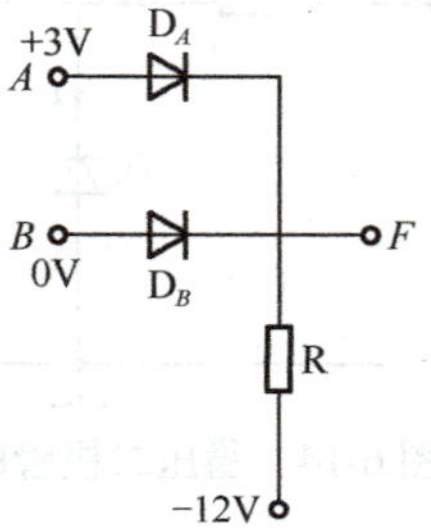

图 6-12　钳位与隔离

6.3　稳压二极管

1．稳压二极管的伏安特性

稳压二极管是一种特殊的面接触二极管，其伏安特性曲线和图形符号如图 6-13 所示。它的正向特性曲线与普通二极管类似，但反向击穿特性曲线比较陡直，反向电流在很大范围内变化时，端电压变化很小，因而具有稳压作用。只要控制反向电流不超过一定值，二极管不会因过热而烧坏。

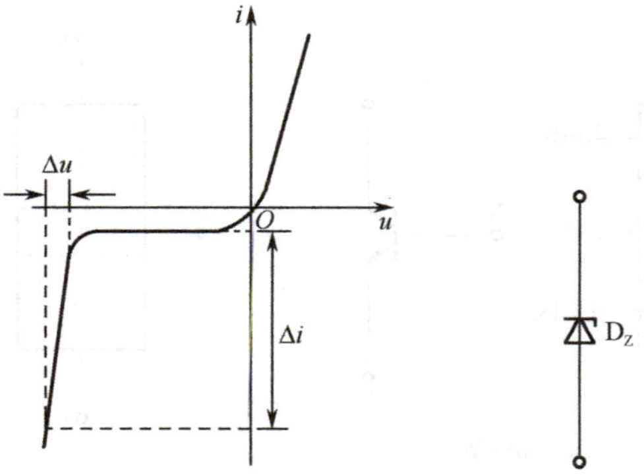

（a）伏安特性曲线　（b）图形符号

图 6-13　稳压二极管的伏安特性曲线及图形符号

2．稳压二极管的主要参数

（1）稳定电压 U_Z。指流过稳定电流 I_Z 时稳压二极管两端的反向电压值，其值决定于稳压二极管的反向击穿电压值。由于工艺方面的原因，同一型号稳压二极管的稳定电压允许有一定的范围。

（2）稳定电流 I_Z。指使稳压二极管正常工作时的最小电流，也记作 I_{Zmin}。当稳压二极管的电流低于此值时，稳压效果较差，甚至不稳压。只要不超过稳压二极管的额定功率，工作电流越大，稳压效果越好。

（3）额定功率 P_{ZM}。指为了保证稳压二极管不被击穿而规定的极限参数。P_{ZM} 等于稳压二极管的稳定电压 U_Z 与最大稳定电流的乘积。P_{ZM} 取决于稳压二极管允许的温升（高出环境的温度）。

（4）动态电阻 R_Z。指稳压范围内电压变化量与相应的电流变化量之比，即 $R_Z = \Delta U_Z / \Delta I_Z$。$R_Z$ 的值越小，稳压性能越好。同一稳压二极管，工作电流越大，R_Z 值越小。

（5）温度系数 α。指温度变化 1℃时，稳定电压的相对变化量，即 $\alpha = \dfrac{\Delta U_Z / U_Z}{\Delta T} \times 100\%$。一般情况下，稳定电压大于 7V 的稳压二极管，$\alpha$ 为正值，即当温度升高时，稳定电压增大。而稳定电压小于 4V 的稳压二极管，α 为负值，即当温度升高时，稳定电压减小。稳定电压在 4～7V 间的稳压管，其 α 值较小，稳定电压值受温度影响较小，性能较稳定。

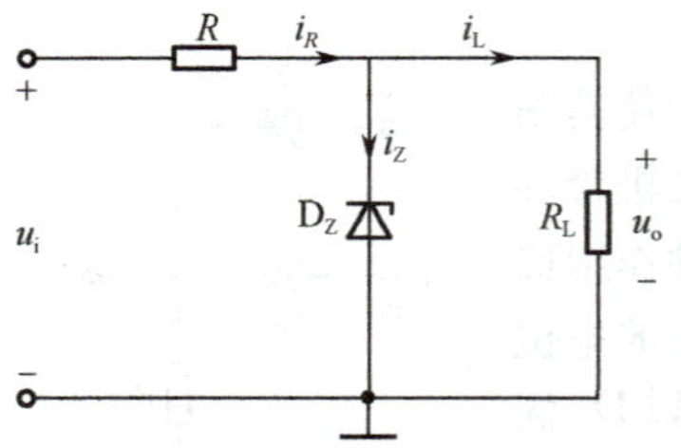

图 6-14　稳压二极管的稳压电路

3．稳压二极管的应用电路

利用稳压二极管的稳压特性可以构成简单的稳压电路，如图 6-14 所示。图中，R 为限流电阻，令流经稳压二极管的电流合适，使稳压二极管工作在稳压区。

改变输入电压，若 u_i 增大，u_o 将随之上升。由于稳压二极管与负载电阻并联，加于稳压二极管两端的反向电压增加，此时，I_Z 迅速增大，从而使限流电阻 R 上的压降增大，令输出电压 u_o 回落，最终使输出电压基本恒定。负载电阻 R_L 改变时，也可以得出输出电压基本恒定的结果。可见，该电路有稳定输出电压的功能。

6.4　半导体三极管

半导体三极管又称双极型三极管，简称三极管，它是构成各种电子电路的重要元件。

6.4.1　三极管的结构及类型

按照结构不同，三极管有 NPN 和 PNP 两种类型，它们是根据不同的掺杂方式在同一个硅片上制造出三个掺杂区，形成两个 PN 结。三极管的结构示意图和图形符号如图 6-15 所示。

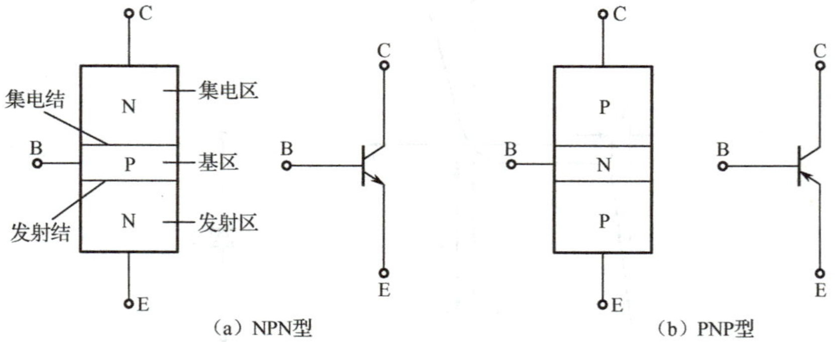

（a）NPN型　（b）PNP型

图 6-15　三极管的结构示意图和图形符号

三极管的三个区域分别称为发射区、基区和集电区，并相应地引出三个电极，即发射极 E、基极 B 和集电极 C。在三个区的两两交界处，形成两个 PN 结，分别称为发射结和集电结。一般基区很薄且掺杂浓度很低，发射区掺杂浓度很高，集电结面积很大。这些特点是保证三极管具有电流放大作用的内部条件。

三极管的图形符号中，箭头方向代表发射极电流的方向。按照制造材料的不同，三极管可分为硅管和锗管。

6.4.2　三极管的电流放大作用

三极管除需具有上述内部条件外，还需满足发射结正向偏置，集电结反向偏置的外部条件，下面以 NPN 型三极管为例，讨论三极管的电流放大原理。

1．三极管内部载流子的运动

在图 6-16 中，基极直流电源 U_{BB} 经限流电阻 R_B 给基极 B 和发射极 E 之间加上电压 $u_{BE}>0$，因此发射结正向偏置；集电极直流电源 U_{CC} 经集电极电阻 R_C、集电结、发射结形成回路，并使集电极 C 和基极 B 之间加上电压 $u_{CB}>0$，即集电结反向偏置，这样就满足了放大工作的偏置条件。通常发射结所在的回路称为三极管的输入回路，集电结所在的回路称为三极管的输出回路。图 6-16 中发射极为输入、输出回路的公共端，这种连接方式称为共射极接法。

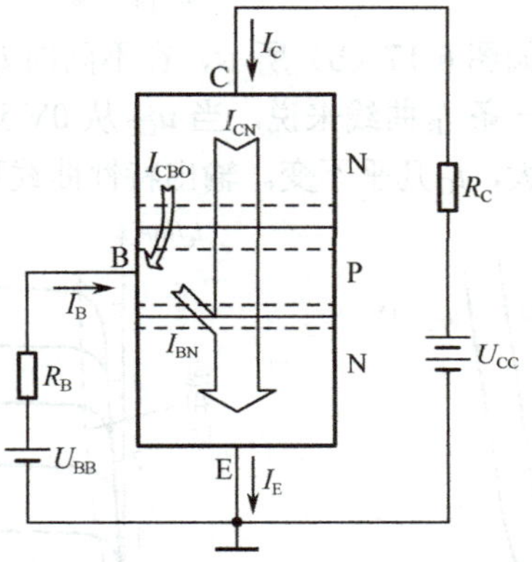

图 6-16　三极管内部载流子的运动及电流关系

由于发射结正向偏置，发射区的多数载流子（自由电子）不断地流向基区，并不断地有自由电子进行补充，形成电流 I_E。到达基区的自由电子继续向集电结方向运动，在运动过程中，少数自由电子与基区的空穴复合，形成基极电流 I_B。由于基区很薄，杂质浓度又很低，所以 I_B 很小，而绝大多数电子都能运动到集电结边缘，然后穿过集电结到达集电区，形成较大的集电极电流 I_C。

2．三极管的电流放大作用

由以上分析可知，I_B、I_C 是由 I_E 分配得到的，且 $I_C >> I_B$，即

$$I_E = I_B + I_C \tag{6-2}$$

当基极直流电源 U_{BB} 改变时，发射结正向偏置电压随之改变，I_B、I_C 也会发生相应的改变，由于 $I_C >> I_B$，因此很小的变化就能引起较大的变化，这就是三极管的电流放大作用。通常用集电极电流与基极电流之比来反映三极管的电流放大能力，令

$$\overline{\beta} \approx \frac{I_C}{I_B} \tag{6-3}$$

$\overline{\beta}$ 称为三极管共射极电流的直流电流放大系数，当三极管制成后，该值就确定了，其值远大于 1。

6.4.3　三极管的伏安特性

三极管的伏安特性是指三极管的极电流与极间电压之间的函数关系，下面对共射极接法的伏安特性曲线进行讨论。

1. 输入特性曲线

输入特性曲线是指当集-射极电压 u_{CE} 为常数时，输入回路中 i_B 与基-射极电压 u_{BE} 之间的关系曲线，即

$$i_B = f(u_{BE})\Big|_{u_{CE}=\text{常数}} \tag{6-4}$$

共射极接法的三极管的输入特性曲线如图 6-17（a）所示，由图可见曲线形状与二极管的正向伏安特性曲线类似，呈指数关系，但它与 u_{CE} 有关。当 u_{CE} 从 0V 增为 1V 时，曲线右移，但当 $u_{CE} \geqslant 1V$ 后，输入特性曲线基本上是重合的。

2. 输出特性曲线

输出特性曲线是指当基极电流 i_B 为常数时，输出回路中集电极电流 i_C 与集-射极电压 u_{CE} 之间的关系曲线，即

$$i_C = f(u_{CE})\Big|_{i_B=\text{常数}} \tag{6-5}$$

共射极接法的输出特性曲线如图 6-17（b）所示，在不同的 i_B 下，可得到不同的曲线，因此输出特性曲线是一族曲线。对于某一条 i_B 曲线来说，当 u_{CE} 从 0V 逐渐增大时，i_C 也逐渐增大，而当 u_{CE} 增大到一定数值时，u_{CE} 再增大，i_C 几乎不变。输出特性曲线可分为三个区域。

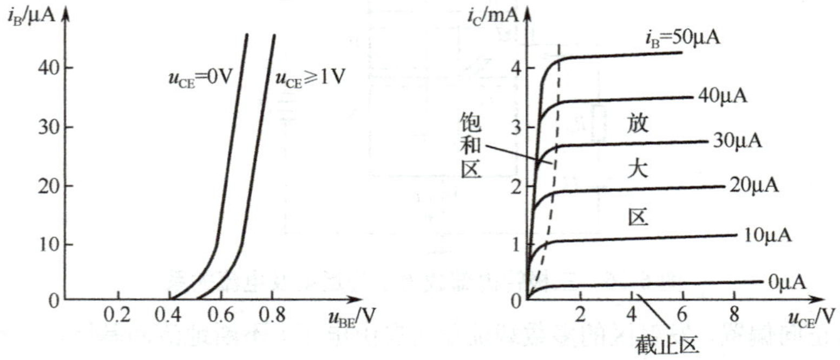

（a）输入特性曲线　　　（b）输出特性曲线

图 6-17　三极管的伏安特性曲线

（1）放大区

即图 6-17（b）中，$i_B > 0$，$u_{CE} > u_{BE}$ 的区域。在此区域内，当 i_B 一定时，i_C 基本不随 u_{CE} 变化而变化。当基极电流产生微小的变化量 Δi_B 时，相应的集电极电流将产生较大的变化量 Δi_C，此时二者的关系为

$$\beta = \frac{\Delta i_C}{\Delta i_B} \tag{6-6}$$

该式体现了三极管的电流放大作用，其中 β 称为三极管共射极交流电流放大系数，是三极管的一个重要参数。此时三极管的发射结正向偏置，集电结反向偏置。

（2）截止区

一般将 $i_B \leqslant 0$ 的区域称为截止区，在图中为 $i_B=0$ 曲线的下方区域，此时 i_C 也近似为 0。由于各极电流都基本上等于 0，三极管处于截止状态，此时三极管没有放大作用，三极管的发射结反向偏置，集电结反向偏置。

（3）饱和区

饱和区即图 6-17（b）中 $i_B > 0$，$u_{CE} < u_{BE}$ 的区域。在这个区域，不同 i_B 值的各条特性曲线几乎重叠在一起，即当 u_{CE} 较小时，三极管的集电极电流 i_C 基本上不受基极电流 i_B 的控制，这种现象称为饱和。此时三极管失去了电流放大作用，三极管的发射结和集电结都处于正向偏置状态。

一般认为，$u_{CE}=u_{BE}$ 时，三极管处于临界饱和状态。三极管饱和时集电极和发射极之间的电压称为饱和管压降，用 u_{CES} 表示。在深度饱和时，小功率管的管压降通常小于 0.3V。

6.4.4 三极管的主要参数

三极管的参数是用来表征其性能和适用范围的，是工程上选用、设计电路的依据，其主要参数有：电流放大系数、极间反向电流和极限参数等。

1．电流放大系数

直流电流放大系数 $\overline{\beta}$ 定义为三极管的集电极直流电流与基极直流电流之比，即

$$\overline{\beta} \approx \frac{I_C}{I_B} \tag{6-7}$$

交流电流放大系数 β 定义为三极管的集电极交流电流与基极交流电流之比，即

$$\beta = \frac{\Delta i_C}{\Delta i_B} \tag{6-8}$$

可见，两者的定义是不同的，但数值接近，因此在实际应用中，当工作电流不十分大时，可认为 $\overline{\beta} \approx \beta$，且为常数，故可混用而不加区分。常用三极管的 β 值在 20～200 之间。

2．极间反向电流

三极管的极间反向电流 I_{CBO} 和 I_{CEO} 是衡量三极管质量的重要参数。

I_{CBO} 是发射极开路时，集电极和基极之间的反向饱和电流。I_{CEO} 是基极开路时，集电极流向发射极的电流，也叫穿透电流。两者都由少数载流子的漂移形成，均随温度的上升而增大。I_{CBO} 和 I_{CEO} 越小，三极管受温度的影响越小，三极管性能越稳定。两者的相互关系是

$$I_{CEO} = (1+\beta)I_{CBO} \tag{6-9}$$

3．极限参数

极限参数主要指三极管允许的最高极间电压、最大工作电流和最大管耗，它们确定了三极管的安全工作范围。

（1）集电极最大允许电流 I_{CM}。当 i_C 超过一定值时 β 将明显下降，当 β 值下降到正常值的 2/3 时的集电极电流，称为集电极最大允许电流 I_{CM}。

（2）集电极最大允许损耗功率 P_{CM}。当集电极电流流经集电结时，要产生功率损耗，使集电结发热，$p_C = i_C u_{CE}$。当结温超过一定数值后，将导致三极管性能变差，甚至烧毁。P_{CM} 就是由允许的最高集电结结温决定的最大集电极功耗。

（3）反向击穿电压 $U_{(BR)CEO}$。$U_{(BR)CEO}$ 为基极开路时，加于集电极和发射极之间的最大允许电压。使用时如果超出这个电压将导致穿透电流 I_{CEO} 急剧增大，三极管被击穿，造成三极管的永久性损坏。

由集电极最大允许损耗功率 P_{CM}、集电极最大允许电流 I_{CM} 和反向击穿电压 $U_{(BR)CEO}$，可以确定三极管的安全工作区，如图 6-18 所示。

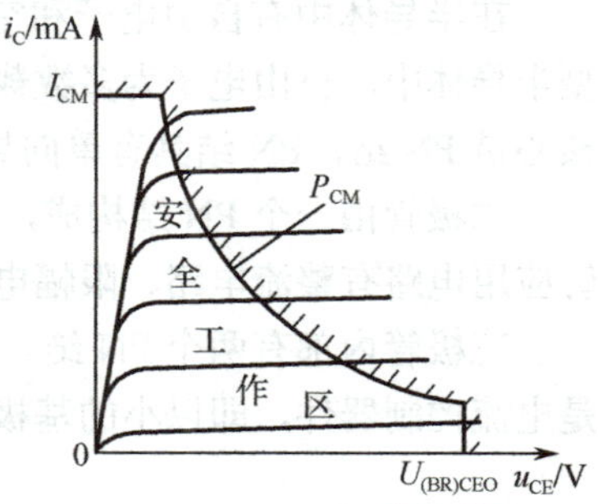

图 6-18　三极管的安全工作区

6.5 应用举例

1．二极管的识别与检测

（1）二极管的识别

普通二极管的管壳上印有型号和标记。标记方法有箭头、色点、色环三种，箭头所指方向或靠

近色环的一端为二极管的负极，有色点的一端为二极管的正极。若型号和标记脱落，可用万用表电阻挡测二极管的正反向电阻加以判断。主要原理是二极管的单向导电性，其反向电阻远远大于正向电阻。

（2）判别极性

将机械式万用表选在 R×100 或 R×1k 挡，两表笔分别接二极管的两个电极。若测出的电阻值较小（硅管为几百～几千欧姆，锗管为一百～一千欧姆），说明正向导通，此时黑表笔接的是二极管的正极，红表笔接的是二极管的负极；若测出的电阻值较大（几十千欧～几百千欧），为反向截止，此时红表笔接的是二极管的正极，黑表笔接的是二极管的负极。若用的是数字万用表，则用测二极管挡直接测量，测量结果是二极管的压降。

（3）性能检测

可通过测量正、反向电阻来判断二极管性能的好坏。一般小功率硅管的正向电阻为几百～几千欧姆，锗管的正向电阻为一百～一千欧姆。若正、反向电阻都很大，则说明二极管开路；若正、反向电阻都很小，则说明二极管已被击穿。

（4）判别硅、锗管

若不知被测的二极管是硅管还是锗管，可根据硅、锗管的导通压降不同的原理来判别。将二极管接在电路中，当其导通时，用万用表测其正向压降，硅管一般为 0.5～0.7V，锗管一般为 0.1～0.3V。

2. 三极管的识别与检测

（1）基极的判别

将万用表置于 R×1k 挡，用两表笔搭接三极管的任意两引脚，如果阻值很大（几百千欧以上），将表笔对调再测一次，如果阻值也很大，说明所测得的两个引脚为集电极 C 和发射极 E，剩下的那个引脚为基极 B。

（2）类型的判别

三极管基极确定后，用万用表黑表笔接基极，红表笔接另外两个引脚中的任意一个，如果测得的阻值很大，则该三极管是 PNP 管，如果测得的阻值较小，则该三极管是 NPN 管。

硅管、锗管的判别方法：硅管 PN 结正向电阻约为几千欧，锗管 PN 结正向电阻约为几百欧。

本章小结

在半导体中有自由电子和空穴两种载流子参与导电。在本征半导体中，两者浓度相等；在 N 型半导体中，自由电子为多数载流子；在 P 型半导体中，空穴为多数载流子。构成半导体器件的核心是 PN 结，PN 结具有单向导电性。

二极管由一个 PN 结构成，也具有单向导电性，即正向偏置导通，反向偏置截止。常见的二极管应用电路有整流电路、限幅电路等。

三极管内部有两个 PN 结。三极管因偏置条件的不同，有放大、截止和饱和三种工作状态。它是电流控制器件，即以小的基极电流对大的集电极电流进行控制，所以有电流放大作用。

习题 6

6-1　选择题

（1）在本征半导体中加入（　　）元素可形成 P 型半导体，其中多数载流子是（　　）。

A．三价　　B．四价　　C．五价　　D．自由电子　　E．空穴

（2）PN 结加正向电压时，空间电荷区（　　）。

A．变宽　　B．变窄　　C．不变

（3）当温度升高时，二极管正向特性曲线和反向特性曲线分别（　　）。

A．左移，下移　　B．右移，上移　　C．左移，上移　　D．右移，下移

（4）稳压二极管的工作区是（　　）。

A．正向导通区　　B．反向截止区　　C．反向击穿区

（5）三极管在发射结正偏，集电结反偏时工作在（　　）。

A．饱和区　　B．放大区　　C．截止区

（6）某三极管的 $p_{CM}=100mW, i_{CM}=20mA, U_{(BR)CEO}=15V$，则下列状态下三极管能正常工作的是（　　）。

A．$u_{CE}=3V, i_C=10mA$　　B．$u_{CE}=2V, i_C=40mA$

C．$u_{CE}=6V, i_C=20mA$　　D．$u_{CE}=20V, i_C=2mA$

6-2　如图 6-19 所示，设二极管是理想的，试判断二极管是否导通，并求各电路的输出电压。

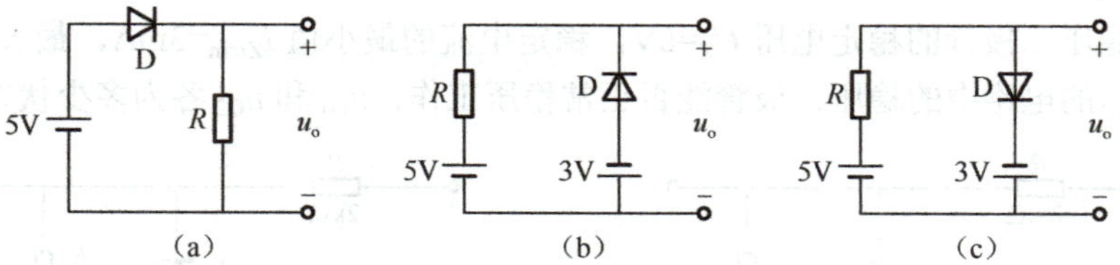

图 6-19　习题 6-2 图

6-3　设二极管是理想的，求图 6-20 所示的电路的输出电压。

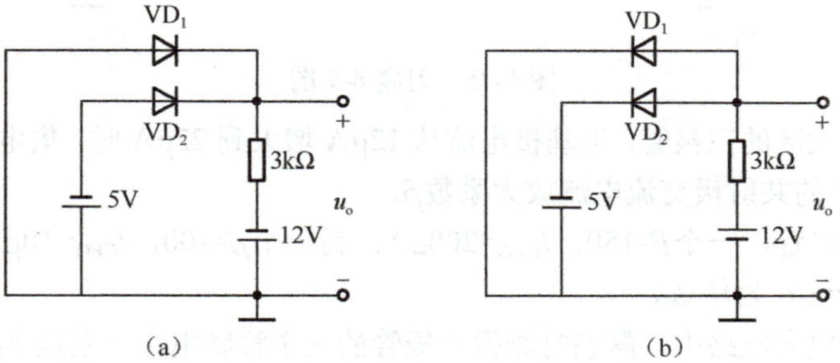

图 6-20　习题 6-3 图

6-4　设二极管是理想的，$u_i=10\sin\omega t$ V，画出图 6-21 所示的电路的输出电压的波形。

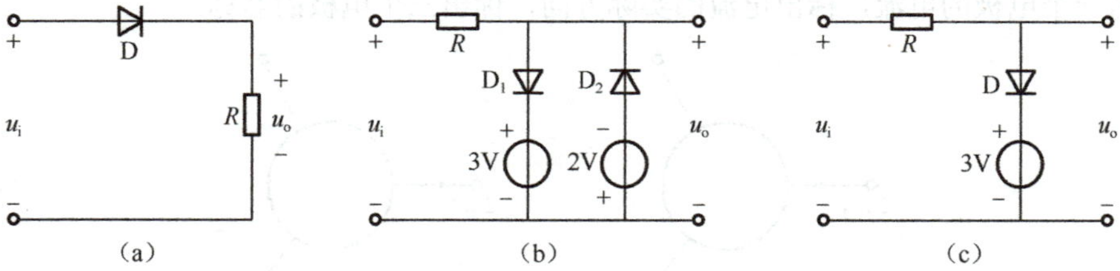

图 6-21　习题 6-4 图

6-5　电路如图 6-22 所示，设二极管的正向压降为 0.7V，试估算流过二极管的电流和 *A* 点的电位。

6-6　电路如图 6-23 所示，设二极管的正向压降为 0.7V，试估算流过二极管的电流和 *A* 点的电位。

6-7　在图 6-24 所示的稳压二极管的稳压电路中，u_i=20V，稳压二极管的 U_Z=8.5V，I_{Zmin}=5mA，P_{ZM}=250mW。求稳压二极管中流过的电流和输出电压。如果输入电压有 10%的波动，稳压二极管是否安全？能否稳压？

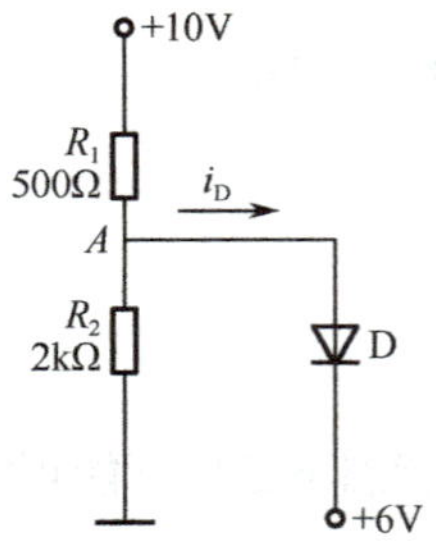

图 6-22　习题 6-5 图

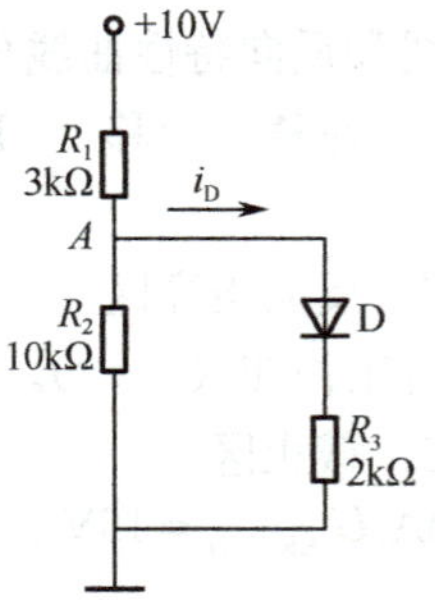

图 6-23　习题 6-6 图

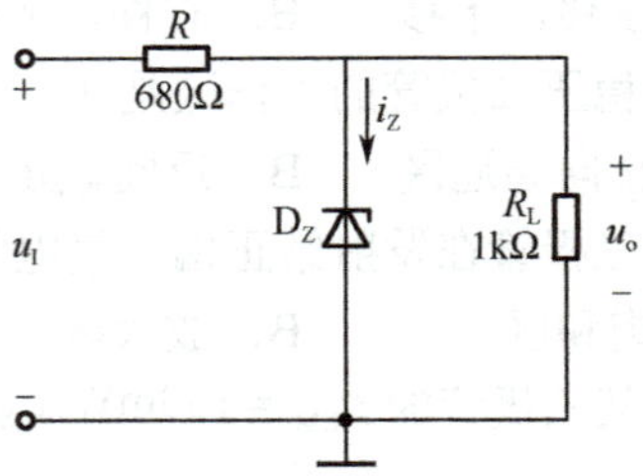

图 6-24　习题 6-7 图

6-8　有两个稳压二极管 D_{Z1}、D_{Z2}，其稳定电压分别为 5.5V 和 8.5V，正向压降都是 0.5V，如果要得到 0.5V、3V、6V、9V 和 14V 几种稳定电压，这两个稳压二极管（还有限流电阻）应该如何连接？请画出各个电路。

6-9　已知稳压二极管的稳定电压 U_Z=6V，稳定电流的最小值 I_{Zmin}=3mA，最大值 I_{ZM}=20mA，试问图 6-25 所示的电路中的稳压二极管能否正常稳压工作，u_{O1} 和 u_{O2} 各为多少伏？

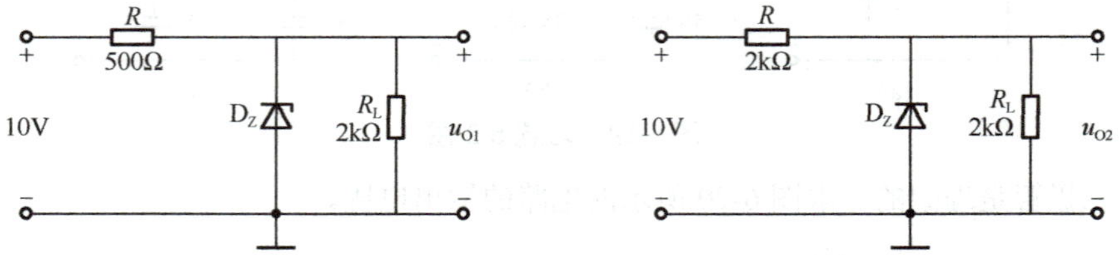

（a）　（b）

图 6-25　习题 6-9 图

6-10　工作在放大区的三极管，当基极电流从 12μA 增大到 22μA 时，集电极电流从 1mA 增大到 2mA。求该三极管的共射极交流电流放大系数β。

6-11　有两个三极管，一个β=150，I_{CEO}=200μA；另一个β=100，I_{CEO}=10μA，其他参数大致相同。应选用哪只三极管？为什么？

6-12　在正常的放大电路中，静态时测得三极管的三个管脚电位分别是 V_1=−11V，V_2=−8.2V，V_3=−8V。试判断该三极管是 NPN 型还是 PNP 型，是硅管还是锗管，以及三个管脚各是什么电极。

6-13　在正常的放大电路中有两个三极管，已知两个电极的电流的大小和方向如图 6-26 所示。试求它们另一个电极的电流，标出电流的实际方向，标出三个电极的名称。

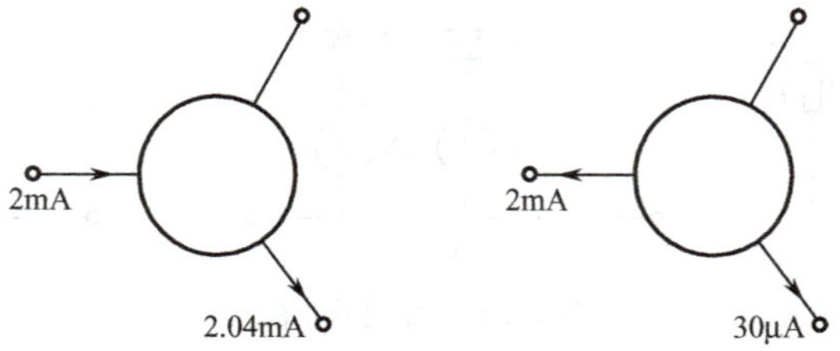

（a）　（b）

图 6-26　习题 6-13 图

6-14　如图 6-27 所示，图中的三极管均为硅管，静态时各极电位如图所示，试判断三极管的工作状态。

6-15　在正常的放大电路中，静态时测得三个三极管的三个管脚的电位如图 6-28 所示，试判断各三极管是 NPN 型还是 PNP 型，是硅管还是锗管，以及三个管脚各是什么电极。

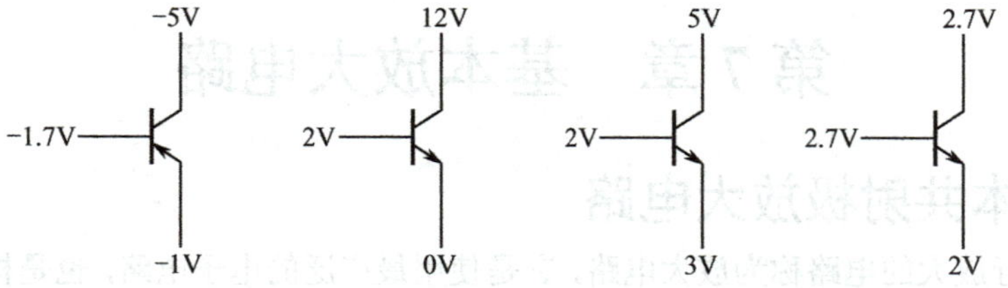

图 6-27　习题 6-14 图

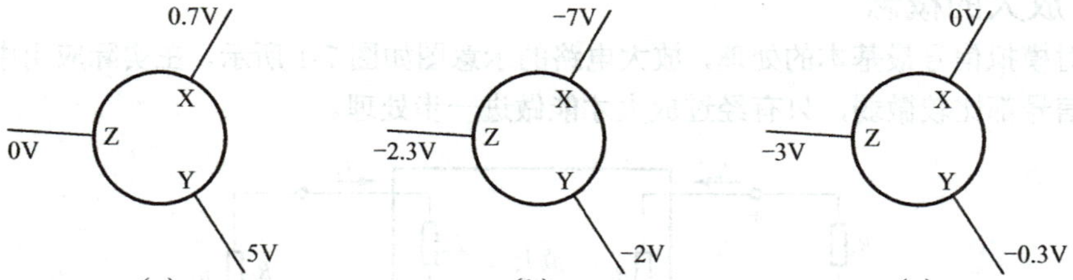

图 6-28　习题 6-15 图

第 7 章　基本放大电路

7.1　基本共射极放大电路

对电信号进行放大的电路称为放大电路，它是使用最广泛的电子电路，也是构成其他电子电路的基本单元电路。

7.1.1　放大的概念

放大是对模拟信号最基本的处理，放大电路的示意图如图 7-1 所示。在实际应用中，从传感器中获得的电信号都比较微弱，只有经过放大才能做进一步处理。

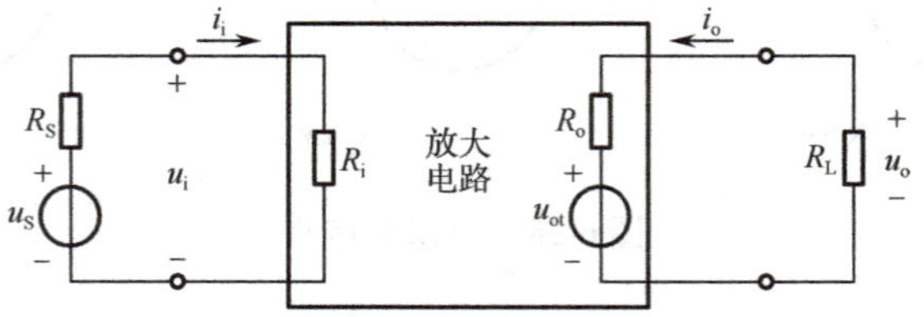

图 7-1　放大电路的示意图

放大是指将微弱的信号放大成较大的信号，其本质是能量的控制与转换，是指在较小的输入信号的控制下，通过放大电路将直流电源的能量转换成较大的交流能量输出，使负载从电源获得的能量大于信号源所提供的能量。因此，放大电路的基本特征是放大功率。

7.1.2　放大电路的性能指标

一个放大电路的性能如何，可以用放大倍数、输入电阻、输出电阻、通频带、最大不失真输出电压、最大输出功率、效率和非线性失真系数等指标来衡量。这里主要介绍前四种指标。

任何一个放大电路都可以看成有源线性双口网络，如图 7-1 所示，左端口为输入端口，在内阻为 R_S 的信号源 u_S 的作用下，输入电压和输入电流分别为 u_i 和 i_i。右端口为输出端口，输出电压和输出电流分别为 u_o 和 i_o，R_L 为负载电阻。在研究中，常以正弦信号作为输入信号，此时电压、电流常以相量形式表示。

1. 放大倍数

放大倍数是直接衡量放大电路放大能力的重要指标，是输出量与输入量之比，常用 A 表示。对放大电路而言，有电压放大倍数、电流放大倍数和功率放大倍数三种放大倍数。

$$\dot{A}_u = \frac{\dot{U}_o}{\dot{U}_i} \tag{7-1}$$

$$\dot{A}_i = \frac{\dot{I}_o}{\dot{I}_i} \tag{7-2}$$

$$A_p = \frac{P_o}{P_i} \tag{7-3}$$

2. 输入电阻

放大电路的输入电阻是从输入端口向放大电路内看进去的等效电阻，等于输入电压与输入电流之比，即

$$r_i = \frac{\dot{U}_i}{\dot{I}_i} \tag{7-4}$$

放大电路与信号源相连就成为信号源的负载，因此必然从信号源获取电流，输入电阻 R_i 越大，放大电路从信号源获取的电流越小，反之则越大，因此，为减小信号损失，一般要求放大电路的输入电阻大一些。

3．输出电阻

放大电路的输出电阻是指从输出端口向放大电路内看进去的等效电阻。信号源置零（保留其内阻 R_S）、负载 R_L 开路时，在输出端接入一个信号源（电压为 u），产生的电流为 i，则放大电路的输出电阻为

$$r_o = \frac{\dot{U}}{\dot{I}} \tag{7-5}$$

输出电阻越小，输出电压受负载的影响就越小，若输出电阻等于零，则输出电压将不受负载大小的影响，实现恒压输出。可见，输出电阻的大小反映了放大电路带负载的能力，R_o 越小，带负载能力越强，所以放大电路的输出电阻 R_o 越小越好。

4．通频带

放大电路电压放大倍数的数值与信号频率的关系曲线称为幅频特性曲线，典型的幅频特性曲线如图 7-2 所示。一般地，在中频段电压放大倍数大，并基本不变，用 A_{um} 表示。当电压放大倍数下降到中频电压放大倍数的 0.707 倍时，对应的低频段频率和高频段频率分别称为下限截止频率 f_L 和上限截止频率 f_H。

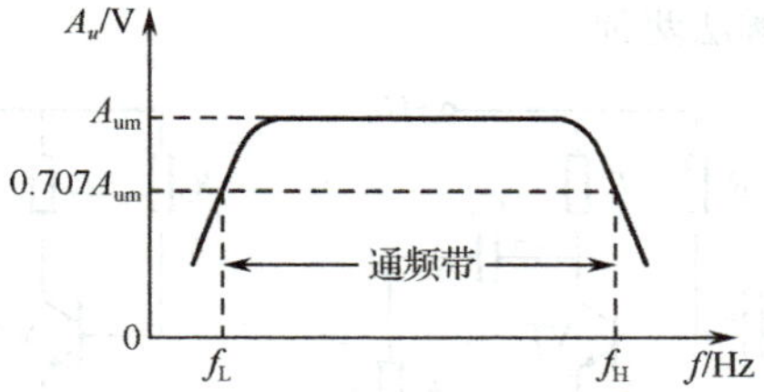

图 7-2　放大电路的幅频特性曲线

f_H 和 f_L 之间的频率范围称为中频段，即放大电路的通频带，用 BW 表示，即

$$\mathrm{BW} = f_H - f_L \tag{7-6}$$

通频带越宽，表明放大电路对不同频率信号的适应能力越强。如果放大电路的通频带小于信号的频带，放大后的信号不能重现原来的形状，输出信号就会产生失真。

7.1.3　共射极放大电路的组成

图 7-3（a）所示是基本的共射极放大电路。由于三极管的发射极接地，是输入信号和输出信号的公共参考点，所以该放大电路称为共射极放大电路，其组成及各部分的功能如下。

三极管 VT：是放大电路的核心器件，在电路中起到放大电流的作用。

电源 U_{CC}：一方面它是放大电路能量的来源；另一方面，它保证发射结正偏，集电结反偏。U_{CC} 的取值一般为几伏到几十伏。

基极电阻 R_B：又称偏置电阻，它和 U_{CC} 共同作用，使发射结处于正偏状态。调节 R_B 的大小可以改变基极电流 i_B 的大小，使放大电路获得合适的静态工作点。R_B 的阻值较大，一般约为几十千欧到几百千欧。

集电极电阻（负载电阻）R_C：它和 U_{CC} 共同作用，使集电结处于反偏状态，同时它将集电极电流的变化转换为电压的变化，实现电路的电压放大作用。R_C 的取值一般为几千欧到几十千欧。

耦合电容 C_1 和 C_2：电容 C_1 是输入端的耦合电容，隔断放大电路与信号源之间的直流联系，同时将输入的交流信号加到三极管的发射结上，即起“隔直通交”的作用。电容 C_2 是输出端的耦合电容，也起“隔直通交”的作用，将放大了的交流信号输送出去。为了减小信号的衰减，C_1 和 C_2 的容量要大，一般采用电解电容。

一般地，在放大电路中，交流量和直流量是并存的。而电抗元件的存在使直流信号流经的通路和交流信号流经的通路是不一致的。因此，分析放大电路首先要确定直流通路和交流通路。

7.1.4 共射极放大电路的分析

从基本的共射极放大电路中可以看出，在放大电路中，直流分量和交流分量总是共存的。当输入信号为零时，电路中各处的电压、电流都是直流值，称为直流工作状态，简称静态；当输入信号不为零时，电路中各处的电压、电流都处于变化状态，简称动态。静态分析又称直流分析，求出电路的直流工作状态，目的是确定三极管有合适的静态工作点。静态时基极直流电流 I_{BQ}、集电极直流电流 I_{CQ}、基极与发射极间的直流电压 U_{BEQ} 和集电极与发射极间的直流电压 U_{CEQ} 称为放大电路的静态工作点 Q。动态分析又称交流分析，目的是求出放大电路的电压放大倍数、输入电阻和输出电阻等性能指标。

1. 静态分析

静态分析可用放大电路的直流通路来进行分析。直流通路是在直流电源的激励下直流电流流经的通路，图 7-3（b）是图 7-3（a）的直流通路。画直流通路时，电容 C_1 和 C_2 可视为开路。静态工作点的分析方法有估算法和图解法两种。

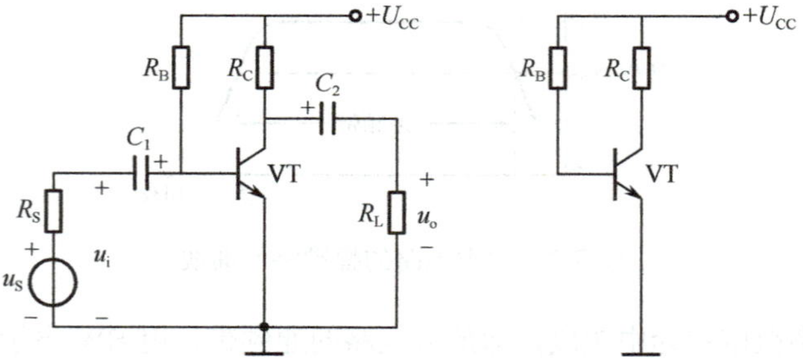

（a）阻容耦合共射极放大电路　　（b）直流通路

图 7-3　阻容耦合共射极放大电路

（1）估算法

由直流通路，可得出静态时的基极直流电流

$$I_{BQ}=\frac{U_{CC}-U_{BEQ}}{R_B} \tag{7-7}$$

其中，U_{BEQ} 为三极管发射结的压降，可视为常数，一般认为硅管为 0.6～0.7V，锗管为 0.2～0.3V。

根据三极管各极电流的关系，可求出静态时集电极直流电流 I_{CQ}：

$$I_{CQ}=\beta I_{BQ} \tag{7-8}$$

再根据集电极输出回路，可求出集电极与发射极间的直流电压 U_{CEQ}：

$$U_{CEQ}=U_{CC}-I_{CQ}\times R_C \tag{7-9}$$

【例 7-1】 放大电路如图 7-3（a）所示，已知三极管是硅管，其交流电流放大系数 β=40，U_{CC}=15V，R_C=3kΩ，R_B=300kΩ，试估算其静态工作点（取 U_{BEQ}=0.7V）。

解： 在如图 7-3（b）所示的直流通路中，首先由基极回路求出静态时的基极直流电流 I_{BQ}：

$$I_{BQ}=\frac{U_{CC}-U_{BEQ}}{R_B}=\frac{15-0.7}{300}\approx 50\mu A$$

根据三极管各极电流的关系，可求出静态集电极直流电流 I_{CQ}：

$$I_{CQ}=\beta I_{BQ}=40\times 50\times 10^{-3}=2mA$$

再根据集电极输出回路，可求出集电极与发射极间的直流电压 U_{CEQ}：

$$U_{CEQ}=U_{CC}-I_{CQ}\times R_C=15-2\times 3=9V$$

（2）图解法

已知三极管的输入、输出特性曲线及电路参数，通过作图的方法对放大电路进行分析。下面介绍用图解法确定静态工作点的步骤。

在如图 7-4（a）所示的输出回路中，以虚线为界，左侧是三极管，电流和电压的关系可用三极管的输出特性曲线来描述：

$$I_C=f(U_{CE})\big|_{I_B=常数} \tag{7-10}$$

右侧应遵循下式：

$$u_{CE}=U_{CC}-I_C R_C \tag{7-11}$$

式（7-11）称为直流负载线方程，其斜率 $k_{直}=-\frac{1}{R_C}$。在输出特性曲线上，画出直流负载线 *MN*。

直流负载线与 $I_B=I_{BQ}$ 的输出特性曲线相交的点即为静态工作点 *Q*。

【例 7-2】 放大电路如图 7-3（a）所示，已知 U_{CC}=12V，R_C=3kΩ，R_B=280kΩ。三极管输出特性曲线如图 7-4（b）所示。试用图解法确定静态工作点（取 U_{BEQ}=0.7V）。

解：由基极回路求出静态时基极直流电流 I_{BQ}：

$$I_{BQ}=\frac{U_{CC}-U_{BEQ}}{R_B}=\frac{12-0.7}{280}\approx 0.04mA=40\mu A$$

在输出特性曲线上画出直流负载线 *MN*：

由直流负载线方程 $U_{CE}=U_{CC}-I_C R_C$ 可知，当 $U_{CE}=0$ 时，$I_C=\frac{U_{CC}}{R_C}=\frac{12}{3}=4mA$；当 $I_C=0$ 时，$U_{CE}=U_{CC}=12V$。因此，直流负载线经过（0,4）点和（12,0）点，如图 7-4（b）所示。

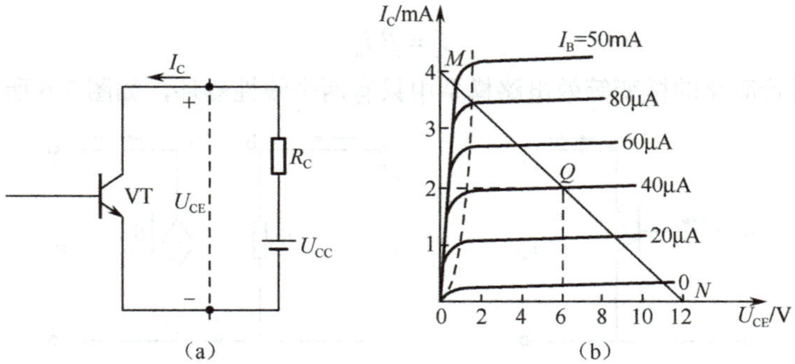

图 7-4　图解法求静态工作点

$I_B=40\mu A$ 的曲线与画出的直流负载线 *MN* 的交点即为静态工作点 *Q*。从图上读出 I_{CQ}=2mA，U_{CEQ}=6V。

2．动态分析

动态分析是指在静态分析后分析信号的传输情况，研究的是在输入交流信号时，交流信号流经的通路，此时的电路称为交流通路。图 7-5（a）所示的放大电路的交流通路如图 7-5（b）所示。

对于小信号作用的放大电路，通常采用微变等效电路分析法，就是把非线性元件（三极管）所组成的放大电路等效为一个线性电路，也就是把三极管线性化，等效为一个线性元件。

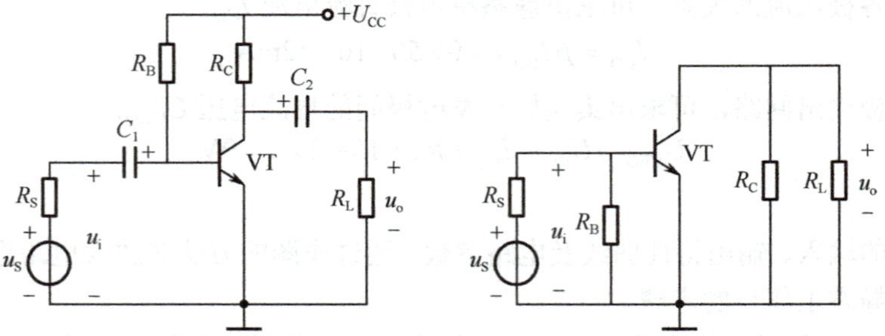

（a）阻容耦合共射极放大电路　　（b）交流通路

图 7-5　阻容耦合共射极放大电路

（1）三极管简化的微变等效电路

在图 6-17（a）所示的三极管的输入特性曲线中，信号很小时，动态范围内的一段曲线可视为直线。此时，输入电压的变化量与输入电流的变化量称为三极管的输入电阻，用 r_{be} 表示，即

$$r_{be}=\left.\frac{\Delta u_{BE}}{\Delta i_B}\right|_{u_{CE}=常数}=\left.\frac{u_{be}}{i_b}\right|_{u_{CE}=常数} \tag{7-12}$$

低频小功率三极管的输入电阻常用下式估算：

$$r_{be}=200+(1+\beta)\frac{26\text{mV}}{I_{EQ}} \tag{7-13}$$

小信号低频下工作时的三极管的 r_{be} 一般为几百欧姆到几千欧姆。

在图 6-17（b）所示的三极管的输出特性曲线中，放大区为一组近似与横轴平行的直线。集电极电流 i_C 只受基极电流 i_B 控制，而与三极管两端电压 u_{CE} 无关。因而三极管的输出回路与一个受控电流源等效，即

$$\beta=\left.\frac{\Delta i_C}{\Delta i_B}\right|_{u_{CE}=常数}=\left.\frac{i_c}{i_b}\right|_{u_{CE}=常数} \tag{7-14}$$

或

$$i_c=\beta\, i_b$$

所以，在三极管简化的微变等效电路模型中只有两个线性器件，如图 7-6 所示。

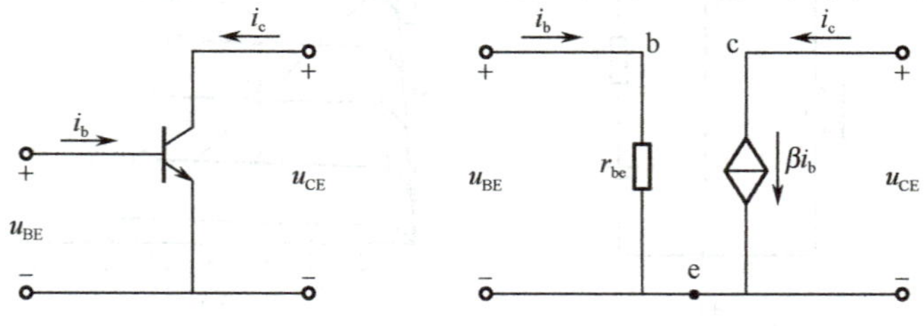

（a）三极管　　（b）三极管简化的微变等效电路模型

图 7-6　三极管及其简化的微变等效电路

（2）微变等效电路分析法

用三极管的微变等效电路取代图 7-7（a）交流通路中的三极管，可得如图 7-7（b）所示的基本共射极放大电路的微变等效电路。设输入为正弦信号，故图中的电压和电流都可用相量表示。

1）电压放大倍数

由图 7-7（b）可知，输出电压

$$\dot{U}_o = -\dot{I}_c R'_L = -\beta \dot{I}_b R'_L \tag{7-15}$$

输入电压

$$\dot{U}_i = \dot{I}_b r_{be} \tag{7-16}$$

电压放大倍数

$$\dot{A}_u = \frac{\dot{U}_o}{\dot{U}_i} = \frac{-\dot{I}_c R'_L}{\dot{I}_b r_{be}} = \frac{-\beta \dot{I}_b R'_L}{\dot{I}_b r_{be}} = -\frac{\beta R'_L}{r_{be}} \tag{7-17}$$

其中$R'_L = R_C // R_L$，$\dot{A}_u$为复数，它反映了输出与输入电压之间大小和相位的关系。式（7-17）中的负号表示共射极放大电路的输出电压与输入电压的相位相反。

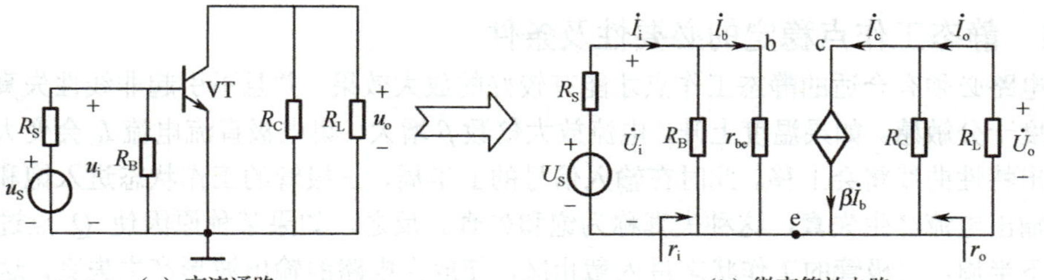

（a）交流通路　　（b）微变等效电路

图 7-7　基本共射极放大电路

当放大电路输出端开路时（未接负载电阻R_L时），可得空载时的电压放大倍数

$$\dot{A}_u = \frac{\dot{U}_o}{\dot{U}_i} = -\frac{\beta R_C}{r_{be}} \tag{7-18}$$

比接R_L时高。可见R_L越小，电压放大倍数越低。

2）输入电阻

输入电流

$$\dot{I}_i = \dot{I}_b + \dot{I}_{R_B} = \frac{\dot{U}_i}{r_{be}} + \frac{\dot{U}_i}{R_B} = \dot{U}_i\left(\frac{1}{r_{be}} + \frac{1}{R_B}\right) \tag{7-19}$$

$$r_i = \frac{\dot{U}_i}{\dot{I}_i} = R_B // r_{be} \tag{7-20}$$

实际上，$R_B >> r_{be}$，因此$r_i \approx r_{be}$。可见共射极放大电路的输入电阻较小。

3）输出电阻

按定义，将输入信号源置零，令$\dot{U}_S = 0$（保留其内阻R_S），断开负载R_L。由于$\dot{U}_S = 0$，$\dot{I}_i = 0$，所以$\dot{I}_b = 0$，从而受控电流源$\beta \dot{I}_b = 0$。因此在输出端接入的信号源电压的激励下产生的电流将全部流过R_C。因此放大电路的输出电阻

$$r_o \approx R_C \tag{7-21}$$

输出电阻的高低表明了放大电路带负载的能力，一般输出电阻越小越好。

【例 7-3】 某放大电路如图 7-3（a）所示，电容为足够大的电解电容。已知三极管为硅管，其电流放大系数$\beta = 50$；静态时发射极电流为$I_{EQ} = 2\text{mA}$，$R_B = 280\text{k}\Omega$，$R_C = R_L = 3\text{k}\Omega$。试求放大电路的电压放大倍数、输入电阻和输出电阻。

解： 电压放大倍数

$$\dot{A}_u = \frac{\dot{U}_o}{\dot{U}_i} = \frac{-\dot{I}_c R'_L}{\dot{I}_b r_{be}} = \frac{-\beta \dot{I}_b R'_L}{\dot{I}_b r_{be}} = -\frac{\beta R'_L}{r_{be}} = -50 \times \frac{1.5 \times 10^3}{863} \approx -86.9$$

其中

$$r_{be} = 300 + (1+50)\frac{26}{2} = 863\Omega$$

输入电阻

$$r_i = \frac{\dot{U}_i}{\dot{I}_i} = R_B // r_{be} = 180 \times 10^3 // 863 \approx 0.86\text{k}\Omega$$

输出电阻

$$r_o \approx R_C = 3\text{k}\Omega$$

7.2 静态工作点稳定的放大电路

7.2.1 静态工作点稳定的必要性及条件

放大电路必须有合适的静态工作点才能有较好的放大效果，并且不引起非线性失真。半导体器件对温度十分敏感。如果温度上升，电流放大倍数 β 增大，集电极直流电流 I_C 会变大，静态工作点的输出特性曲线将会上移。此时在输入信号的上半周，三极管的工作状态进入饱和区，使输出电压和输出电流产生失真，这种失真称为饱和失真。反之，如果某种原因使 Q 点过低，在输入信号的下半周，三极管的工作状态进入截止区，使放大电路的输出波形产生失真，这种失真称为截止失真。

静态工作点不稳定，会引起放大电路的动态参数不稳定，容易产生波形失真，影响输出电压的动态范围，有时电路甚至不能正常工作，因此静态工作点必须稳定。

7.2.2 分压式偏置放大电路的分析

1. 稳定静态工作点

常见的稳定静态工作点的偏置电路如图 7-8（a）所示。该电路引入了分压电阻 R_{B1}、R_{B2} 和发射极电阻 R_E（C_E 为旁路电容）。

在图 7-8（b）所示的直流通路中，基极电路中 R_{B1}、R_{B2} 组成分压电路，只要 R_{B1}、R_{B2} 取值适当，使 $I_2 >> I_{BQ}$（即 $I_2 \approx I_{BQ}$），则基极电位

$$V_B \approx \frac{R_{B1}}{R_{B1} + R_{B2}} U_{CC} \tag{7-22}$$

式（7-22）表明基极电位主要由两个分压电阻 R_{B1}、R_{B2} 和直流电源 U_{CC} 决定，与环境温度无关，因此当温度发生变化时，基极电位 V_B 基本不变。

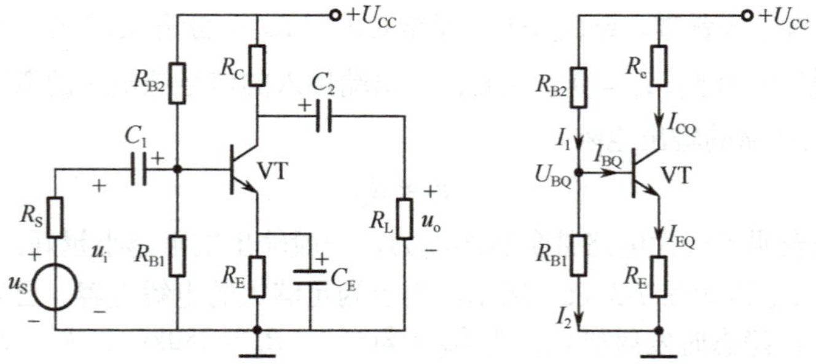

（a）电路图　　（b）直流通路

图 7-8　静态工作点稳定电路

当温度升高时，集电极电流 I_C 变大，发射极电流 I_E 也变大，发射极电阻 R_E 上的压降增大，发射极电位 V_E 增大。因为基极电位 V_B 基本不变，而 $U_{BE} = V_B - V_E$，所以三极管发射结压降 U_{BE} 减小，基极电流 I_B 和集电极电流 I_C 随之减小。这样抵消了由于温度升高而使集电极电流变大的部分，迫

使集电极电流 I_C 基本不变，稳定了静态工作点。稳定过程大致如下：

$$t(℃)\uparrow \to I_C\uparrow \to U_E\uparrow \xrightarrow{U_{BQ}\text{基本不变}} U_{BE}\downarrow \to I_B\downarrow \to I_C\downarrow$$

上述稳定过程中，发射极电阻 R_E 将三极管的输出电流（集电极电流）的变化通过一定方式返送到输入回路中，最终使输出电流基本不变，即引入了电流负反馈。旁路电容 C_E 的存在令 R_E 在稳定静态工作点的同时不影响放大电路的电压放大倍数，因此 C_E 应采用大容量的电解电容。

2．静态工作点的估算

在图 7-8（b）所示的直流通路中，将 U_{BEQ} 视为常数，当成已知量处理，有

$$V_B \approx \frac{R_{B1}}{R_{B1}+R_{B2}}U_{CC} \tag{7-23}$$

$$I_{CQ} \approx I_{EQ} = \frac{V_B - U_{BEQ}}{R_E} \tag{7-24}$$

$$I_{BQ} = \frac{I_{EQ}}{1+\beta} \tag{7-25}$$

$$U_{CEQ} \approx U_{CC} - I_{CQ}(R_C + R_E) \tag{7-26}$$

3．主要性能指标

图 7-8（a）所示的放大电路的微变等效电路如图 7-9 所示。

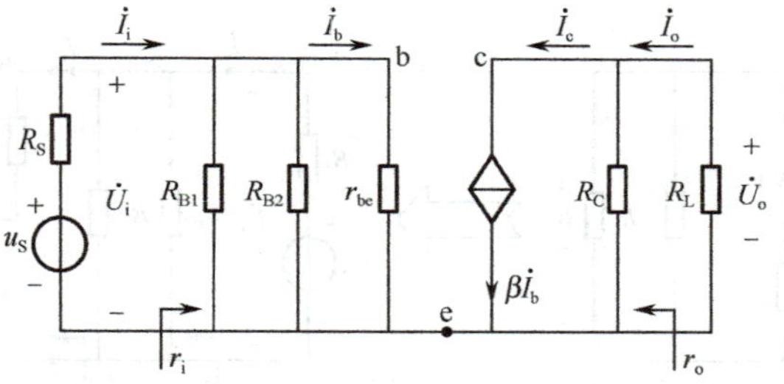

图 7-9　静态工作点稳定电路的微变等效电路

电压放大倍数

$$\dot{A}_u = \frac{\dot{U}_o}{\dot{U}_i} = \frac{-\dot{I}_c R_L'}{\dot{I}_b r_{be}} = \frac{-\beta \dot{I}_b R_L'}{\dot{I}_b r_{be}} = -\frac{\beta R_L'}{r_{be}} \tag{7-27}$$

其中 $R_L' = R_C // R_L$。

输入电阻

$$r_i = \frac{\dot{U}_i}{\dot{I}_i} = R_{B1}//R_{B2}//r_{be} \tag{7-28}$$

按定义，将信号源置零，令 u_S=0（保留其内阻 R_S），断开负载 R_L。由于 u_S=0 时，i_b=0，从而受控电流源 $\beta i_b = 0$。因此输出电阻

$$r_o \approx R_C \tag{7-29}$$

【例 7-4】 在图 7-10（a）所示的放大电路中，三个电容都足够大。已知三极管是硅管，β=50，U_{CC}=12V，R_{B1}=18kΩ，R_{B2}=42kΩ，R_{E1}=0.1kΩ，R_{E2}=1.9kΩ，R_C=2kΩ，R_L=3kΩ。

（1）试估算静态工作点（取 U_{BEQ}=0.7V）；

（2）求电压放大倍数 A_u、输入电阻 r_i、输出电阻 r_o。

解：（1）直流通路如图 7-10（b）所示，可得

$$U_{BQ} \approx \frac{R_{B1}}{R_{B1}+R_{B2}}U_{CC} = \frac{18}{18+42}\times 12 = 3.6\text{V}$$

$$I_{CQ} \approx I_{EQ} = \frac{U_{BQ} - U_{BEQ}}{R_{E1} + R_{E2}} = \frac{3.6 - 0.7}{0.1 + 1.9} = 1.45\text{mA}$$

$$I_{BQ} = \frac{I_{EQ}}{1+\beta} = \frac{1.45}{1+50} \approx 28.4\mu\text{A}$$

$$U_{CEQ} \approx U_{CC} - I_{CQ}(R_C + R_{E1} + R_{E2}) = 12 - 1.45 \times (2 + 0.1 + 1.9) = 6.2\text{ V}$$

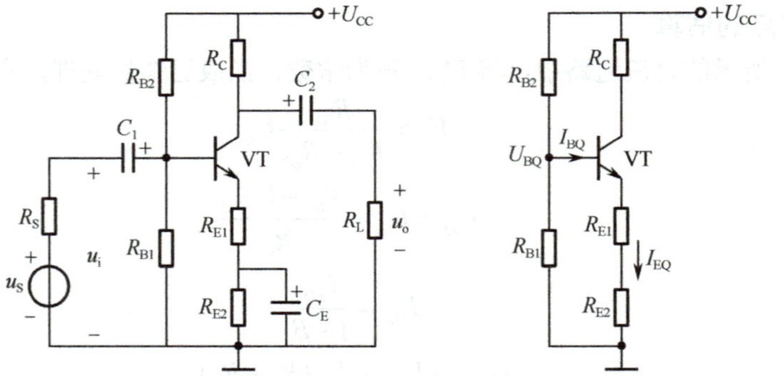

（a）电路图　　（b）直流电路

图 7-10　例 7-4 图

（2）交流通路如图 7-11（a）所示，微变等效电路如图 7-11（b）所示。

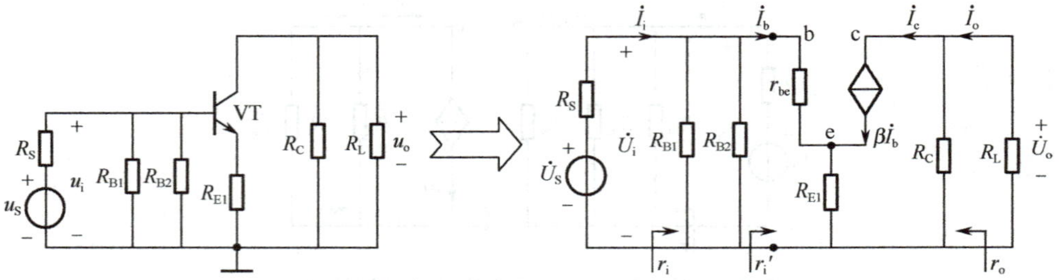

（a）交流通路　　（b）微变等效电路

图 7-11　例 7-4 图

在图 7-11（b）中，可得

$$\dot{U}_o = -\dot{I}_c R_L' = -\beta\, \dot{I}_b R_L' \quad (R_L' = R_c // R_L)$$

$$\dot{U}_i = \dot{I}_b r_{be} + \dot{I}_e R_{E1} = \dot{I}_b r_{be} + (1+\beta)\dot{I}_b R_{E1}$$

$$r_{be} = r_{bb'} + (1+\beta)\frac{26\text{mV}}{I_{EQ}} = 300 + (1+50)\frac{26}{1.45} = 1214\Omega$$

因此电压放大倍数

$$\dot{A}_u = \frac{\dot{U}_o}{\dot{U}_i} = \frac{-\dot{I}_c R_L'}{\dot{I}_b r_{be} + (1+\beta)\dot{I}_b R_{E1}} = -\frac{\beta R_L'}{r_{be} + (1+\beta)R_{E1}} = -9.52$$

设从三极管的基极和地端口向右看进去的等效电阻为 r_i'，如图 7-11（b）所示，可得

$$r_i' = \frac{\dot{U}_i}{\dot{I}_b} = \frac{\dot{I}_b r_{be} + (1+\beta)\dot{I}_b R_{E1}}{\dot{I}_b} = r_{be} + (1+\beta)R_{E1} = 6.31\text{k}\Omega$$

则输入电阻

$$r_i = \frac{\dot{U}_i}{\dot{I}_i} = R_{B1} // R_{B2} // r_i' \approx 4.2\text{k}\Omega$$

按定义，将信号源置零，令 u_S=0（保留其内阻 R_S），断开负载 R_L。由于 u_S=0 时，$\dot{I}_b = 0$，从

而受控电流源$\beta\dot{I}_b=0$。因此放大电路的输出电阻

$$r_o \approx R_C = 2\text{k}\Omega$$

7.3 射极输出器

如图 7-12（a）所示，放大电路的交流信号由三极管的发射极经耦合电容C_2输出，故名为射极输出器。在放大电路中，集电极是输入回路和输出回路的公共端，因此射极输出器为共集电极放大电路。

1．静态分析

在如图 7-12（b）所示的直流通路中，首先由基极回路求出静态时的I_{BQ}、I_{EQ}、U_{CEQ}:

$$I_{BQ}=\frac{U_{CC}-U_{BEQ}}{R_B+(1+\beta)R_E} \tag{7-30}$$

$$I_{EQ}\approx I_{CQ}=\beta I_{BQ} \tag{7-31}$$

$$U_{CEQ}=U_{CC}-I_{EQ}R_E \tag{7-32}$$

2．动态分析

（1）电压放大倍数

由图 7-12（c）可知：

$$\dot{U}_o=\dot{I}_e(R_E//R_L)=(1+\beta)\dot{I}_b(R_E//R_L)$$

$$\dot{U}_i=\dot{I}_b r_{be}+\dot{I}_e(R_E//R_L)=\dot{I}_b r_{be}+(1+\beta)\dot{I}_b(R_E//R_L)$$

$$\dot{A}_u=\frac{\dot{U}_o}{\dot{U}_i}=\frac{(1+\beta)\dot{I}_b(R_E//R_L)}{\dot{I}_b r_{be}+(1+\beta)\dot{I}_b(R_E//R_L)}=\frac{(1+\beta)(R_E//R_L)}{r_{be}+(1+\beta)(R_E//R_L)} \tag{7-33}$$

可以看出，射极输出器的电压放大倍数恒小于 1。由于$(1+\beta)(R_E//R_L)>>r_{be}$，所以，$A_u\approx 1$，输出电压$\dot{U}_o\approx\dot{U}_i$，且相位相同。即输出电压紧跟随输入电压的变化而变化。因此，射极输出器也称为射极跟随器。

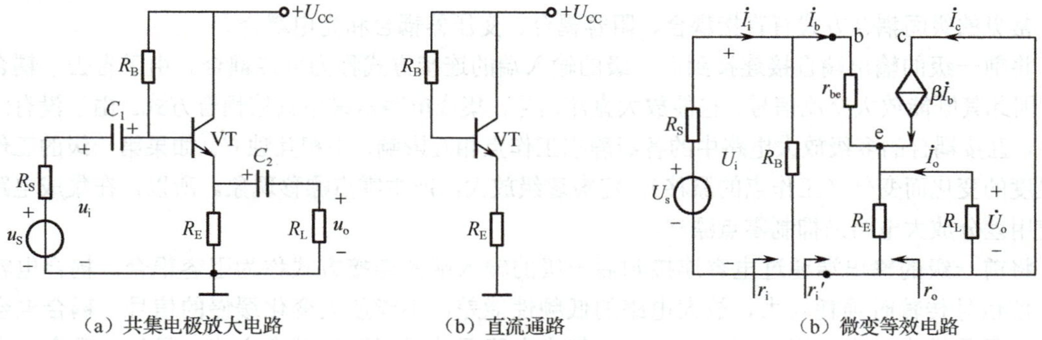

图 7-12　共集电极放大电路

（2）输入电阻

设从三极管的基极和地端口向右看进去的等效电阻为r_i'，如图 7-12（c）所示，可得

$$r_i'=\frac{\dot{U}_i}{\dot{I}_b}=\frac{\dot{I}_b r_{be}+(1+\beta)\dot{I}_b(R_E//R_L)}{\dot{I}_b}=r_{be}+(1+\beta)(R_E//R_L) \tag{7-34}$$

则输入电阻

$$r_i=\frac{\dot{U}_i}{\dot{I}_i}=R_B//r_i'=R_B//[r_{be}+(1+\beta)(R_E//R_L)] \tag{7-35}$$

一般R_B和$[r_{be}+(1+\beta)(R_E//R_L)]$都比$r_{be}$大得多，因此射极输出器的输入电阻比共射极放大电路

的输入电阻要高，可达几十千欧到几百千欧。

（3）输出电阻

按定义，将信号源置零，即 $u_S=0$（保留其内阻 R_S），断开负载 R_L。设在输出端接入的信号源电压为$\dot{U}$，产生的电流为$\dot{I}$，则输出电阻

$$r_o = \frac{\dot{U}}{\dot{I}} = R_E // \frac{R'_S + r_{be}}{1+\beta} \tag{7-36}$$

其中 $R'_S = R_S // R_B$。

射极输出器的输出电阻与共射极放大电路相比是较低的，一般为几欧到几十欧。

综上所述，射极输出器具有电压放大倍数小于 1（接近于 1），输入电压与输出电压同相，输入电阻高，输出电阻低的特点。在多级放大电路中，射极输出器可以作为输入级、输出级或中间级，以提高放大电路的性能。

7.4 多级放大电路

单级放大电路往往不能满足系统要求的各项性能指标，因此，实际放大电路通常由多个单级放大电路级联构成，称为多级放大电路。其组成框图如图 7-13 所示。与信号源相连接的第一级放大电路称为输入级，与负载相连接的末级放大电路称为输出级，输入级与输出级之间的放大电路称为中间级。在多级放大电路中，级与级之间的连接方式称为级间耦合方式。

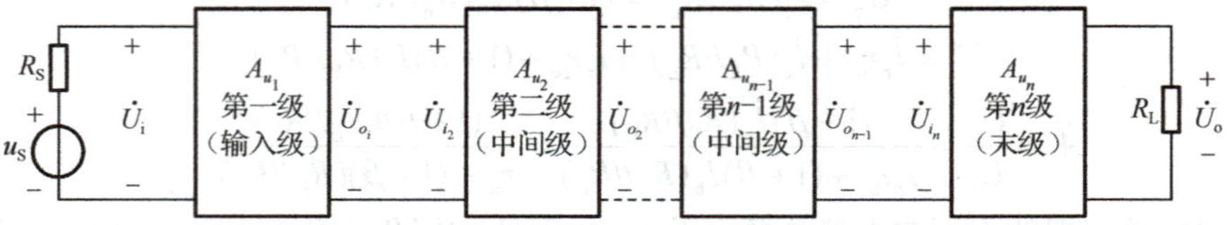

图 7-13 多级放大电路的组成框图

7.4.1 多级放大电路的耦合方式

常见的级间耦合方式有直接耦合、阻容耦合、变压器耦合和光电耦合。

将前一级的输出端直接连接到后一级的输入端的连接方式称为直接耦合。由于省去了耦合器件，因此其既能放大交流信号，也能放大直流信号，集成电路常采用直接耦合方式。由于没有隔直器件，直接耦合的多级放大电路中的各级静态工作点相互影响，不相互独立。如果第一级的工作点随温度的变化而变化（工作点的漂移），将被逐级放大，产生零点漂移现象。所以，在集成电路中常使用差分放大电路来抑制零点漂移。

将前一级的输出端通过电容连接到后一级的输入端的连接方式称为阻容耦合。耦合电容的容抗使信号传输时损耗较大，放大电路的低频性能差，不能放大变化缓慢的信号。耦合电容的容量必须足够大，常采用电解电容，因此集成电路无法采用阻容耦合方式。另外，耦合电容的隔直作用使阻容耦合的多级放大电路中的各级静态工作点相互独立，求解、设置静态工作点时，各级单独处理即可，电路的分析、设计和调试简单易行。因此，在分立元件电路中得到广泛的应用。

变压器耦合的特点与阻容耦合相似，其主要特点是可以获得阻抗匹配，多用于射频放大器和大功率输出场合。但由于变压器体积大、成本高、高频特性和低频特性差，所以除特殊场合外一般很少采用变压器耦合方式。

光电耦合的主要特点是具有很强的抑制外界干扰和噪声的能力，广泛应用于宽频带隔离放大器、音频隔离放大器和串联型直流稳压电源中。

7.4.2 多级放大电路的性能指标

1. 多级放大电路的电压放大倍数

多级放大电路的电压放大倍数

$$\dot{A}_u=\frac{\dot{U}_o}{\dot{U}_i}=\frac{\dot{U}_{o_1}}{\dot{U}_i}\cdot\frac{\dot{U}_{o_2}}{\dot{U}_{i_2}}\cdot\cdots\cdot\frac{\dot{U}_o}{\dot{U}_{i_n}}=\dot{A}_{u_1}\cdot\dot{A}_{u_2}\cdot\dot{A}_{u_3}\cdot\cdots\cdot\dot{A}_{u_n} \tag{7-37}$$

即多级放大电路的电压放大倍数等于各级电压放大倍数之积。

2. 多级放大电路的输入电阻

多级放大电路的输入电阻是第一级的输入电阻，即

$$r_i=\frac{u_i}{i_i}=r_{i_1} \tag{7-38}$$

在计算 r_{i_1} 时，应将后级的输入电阻 r_{i_2} 作为其负载电阻。

3. 多级放大电路的输出电阻

多级放大电路的输出电阻是最末一级的输出电阻，即

$$r_o=r_{o_n} \tag{7-39}$$

可见，多级放大电路的动态分析以单级放大电路的分析为基础，下面以阻容耦合放大电路为例介绍多级放大电路交流性能指标的计算方法。

【例 7-5】 两级共射极阻容耦合放大电路如图 7-14 所示，已知三极管 VT_1 的 $\beta_1=60$，$r_{be1}=2k\Omega$，三极管 VT_2 的 $\beta_2=100$，$r_{be2}=2.2k\Omega$，其他参数如图 7-14 所示，各电容的容量足够大。试求放大电路的 A_u、r_i、r_o。

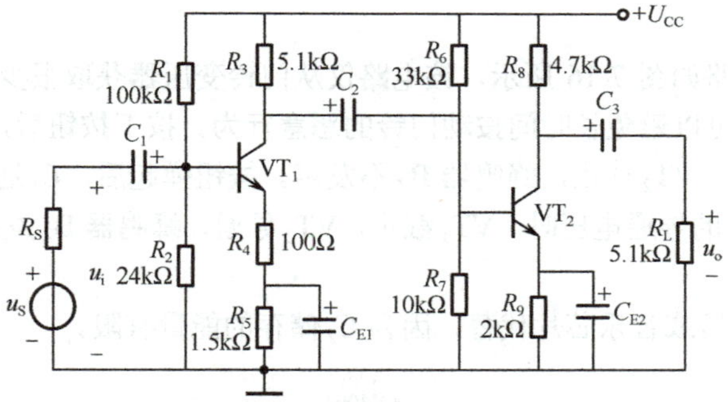

图 7-14 两级阻容耦合共射极放大电路

解： 画出两级放大电路的微变等效电路，如图 7-15（a）和 7-15（b）所示。其中图 7-15（a）中的负载电阻即下一级放大电路的输入电阻，即

$$R_{i2}=R_6//R_7//r_{be2}=\frac{1}{\frac{1}{33}+\frac{1}{10}+\frac{1}{2.2}}k\Omega\approx1.7k\Omega$$

因此第一级的总负载

$$R'_{L1}=R_3//r_{i2}\approx1.3k\Omega$$

第一级的电压放大倍数

$$\dot{A}_{u_1}=-\frac{\beta_1 R'_{L1}}{r_{be1}+(1+\beta_1)R_4}=\frac{-60\times1.3k\Omega}{2k\Omega+61\times0.1k\Omega}\approx-9.6$$

第二级的电压放大倍数

$$\dot{A}_{u_2} = -\frac{\beta_2 R_L'}{r_{be2}} \approx -111$$

两级放大电路的电压放大倍数

$$\dot{A}_u = \dot{A}_{u_1} \cdot \dot{A}_{u_2} \approx (-9.6)\times(-111)=1066$$

两级放大电路的输入电阻等于第一级的输入电阻，即

$$r_i = r_{i1} = R_1 // R_2 // r_i' = R_1 // R_2 // [r_{be1} + (1+\beta_1)R_4] \approx 5.7\text{k}\Omega$$

两级放大电路的输出电阻等于第二级的输出电阻，即

$$r_o = r_{o2} = R_8 = 4.7\text{k}\Omega$$

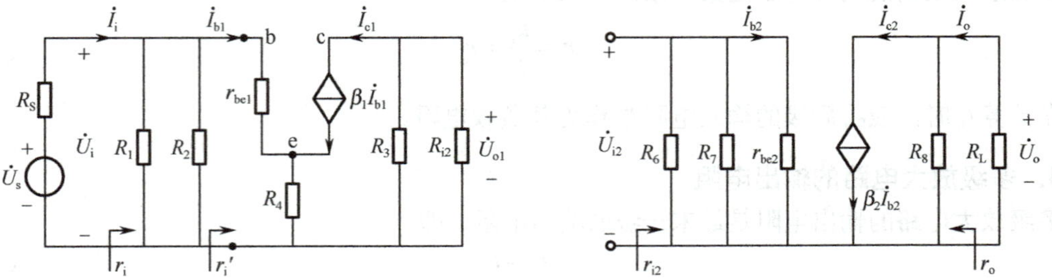

（a）第一级微变等效电路　　（b）第二级微变等效电路

图 7-15　两级阻容耦合共射极放大电路

7.5　应用举例

1. 补偿门铃

用途：门铃电路。

原理：补偿门铃电路如图 7-16 所示。该电路仅从门铃变压器获取很少的能量，只有在按钮弹起时门铃才能响，这样可以避免长时间按动门铃的恶意行为。按下按钮后，电源经整流桥给 C_1 和 C_2 充电，这时 VT_1 导通，VT_2 截止，蜂鸣器 B_Z 不发声。按钮弹起后，C_1 通过 R_1、R_2 和 VT_1 放电，当 R_2 上的电压低于 VT_1 的导通电压时，VT_1 截止，VT_2 导通，蜂鸣器 B_Z 发声。发声时间取决于 C_2 的容量。

B_Z 不能用普通的门铃或音乐芯片代替，因为 C_2 储存的能量有限。

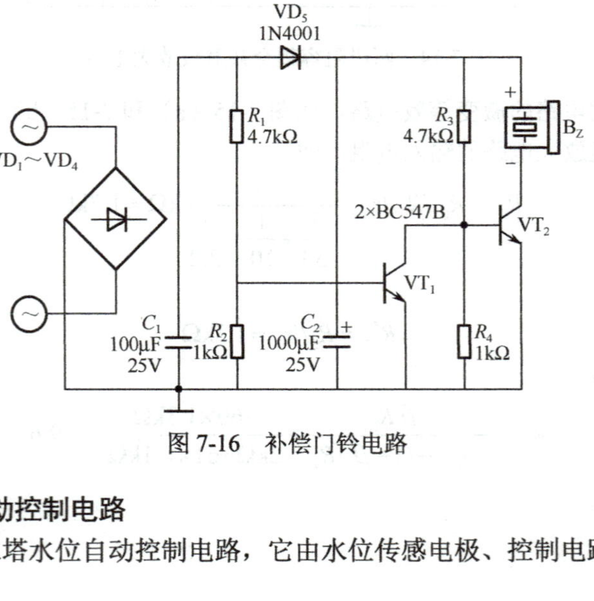

图 7-16　补偿门铃电路

2. 小水塔水位自动控制电路

图 7-17 是一个小水塔水位自动控制电路，它由水位传感电极、控制电路、水泵和水泵电源等

组成。控制电路由 VT1、VT2 和继电器 K 等组成。当储水箱缺水时，水面低于 *B* 点，水位传感电极 *A-B*、*B-C* 之间由于没有被水淹没而开路，VT1、VT2 截止，继电器呈释放状态，继电器衔铁 F 与常闭触点 D 接触，接通水泵电源 GB2，小离心水泵电动机起动，向储水箱供水。当水位上升至 *A* 点，水位传感电极 *A-B* 之间被水淹没，产生偏置电流使得 VT1、VT2 导通，继电器闭合，常闭触点断开，小离心水泵电动机停止供水。此时，继电器衔铁 F 与常开触点 E 相接触，电源通过继电器接通的常开触点 F-E 及 *C-B* 之间能微弱导电的水，继续产生维持 VT1、VT2 导通所需的偏置电流，继电器吸合。直到水位降至 *B* 点以下时，*C-B* 之间开路，VT1、VT2 截止，继电器释放，常闭触点接通，小离心水泵电动机开始供水。如此周而复始，完成水位自动控制功能。

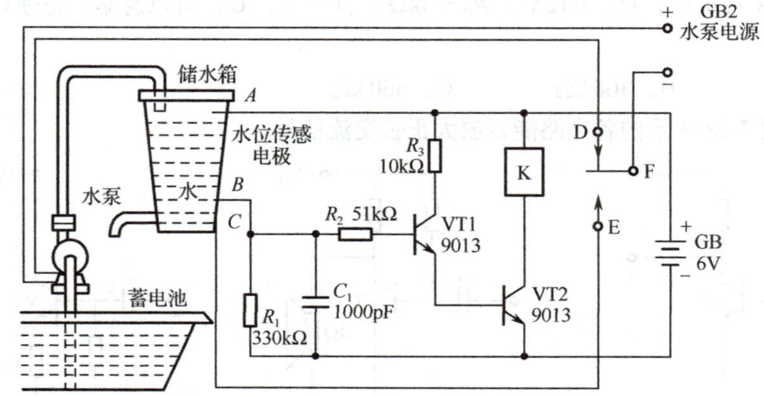

图 7-17　小水塔水位自动控制电路

本章小结

（1）用来对电信号进行放大的电路称为放大电路，放大的实质是能量的转换。放大电路的主要性能指标是放大倍数、输入电阻和输出电阻。

（2）由三极管组成放大电路有三种组态，即共射极、共集电极、共基极。不论何种组态的放大电路，三极管必须工作在放大区。共射极放大电路有较大的电压和电流放大能力，因此应用相当广泛，在多级放大电路中，中间级常采用此电路。共集电极放大电路有较大的输入电阻和较小的输出电阻，常作为输入级和输出级。

（3）放大电路的分析步骤是先静态、后动态。静态分析是指在直流通路上确定静态工作点，可以采用估算法和图解法。动态分析是指求解交流性能指标。

（4）多级放大电路级与级之间的连接方式有直接耦合、阻容耦合、变压器耦合、光电耦合。多级放大电路的放大倍数等于各级放大倍数的乘积，输入电阻等于第一级的输入电阻，输出电阻等于末级的输出电阻。

习题 7

7-1　选择题

（1）某放大电路负载开路时的输出电压为 3V，接入 2kΩ 的负载后，测得其输出电压为 1V，则该放大电路的输出电阻为（　　）kΩ 。

A．0.5　　B．1.0　　C．2.0　　D．4

（2）为了使高内阻的信号源与低阻负载很好地配合，可以在信号源与负载之间接入（　　）放大电路。

A．共发射极　　B．共集电极　　C．共基极

（3）在图 7-8（a）所示的放大电路中，若只将旁路电容 C_E 删除，则电压放大倍数 $|A_u|$（　　）。

A．减小　　B．增大　　C．不变

（4）射极输出器（　　）。

A．有电流放大作用，没有电压放大作用

B．有电流放大作用，也有电压放大作用

C．没有电流放大作用，也没有电压放大作用

（5）在图 7-3（a）中，若将 R_B 减小，则集电极电流 I_C（　　）。

A．减小　　B．增大　　C．不变

（6）在图 7-3（a）中，$U_{CC}=12V$，$R_C=3k\Omega$，$\beta=50$，U_{BE} 可以忽略，若使 $U_{CE}=6V$，则 R_B 应为（　　）。

A．360 kΩ　　B．300 kΩ　　C．600 kΩ

7-2　分析图 7-18 所示的各电路能否放大正弦交流信号。

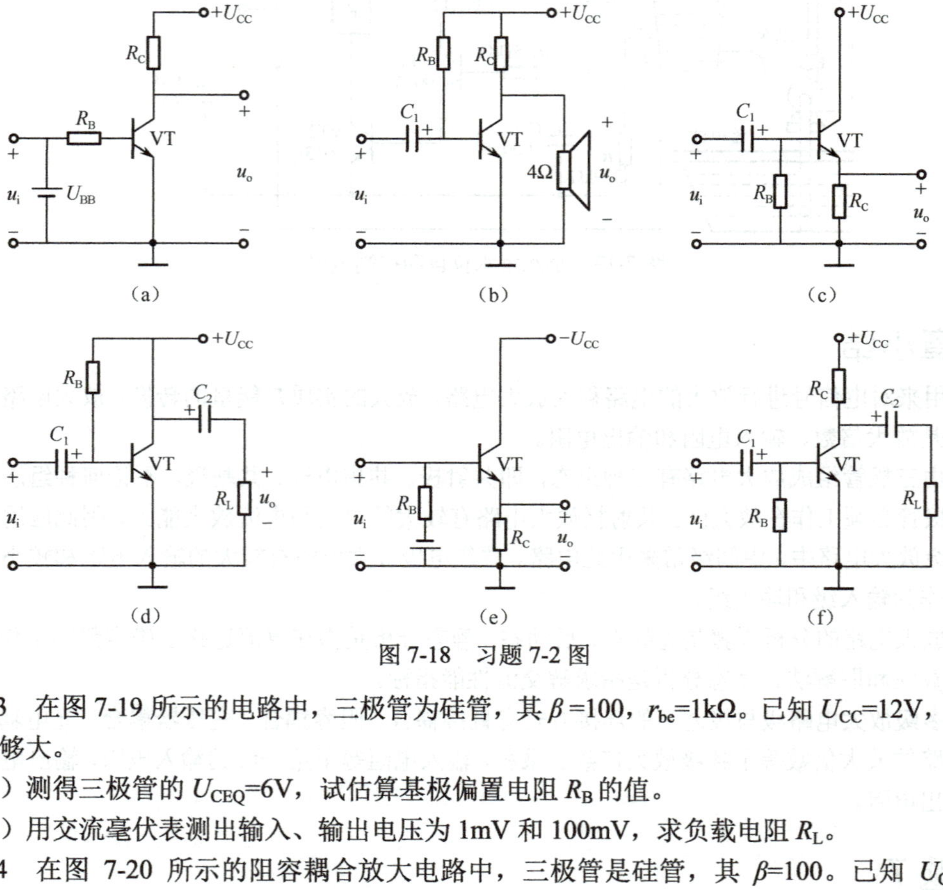

图 7-18　习题 7-2 图

7-3　在图 7-19 所示的电路中，三极管为硅管，其 $\beta=100$，$r_{be}=1k\Omega$。已知 $U_{CC}=12V$，$R_C=3k\Omega$，电容足够大。

（1）测得三极管的 $U_{CEQ}=6V$，试估算基极偏置电阻 R_B 的值。

（2）用交流毫伏表测出输入、输出电压为 1mV 和 100mV，求负载电阻 R_L。

7-4　在图 7-20 所示的阻容耦合放大电路中，三极管是硅管，其 $\beta=100$。已知 $U_{CC}=15V$，$R_B=360k\Omega$，$R_C=1k\Omega$，$R_L=1k\Omega$，信号源的内阻 $R_S=500\Omega$。

（1）试估算静态工作点（取 $U_{BEQ}=0.7V$）。

（2）画出微变等效电路。

（3）求电压放大倍数 A_u、输入电阻 r_i、输出电阻 r_o。

7-5　在图 7-21 所示的放大电路中，已知三极管是硅管，其 $\beta=50$。已知 $U_{CC}=12V$，$R_{B1}=8k\Omega$，$R_{B2}=2k\Omega$，$R_E=850\Omega$，$R_C=2k\Omega$，$R_L=3k\Omega$。

（1）试估算静态工作点（取 $U_{BEQ}=0.7V$）。

（2）求电压放大倍数 A_u、输入电阻 r_i、输出电阻 r_o。

（3）若负载开路，电压放大倍数如何变化？

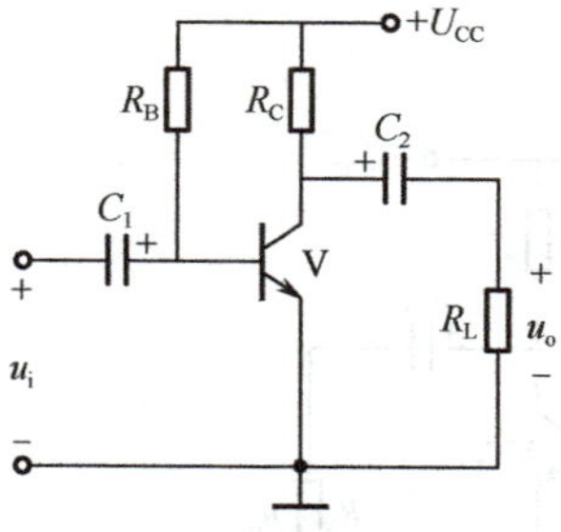

图 7-19　习题 7-3 图

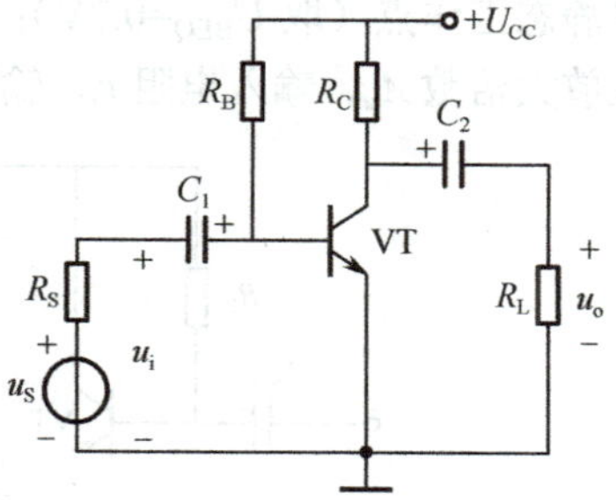

图 7-20　习题 7-4 图

7-6　在如图 7-22 所示的共集电极放大电路中，已知三极管的 β=60，电路 U_{CC}=12V，R_B=200kΩ，R_E=2kΩ，R_L=3kΩ，信号源的内阻 R_S=100Ω。

（1）试估算静态工作点 I_{BQ}、I_{EQ} 和 U_{CEQ}（取 U_{BEQ}=0.6V）。

（2）求电压放大倍数 A_u、输入电阻 r_i 和输出电阻 r_o。

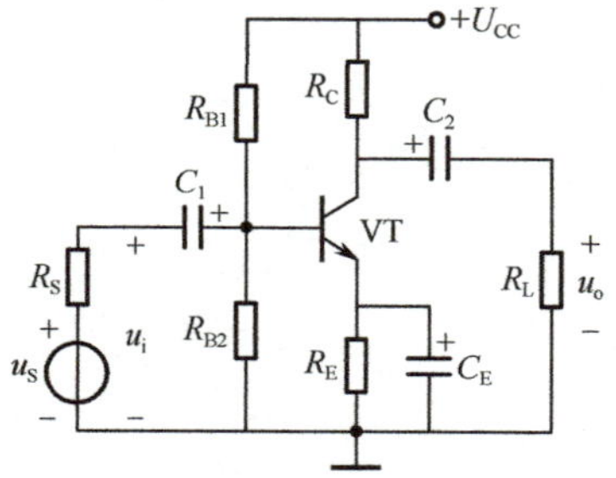

图 7-21　习题 7-5 图

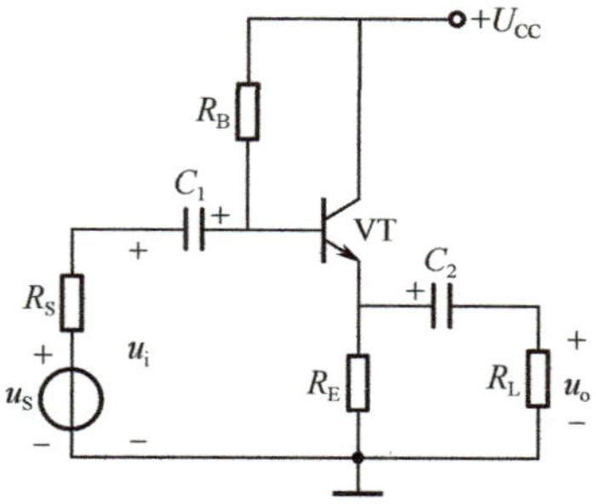

图 7-22　习题 7-6 图

7-7　在如图 7-23 所示的放大电路中，已知三极管是硅管，其 β=50。电路 U_{CC}=12V，R_{B1}=8kΩ，R_{B2}=2kΩ，R_{E1}=100Ω，R_{E2}=750Ω，R_C=2kΩ，R_L=3kΩ。

（1）试估算静态工作点（取 U_{BEQ}=0.7V）。

（2）求电压放大倍数 A_u、输入电阻 r_i、输出电阻 r_o。

7-8　在如图 7-24 所示的两级放大电路中，三极管的电流放大系数均为 β=50，电路 U_{CC}=15V，R_1=100kΩ，R_2=15kΩ，R_3=5kΩ，R_4=100Ω，R_5=750Ω，R_6=100kΩ，R_7=22kΩ，R_8=3kΩ，R_9=1kΩ，R_L=1kΩ。

（1）试估算静态工作点（取 U_{BEQ}=0.7V）。

（2）求电压放大倍数 A_u、输入电阻 r_i、输出电阻 r_o。

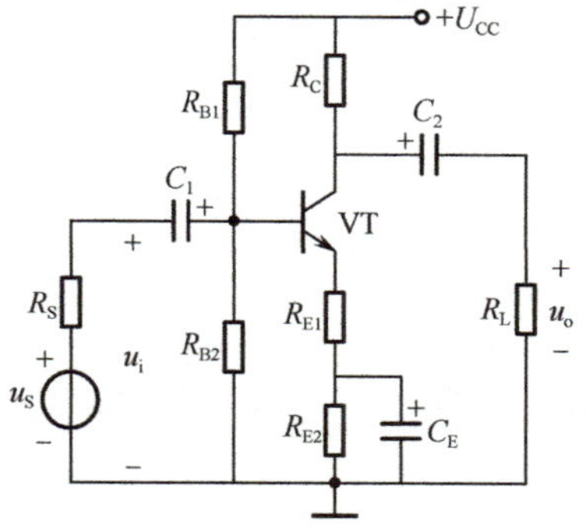

图 7-23　习题 7-7 图

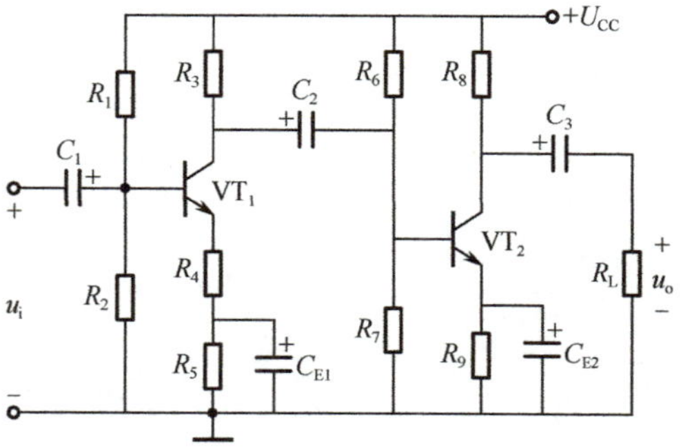

图 7-24　习题 7-8 图

7-9　在如图 7-25 所示的两级放大电路中，三极管的电流放大系数为 β_1=50，β_2=100。电路 U_{CC}=15V，R_{B1}=150kΩ，R_{E1}=20kΩ，R_{B21}=210kΩ，R_{B22}=50kΩ，R_{C2}=3kΩ，R_{E2}=1kΩ，R_L=3kΩ。

（1）试估算静态工作点（取 U_{BEQ}=0.7V）；

（2）求电压放大倍数 A_u、输入电阻 r_i、输出电阻 r_o。

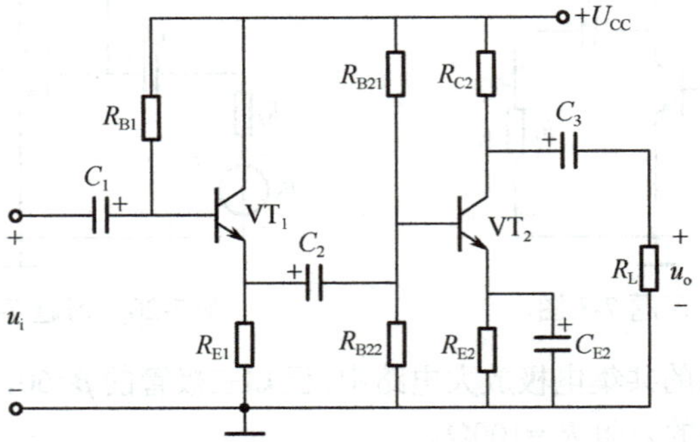

图 7-25　习题 7-9 图

第 8 章　集成运算放大器

集成电路是将二极管、三极管、电阻、电容等元器件及其连接都制作在一块半导体芯片上，形成一个不可分割的固体组件。与分立元器件相比，集成电路具有集成密度高、引线短、外部焊点少、可靠性高等优点。

8.1　集成运算放大器概述

集成运算放大器（简称运放）实际上是一种输入电阻高、输出电阻低、电压放大倍数非常大的多级直接耦合放大电路。它的应用十分广泛，外接适当的元件可以实现信号的运算和处理及各种波形的产生和变换。早期的分立元件运算放大器作为模拟电子计算机的一个基本部件，用于进行各种数学运算，因此，人们把它称为运算放大器。

8.1.1　集成运算放大器的组成

集成运算放大器主要由输入级、中间级、输出级、偏置电路四部分组成。如图 8-1 所示。

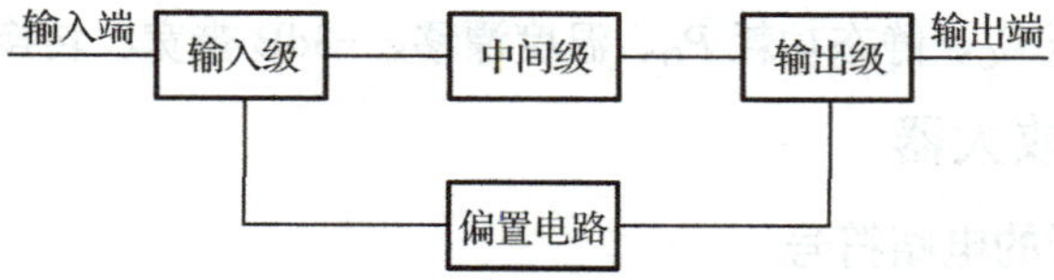

图 8-1　集成运算放大器的组成

输入级是提高运算放大器质量的关键，要求其输入电阻高、共模抑制比高、零点漂移小。输入级一般是具有三极管恒流源的双端输入——差动放大电路。

中间级的主要作用是进行电压放大，使集成运算放大器具有很高的电压放大倍数，并将双端输入转换为单端输出，作为输出的驱动源。

输出级多采用射极输出器或互补对称射极输出电路，有较大的输出功率和较强的带负载能力。

此外，还有偏置电路和一些辅助电路。偏置电路给各级放大电路提供稳定的静态偏置电流。辅助电路有调零电路、消振电路及用于保护输出管的过载保护电路等。

8.1.2　集成运算放大器的主要参数

（1）开环电压放大倍数 A_{uo}：是指输出端开路、没有外加反馈情况下所测出的差模电压放大倍数。它是决定运算精度的重要因素。A_{uo} 越大，集成运算放大器的运算精度越高。A_{uo} 一般为 10^4～10^7，即 80～140dB。

（2）差模输入电阻 r_{id}：是指集成运算放大器在没有外接反馈电阻的开环情况下，从两个输入端看进去的等效电阻。其值越大，集成运算放大器从外加信号源中所吸取的电流越小，对信号源的影响越小。其理想值为无穷大。

（3）开环输出电阻 r_o：是指集成运算放大器在没有外接反馈电阻的开环情况下的输出电阻。其值越小，集成运算放大器带负载能力越强，理想值为 0。

（4）共模抑制比 K_{CMR}：表示集成运算放大器对共模信号的抑制能力，用放大器的差模电压放大倍数与共模电压放大倍数之比的绝对值表示，也常用分贝值表示。其理想值为无穷大。

（5）最大输出电压 U_{OM}：是指在一定的电源电压下，集成运算放大器的最大不失真输出电压的峰—峰值。

（6）最大差模输入电压 $U_{id\max}$：是指集成运算放大器两输入端间所能承受的最大差模输入电压值。当输入电压超过此值时，差动放大将对某一三极管的发射结产生反向击穿，使运算放大器性能恶化，甚至损坏。

（7）最大共模输入电压U_{iomax}：当加在集成运算放大器输入端的共模电压超过一定值时，放大器失去抑制共模信号的能力，同时失去差模放大能力。

（8）输入失调电压U_{OS}：将输入电压为0时，不等于0的输出电压折算到运算放大器输入端的有效输入电压，称为输入失调电压。其值越小越好，一般为毫伏级，其理想值为0。由于输入失调电压的存在，运算放大器常需外接调零电位器。

（9）输入偏置电流I_B：是衡量差动输入的两个三极管输入电流绝对值大小的标志，定义为运算放大器在输出电压为0时，同相输入端和反相输入端的偏置电流的平均值，即

$$I_B = \frac{I_{B1} + I_{B2}}{2} \tag{8-1}$$

其值越小越好，以便在使用内阻不同的信号源时，运算放大器的静态工作点变化较小。其理想值为0。

（10）输入失调电流I_{OS}：衡量差动输入对三极管的输入电流不对称所造成的影响，定义为运放两个输入端的偏置电流之差的绝对值。此值越小，表明输入级的对称性越好。其理想值为0。

此外，还有电源电压E_C、静态功耗P_O、温度漂移、−3dB带宽、转换速率等参数。

8.1.3 理想运算放大器

1．理想运算放大器的电路符号

在分析运算放大器时，通常将它看成一个理想运算放大器。“理想”主要表现在以下几个方面：

（1）开环电压放大倍数$A_{uo} \to \infty$；

（2）差模输入电阻$r_{id} \to \infty$；

（3）开环输出电阻$r_o \to \infty$；

（4）共模抑制比$K_{CMR} \to \infty$。

图8-2所示是理想运算放大器的图形符号。它由两个输入端和一个输出端组成。图中“▷”表示放大器类；“∞”表示理想运算放大器，电压放大倍数为∞；标“−”号的是反相输入端，表示输出信号u_o与该端的输入信号u_-相位相反；标“+”号的是同相输入端，表示输出信号u_o与该端的输入信号u_+相位相同。

运算放大器的输入信号为

$$u_{id} = u_+ - u_- \tag{8-2}$$

2．集成运算放大器的电压传输特性

电压传输特性是表示集成运算放大器输出电压u_o与输入电压u_{id}（$u_{id} = u_+ - u_-$）之间关系的特性曲线，如图8-3所示。它可分为线性放大区和非线性放大区两部分。

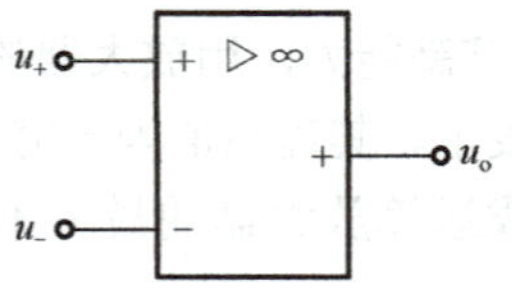

图8-2 理想运算放大器的图形符号

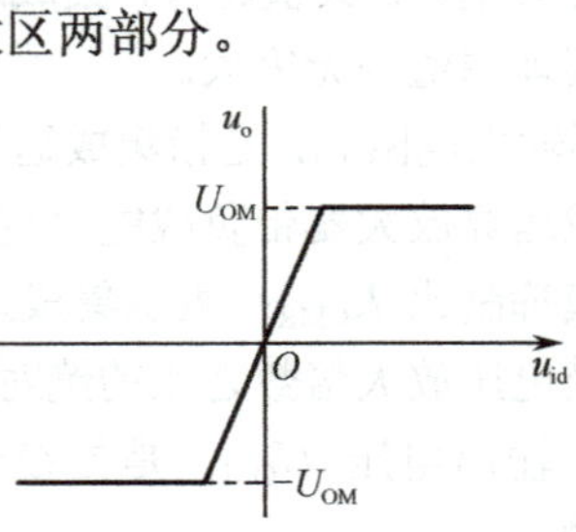

图8-3 集成运算放大器的电压传输特性曲线

在线性放大区，输出电压u_o与输入电压u_{id}成正比，即

$$u_o = A_{uo} u_{id} = A_{uo}(u_+ - u_-) \tag{8-3}$$

由于集成运算放大器的开环电压放大倍数 A_{uo} 很大，即使输入毫伏级以下的信号，也足以使输出电压饱和，即最大输出电压为 U_{OM} 或 $-U_{OM}$。所以，如果运算放大器工作在线性区，通常引入深度电压负反馈。

运算放大器工作在线性区时的分析依据有两条。

由于理想运算放大器的开环电压放大倍数 $A_{uo}\to\infty$，而输出电压受电源电压的限制，是一个有限值（最大不超过 U_{OM}），则运算放大器的两输入端的电压差近似为 0，即 $u_+=u_-$，两个输入端的对地电位基本相等。电位差趋近于 0，就像短路一样，称为虚假短路，简称“虚短”。

理想运算放大器的输入电阻 $r_{id}\to\infty$，而运算放大器的输入电压总是有限的，这使得集成运算放大器的两个输入端几乎不取用电流，即 $i_+=i_-=0$，集成运算放大器的输入电流可忽略不计。这时运算放大器的两个输入端就像断开一样，称为虚假断开，简称“虚断”。

当集成运算放大器的工作范围超出线性放大区时，输出电压和输入电压之间不再满足式(8-3)，此时，也有两条结论成立。

由于 A_{uo} 很大，（u_+-u_-）稍有变化，输出电压即达到正向饱和电压 U_{OM} 或负向饱和电压 $-U_{OM}$，在数值上它们分别接近于运算放大器的正负电源电压。表达式为

$$u_+>u_-,\quad u_o=U_{OM} \tag{8-4}$$

$$u_+<u_-,\quad u_o=-U_{OM} \tag{8-5}$$

由于理想运算放大器的差模输入电阻 $r_{id}=\infty$，因此，虽然 $u_+\neq u_-$，输入电流仍然为 0（$i_+=i_-=0$），即“虚断”现象依然存在。

总之，在分析集成运算放大器的应用电路时，首先将集成运算放大器当成理想运算放大器；然后判断集成运算放大器是工作在线性放大区还是工作在非线性放大区。在此基础上再分析具体电路的工作原理，其他问题也就迎刃而解了。

8.2 放大电路中的负反馈

8.2.1 反馈的基本概念

1．反馈的定义

反馈就是将放大电路的输出信号（电压或电流）的一部分或全部，通过一定的反馈电路返回到输入端，对原输入端产生影响的过程，反馈放大电路的组成如图 8-4 所示。

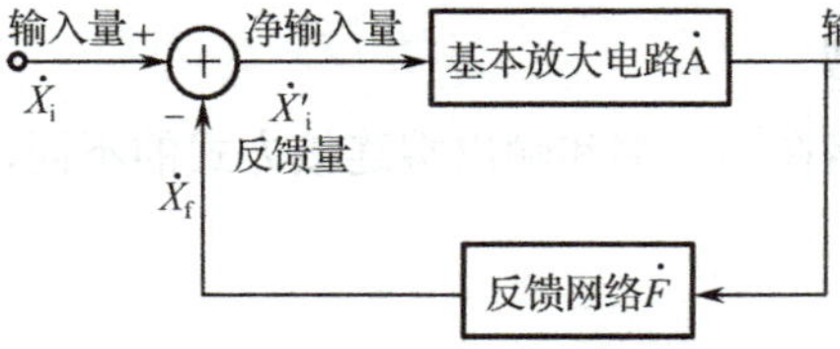

图 8-4 反馈放大电路的组成

反馈信号增强输入信号的反馈称为正反馈，削弱输入信号的反馈称为负反馈。在放大电路中，已经广泛地通过引入负反馈来改善放大器的性能。

反馈放大电路的分类如下：

若反馈信号中只有直流成分，则称为直流反馈；若反馈信号中只有交流成分，则称为交流反馈。直流反馈一般用于稳定静态工作点，交流反馈一般用于改善放大电路的性能，本节重点研究交流反馈。

若反馈信号取自输出电压，则称为电压反馈；若反馈信号取自输出电流，则称为电流反馈。

若反馈信号与输入信号在输入回路中相串联，则称为串联反馈，相并联则称为并联反馈。

2．正、负反馈的判别

判断反馈极性采用的方法是“瞬时极性法”。先任意设定输入信号的瞬时极性，然后根据输入与输出信号的相位关系，确定输出信号的极性，再根据输出信号的极性判断反馈信号的极性。若反馈信号使净输入信号增加，则为正反馈；若反馈信号使净输入信号减小，则为负反馈。

三极管与集成运算放大器的瞬时极性如图 8-5 所示，三极管的基极和集电极的瞬时极性相反；集成运算放大器的同相输入端与输出端的瞬时极性相同，反相输入端与输出端的瞬时极性相反。

在图 8-6 所示的放大电路中，R_F 跨接在输出和反相输入端之间，故将输出电压反送回输入端而引入反馈。若设输入信号的瞬时极性为正（以“⊕”标记），则输出信号的瞬时极性为负（以“⊖”标记），经 R_F 反送回输入端，反馈信号的瞬时极性为负，即与输入信号的瞬时极性相反。这说明，输入信号使反相输入端电位瞬时升高，但由于反馈，反相输入端电位的瞬时降低，即反馈信号削弱了输入信号的作用，故可判定为负反馈。

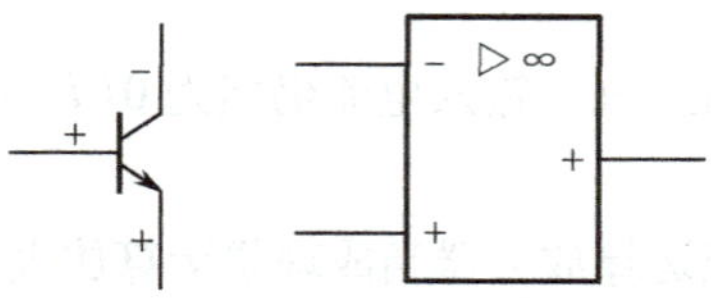

图 8-5　三极管与集成运算放大器的瞬时极性

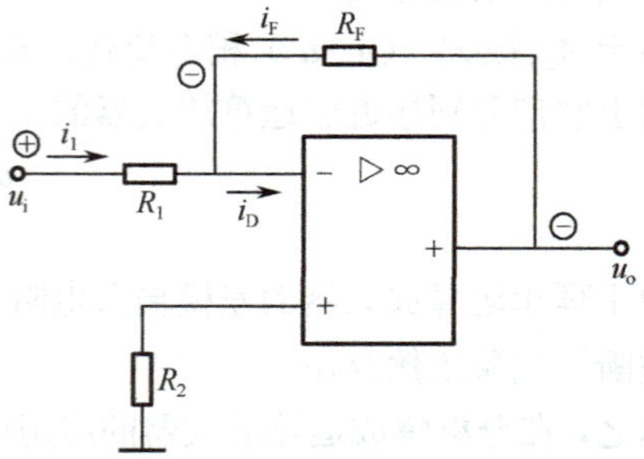

图 8-6　集成运算放大器反馈举例

3．电压、电流反馈的判别

电压反馈和电流反馈可以根据采样的方式进行判别，通常是将被采样的一级放大器的输出端交流短路（即令 u_o=0），若反馈作用消失，则为电压反馈，否则为电流反馈。

4．串、并联反馈的判别

串联反馈和并联反馈可以根据电路结构确定：当反馈信号和输入信号接在放大器的同一点（另一点往往是接地点）时，一般可判定为并联反馈；而接在放大器的不同点时，一般可判定为串联反馈。

8.2.2　负反馈的四种类型

根据反馈电路与基本放大电路在输入端和输出端连接方式的不同，负反馈可分为以下四种类型。

1．串联电压负反馈

在图 8-7 所示的电路中，将输出端交流短路，使输出电压 u_o 为 0，则电阻 R_2 接地，与电阻 R_1 并联，反馈作用消失，故可判定为电压反馈。输入信号接在集成运算放大器的同相输入端和地之间，反馈信号反馈到集成运算放大器的反相输入端和地之间，不在同一点，故可判定为串联反馈。按照瞬时极性法，当输入电压 u_i 的瞬时极性为⊕时，经运算放大器同相放大后的输出电压 u_o 为⊕，反馈到运算放大器反向输入端的反馈电压极性也为⊕，净输入电压 u_D 与没有反馈时相比被削弱了，因而可判定为负反馈。综上所述，图 8-7 所示的电路引入了串联电压负反馈。

2．并联电压负反馈

在图 8-8 所示的电路中，将输出端交流短路，使输出电压 u_o 为 0，则电阻 R_2 接地，与电阻 R_1 并联，反馈作用消失，故可判定为电压反馈。输入信号接在集成运算放大器的反相输入端和地之间，反馈信号反馈到集成运算放大器的反相输入端和地之间，在同一点，故可判定为并联反馈。按照瞬时极性法，当输入电压 u_i 的瞬时极性为⊕时，经运算放大器反相放大后的输出电压 u_o 为⊖，反馈到运算放大器反向输入端的反馈电压极性也为⊖，即与输入信号的瞬时极性相反，故可判定为负反馈。综上所述，图 8-8 所示的电路引入了并联电压负反馈。

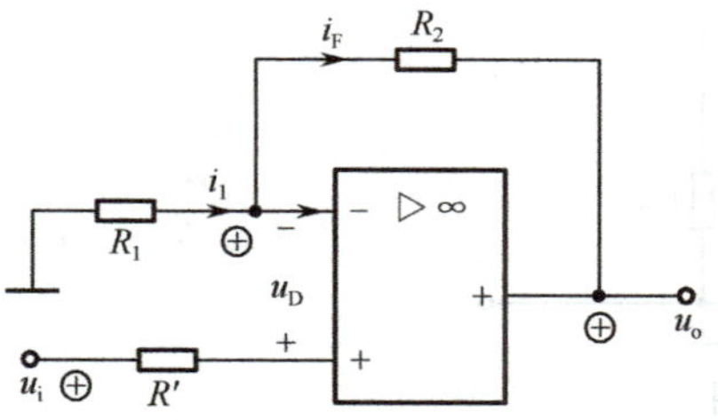

图 8-7　串联电压负反馈

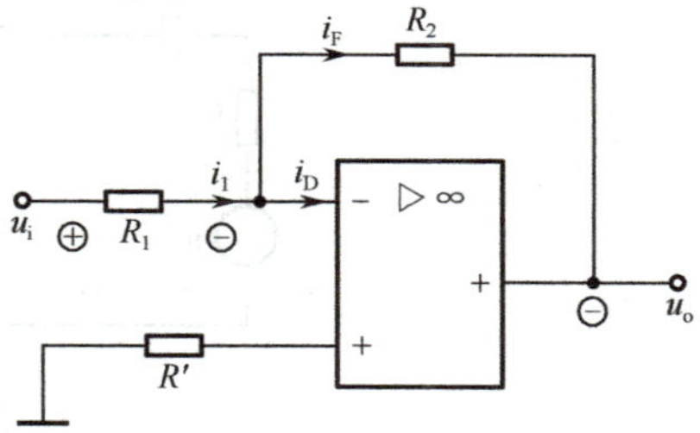

图 8-8　并联电压负反馈

3. 串联电流负反馈

在图 8-9 所示的电路中，将负载 R_L 短路，这时仍有电流流过电阻 R_F，产生反馈电压 u_F，所以可判定为电流反馈。输入信号接在集成运算放大器的同相输入端和地之间，而反馈信号反馈到集成运算放大器的反相输入端和地之间，不在同一点，故可判定为串联反馈。按照瞬时极性法，当输入电压 u_i 的瞬时极性为⊕时，经运算放大器同相放大后的输出电压 u_o 为⊕，反馈到运算放大器反向输入端的反馈电压极性也为⊕，净输入信号 u_D 被削弱了，故可判定为负反馈。综上所述，图 8-9 所示的电路引入了串联电流负反馈。

4. 并联电流负反馈

在图 8-10 所示电路中，将负载 R_L 短路，这时仍有电流流过电阻 R_1，产生反馈电压 u_F，所以可判定为电流反馈。输入信号接在集成运算放大器的反相输入端和地之间，反馈信号反馈到集成运算放大器的反相输入端和地之间，在同一点，故可判定为并联反馈。按照瞬时极性法，当输入电压 u_i 的瞬时极性为⊕时，经运算放大器反相放大后的输出电压 u_o 为⊖，u 也为⊖，导致反馈电流 i_F 增大，净输入信号 i_D 被削弱了，故可判定为负反馈。综上所述，图 8-10 所示的电路引入了并联电流负反馈。

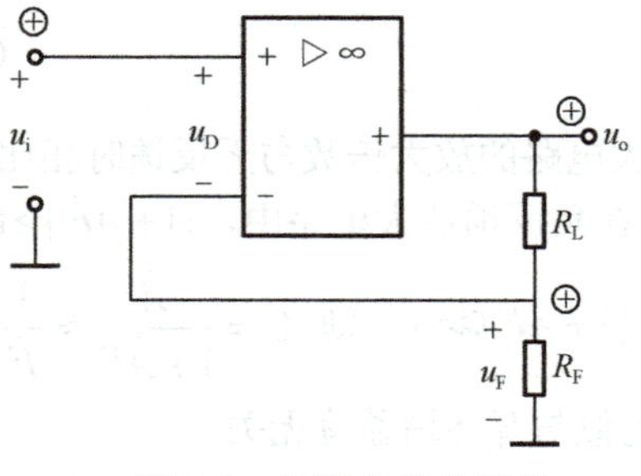

图 8-9　串联电流负反馈

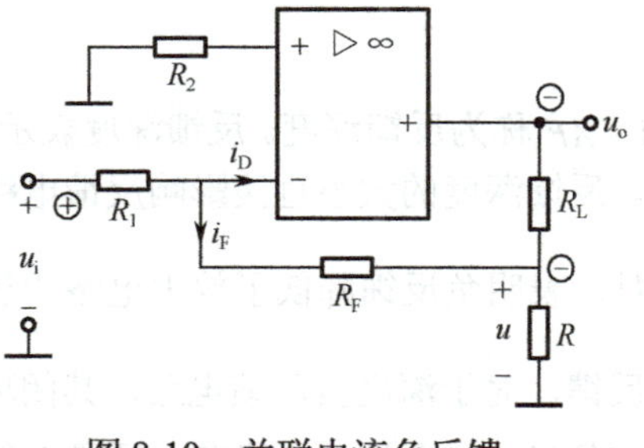

图 8-10　并联电流负反馈

【例 8-1】 在图 8-11 所示的放大电路中，判别级间反馈类型。

解： 将输出端短路，反馈消失，故为电压反馈；反馈信号与输入信号分别作用于三极管的不同输入端（VT_1 的发射极和基极），故为串联反馈；由瞬时极性法，设 VT_1 的基极极性为⊕，则在反馈作用下，发射极极性为⊕，削弱了净输入电压，是负反馈。所以此电路引入了串联电压负反馈。

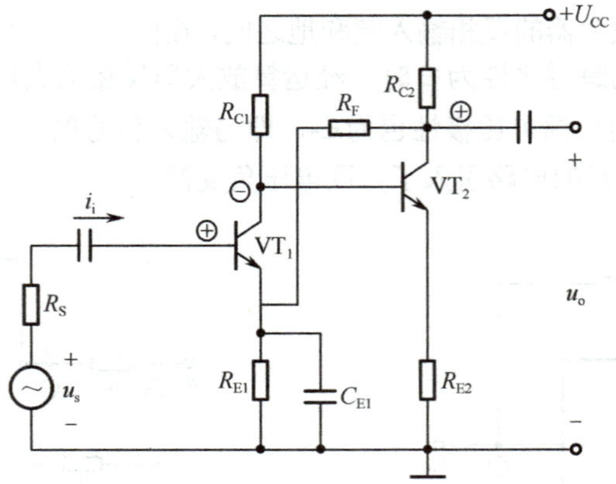

图 8-11　例 8-1 图

8.2.3　负反馈对放大电路性能的影响

1．降低电压放大倍数，提高稳定性

在图 8-4 所示的反馈放大电路的组成中，未引入反馈时的电压放大倍数，称为开环放大倍数，即

$$\dot{A}=\frac{\dot{X}_o}{\dot{X}_i'} \tag{8-6}$$

F 为反馈网络的反馈系数，即

$$\dot{F}=\frac{\dot{X}_f}{\dot{X}_o} \tag{8-7}$$

$\dot{X}_i'$ 是净输入信号，当引入反馈时其大小为

$$\dot{X}_i'=\dot{X}_i-\dot{X}_f \tag{8-8}$$

引入负反馈后整个电路的电压放大倍数称为闭环电压放大倍数 $\dot{A}_f$，即

$$\dot{A}_f=\frac{\dot{X}_o}{\dot{X}_i} \tag{8-9}$$

将式（8-6）、式（8-7）、式（8-8）代入式（8-9）中可得

$$\dot{A}_f=\frac{\dot{A}}{1+\dot{A}\dot{F}} \tag{8-10}$$

式中，$1+\dot{A}\dot{F}$ 称为反馈深度。反馈深度表示引入反馈后放大电路的放大倍数与无反馈时相比所变化的倍数。反馈深度的大小直接影响反馈电路的工作状态。在负反馈放大电路中，$|1+\dot{A}\dot{F}|>1$，所以 $|A_f|<|A|$，表明负反馈降低了放大电路的放大倍数。如果 $|1+\dot{A}\dot{F}|\gg 1$，则 $\dot{A}_f=\dfrac{\dot{A}}{1+\dot{A}\dot{F}}\approx\dfrac{1}{\dot{F}}$，称为深度负反馈。对于深度负反馈电路，其闭环放大倍数 $\dot{A}_f$ 近似与开环增益 $\dot{A}$ 无关。

为方便讨论，设放大电路在中频段工作，反馈网络仅由电阻组成，式（8-10）中的 $\dot{A}$、$\dot{F}$ 及 $\dot{A}_f$ 均为实数，即

$$A_f=\frac{A}{1+AF} \tag{8-11}$$

两边对 A 求导数：

$$\frac{dA_f}{A_f}=\frac{1}{1+AF}\cdot\frac{dA}{A} \tag{8-12}$$

此时 $\frac{dA_f}{A_f}$ 称为闭环放大倍数的相对变化率，$\frac{dA}{A}$ 称为开环放大倍数的相对变化率，对于负反馈放大器，$1+AF>1$，所以 $\frac{dA_f}{A_f}<\frac{dA}{A}$。上述结果表明，由于外界因素的影响，开环放大倍数 A 有一个较大的相对变化率 $\frac{dA}{A}$ 时，由于引入了负反馈，闭环放大倍数的相对变化率 $\frac{dA_f}{A_f}$ 只有开环放大倍数相对变化率的（$1+AF$）分之一，即闭环放大倍数的稳定性优于开环放大倍数。

在深度负反馈的条件下，即 $1+AF>>1$ 时，可得

$$A_f=\frac{1}{1+AF}\approx\frac{1}{F} \tag{8-13}$$

式（8-13）表明，深度负反馈时的闭环放大倍数仅取决于反馈系数 F。通常反馈网络仅由电阻构成，反馈系数 F 十分稳定。所以，闭环放大倍数必然是相当稳定的，诸如温度变化、参数改变、电源电压波动等明显影响开环放大倍数的因素，都不会对闭环放大倍数产生很大影响。

2．减小非线性失真

在放大电路中，由于输入信号幅度较大时，会产生非线性失真，引入负反馈后，可以使非线性失真的情况得到改善。通过图 8-12 可以进行定性说明，设输入信号 X_i 为正弦波，无反馈时的输出信号 X_o 产生了正半周大负半周小的非线性失真，如图 8-12（a）所示。引入负反馈后，将这种失真了的信号经反馈网络送回输入端，与输入信号反相叠加，得到正半周大负半周小的差值信号 X_d，这样，正好弥补了放大器的缺陷，使输出信号比较接近于正弦波，如图 8-12（b）所示。

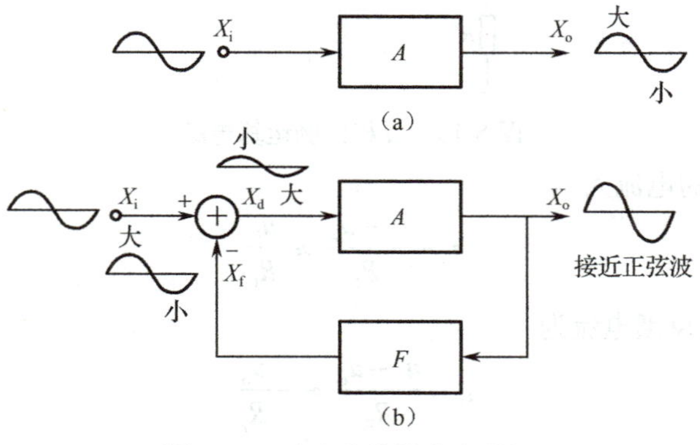

图 8-12　减小非线性失真举例

3．展宽通频带

由于电路总电容的影响，阻容耦合放大器的放大倍数，在高频段和低频段都要下降。引入负反馈可以减小各种因素（当然也包括这些电容）的影响，使放大倍数在比较宽的频段上趋于稳定，即展宽了通频带。

4．对输入和输出电阻的影响

负反馈对输入电阻的影响取决于输入端的反馈类型，而与输出端的取样方式无关。在串联反馈中，由于反馈电压和输入电压反极性串联叠加，输入电流减小，故输入电阻增大；在并联反馈中，由于反馈电流和净输入电流并联，输入电流增加，故输入电阻减小。

引入负反馈后，对输出电阻的影响取决于输出端的取样方式，而与输入端的反馈类型无关。电压反馈使输出电压趋于稳定，使其受负载变动的影响减小，即使得放大器的输出特性接近理想电压源特性，故输出电阻减小；电流反馈使输出电流趋于稳定，使其受负载变动的影响减小，即使得放大器的输出特性接近理想电流源特性，故输出电阻增大。

8.3 集成运算放大器的线性应用

集成运算放大器与外部电阻、电容、半导体器件等构成闭环电路后，能对各种模拟信号进行比例、加法、减法、微分、积分等运算。

8.3.1 比例运算电路

输出电压与输入电压成比例的运算电路称为比例运算电路。根据输入信号接法的不同，比例运算电路有两种基本形式：反相比例运算电路和同相比例运算电路。

1．反相比例运算电路

如图 8-13 所示，将输入信号加入反相输入端的比例运算电路称为反相比例运算电路。此时输入信号 u_i 经电阻 R_1 加到反相输入端，输出信号 u_o 与输入信号 u_i 反相，反馈电阻 R_F 跨接于输出端和反相输入端之间，把输出电压反馈到输入端，同相输入端经电阻 R' 接地。利用“虚短”和“虚短”分析可知，反相输入端的电位和地的电位相等，即等于 0，但又不是真正接地，通常这种情况称为“虚地”，即 $u_-= u_+=0$。

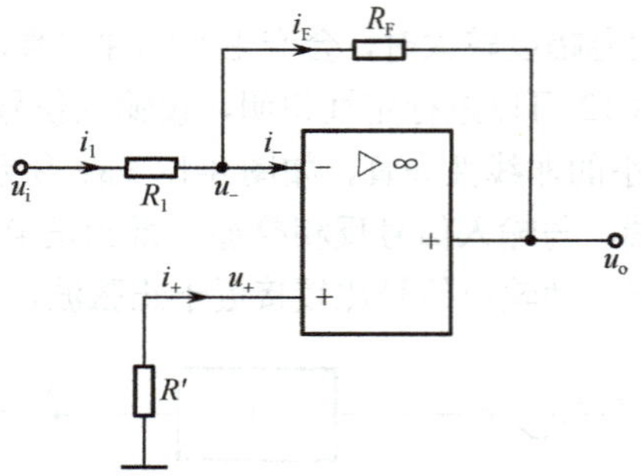

图 8-13 反相比例运算电路

此时，反相输入端的电流为

$$i_-=\frac{u_i-u_-}{R_1}\approx\frac{u_i}{R_1}$$

反馈电阻 R_F 流过的反馈电流为

$$i_F=\frac{u_--u_o}{R_F}\approx-\frac{u_o}{R_F}$$

由“虚短”可知，$i_-=0$，所以

$$i_1=i_F$$

即

$$\frac{u_i}{R_1}=-\frac{u_o}{R_F}$$

得

$$A_{uf}=\frac{u_o}{u_i}=-\frac{R_F}{R_1} \tag{8-14}$$

式中的负号说明 u_o 与 u_i 相位相反，A_{uf} 的大小仅仅取决于外接电阻 R_F 与 R_1 比值，而与集成运算放大器本身的参数无关。该电路称为反相比例运算电路。

在图 8-13 中，R' 是一个平衡电阻，$R'=R_1//R_F$，其作用是消除静态基极电流对输出电压的影响，以保证运算放大器的输入级差分放大电路的对称性。

在反相比例放大电路中，若电阻 $R_1=R_F$，则 $A_{uf}=-1$。此时输入电压与输出电压大小相等、方向相反，这时的反相比例运算电路称为反相器或反号器。

2. 同相比例运算电路

在图 8-14 中，把待运算的输入信号加到集成运算放大器的同相输入端，反相输入端接地，称为同相比例运算电路。

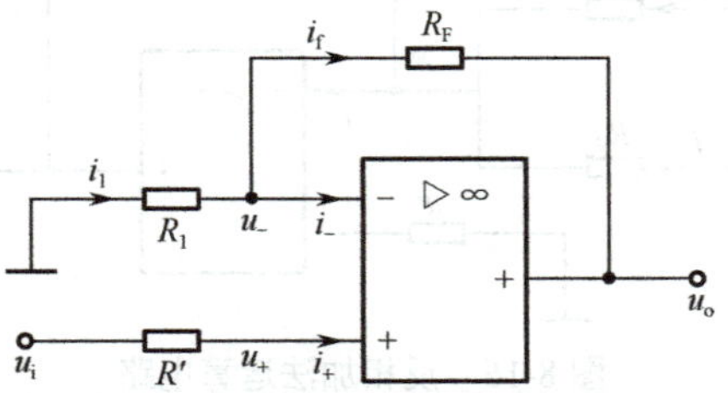

图 8-14　同相比例运算电路

因为 $i_-=0$，所以 $i_1=i_F$；因为 $i_+=0$，所以 $u_i=u_+=u_-$。

由于

$$i_1=\frac{0-u_-}{R_1}=\frac{0-u_i}{R_1}$$

$$i_F=\frac{u_--u_o}{R_F}=\frac{u_i-u_0}{R_F}$$

因此

$$A_{uf}=\frac{u_o}{u_i}=1+\frac{R_F}{R_1} \tag{8-15}$$

上式说明：u_o 和 u_i 同相，同相比例运算电路的输入输出电压函数关系只取决于外接电阻 R_1 和 R_F 的比值，与集成运算放大器本身的参数无关。为了保证差动输入级的动态平衡，外接电阻也应满足 $R'=R_1//R_F$ 的关系。

当 $R_1=\infty$时，同相比例运算电路的 $u_o=u_i$。即此时输出电压与输入电压大小相等、相位相同，u_o 跟随 u_i 变化，这时的同相比例运算电路称为电压跟随器或同号器，如图 8-15 所示。它和由分立元件组成的射极跟随器相比，具有更优良的性能：跟随效果更好，电压放大倍数更接近于 1，输入电阻更高，输出电阻更低，因而获得了广泛的应用。

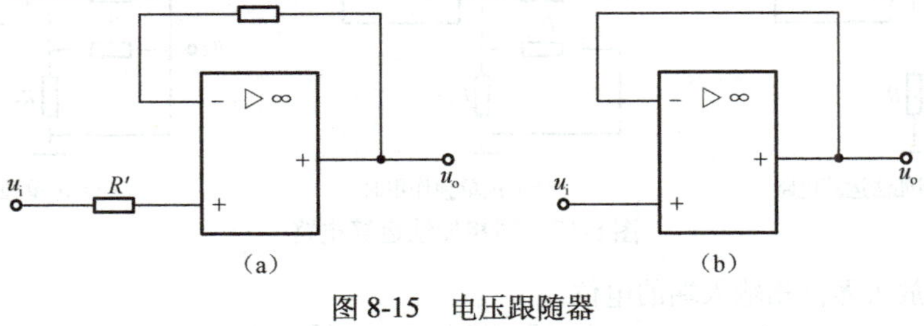

图 8-15　电压跟随器

8.3.2　加法运算电路

1. 反相加法运算电路

在反相比例运算电路的基础上，增加一个输入支路，就构成反相加法运算电路，如图 8-16 所示。由于反相输入端为“虚地”点，所以 $u_+=u_-=0$；因为 $i_-=0$，所以 $i_{i1}+i_{i2}=i_F$。

由于 $i_{i1}=\dfrac{u_{i1}}{R_{i1}}$，$i_{i2}=\dfrac{u_{i2}}{R_{i2}}$，$i_F=\dfrac{u_--u_o}{R_F}=-\dfrac{u_o}{R_F}$，所以

$$u_o=-\left(\frac{R_F}{R_{i1}}u_{i1}+\frac{R_F}{R_{i2}}u_{i2}\right) \tag{8-16}$$

上式表明；该电路的输出电压等于各输入电压按照不同比例相加的加权代数和，这个电路可以推广到任意多个信号的求和运算。

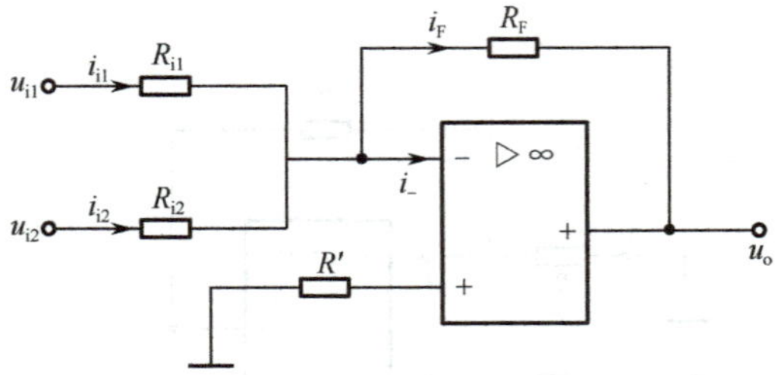

图 8-16　反相加法运算电路

平衡电阻 R' 的作用与反相比例放大电路一样，$R'=R_{i1}//R_{i2}//R_F$。

当 $R_{i1}=R_{i2}=R_f$ 时，$u_o=-(u_{i1}+u_{i2})$，即此时输出电压的大小正比于各输入电压的代数和。

2. 同相加法运算电路

在同相比例运算电路的基础上，增加一个输入支路，构成同相加法运算电路，如图 8-17（a）所示。

对于同相输入端的电位 u_+，可用叠加定理求得：

当 u_{i1} 单独作用时，电路如图 8-17（b）所示，集成运算放大器同相输入端电位 u'_+ 为

$$u'_+=\frac{(R_{12}//R_2)u_{i1}}{R_{11}+(R_{12}//R_2)}$$

当 u_{i2} 单独作用时，电路如图 8-17（c）所示，集成运算放大器同相输入端电位 u''_+ 为

$$u''_+=\frac{(R_{11}//R_2)u_{i2}}{R_{12}+(R_{11}//R_2)}$$

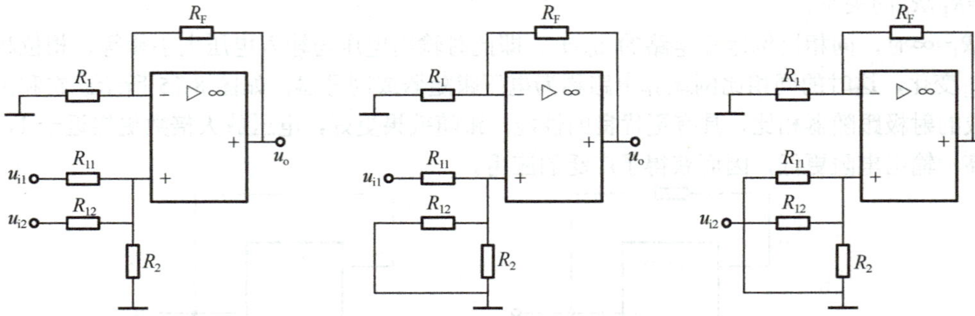

（a）同相加法运算电路　（b）u_{i1}单独作用时　（c）u_{i2}单独作用时

图 8-17　同相加法运算电路

因此，运算放大器同相输入端的电位

$$u_+=u'_++u''_+=\frac{(R_{12}//R_2)u_{i1}}{R_{11}+(R_{12}//R_2)}+\frac{(R_{11}//R_2)u_{i2}}{R_{12}+(R_{11}//R_2)}$$

由式（8-15）可知

$$u_o=\left(1+\frac{R_F}{R_1}\right)u_+$$

即

$$u_o=\left(1+\frac{R_F}{R_1}\right)\left[\frac{(R_{12}//R_2)u_{i1}}{R_{11}+(R_{12}//R_2)}+\frac{(R_{11}//R_2)u_{i2}}{R_{12}+(R_{11}//R_2)}\right] \tag{8-17}$$

式（8-15）表明，输出电压与若干输入电压之和成正比例关系，输出电压与输入电压相位相同。

8.3.3 减法运算电路

图 8-18 是用来实现两个电压 u_{i1}、u_{i2} 相减的电路，它的两个输入端都有信号输入。u_{i1} 通过 R_1 接至运算放大器的反相输入端，u_{i2} 通过电阻 R_2、R_3 分压后接至同相输入端，从结构上看，它是反相输入和同相输入结合的放大电路。

对反相输入端的节点，列写 KCL 方程：

$$\frac{u_{i1}-u_{-}}{R_1}=\frac{u_{-}-u_{o}}{R_F} \tag{8-18}$$

根据“虚短”和分压公式，得

$$u_{-}=u_{+}=\frac{R_3}{R_2+R_3}u_{i2} \tag{8-19}$$

将式（8-19）代入式（8-20）中，得

$$u_o=\left(1+\frac{R_F}{R_1}\right)\frac{R_3}{R_2+R_3}u_{i2}-\frac{R_F}{R_1}u_{i1} \tag{8-20}$$

当 $R_2=R_1$ 和 $R_3=R_F$ 时，式（8-20）为

$$u_o=-\frac{R_F}{R_1}(u_{i1}-u_{i2}) \tag{8-21}$$

由式（8-21）可知，输出电压与输入电压的差值成正比，实现了差分比例运算。

【例 8-2】 使用两个运算放大器构成的减法运算电路如图 8-19 所示，试求出输出电压与输入电压的运算关系。

解：A_1 构成同相比例运算电路，因而有

$$u_{o1}=\left(1+\frac{R_3}{R_1}\right)u_{i1}$$

利用叠加定理可得 A_2 的输出电压为

$$u_o=\left(1+\frac{R_1}{R_3}\right)u_{i2}-\frac{R_1}{R_3}u_{o1}$$

将 u_{o1} 代入 u_o 的表达式中，即可得到图 8-19 所示的电路的运算关系式

$$u_o=\left(1+\frac{R_1}{R_3}\right)u_{i2}-\frac{R_1}{R_3}\left(1+\frac{R_3}{R_1}\right)u_{i1}=\left(1+\frac{R_1}{R_3}\right)(u_{i2}-u_{i1})$$

可见电路输出电压与两输入电压之差成正比。

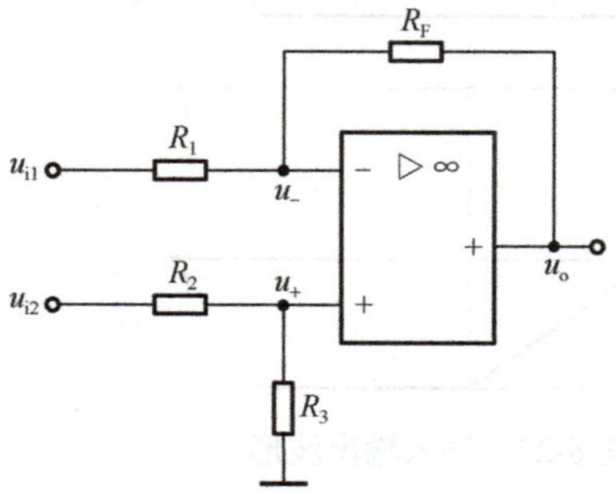

图 8-18　减法运算电路

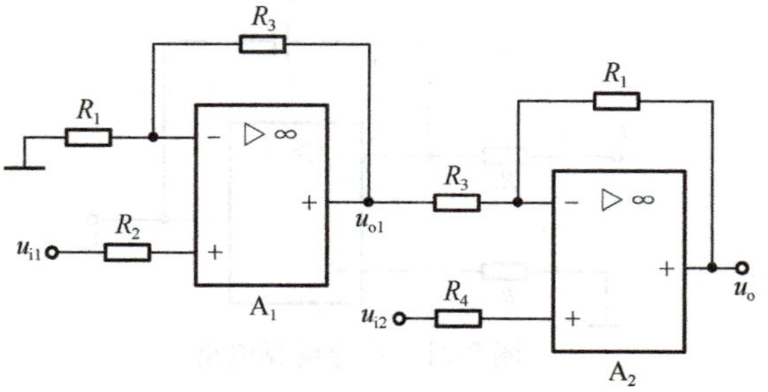

图 8-19　例 8-2 电路图

【例 8-3】 求图 8-20 所示的运算电路的运算关系。

解：利用叠加定理进行求解。先令 $u_{i3}=0$，此时电路相当于一个反相加法运算电路，此时输出电压 u_{o1} 为

$$u_{o1}=-\left(\frac{R_F}{R_{i1}}u_{i1}+\frac{R_F}{R_{i2}}u_{i2}\right)=-6u_{i1}-1.5u_{i2}$$

再令 $u_{i1}=u_{i2}=0$，此时电路相当于一个同相比例运算电路，可得输出电压 u_{o2} 为

$$u_{o2}=\left(1+\frac{R_F}{R_1//R_2}\right)\frac{R_4}{R_3+R_4}u_{i3}=6u_{i3}$$

总的输出电压与输入电压之间的运算关系

$$u_o=u_{o1}+u_{o2}=-6u_{i1}-1.5u_{i2}+6u_{i3}$$

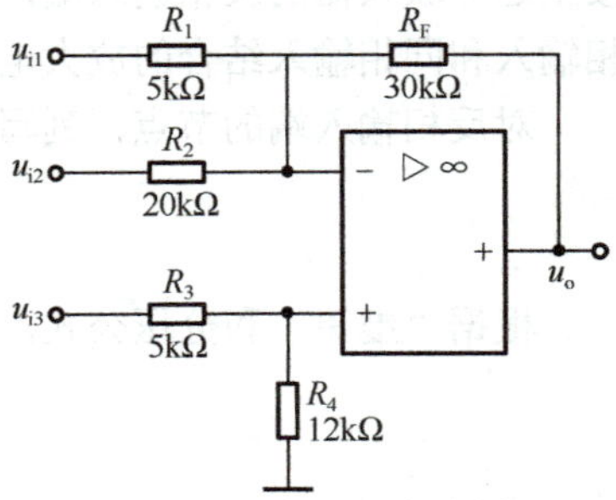

图 8-20　例 8-3 电路图

8.3.4　积分运算电路

在反向比例运算电路中，用电容 C_F 代替 R_F，该电路就变成了积分运算电路，如图 8-21 所示。

由于反相输入端为“虚地”点，所以 $i_1=\frac{u_i}{R_1}$，$i_-=0$，再根据电容元件的伏安关系，得出流经电容 C_F 的电流为

$$i_1=i_F=-C_F\frac{\mathrm{d}u_o}{\mathrm{d}t}$$

即

$$\frac{u_i}{R_1}=-C_F\frac{\mathrm{d}u_o}{\mathrm{d}t}$$

则

$$u_o=-\frac{1}{R_1C_F}\int u_i\mathrm{d}t \tag{8-22}$$

上式表明：输出电压与输入电压对时间的积分成正比，式中的负号表示两者相位相反。R_1C_F 称为积分时间常数，它的数值越大，输出电压 u_o 达到某一值所需的时间就越长。

如果 u_i 为正向阶跃电压 U，则上式可写成

$$u_o=-\frac{U}{R_1C_F}t \tag{8-23}$$

可见此时输出电压 u_o 随时间 t 按线性规律变化，输入输出波形如图 8-22 所示，最大输出电压可达 $\pm U_{OM}$。

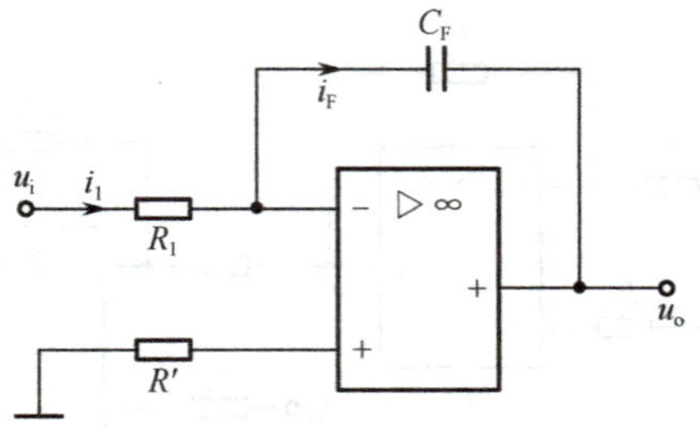

图 8-21　积分运算电路

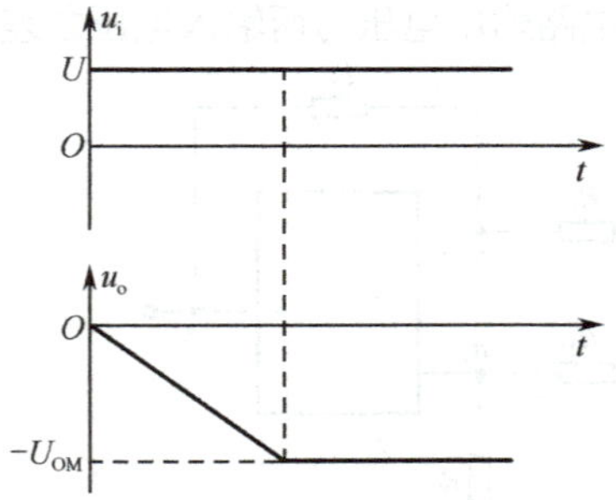

图 8-22　输入输出波形

【例 8-4】 积分运算电路如图 8-21 所示。已知 $R_1=200\text{k}\Omega$，$C_F=10\mu\text{F}$，集成运算放大器的最大输出电压 $U_{OM}=12\text{V}$，$u_i=-6\text{V}$。求时间 t 分别是 2s、4s、6s 时输出电压 u_o 的值。

解： $u_o=-\frac{U}{R_1C_F}t=3t$，则 t=2s 时，$u_o=6\text{V}$；t=4s 时，$u_o=12\text{V}$；t=6s 时，由于 2s 时 u_o 已经达到最大值，超过 2s 后输出电压不再变化，故 $u_o=12\text{V}$。

8.3.5 微分运算电路

将积分电路中的电阻和电容的位置互换，即成为微分运算电路，如图 8-23 所示。由于反相输入端为“虚地”点，输入电压 u_i 几乎全部加在电容 C 上，根据电容元件的伏安关系，有 $i_C = C\dfrac{du_i}{dt}$

因为 $i_- = 0$，所以 $i_C = i_F$，则

$$u_o = -i_F R_F = -R_F C\frac{du_i}{dt} \tag{8-24}$$

从式（8-24）中可以看到：该电路的输出电压正比于输入电压对时间的微分，可以用来对输入信号进行微分运算。$R_F C$ 称为微分时间常数。

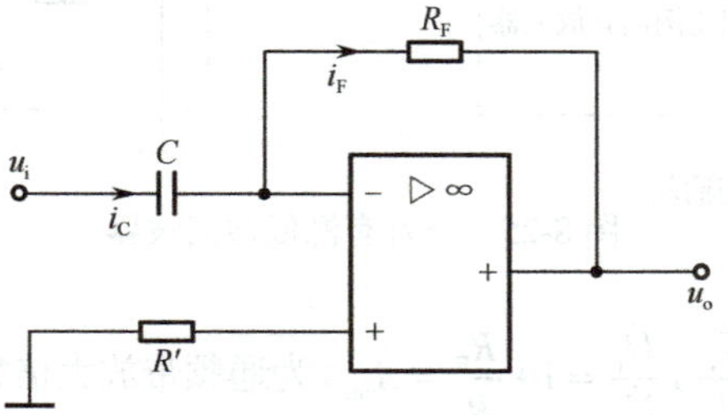

图 8-23 微分运算电路

8.3.6 有源滤波器

1．滤波电路及其种类

滤波器可以实现选频，对于所选定的频率范围内的信号，它的衰减作用较小，能使其顺利通过；而对于频率超出此范围的信号，它的衰减作用较大，使其不易通过。

通常滤波器分为低通、高通、带通和带阻四种，如图 8-24 所示。仅由无源元件电阻、电容构成的滤波器称为无源滤波器。无源滤波器的带负载能力较差。由无源元件电阻、电容和放大器构成的滤波器称为有源滤波器，其中放大器广泛采用带有深度负反馈的集成运算放大器。集成运算放大器高输入阻抗、低输出阻抗的特性，使滤波器的输出和输入之间实现良好的隔离，便于级联，以构成滤波特性好或对频率特性有特殊要求的滤波器。

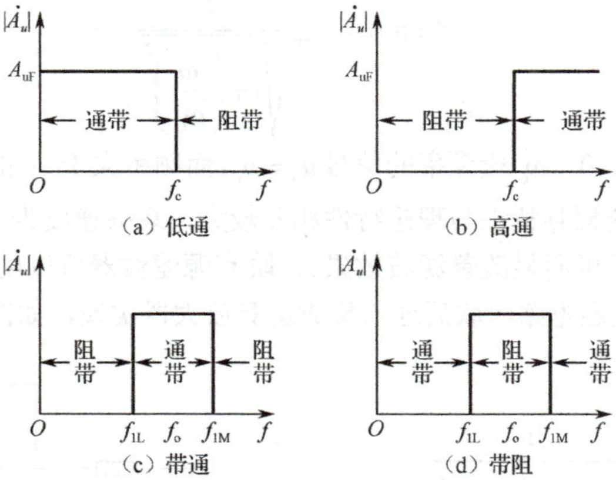

图 8-24 滤波器的频率特性

2．有源低通滤波电路（LPF）

一阶有源低通滤波器可以分为同相输入和反相输入两种电路形式，如图 8-25 所示。有源滤波器中加入了深度负反馈，使运算放大器工作在线性状态，虚断、虚短和虚地的原则及其分析方法均适用。为了方便起见，在推导滤波器的频率特性时，假设输入、输出信号为正弦稳态信号，电压、

电流用相量形式表示，电容用复数阻抗表示。根据电路结构即可列出滤波器的频率响应表达式。注意，导出的频率特性是有源滤波器本身的特性，只与电路结构和参数有关，与输入、输出信号的形式、种类无关。

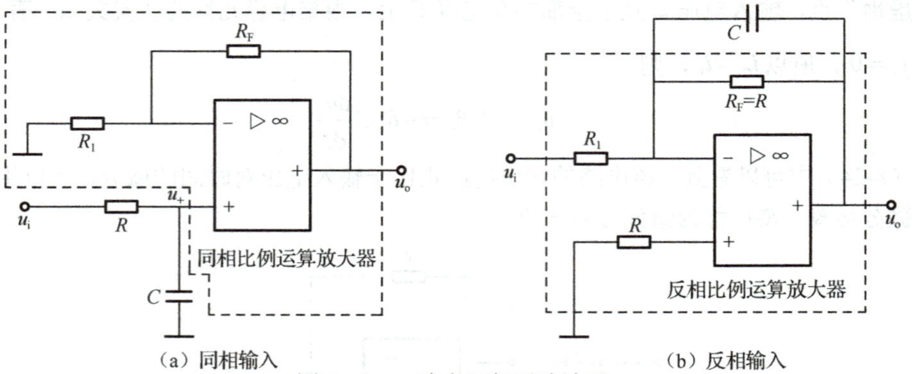

图 8-25　一阶有源低通滤波器

因为 $A_u(\mathrm{j}\omega)=\dfrac{\dot{U}_o}{\dot{U}_i}=\dfrac{\dot{U}_o}{\dot{U}_+}\times\dfrac{\dot{U}_+}{\dot{U}_i}$，$\dfrac{\dot{U}_o}{\dot{U}_+}=1+\dfrac{R_F}{R_i}=A_{um}$，为通频带放大倍数，$\dfrac{\dot{U}_+}{\dot{U}_i}=\dfrac{\dfrac{1}{\mathrm{j}\omega C}}{R+\dfrac{1}{\mathrm{j}\omega C}}=\dfrac{1}{1+\mathrm{j}\omega RC}$。

设 $\omega_C=\dfrac{1}{RC}$ 为截止角频率，则

$$\frac{\dot{U}_+}{\dot{U}_i}=\frac{1}{1+\mathrm{j}\dfrac{\omega}{\omega_C}}$$

得

$$A_u(\mathrm{j}\omega)=A_{um}\frac{1}{1+\mathrm{j}\dfrac{\omega}{\omega_C}} \tag{8-25}$$

所以幅频特性

$$A_u(\mathrm{j}\omega)=A_{um}\frac{1}{\sqrt{1+\left(\dfrac{\omega}{\omega_C}\right)^2}} \tag{8-26}$$

为低通特性。如图 8-26 所示，0～ω_C 段频率的信号 $u_o=u_i$，而频率大于 ω_C 的信号被阻止，其中 $u_o\approx0$。

一阶有源低通滤波器的幅频特性与理想特性相差较大，衰减速度为倍频，滤波效果不够理想，采用二阶有源或高阶滤波器可明显改善滤波效果。二阶有源滤波器可以用两个一阶有源滤波器级联实现，也可以用两级 RC 低通电路串联后连入集成运算放大器实现，如图 8-27 所示。

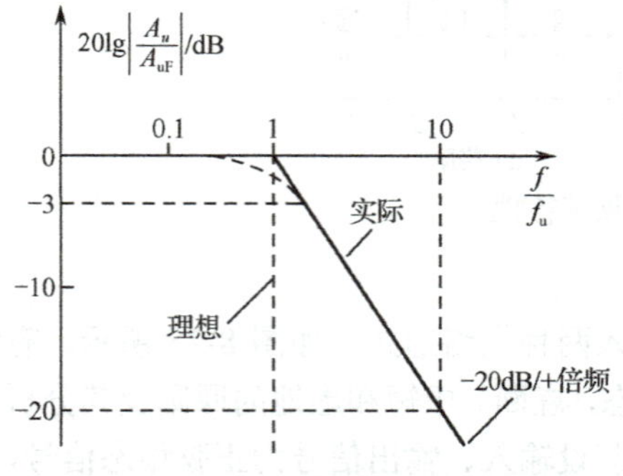

图 8-26　一阶有源低通滤波器的幅频特性

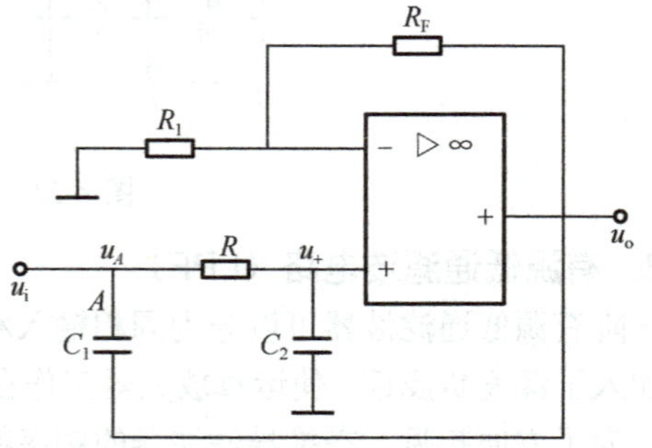

图 8-27　二阶有源滤波器

8.4 集成运算放大器的非线性应用

8.4.1 电压比较器

电压比较器是用来比较两个输入电压大小的电路，它将一个模拟电压信号和一个参考固定电压相比较，在二者幅度相等的附近，输出电压将产生跃变，相应输出高电平或低电平。

简单的电压比较器如图 8-28（a）所示，U_{REF} 是参考电压，加在同相输入端，输入信号电压 u_i 加在反相输入端。运算放大器工作于开环状态，即非线性区。集成运算放大器按理想条件考虑：当 $u_i \leqslant U_{REF}$ 时，$u_o = +U_{OM}$；在 $u_i \geqslant U_{REF}$ 时，$u_o = -U_{OM}$。图 8-28（b）是电压比较器的传输特性曲线，在比较器的输入端进行模拟信号大小的比较，在输出端则以高电平或低电平来反映比较结果。当 $U_{REF}=0$ 时，输入电压和零电平比较，此时的电压比较器称为过零比较器。当输入电压为正弦波时，u_o 为方波电压，如图 8-28（c）所示。

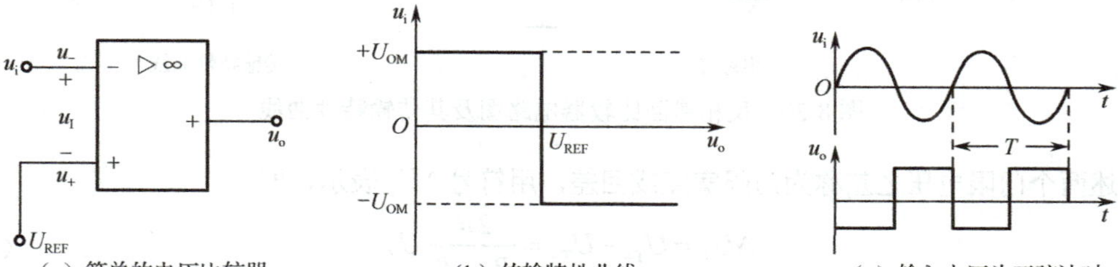

（a）简单的电压比较器　（b）传输特性曲线　（c）输入电压为正弦波时

图 8-28　电压比较器

使电压比较器输出电压发生跃变的输入电压值称为阈值电压 U_{TH}，又称门限电压。一般电压比较器的阈值电压 $U_{TH} = U_{REF}$，过零比较器的 $U_{TH} = 0$，它们都只有一个阈值电压，因此也称单值电压比较器。在电压比较器中，阈值电压 U_{TH} 是分析输出电压翻转的关键参数。

有时为了将输出电压限制在某一特定值，以与接在输出端的数字电路的电平配合，可在电压比较器的输出端与“地”之间接一个双向稳压二极管 D_Z，用于双向限幅。稳压二极管的电压为 U_Z。电路如图 8-29 所示，此时输出电压的最大值 $U_{OM} \approx U_Z$。

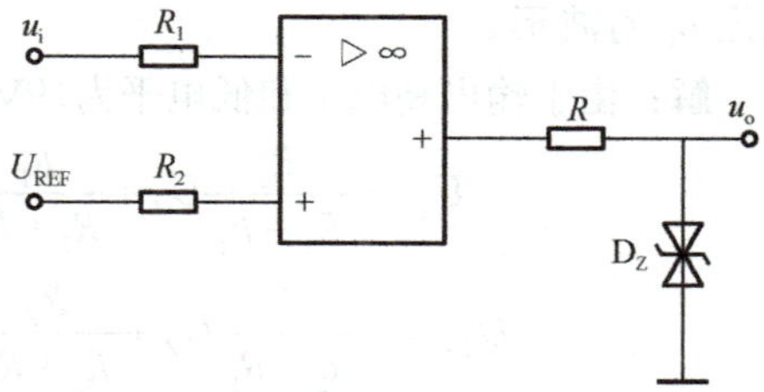

图 8-29　具有限幅作用的电压比较器

8.4.2 滞回比较器

单值电压比较器的电路简单、灵敏度高，但抗干扰能力差，即如果输入信号因受到干扰在门限电压附近变化，那么输出电压将反复地从一个电平变化到另一个电平。如果用此输出电压控制电机等设备，将出现频繁动作，这是不允许的。滞回比较器能克服简单电压比较器的缺点，反相滞回比较器的电路图如图 8-30（a）所示。

滞回比较器在输入 $u_i = u_+ = u_-$ 时，输出发生跃变。由于输出有两种状态 $+U_Z$ 和 $-U_Z$，所以使输出发生跃变的输入有两个值，分别称为正向阈值（门限）电压 U_{T+} 和负向阈值（门限）电压 U_{T-}。

利用叠加原理可求得同相输入端的电压

$$u_+ = \frac{R_2}{R_2 + R_F} u_o + \frac{R_F}{R_2 + R_F} U_{REF} \tag{8-27}$$

开始时 $u_i < u_+$，使初始状态 $u_o = +U_Z$，当输入电压 u_i 逐渐增大到 u_+ 时，滞回比较器就要发生跃变，跳到 $-U_Z$。这个发生翻转的 u_+ 就是正向门限电压，用 U_{T+} 表示，有

$$U_{T+} = \frac{R_2}{R_2 + R_F} U_Z + \frac{R_F}{R_2 + R_F} U_{REF} \tag{8-28}$$

这时由于输出为$-U_Z$，u_+也发生了变化，即负向门限电压，用U_{T-}表示，有

$$U_{T-}=-\frac{R_2}{R_2+R_F}U_Z+\frac{R_F}{R_2+R_F}U_{REF} \tag{8-29}$$

当输入电压u_i逐渐减小到U_{T-}时，比较器的输出再发生翻转，跃变为$+U_Z$，其对应的传输特性曲线如图 8-30（b）所示。

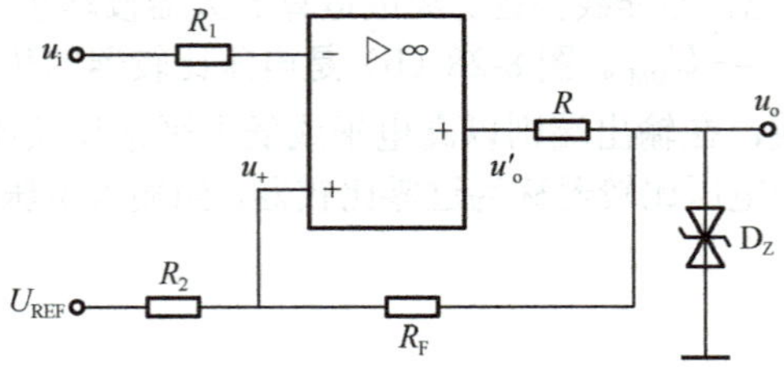

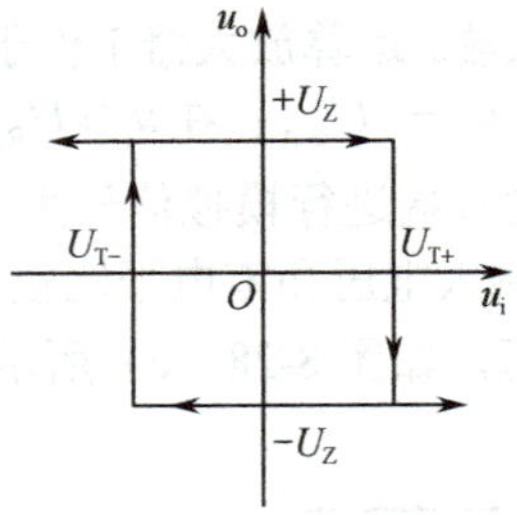

图 8-30　反相滞回比较器电路图及其传输特性曲线

上述两个门限电压之差称为门限宽度或回差，用符号ΔU_T表示，即

$$\Delta U_T=U_{T+}-U_{T-}=\frac{2R_2}{R_2+R_f}U_Z \tag{8-30}$$

由上述分析可知，改变参考电压的大小和极性，滞回比较器的电压传输特性曲线将产生水平方向的移动；改变稳压二极管的稳定电压，可使滞回比较器的电压传输特性曲线产生垂直方向的移动。

【例 8-5】 已知图 8-30（a）所示的反相滞回比较器，稳压二极管的稳定电压$U_Z=9V$，$R_2=20k\Omega$，$R_F=40k\Omega$，$U_{REF}=3V$，输入电压u_i为图 8-31（a）所示的正弦波。试画出输出电压u_o的波形。

解：由于输出高电平和低电平为±9V，阈值（门限）电压分别为

$$U_{T+}=\frac{R_2}{R_2+R_F}U_Z+\frac{R_F}{R_2+R_F}U_{REF}=\left(\frac{20}{20+40}\times9+\frac{40}{20+40}\times3\right)V=5V$$

$$U_{T-}=-\frac{R_2}{R_2+R_F}U_Z+\frac{R_F}{R_2+R_F}U_{REF}=\left(-\frac{20}{20+40}\times9+\frac{40}{20+40}\times3\right)V=-1V$$

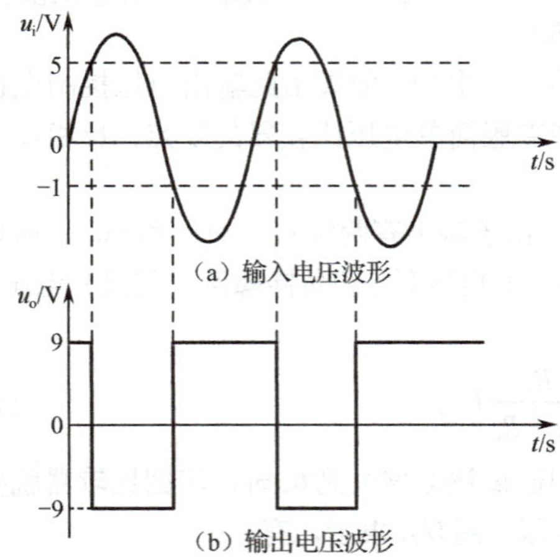

图 8-31　例 8-5 波形图

开始时$u_i<5V$，$u_o=+9V$，当输入电压u_i逐渐增大到 5V 时，比较器发生跃变，跳到−9V。在输入电压u_i逐渐减小过程中，当$u_i>-1V$时，u_o仍等于−9V，当$u_i<-1V$时，$u_o=+9V$。输出电压波形如图 8-31（b）所示。

8.5　应用举例

某扩音机的放大电路如图 8-32 所示，T1、T2、T3 为电压放大级，T4 为推动级（末前级），T5～T8 为互补对称功率放大级。

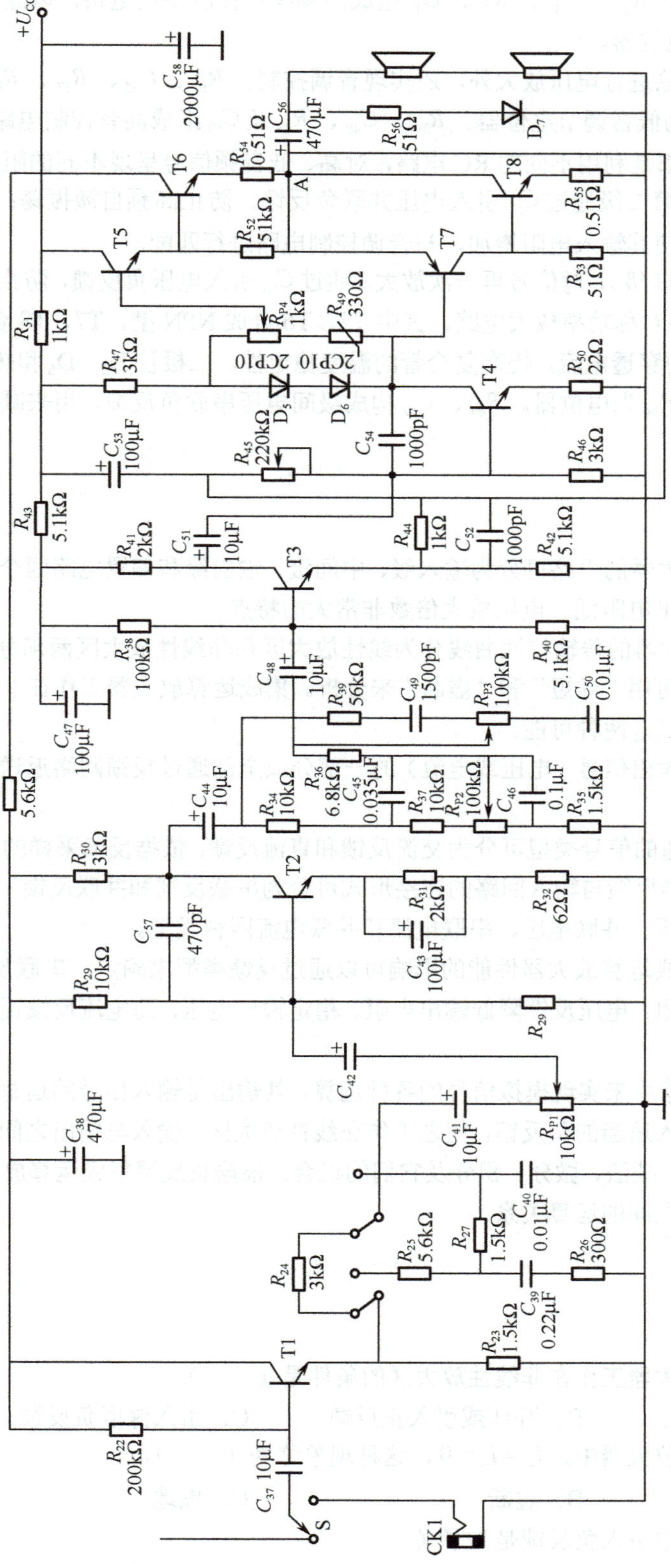

图8-32 扩音机的放大电路

音频信号由线路或拾音器插口CK1输入，第一级为射极输出器，有较高的输入电阻，以适配拾音器的高内阻特性。R_{25}、C_{39}、R_{27}、C_{40}组成高频噪声抑制滤波电路，以滤去拾音器带来的噪声。R_{P1}为音量控制电位器。

第二级、第三级除进行电压放大外，还实现音调控制。R_{34}、C_{45}、R_{37}、R_{P2}、R_{36}及C_{46}组成低音控制电路，R_{P2}为低音调节电位器。R_{39}、C_{49}、R_{P3}及C_{50}组成高音控制电路。R_{P3}为高音调节电位器。这两种电路都是利用不同的RC电路，对高、低音频信号呈现不同的阻抗来达到提高或衰减高、低音的目的。第二级通过C_{57}引入电压并联负反馈，防止高频自激振荡；第三级通过R_{42}引入电流串联负反馈，使其输入电阻增加，与音调控制电路进行匹配。

T4为推动级（末前级），对信号再一次放大。通过C_{54}引入电压负反馈，防止电路产生“啸叫”。

T5～T8组成互补对称功率放大电路，其中T5、T6合成NPN型，T7、T8合成PNP型。R_{52}、R_{53}用以减少复合管的穿透电流，提高复合管的温度稳定性。二极管D_5、D_6和热敏电阻R_{49}组成静态工作点稳定电路。R_{P4}为电位器。R_{44}、C_{52}构成级间电压串联负反馈，用来减小失真，并使整机音质得到改善。

本章小结

（1）集成运算放大器的电路可分为输入级、中间级、输出级和偏置电路四个基本组成部分，它具有输入电阻高、输出电阻低、电压放大倍数非常大的特点。

（2）集成运算放大器的传输特性曲线分为线性放大区和非线性放大区两部分。集成运算放大器工作在线性放大区时可用“虚短”和“虚断”来分析。集成运算放大器工作在非线性放大区时，输出电压只有$+U_{OM}$和$-U_{OM}$两种可能。

（3）反馈是指将输出信号（电压或电流）的一部分或全部通过反馈网络返送到输入端，从而影响输入的过程。

（4）反馈依据传递的信号类型可分为交流反馈和直流反馈；依据反馈采样的物理量可分为电压反馈和电流反馈；依据反馈与输入回路的连接形式可分为串联反馈和并联反馈。在负反馈放大电路中，反馈包括串联电压、并联电压、串联电流和并联电流四种类型。

（5）负反馈对集成运算放大器性能的影响可以通过反馈类型来确定：串联反馈提高输入电阻，并联反馈降低输入电阻；电压反馈降低输出电阻、稳定输出电压，而电流反馈提高输出电阻，稳定输出电流。

（6）模拟运算电路用来实现模拟信号的各种运算，其输出是输入信号的运算结果。电路中的集成运算放大器必须引入适当的负反馈，使之工作在线性放大区，输入与输出之间呈线性关系。基本运算包括比例、加法、减法、微分、积分及它们的组合。根据负反馈集成运算放大器电路分析的方法，计算输出和输入之间的运算关系。

习题8

8-1　选择题

（1）集成运算放大器工作在非线性放大区的条件是（　　）。

A．输入信号过大　　B．开环或引入正反馈　　C．引入深度负反馈　　D．无负载

（2）在理想运算放大器中，$i_+ = i_- = 0$，这种现象称为（　　）。

A．虚短　　B．虚断　　C．虚地

（3）在放大电路中引入负反馈是为了（　　）

A．提高放大倍数　　B．稳定输出电流

C．稳定输出电压　　D．改善放大电路的性能

（4）直流负反馈在放大电路中的主要作用是（　　）。

A．提高输入电阻　　B．降低输入电阻

C．提高增益　　D．稳定静态工作点

（5）反相比例运算电路中，若 $u_+ = u_- = 0$，此时反相输入端称为（　　）点。

A．短路　　B．短路　　C．静态工作　　D．虚地

8-2　试确定图 8-33 所示的电路中各放大电路中的交流反馈环节，判别其反馈类型和反馈方式。

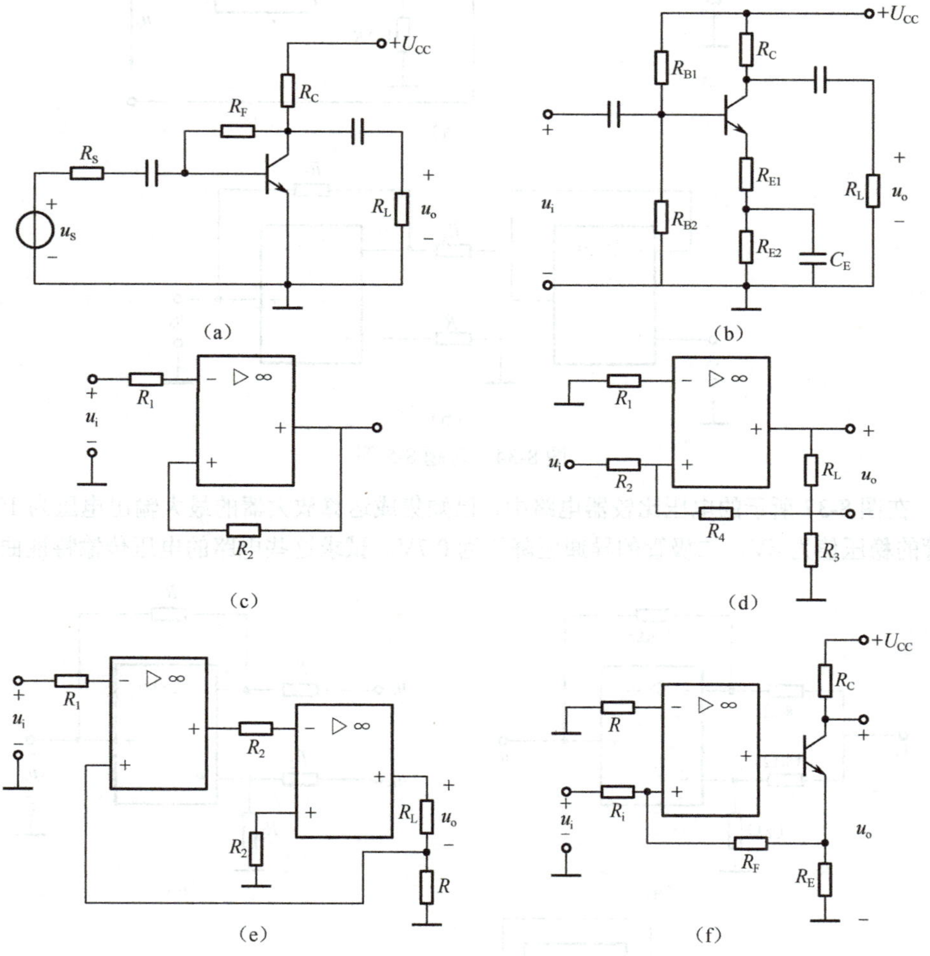

图 8-33　习题 8-2 图

8-3　用集成运算放大器构成一个负反馈放大电路，当集成运算放大器的放大倍数相对误差为 ±25% 时，反馈放大电路的放大倍数为 $100 \pm 1\%$，试计算集成运算放大器放大倍数的最小值及反馈系数。

8-4　说明习题 8-2 中各反馈放大电路在输入电阻、输出电阻和输出电压（或输出电流）稳定性方面的特点。

8-5　在图 8-34 所示的两个电路中，试分别推导出输出电压 u_o 与输入电压 u_i 的关系式。

8-6　在图 8-35 所示的电路中，各参数已在图中表明，试确定各电路输出电压 u_o 的表达式。

8-7　在图 8-36（a）所示的积分电路中，已知 $R_1 = 500\text{k}\Omega$，$C_F = 1\mu\text{F}$，该运算放大器的最大输出电压为 10V，输入电压波形如图 8-36（b）所示，试求 u_o 的波形。

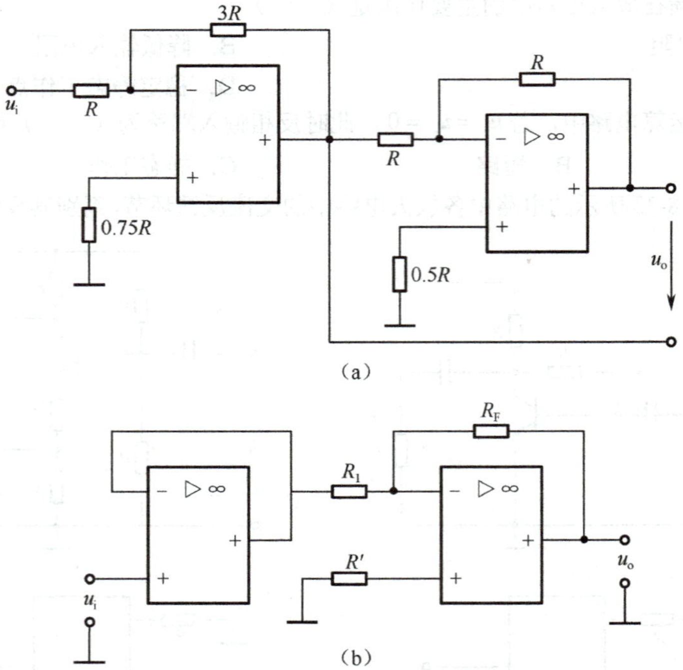

图 8-34　习题 8-5 图

8-8　在图 8-37 所示的电压比较器电路中，已知集成运算放大器的最大输出电压为 10V，各稳压二极管的稳压值为 6V，二极管的导通压降约为 0.7V。试求这些电路的电压传输特性曲线。

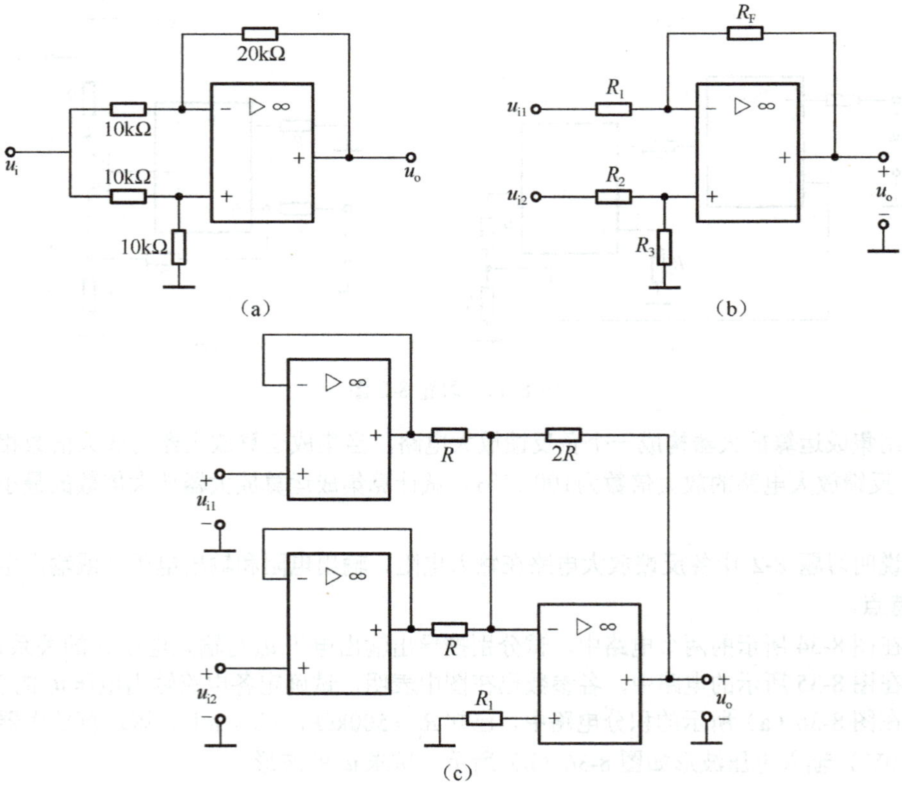

图 8-35　习题 8-6 图

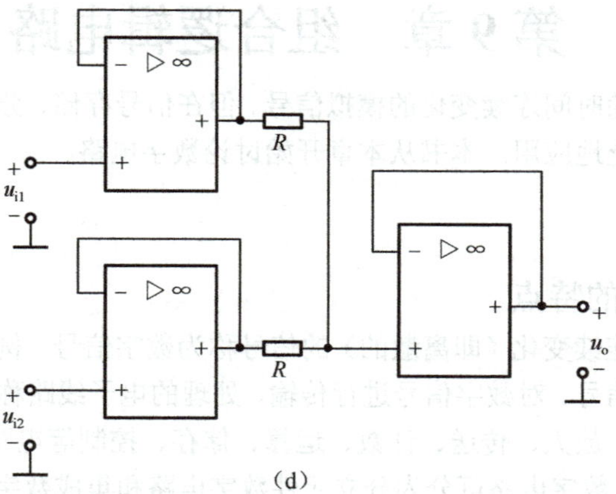

(d)

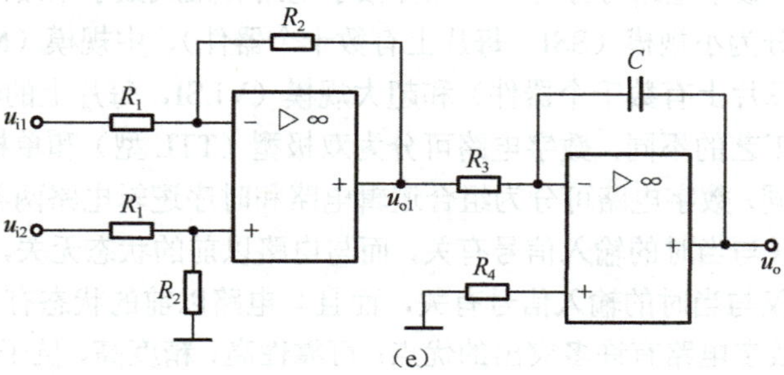

(e)

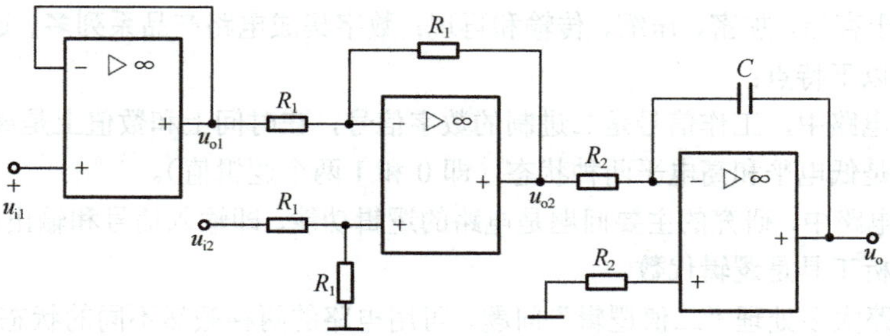

(f)

图 8-35　习题 8-6 图（续）

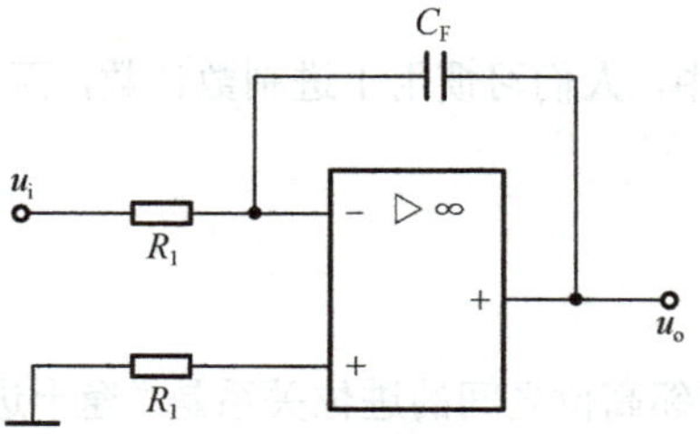

(a)

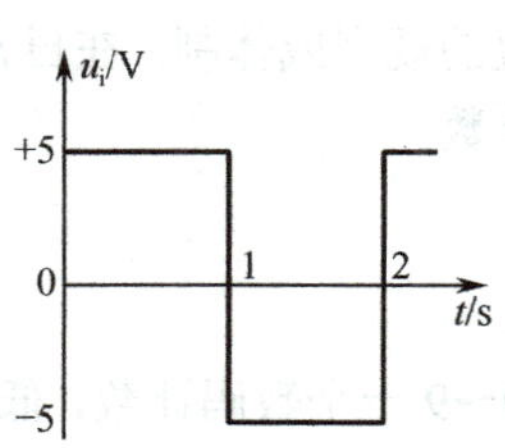

(b)

图 8-36　习题 8-7 图

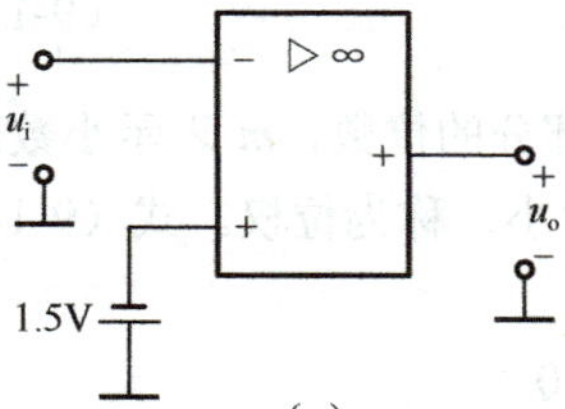

(a)

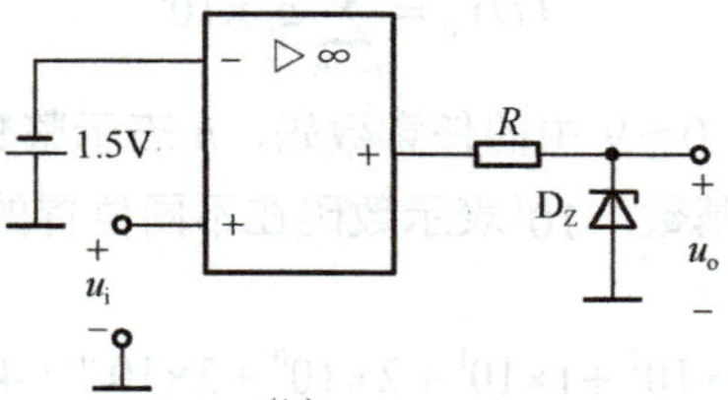

(b)

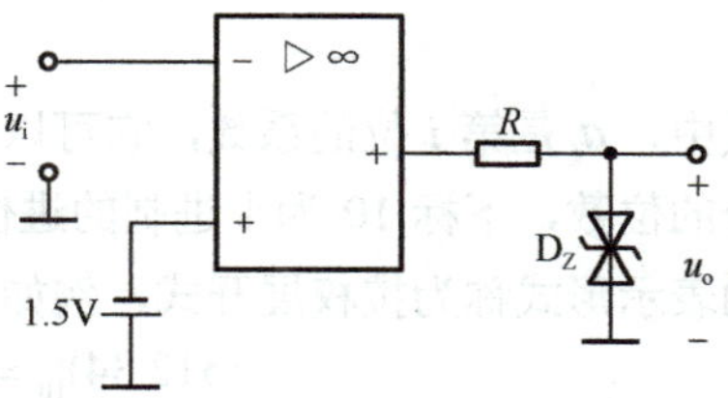

(c)

图 8-37　习题 8-8 图

第 9 章　组合逻辑电路

模拟电路处理的是随时间连续变化的模拟信号。但在信号存储、分析和传递时，数字信号更为方便，所以被越来越广泛地应用。本书从本章开始讨论数字电路。

9.1　概述

9.1.1　数字电路的特点

在时间和数值上不连续变化（即离散的）的信号称为数字信号，例如，电子表的秒信号、由计算机键盘输入计算机的信号。对数字信号进行传输、处理的电子线路称为数字电路。常用的数字电路包括信号发生、整形、放大、传送、计数、运算、储存、控制等电路。

按电路结构的不同，数字电路可分为分立元件数字电路和集成数字电路两大类。按集成密度的不同，集成数字电路可分为小规模（SSI，每片上有数十个器件）、中规模（MSI，每片上有数百个器件）、大规模（LSI，每片上有数千个器件）和超大规模（VLSI，每片上的器件数目大于 1 万个）四类。按所用器件制作工艺的不同，数字电路可分为双极型（TTL 型）和单极型（MOS 型）两类；按照电路逻辑功能的不同，数字电路可分为组合逻辑电路和时序逻辑电路两类，组合逻辑电路没有记忆功能，其输出信号只与当时的输入信号有关，而与电路以前的状态无关，时序逻辑电路具有记忆功能，其输出信号不仅与当时的输入信号有关，而且与电路以前的状态有关。

与模拟电路相比，数字电路有许多突出的优点：可靠性高、精度高、抗干扰能力强；结构简单，便于集成化；易于存储、加密、压缩、传输和再现；数字集成电路产品系列多、通用性强、成本低。

数字电路有以下特点：

（1）在数字电路中，工作信号是二进制的数字信号，在时间上和数值上是离散的（不连续），反映在电路上就是低电平和高电平两种状态（即 0 和 1 两个逻辑值）。

（2）在数字电路中，研究的主要问题是电路的逻辑功能，即输入信号和输出信号之间的逻辑关系。它的数学分析工具是逻辑代数。

（3）数字电路大多处理“二值逻辑”问题，可用电路的两种截然不同的状态来表述，因此，用数字电路可以进行逻辑运算与判断。

9.1.2　常用的数制和码制

数制就是计数的规则或体制。在日常生活中，人们习惯用十进制数计数，而在数字电路中，广泛采用二进制数计数。

1．数制

（1）十进制

十进制采用 0～9 十个数码计数，低位和相邻高位之间的进位关系是“逢十进一”，任意一个十进制数均可表示为

$$(D)_{10}=\sum_{i=-m}^{n-1}a_i\times 10^i \tag{9-1}$$

式中，a_i 是第 i 位的系数，它可以是 0～9 中的任意数码，n 表示整数部分的位数，m 表示小数部分的位数，下标 10 为十进制的进位基数；10^i 表示数码在不同位置的大小，称为位权。式（9-1）的表示形式称为按权展开式，例如：

$$(512.34)_{10}=5\times10^2+1\times10^1+2\times10^0+3\times10^{-1}+4\times10^{-2}$$

（2）二进制

二进制采用 0、1 两个数码计数，计数的基数是 2，低位和相邻高位之间的进位关系是“逢二

进一”。任意一个二进制数可表示为

$$(D)_2 = \sum_{i=-m}^{n-1} a_i \times 2^i \tag{9-2}$$

式中，a_i 可以是 0、1 中的任意数码，下标 2 为二进制的进位基数；2^i 表示位权。可以把一个二进制数按权展开，例如：

$$(10110.01)_2 = 1\times 2^4 + 0\times 2^3 + 1\times 2^2 + 1\times 2^1 + 0\times 2^0 + 0\times 2^{-1} + 1\times 2^{-1}$$

（3）八进制和十六进制

八进制采用 0～7 八个数码计数，计数的基数是 8，低位和相邻高位之间的进位关系是“逢八进一”。十六进制采用 0～9 及 A、B、C、D、E、F 十六个数码计数，计数的基数是 16，低位和相邻高位之间的进位关系是“逢十六进一”。不管是八进制数还是十六进制数，都可以像十进制数和二进制数那样按权展开。

（4）数制间的转换

把一种数制转换成为另一种数制的过程称为数制之间的转换。

1）*N* 进制数转换为十进制数

N 进制数转换为十进制数的方法为按权展开，用十进制运算法则求和，即可得到相应的十进制数。其通式为

$$(D)_N = \sum_{i=-m}^{n-1} a_i \times N^i \tag{9-3}$$

其中 *N* 为 2（二进制）、8（八进制）、16（十六进制）等。

2）十进制数转换为 *N* 进制数

将十进制数转换为 *N* 进制数时，要将其整数部分和小数部分分别转换，再将结果合并为目的数制的形式。

① 整数部分的转换

整数部分的转换采用除基取余法。即用十进制整数除以目的数制的基数，第一次除得的余数为目的数的最低位，所得到的商再除以该基数，所得余数为目的数的次低位，以此类推，直到商为 0 时，所得的余数为目的数的最高位。

② 小数部分的转换

小数部分的转换采用乘基取整法。即用该小数乘以目的数制的基数，第一次乘得的结果的整数部分为目的数小数的最高位，其小数部分再乘以基数，所得的结果的整数部分为目的数小数的次高位，以此类推，直到小数部分为 0 或达到要求精度为止。

需要注意的是，整数部分除基取余数，按倒序排列；小数部分乘基取整数，按顺序排列。

【例 9-1】 将十进制数$(46.375)_{10}$转换为二进制数。

解：对于整数部分，采用除 2 取余法，有

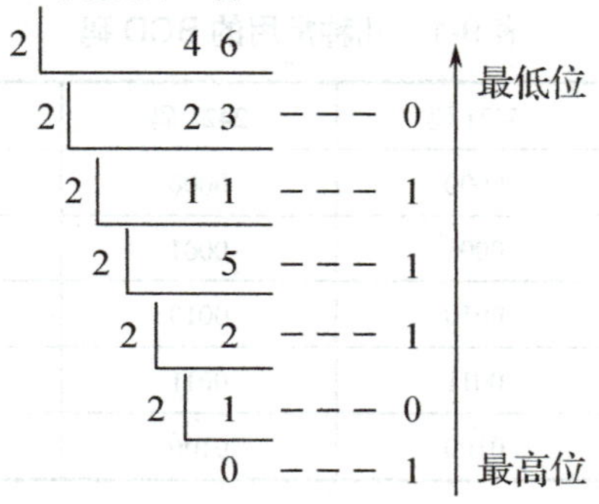

即整数部分为 $(46)_{10} = (101110)_2$。

对于小数部分，采用乘 2 取整法，有

0.375	0.75	0.5
× 2	× 2	× 2
0.75	1.5	1
取整 0	1	1
最高位		最低位

所以$(46.375)_{10}=(101110.011)_2$。

（3）非十进制之间的转换

① 二进制数转换为八进制数、十六进制数

由于八进制数的基数 $8=2^3$，十六进制的基数 $16=2^4$，因此 1 位八进制数所能表示的数值恰好相当于 3 位二进制数能表示的数值，而 1 位十六进制数相当于 4 位二进制数，所以将二进制数转换成八进制数和十六进制数时可按如下规则进行：从小数点起，向左右两边按 3 位（或 4 位）分组，不满 3 位（或 4 位）的，加 0 补足，每组以其对应的八进制（或十六进制）数代替，即 3 位合 1 位（或 4 位合 1 位），顺序排列即为变换后的等值八进制（或十六进制）数。

【例 9-2】 $(101111.01010011)_2=(\quad)_8=(\quad)_{16}$

解：从小数点起向两边每 3 位合 1 位，不足 3 位的，加 0 补足，则得相应的八进制数

$$(\underline{101}\ \underline{111}\,.\,\underline{010}\ \underline{100}\ \underline{110})_2=(57.246)_8$$

从小数点起向两边每 4 位合 1 位，不足 4 位的，加 0 补足，则得相应的十六进制数

$$(\underline{0010}\ \underline{1111}.\underline{0101}\ \underline{0011})_2=(2F.53)_{16}$$

② 八进制数、十六进制数转换为二进制数

可按如下规则进行：从小数点起，对于八进制数，1 位用 3 位二进制数代替；对于十六进制数，1 位用 4 位二进制数代替。例如：

$$(\underline{4}\ \underline{2}.\ \underline{5})_8=(\underline{100}\ \underline{010}.\ \underline{101})_2$$

$$(\underline{3}\ \underline{A}.\ \underline{E})_{16}=(\underline{0011}\ \underline{1010}.\ \underline{1110})_2$$

2．码制

数码不仅可以表示数量的大小，还可以表示某种信息、操作命令及不同的事物等，这时的数码称为代码。编制代码时所遵循的规则，即编码方案，称为码制。

用于表示十进制数码、字母、符号等信息的定位数的二进制数称为二进制代码。

（1）BCD 码

用 4 位二进制数表示 1 位十进制数的代码，称为二–十进制码，简称 BCD 码。4 位二进制数有 16 种组合，而 1 位十进制数只需要 10 种组合，因此，用 4 位二进制数表示 1 位十进制数的组合方案有许多种，几种常用的 BCD 码如表 9-1 所示。

表 9-1　几种常用的 BCD 码

十进制数	8421 码	5421 码	2421 码	余 3 码	余 3 循环码
0	0000	0000	0000	0011	0010
1	0001	0001	0001	0100	0110
2	0010	0010	0010	0101	0111
3	0011	0011	0011	0110	0101
4	0100	0100	0100	0111	0100

续表

十进制数	8421 码	5421 码	2421 码	余 3 码	余 3 循环码
5	0101	1000	1011	1000	1100
6	0110	1001	1100	1001	1101
7	0111	1010	1101	1010	1111
8	1000	1011	1110	1011	1110
9	1001	1100	1111	1100	1010

8421 码是一种最常用的 BCD 码，它的 4 位二进制数各位的权从左至右分别为 8、4、2、1，而且每个代码的十进制数恰好就是它所代表的十进制数。8421 码是一种有权码。例如：

$$276.4 = (001001110110.0100)_{8421BCD}$$

余 3 码是在每组 8421 码上加 0011 形成的，若把余 3 码的每组代码看成 4 位二进制数，那么每组代码均比相应的十进制数多 3，故称为余 3 码。例如：

$$(56)_{10} = (01010110)_{8421BCD} = (10001001)_{余3码}$$

BCD 码解决了人们习惯使用十进制计数和数字逻辑系统只能处理二值信息之间的矛盾。

（2）可靠性代码

① 奇偶校验码

奇偶校验码的主要用途是检查数据传送过程中数码 1（或 0）的个数的奇偶性是否正确。奇偶校验码由信息位和校验位两部分组成。信息位就是要传送的二进制信息，校验位仅有 1 位，可以放在信息位的前面或者后面。

当信息位的代码中有奇数个 1 时，校验位为 0；有偶数个 1 时，校验位为 1，即每一码组中信息位和校验位的 1 的个数之和总为奇数，称为奇校验码。

当信息位的代码中有偶数个 1 时，校验码为 0；有奇数个 1 时，校验码为 1，即每一码组中信息位和校验位的 1 的个数之和总为偶数，称为偶校验码。

② 格雷码

格雷码是按照相邻性原则编排的无权码，即任意两个相邻的代码只有一位二进制数不同，而且首尾两个码也具有相邻性，所以格雷码也称循环码。

9.2 逻辑关系及门电路

数字系统中的信号被抽象表示为逻辑变量，信号之间的相互关系被抽象表示为逻辑运算。把逻辑变量的运算结果称为逻辑函数。逻辑变量可用大写字母 A，B，C，……，X，Y，Z 来表示。一个逻辑变量只有两种可能的取值：0、1，这两种取值称为逻辑值，在逻辑代数中，它们并不表示数量的大小，仅仅表示两种对立的逻辑状态。如开关的开与关、指示灯的亮与灭、命题的真与假等。实现逻辑运算的电路称为逻辑门电路。

9.2.1 与逻辑和与门电路

只有当决定事件某一结果的全部条件同时具备时，这个结果才会发生，这种因果关系称为与逻辑。与逻辑又称为逻辑乘或逻辑与。与逻辑关系可用图 9-1（a）所示的串联开关电路模型表示。要使灯 Y 亮，开关 A、B 必须同时闭合，只要有一个开关没有闭合，灯 Y 就不亮，因此，开关 A、B 与灯 Y 之间的逻辑关系就是与逻辑关系，实现与逻辑关系的运算为与运算，可以表示为

$$Y = A \cdot B = AB \tag{9-4}$$

式中，“·”称为“与”或“逻辑乘”，读作“A 与 B”或“A 逻辑乘 B”，在不发生误解时，符号“·”可以省略。与运算的对象要有两个或两个以上。

能实现与运算的逻辑电路称为与门电路，简称与门，其逻辑符号如图 9-2 所示。以 A、B 表示开关的状态，且以 1 表示开关闭合，0 表示开关断开；以 Y 表示灯的状态，且以 1 表示灯亮，0 表示灯灭，可以列出以 1、0 表示的与逻辑真值表，如表 9-2 所示。

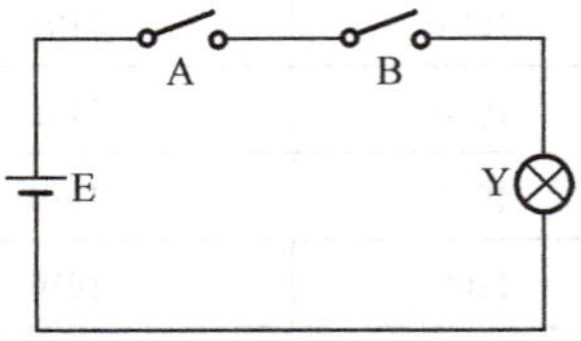

图 9-1　串联开关控制电路

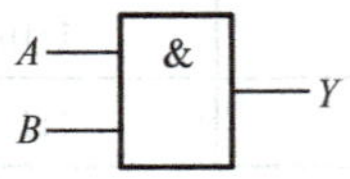

图 9-2　与逻辑符号

表 9-2　与逻辑真值表

A	*B*	*Y*
0	0	0
0	1	0
1	0	0
1	1	1

9.2.2　或逻辑和或门电路

当决定某一结果的各个条件中，只要满足一个（或更多的）条件，结果就会发生，这种因果关系称为或逻辑。或逻辑又称为逻辑加或逻辑或。或逻辑关系可用图 9-3 所示的并联开关电路模型表示。要使灯 Y 亮，开关 A、B 中任何一个闭合即可；只有所有开关全部断开时，灯 Y 才不亮。这里开关 A、B 与灯 Y 之间的逻辑关系就是或逻辑关系，实现或逻辑关系的运算为或运算，可以表示为

$$Y = A + B \tag{9-5}$$

式中，符号“+”为“或”运算符号，读作“A 或 B”或“A 逻辑加 B”。或运算的对象要有两个或两个以上。

能实现或运算的逻辑电路称为或门，其逻辑符号如图 9-4 所示，或逻辑真值表如表 9-3 所示。

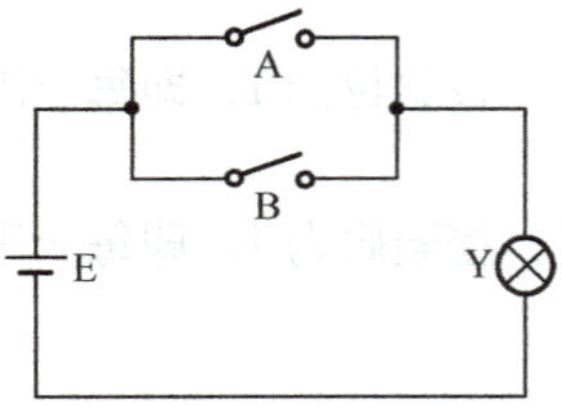

图 9-3　并联开关控制电路

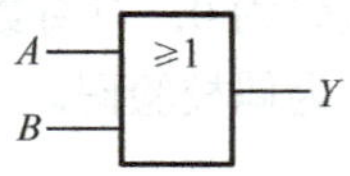

图 9-4　或逻辑符号

表 9-3　或逻辑真值表

A	*B*	*Y*
0	0	0
0	1	1
1	0	1
1	1	1

9.2.3　非逻辑和非门电路

当条件具备时，结果不发生；当条件不具备时，结果发生。这种因果关系称为非逻辑。非逻辑又称为逻辑非、逻辑求反。非逻辑关系可用图 9-5 所示的单开关电路模型表示。当开关 A 闭合时，灯 Y 不亮；当开关 A 断开时，灯 Y 亮。这里开关 A 与灯 Y 之间的逻辑关系就是非逻辑关系。实现非逻辑关系的运算称为非运算，可表示为

$$Y = \overline{A} \tag{9-6}$$

式中，A 上的一横为“非”运算符号，读作“非 A”或“反 A”。非运算的对象可以是一个变量。

能实现非运算的逻辑电路称为非门或反相器，其逻辑符号如图 9-6 所示，非逻辑真值表如表 9-4 所示。

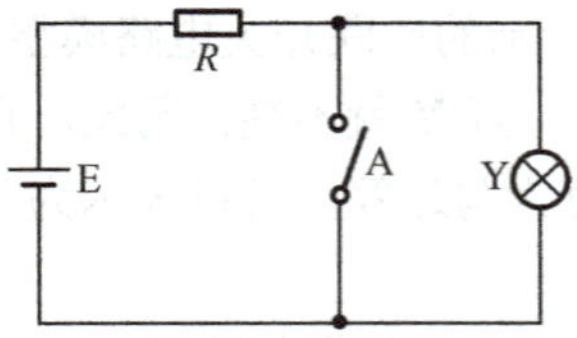

图 9-5　非运算开关控制电路图

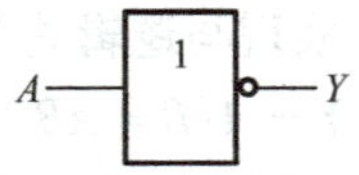

图 9-6　非逻辑符号

表 9-4　非逻辑真值表

A	*Y*
0	1
1	0

9.2.4 复合逻辑和复合逻辑门电路

在实际逻辑运算中，除与、或、非三种基本运算之外，还经常使用一些其他的基本逻辑运算，如与非、或非、与或非、异或、同或等。这些逻辑运算是由两种或两种以上的基本逻辑运算复合而成，因此称为复合逻辑运算。

1. 与非逻辑

与非逻辑运算由与运算和非运算组合而成，其逻辑表达式为$Y=\overline{AB}$，运算顺序为先进行与运算，再进行非运算。与非逻辑符号如图 9-7 所示，与非逻辑真值表如表 9-5 所示。由真值表可见，只有逻辑变量全部为 1 时，输出才为 0。

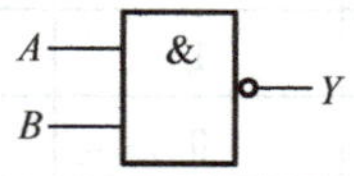

图 9-7　与非逻辑符号

表 9-5　与非逻辑真值表

A	*B*	*Y*
0	0	1
0	1	1
1	0	1
1	1	0

2. 或非逻辑

或非逻辑运算由或运算和非运算组合而成，其逻辑表达式为$Y=\overline{A+B}$，运算顺序为先进行或运算，再进行非运算。或非逻辑符号如图 9-8 所示，或非逻辑真值表如表 9-6 所示。由真值表可见，只有逻辑变量全部为 0 时，输出才为 1。

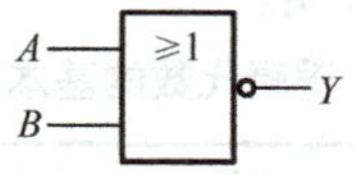

图 9-8　或非逻辑符号

表 9-6　或非逻辑真值表

A	*B*	*Y*
0	0	1
0	1	0
1	0	1
1	1	0

（3）与或非逻辑

与或非逻辑运算由与运算、或运算和非运算组合而成，其逻辑表达式为$Y=\overline{AB+CD}$，运算顺序为先进行与运算，再进行或运算，最后进行非运算。与或非逻辑符号如图 9-9 所示。

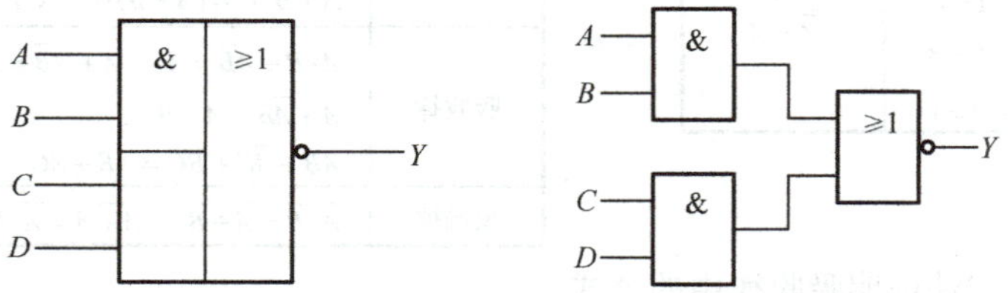

（a）　　（b）

图 9-9　与或非逻辑符号

（4）异或逻辑

异或逻辑运算的关系：输入的逻辑变量 *A*、*B* 不同时，输出 *Y* 的值为 1，否则为 0，其逻辑表达式为$Y=\overline{A}B+A\overline{B}=A\oplus B$。异或逻辑符号如图 9-10 所示，异或逻辑真值表如表 9-7 所示。

（5）同或逻辑

同或逻辑运算的关系：输入的逻辑变量 *A*、*B* 相同时，输出 *Y* 的值为 1，否则为 0，其逻辑表达式为$Y=AB+\overline{A}\,\overline{B}=A\odot B$。同或逻辑符号如图 9-11 所示，同或逻辑真值表如表 9-8 所示。

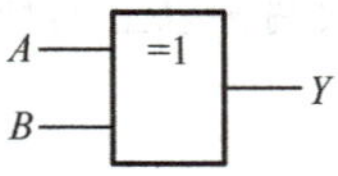

图 9-10　异或逻辑符号

表 9-7　异或逻辑真值表

A	B	Y
0	0	0
0	1	1
1	0	1
1	1	0

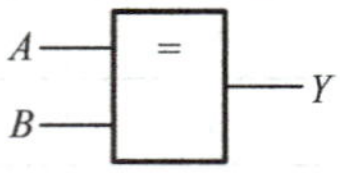

图 9-11　同或逻辑符号

表 9-8　同或逻辑真值表

A	B	Y
0	0	1
0	1	0
1	0	0
1	1	1

9.3　逻辑函数的表示方法及化简

9.3.1　逻辑代数的运算法则

1．逻辑代数的基本公式

表 9-9 给出了逻辑常量之间及逻辑常量与逻辑变量之间的运算公式。表 9-10 给出了逻辑代数的基本定律，其中交换律、结合律、分配律与普通代数定律相同，吸收律和反演律（摩根定律）是逻辑代数的特殊定律，它们可以利用基本公式推导或真值表得到证明。

表 9-9　逻辑代数的基本公式

与运算	或运算	非运算
$0\cdot0=0$ $0\cdot1=0$ $1\cdot0=0$ $1\cdot1=1$	$0+0=0$ $0+1=1$ $1+0=1$ $1+1=1$	$\overline{1}=0$ $\overline{0}=1$
$A\cdot0=0$ $A\cdot1=A$ $A\cdot A=A$ $A\cdot\overline{A}=0$	$A+0=A$ $A+1=1$ $A+A=A$ $A+\overline{A}=1$	$\overline{\overline{A}}=A$

表 9-10　逻辑代数的基本定律

定律	示例	说明
交换律	$A\cdot B=B\cdot A\quad A+B=B+A$	与普通代数定律相同
结合律	$(A\cdot B)\cdot C=A\cdot(B\cdot C)$ $(A+B)+C=A+(B+C)$	
分配律	$A\cdot(B+C)=A\cdot B+A\cdot C$ $(A+B)\cdot C=A\cdot B+A\cdot C$ $A+B\cdot C=(A+B)\cdot(A+C)$	
吸收律	$A\cdot B+A\overline{B}=A\quad A+A\overline{B}=A$ $A+\overline{A}B=A+B$ $AB+\overline{A}C+BC=AB+\overline{A}C$	逻辑代数的特殊定律，不同于普通代数
反演律	$\overline{A\cdot B}=\overline{A}+\overline{B}\quad\overline{A+B}=\overline{A}\cdot\overline{B}$	

【例 9-3】 用公式法证明吸收律中的公式

$$AB+\overline{A}C+BC=AB+\overline{A}C$$

解：

$$\begin{aligned}AB+\overline{A}C+BC&=AB+\overline{A}C+(A+\overline{A})BC\\&=AB+\overline{A}C+ABC+\overline{A}BC\\&=(AB+ABC)+(\overline{A}C+\overline{A}BC)\\&=AB(1+C)+\overline{A}C(1+B)\\&=AB+\overline{A}C\end{aligned}$$

左边=右边，等式得证。

2．逻辑代数的三个重要规则

（1）代入规则：对于任何逻辑函数，以任意一个逻辑变量或逻辑函数同时取代等式两边的某个变量后，等式仍然成立。

例如，已知等式$\overline{A \cdot B} = \overline{A} + \overline{B}$，用函数 $Y=AC$ 代替等式中的 A，根据代入规则，等式仍然成立，即有

$$\overline{(AC) \cdot B} = \overline{AC} + \overline{B} = \overline{A} + \overline{B} + \overline{C}$$

（2）反演规则：对于任何一个逻辑函数 Y，如果将函数中的所有“·”换成“+”，“+”换成“·”，“0”换成“1”，“1”换成“0”，原变量换成反变量，反变量换成原变量，那么所得到的函数就是函数 Y 的反函数$\overline{Y}$（或称补函数）。

（3）对偶规则：对于任意一个逻辑函数 Y，如果将其中的所有“·”换成“+”，“+”换成“·”，“0”换成“1”，“1”换成“0”，就得到了一个新的函数表达式 Y'，该表达式 Y'和原表达式 Y 互为对偶式。如果两个逻辑函数相等，则它们的对偶式也相等。

例如，若$Y = \overline{AB + CD}$，则$Y' = \overline{(A+B)(C+D)}$；若$Y = AB + \overline{C+D}$，则$Y' = (A+B)\overline{CD}$。

【例 9-4】 利用反演规则，求逻辑函数 F 的反函数。

① $F_1 = A\overline{B} + C\overline{D}E$　　② $F_2 = A + \overline{B + \overline{C} + \overline{D + \overline{E}}}$

解：由反演规则可直接写出函数 F 的反函数。

① $\overline{F_1} = (\overline{A} + B)(\overline{C} + D + \overline{E})$　　② $\overline{F_2} = \overline{A} \cdot \overline{\overline{B} \cdot C \cdot \overline{\overline{D} \cdot E}}$

3．最小项

如果一个逻辑函数的某个乘积项包含了函数的全部变量，其中每个变量都以原变量或反变量的形式出现，且仅出现一次，则这个乘积项称为该函数的一个标准积项，通常称为最小项。

三个变量 A、B、C 可组成 8 个最小项：$\overline{A}\overline{B}\overline{C}$、$\overline{A}\overline{B}C$、$\overline{A}B\overline{C}$、$\overline{A}BC$、$A\overline{B}\overline{C}$、$A\overline{B}C$、$AB\overline{C}$、$ABC$。通常用符号 m_i 来表示最小项。下标 i 的确定：把最小项中的原变量记为 1，反变量记为 0，当变量顺序确定后，可以按顺序排列成一个二进制数，则与这个二进制数相对应的十进制数就是这个最小项的下标 i。

三个变量 A、B、C 的 8 个最小项可以分别表示为$m_0 = \overline{A}\overline{B}\overline{C}$、$m_1 = \overline{A}\overline{B}C$、$m_2 = \overline{A}B\overline{C}$、$m_3 = \overline{A}BC$、$m_4 = A\overline{B}\overline{C}$、$m_5 = A\overline{B}C$、$m_6 = AB\overline{C}$、$m_7 = ABC$。

9.3.2 逻辑函数的表示方法

1．真值表

真值表是由逻辑函数输入变量的所有可能取值组合及其对应的输出函数值所构成的表格。其特点是：直观地反映了变量取值组合和函数值的关系，便于把一个实际问题抽象为一个数学问题。

若两个逻辑函数相等，则它们的真值表一定相同；反之，若两个逻辑函数的真值表完全相同，则这两个函数一定相等。

【例 9-5】 某一火灾报警电路由 A、B、C 三个传感器组成，当其中任意两个或两个以上的传感器有报警信号时，报警电路发出声光报警，试列出其真值表。

解：设 A、B、C 为输入变量，有报警信号时用 1 表示，无报警信号时用 0 表示；声光报警信号为输出变量，用 Y 表示，有声光报警信号时用 1 表示，无声光报警信号时用 0 表示。由题意可列出真值表，如表 9-11 所示。

表 9-11　真值表

A	B	C	Y	A	B	C	Y
0	0	0	0	1	0	0	0
0	0	1	0	1	0	1	1
0	1	0	0	1	1	0	1
0	1	1	1	1	1	1	1

2．逻辑表达式

将输出与输入之间的逻辑关系写成与、或、非的运算组合形式，就得到了逻辑函数的表达式。同一个逻辑函数的表达式不是唯一的，常见的逻辑表达式有 5 种：与或表达式、或与表达式、与非-与非表达式、或非-或非表达式、与或非表达式。下面是一个三变量逻辑函数的 5 种常用表达式。

$Y=\overline{A}B+AC$　　与或表达式

$Y=(A+B)(\overline{A}+C)$　　或与表达式

$Y=\overline{\overline{\overline{A}B}\cdot\overline{AC}}$　　与非-与非表达式

$Y=\overline{\overline{A+B}+\overline{\overline{A}+C}}$　　或非-或非表达式

$Y=\overline{\overline{A}\overline{B}+A\overline{C}}$　　与或非表达式

逻辑函数的不同表达式之间大多可以通过反演律来进行转换，但是与或表达式和或与表达式之间的转换不能简单地通过反演律来实现。

3．逻辑图

将逻辑函数中各变量之间的与、或、非等逻辑关系用图形符号表示出来，就可以画出表示逻辑关系的逻辑图。逻辑图与数字电路器件有直观的对应关系，通过逻辑图便于构成实际的数字电路。

4．各种描述方法之间的相互转换

上述表示逻辑函数的方法各有特点，适合于不同场合。它们之间存在内在的联系，可以方便地相互转换。

（1）由真值表写出逻辑表达式

一般方法：首先在真值表中找出使逻辑函数输出为 1 的对应输入变量的取值组合，然后写出函数值为 1 的输入组合对应的乘积项，把变量值为 1 的写成原变量，变量值为 0 的写成反变量，最后将所有乘积项进行逻辑加，即得到逻辑函数表达式。

【例 9-6】 某逻辑函数的真值表如表 9-11 所示，试写出该逻辑函数的表达式。

解：由表 9-11 可见，使 Y=1 的输入组合有 A、B、C 为 011、101、110 和 111，对应的逻辑乘为 $\overline{A}BC$ 、 $A\overline{B}C$ 、 $AB\overline{C}$ 、 ABC ，所以逻辑函数表达式为

$$Y=\overline{A}BC+A\overline{B}C+AB\overline{C}+ABC$$

（2）由逻辑表达式列真值表

将输入变量取值的所有状态组合逐一列出，并将输入变量取值组合代入表达式中，求出函数值，列成表，即真值表。

（3）由逻辑表达式画出逻辑图

用逻辑符号代替函数表达式中的运算符号，即可画出逻辑图。

（4）由逻辑图写出逻辑表达式

从输入端开始逐级写出每个逻辑符号对应的逻辑运算，直至输出，就可以得到逻辑表达式。

【例 9-7】 已知逻辑表达式$Y = \overline{A}B + A\overline{B}$，求逻辑图。

解：由逻辑表达式可知，该逻辑函数由两个非逻辑、两个与逻辑、一个或逻辑构成。将式中所有的逻辑运算用图形符号代替，并依据运算优先顺序把这些图形符号连接起来，就得到了逻辑图，如图 9-12 所示。

【例 9-8】 写出图 9-13 所示的逻辑电路的逻辑表达式。

解：$F_1 = \overline{AD}$，$F_2 = \overline{AC}$，$F_3 = \overline{BCD}$，$Y = \overline{F_1 \cdot F_2 \cdot F_3} = \overline{\overline{AD} \cdot \overline{AC} \cdot \overline{BCD}} = AD + AC + BCD$。

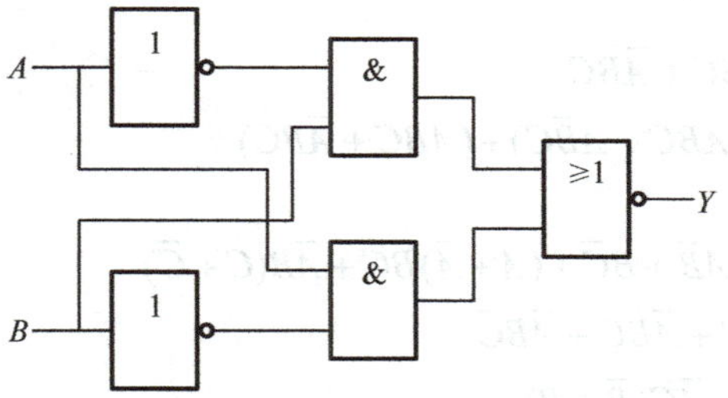

图 9-12 例 9-7 逻辑图

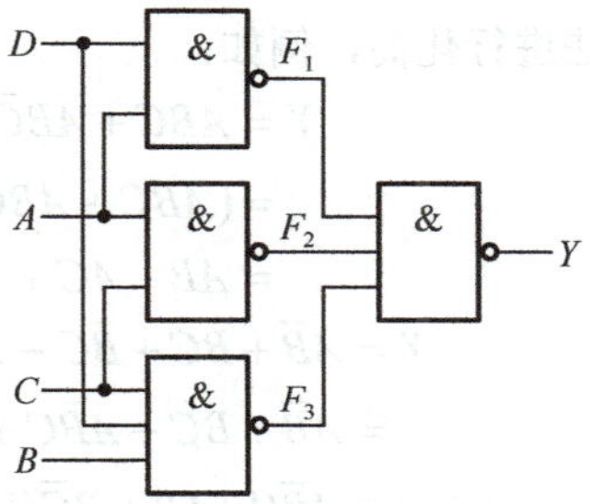

图 9-13 例 9-6 逻辑图

9.3.3 逻辑表达式的化简

逻辑表达式越简单，实现它的逻辑电路也就越简单，其可靠性也就相对较高，所以在进行逻辑设计时，通常要找出逻辑表达式的最简形式。逻辑表达式的代数化简法就是利用逻辑代数的基本公式和定律来对表达式进行化简的。常用的逻辑代数化简法有并项法、吸收法、消去法、配项法。

1. 并项法

利用公式$A + \overline{A} = 1$，将两项合并为一项，并消去一个变量，例如：

$$\begin{aligned} Y &= \overline{A}B\overline{C} + A\overline{B}\overline{C} + AB\overline{C} + A\overline{B}C \\ &= (A + \overline{A})B\overline{C} + (\overline{C} + C)A\overline{B} \\ &= B\overline{C} + A\overline{B} \end{aligned}$$

也可以将两个变量的组合视为一个变量，例如：

$$\begin{aligned} Y &= \overline{A}B\overline{C} + A\overline{C} + \overline{B}\overline{C} \\ &= (\overline{A}B + A + \overline{B})\overline{C} \\ &= (\overline{A}B + \overline{\overline{A + \overline{B}}})\overline{C} \\ &= (\overline{A}B + \overline{\overline{A}B})\overline{C} \\ &= \overline{C} \end{aligned}$$

2. 吸收法

利用公式$A + AB = A$，消去多余的项，例如：

$$Y = A\overline{C} + AB\overline{C}D(E + F) = A\overline{C} + A\overline{C}BD(E + F) = A\overline{C}$$

$$\begin{aligned} Y &= \overline{A} + \overline{A\overline{BC}}(B + \overline{AC + D}) + BC = \overline{A} + (\overline{A} + BC)(B + \overline{ACD}) + BC \\ &= (\overline{A} + BC) + (\overline{A} + BC)(B + \overline{ACD}) = \overline{A} + BC \end{aligned}$$

即如果一个乘积项是另外一个乘积项的因子，那么另外一个乘积项是多余的。

3. 消去法

利用公式$A + \overline{A}B = A + B$，消去多余的变量，例如：

$$Y = AB + \bar{A}C + \bar{B}C = AB + (\bar{A}+\bar{B})C = AB + \overline{AB}C = AB + C$$

$$Y = A\bar{B} + C + \bar{A}\bar{C}D + B\bar{C}D = A\bar{B} + C + \bar{C}(\bar{A}+B)D = A\bar{B} + C + (\bar{A}+B)D$$

$$= A\bar{B} + C + \overline{A\bar{B}}D = A\bar{B} + C + D$$

即如果一个乘积项的反是另外一个乘积项的因子，那么这个因子是多余的。

4. 配项法

在不能直接利用公式化简时，可根据公式 $A+\bar{A}=1$，$A+A=A$ 为某一项配上其所缺的变量，以便用其他方法进行化简，例如：

$$Y = ABC + AB\bar{C} + A\bar{B}C + \bar{A}BC$$

$$= (ABC + AB\bar{C}) + (ABC + A\bar{B}C) + (ABC + \bar{A}BC)$$

$$= AB + AC + BC$$

$$Y = A\bar{B} + B\bar{C} + \bar{B}C + \bar{A}B = A\bar{B} + B\bar{C} + (A+\bar{A})\bar{B}C + \bar{A}B(C+\bar{C})$$

$$= A\bar{B} + B\bar{C} + A\bar{B}C + \bar{A}\bar{B}C + \bar{A}BC + \bar{A}B\bar{C}$$

$$= A\bar{B}(1+C) + B\bar{C}(1+\bar{A}) + \bar{A}C(\bar{B}+B)$$

$$= A\bar{B} + B\bar{C} + \bar{A}C$$

在化简复杂的逻辑表达式时，往往需要灵活、交替地综合运用上述方法，才能得到最后的化简结果。

【例 9-9】 化简逻辑表达式 $Y = \bar{A}BC + \bar{B}D + \bar{A}B\bar{C} + \bar{C}D + BC$。

解：

$$Y = \bar{A}BC + \bar{B}D + \bar{A}B\bar{C} + \bar{C}D + BC$$

$$= \bar{A}B(C+\bar{C}) + (\bar{B}+\bar{C})D + BC$$

$$= \bar{A}B + \overline{BC}D + BC$$

$$= \bar{A}B + D + BC$$

9.4 组合逻辑电路的分析和设计

由若干基本逻辑门组成的逻辑电路称为组合逻辑电路，其特点是该电路在任意时刻的输出信号仅与该时刻的输入信号有关，而与信号输入之前该电路的状态无关。对组合逻辑电路的研究包括两方面：分析与设计。

9.4.1 组合逻辑电路的分析

组合逻辑电路的分析是指在已知逻辑电路的情况下分析其逻辑功能，具体步骤如下：

（1）根据给定的逻辑图写出输出端的逻辑表达式；

（2）对逻辑表达式进行化简；

（3）列出真值表；

（4）根据真值表，确定电路的逻辑功能。

【例 9-10】 逻辑图如图 9-14 所示，试分析电路的逻辑功能。

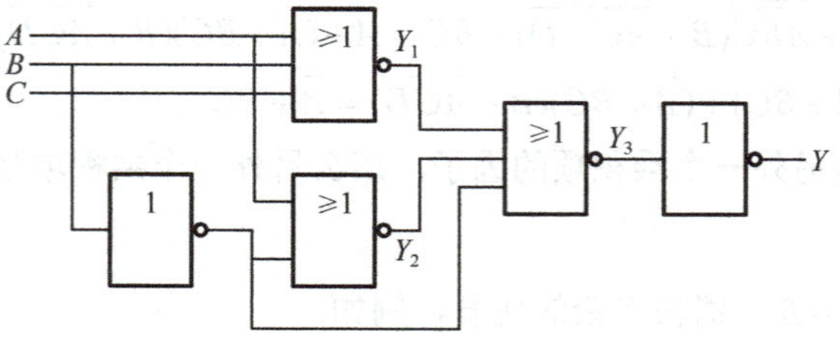

图 9-14 例 9-10 逻辑图

解：根据逻辑图，逐级写出输出端的逻辑表达式，即

$$Y_1=\overline{A+B+C}$$

$$Y_2=\overline{A+\overline{B}}$$

$$Y_3=\overline{Y_1+Y_2+\overline{B}}$$

输出端的逻辑表达式为

$$Y=\overline{Y_3}=Y_1+Y_2+\overline{B}=\overline{A+B+C}+\overline{A+\overline{B}}+\overline{B}$$

将输出端的逻辑表达式化简为最简与或逻辑表达式：

$$Y=\overline{A}\overline{B}\overline{C}+\overline{A}B+\overline{B}=\overline{A}B+\overline{B}=\overline{A}+\overline{B}$$

由真值表（如表 9-12 所示）可知电路的逻辑功能：电路的输出 Y 只与输入 A、B 有关，而与输入 C 无关。Y 和 A、B 的逻辑关系为：A、B 中只要有一个为 0，则 Y=1；当 A、B 全为 1 时，Y=0。所以 Y 和 A、B 的逻辑关系为与非逻辑关系。

表 9-12　真值表

A	*B*	*C*	*Y*	*A*	*B*	*C*	*Y*
0	0	0	1	1	0	0	1
0	0	1	1	1	0	1	1
0	1	0	1	1	1	0	0
0	1	1	1	1	1	1	0

9.4.2 组合逻辑电路的设计

组合逻辑电路的设计是指根据给定的功能要求，设计出能够实现该功能的最简单的组合逻辑电路，具体步骤如下：

（1）根据实际问题对逻辑功能的要求，列出输入变量和输出变量的真值表；

（2）由真值表写出输出逻辑表达式；

（3）对所得的逻辑表达式进行化简，得到所需的最简表达式；

（4）根据最简表达式画出逻辑图。

【例 9-11】 有一个火灾报警系统，设有烟感、温感和紫外光感三种不同类型的火灾探测器。为了防止误报，只有当其中两种或三种探测器发出探测信号时，报警系统才产生报警信号，试用与非门设计产生报警信号的电路。

解：设烟感探测器为输入变量 A，温感探测器和紫外光感探测器分别为输入变量 B 和 C；报警信号为 Y，根据逻辑要求列出真值表，如表 9-13 所示。

表 9-13　真值表

A	*B*	*C*	*Y*	*A*	*B*	*C*	*Y*
0	0	0	0	1	0	0	0
0	0	1	0	1	0	1	1
0	1	0	0	1	1	0	1
0	1	1	1	1	1	1	1

逻辑表达式：

$$Y=\overline{A}BC+A\overline{B}C+AB\overline{C}+ABC$$

最简与或表达式

$$Y=BC+AC+AB$$

逻辑变换得到

$$Y = \overline{\overline{AB} \cdot \overline{AC} \cdot \overline{BC}}$$

逻辑图如图 9-15 所示。

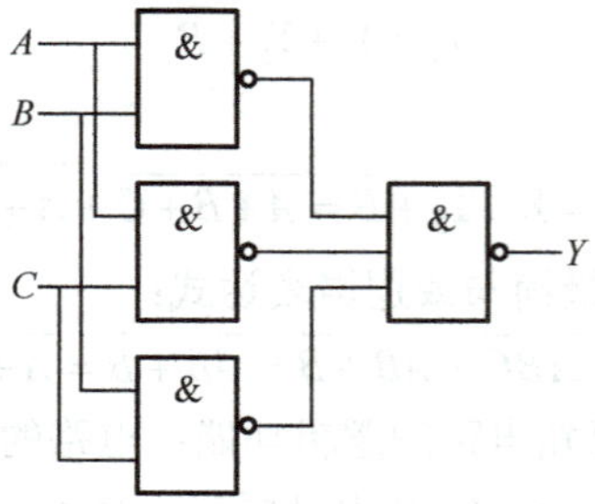

图 9-15　例 9-11 逻辑图

9.5　中规模组合逻辑电路

9.5.1　加法器

算术运算是数字系统的基本任务之一，而在数字系统中对二进制数进行加、减、乘、除运算时，都是转换成加法运算完成的，所以，加法器是数字系统中最基本的运算单元电路。

1．半加器

只考虑两个一位二进制数的相加，而不考虑来自低位进位数的运算电路，称为半加器。半加器有两个加数输入 A、B，有一个半加和的输出 S 和一个向高位进位的输出 C，其真值表如表 9-14 所示。

表 9-14　半加器真值表

A	B	S	C
0	0	0	0
0	1	1	0
1	0	1	0
1	1	0	1

由真值表可得到如下逻辑函数表达式：

$$S = \overline{A}B + A\overline{B} = A \oplus B$$
$$C = AB$$

半加器由一个异或门和一个与门组成，半加器的逻辑图和逻辑符号如图 9-16 所示。

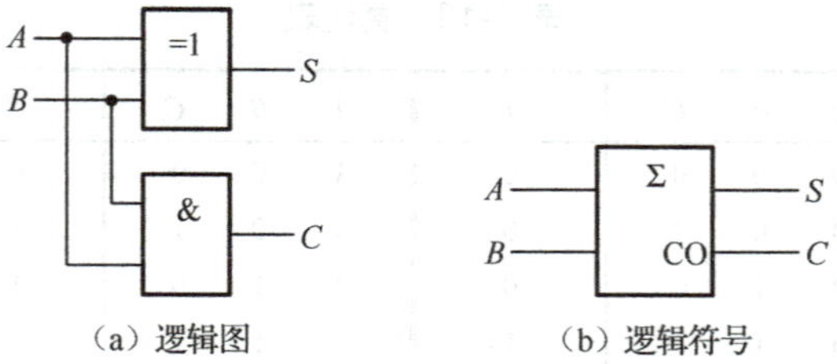

图 9-16　半加器

2．全加器

能对两个一位二进制数进行相加并考虑低位的进位，得到和及向高位进位的逻辑电路，称为全加器。根据二进制加法运算规则，可列出一位全加器的真值表，如表 9-15 所示，表中 A_i、B_i 是两个加数，C_{i-1}是低位来的进位，S_i是本位的和，C_i是向高位的进位。

由真值表可得如下逻辑表达式：

$$S_i = \overline{A_i}\,\overline{B_i}C_{i-1} + \overline{A_i}B_i\overline{C_{i-1}} + A_i\overline{B_i}\,\overline{C_{i-1}} + A_iB_iC_{i-1} = A_i \oplus B_i \oplus C_{i-1}$$

$$\begin{aligned} C_i &= \overline{A_i}B_iC_{i-1} + A_i\overline{B_i}C_{i-1} + A_iB_i \\ &= (\overline{A_i}B_i + A_i\overline{B_i})C_{i-1} + A_iB_i \\ &= (A_i \oplus B_i)C_{i-1} + A_iB_i \end{aligned}$$

表 9-15　全加器的真值表

A_i	B_i	C_{i-1}	S_i	C_i
0	0	0	0	0
0	0	1	1	0
0	1	0	1	0
0	1	1	0	1
1	0	0	1	0
1	0	1	0	1
1	1	0	0	1
1	1	1	1	1

由逻辑表达式可画出全加器的逻辑图和逻辑符号，如图 9-17 所示。

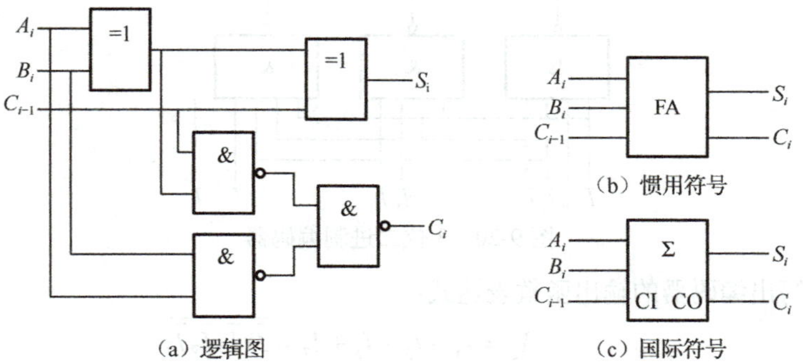

（a）逻辑图　（b）惯用符号　（c）国际符号

图 9-17　全加器

如果想实现 ***n*** 位二进制数相加，那么需要 ***n*** 个全加器，如图 9-18 所示，图中为 4 位串行进位的加法器。显然，每一位的相加结果都必须等到低一位的进位产生以后才能得到，因此运算速度较慢。

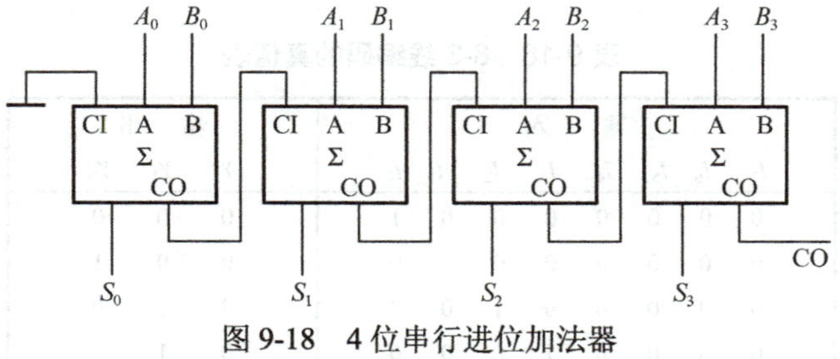

图 9-18　4 位串行进位加法器

为了提高运算速度，在输入加数和被加数的同时，产生每一位的进位输出，就是并行进位加法器。74LS283 为集成 4 位并行进位加法器芯片，其逻辑符号和引脚图如图 9-19 所示。其中 $A_3A_2A_1A_0$ 和 $B_3B_2B_1B_0$ 代表两个相加的 4 位二进制数，CI 为进位输入，当只进行 4 位二进制数相加时，此端接地。如果扩展为高于 4 位的加法器，此端与低位片的进位输出相连。

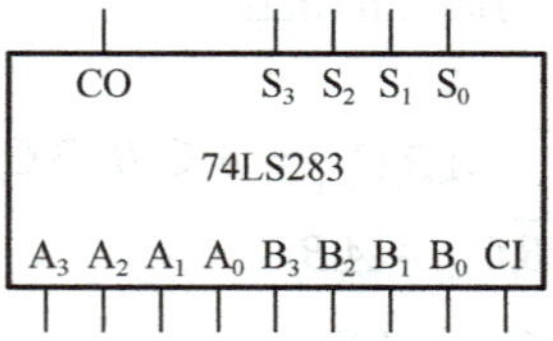

（a）逻辑符号

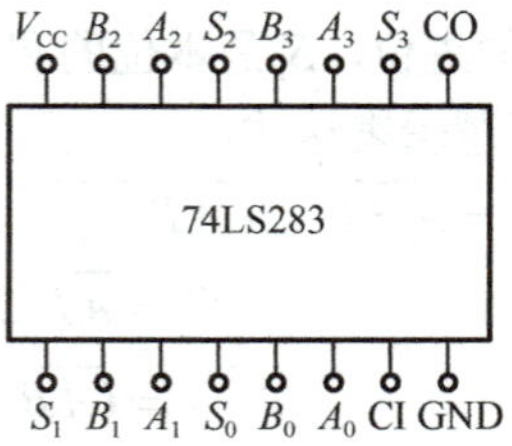

（b）引脚图

图 9-19　74LS283 的逻辑符号及引脚图

9.5.2　编码器

在数字系统中，常常需要将某一信息变换为特定的二进制代码以便系统识别。把二进制代码按一定的规律编排，使每组代码具有特定的含义的过程称为编码。实现编码操作的电路称为编码器。

常用的编码器有二进制编码器、二-十进制编码器和优先编码器。

1．二进制编码器

能够将各种输入信息编排成二进制代码的电路称为二进制编码器。n 位二进制代码只能对 2^n 个信号进行编码，因此，编码器是一种多输入端和多输出端的组合逻辑电路。下面以 3 位二进制普通编码器为例，分析普通编码器的工作原理，如图 9-20 所示。编码器有 8 个输入 $I_0 \sim I_7$ 和 3 个输出 $Y_0 \sim Y_2$，这种编码称为 8-3 线编码。

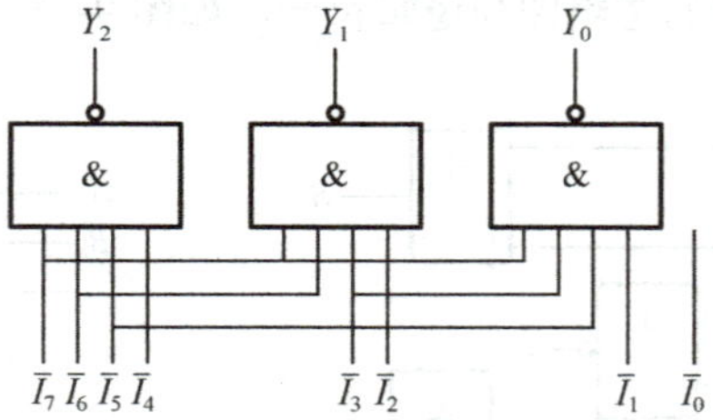

图 9-20　3 位二进制编码器

由图 9-20 可写出编码器的输出函数表达式：

$$
\begin{aligned}
Y_2 &= I_4 + I_5 + I_6 + I_7 = \overline{\overline{I}_4\overline{I}_5\overline{I}_6\overline{I}_7} \\
Y_1 &= I_2 + I_3 + I_6 + I_7 = \overline{\overline{I}_2\overline{I}_3\overline{I}_6\overline{I}_7} \\
Y_0 &= I_1 + I_3 + I_5 + I_7 = \overline{\overline{I}_1\overline{I}_3\overline{I}_5\overline{I}_7}
\end{aligned}
\tag{9-7}
$$

根据式（9-7）可列出 8-3 线编码器的真值表，如表 9-16 所示。由表可知，该编码器在任何时刻只能对一个输入信号编码，即任何时刻输入变量中只能有一个为高电平。

表 9-16　8-3 线编码的真值表

输入								输出		
I_7	I_6	I_5	I_4	I_3	I_2	I_1	I_0	Y_2	Y_1	Y_0
0	0	0	0	0	0	0	1	0	0	0
0	0	0	0	0	0	1	0	0	0	1
0	0	0	0	0	1	0	0	0	1	0
0	0	0	0	1	0	0	0	0	1	1
0	0	0	1	0	0	0	0	1	0	0
0	0	1	0	0	0	0	0	1	0	1
0	1	0	0	0	0	0	0	1	1	0
1	0	0	0	0	0	0	0	1	1	1

2. 二-十进制编码器

二-十进制编码器是将0～9十个十进制数编成二进制代码的电路，简称BCD编码器。8421BCD编码器是二-十进制编码器中最常用的一种，其真值表如表9-17所示。

表9-17 8421BCD编码器的真值表

输入 I（十进制数）	输出			
	Y_3	Y_2	Y_1	Y_0
0(I_0)	0	0	0	0
1(I_1)	0	0	0	1
2(I_2)	0	0	1	0
3(I_3)	0	0	1	1
4(I_4)	0	1	0	0
5(I_5)	0	1	0	1
6(I_6)	0	1	1	0
7(I_7)	0	1	1	1
8(I_8)	1	0	0	0
9(I_9)	1	0	0	1

3. 优先编码器

优先编码器是指为输入信号定义不同的优先级，当多个输入信号同时有效时，只对优先级最高的信号进行编码，而对其他优先级的信号不予理会。

74LS147为10-4线二进制优先编码器，表9-18所示是其功能表。该编码器的特点是可以对输入进行优先编码，以保证只编码最高位输入数据，该编码器的9个输入信号中，$\overline{I}_9$的优先级最高，$\overline{I}_0$的优先级最低，输入信号低电平有效；输出为8421码，输出以反码的形式表示，对应0～9十个十进制数码。

表9-18 74LS147型优先编码器的功能表

输入（低电平有效）									输出			
$\overline{I}_9$	$\overline{I}_8$	$\overline{I}_7$	$\overline{I}_6$	$\overline{I}_5$	$\overline{I}_4$	$\overline{I}_3$	$\overline{I}_2$	$\overline{I}_1$	$\overline{Y}_3$	$\overline{Y}_2$	$\overline{Y}_1$	$\overline{Y}_0$
1	1	1	1	1	1	1	1	1	1	1	1	1
0	×	×	×	×	×	×	×	×	0	1	1	0
1	0	×	×	×	×	×	×	×	0	1	1	1
1	1	0	×	×	×	×	×	×	1	0	0	0
1	1	1	0	×	×	×	×	×	1	0	0	1
1	1	1	1	0	×	×	×	×	1	0	1	0
1	1	1	1	1	0	×	×	×	1	0	1	1
1	1	1	1	1	1	0	×	×	1	1	0	0
1	1	1	1	1	1	1	0	×	1	1	0	1
1	1	1	1	1	1	1	1	0	1	1	1	0

9.5.3 译码器

译码是指把一组输入的二进制代码“翻译”成具有特定含义的输出信号，用来表示该组代码原来所代表的信息的过程。译码是编码的逆过程，实现译码的电路称为译码器。

译码器也是一个多输入、多输出电路，它的输入是二进制代码或二-十进制代码，输出是代码所代表的字符。

常用的译码电路有三类：二进制译码器、二-十进制译码器和数字显示七段译码器。

1. 二进制译码器

二进制译码器是将输入的二进制代码“翻译”成为相应的输出信号的组合逻辑电路。它有 n 个输入端，2^n 个输出端，且对应于输入代码的每一种状态，2^n 个输出中只有一个为 1（或为 0），其余全为 0（或为 1）。二进制译码器可以翻译出输入变量的全部状态，又称为变量译码器。

集成译码器的种类很多，在数字控制系统中使用较为广泛的是一种 3-8 线译码器 74LS138，其逻辑符号及引脚图如图 9-21 所示，表 9-19 为其功能表。

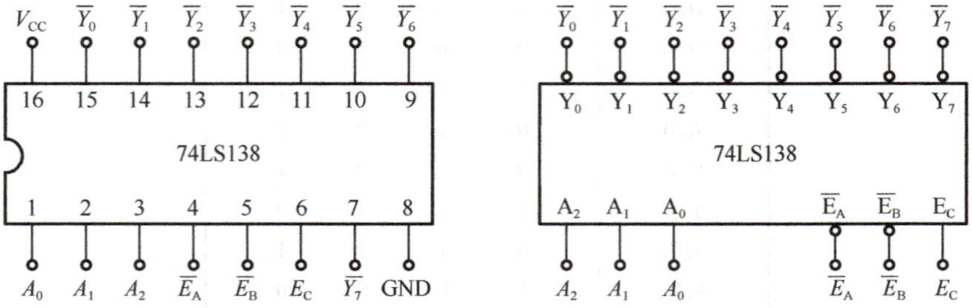

（a）引脚图　　（b）逻辑符号

图 9-21　3-8 线译码器 74LS138

表 9-19　74LS138 功能表

输入					输出								工作状态
E_C	$\overline{E}_A+\overline{E}_B$	A_2	A_1	A_0	$\overline{Y_7}$	$\overline{Y_6}$	$\overline{Y_5}$	$\overline{Y_4}$	$\overline{Y_3}$	$\overline{Y_2}$	$\overline{Y_1}$	$\overline{Y_0}$	
0	×	×	×	×	1	1	1	1	1	1	1	1	E=0，禁止
×	1	×	×	×	1	1	1	1	1	1	1	1	
1	0	0	0	0	1	1	1	1	1	1	1	0	译码
1	0	0	0	1	1	1	1	1	1	1	0	1	
1	0	0	1	0	1	1	1	1	1	0	1	1	
1	0	0	1	1	1	1	1	1	0	1	1	1	
1	0	1	0	0	1	1	1	0	1	1	1	1	
1	0	1	0	1	1	1	0	1	1	1	1	1	
1	0	1	1	0	1	0	1	1	1	1	1	1	
1	0	1	1	1	0	1	1	1	1	1	1	1	

由表 9-19 可知，74LS138 译码器输出低电平有效。为增强译码器功能，除三个输入端 A_2、A_1、A_0 以外，还设置了使能控制端 E_C、$\overline{E}_A$、$\overline{E}_B$，使译码器具有较强的抗干扰能力且便于扩展。

当 E_C=0 时，不管其他输入如何，电路输出均为 1，即无译码输出；当 $\overline{E}_A$、$\overline{E}_B$ 中任意一个为 1 时，不管其他输入如何，译码器也处于禁止状态，只有当 E_C= 1 且 $\overline{E}_A+\overline{E}_B$=0 时，译码器才处于译码状态，输出与输入二进制码相对应。根据功能表可写出输出逻辑表达式：

$$\overline{Y_0}=\overline{\overline{A_2}\,\overline{A_1}\,\overline{A_0}}\quad \overline{Y_1}=\overline{\overline{A_2}\,\overline{A_1}A_0}\quad \overline{Y_2}=\overline{\overline{A_2}A_1\overline{A_0}}\quad \overline{Y_3}=\overline{\overline{A_2}A_1A_0}$$

$$\overline{Y_4}=\overline{A_2\overline{A_1}\,\overline{A_0}}\quad \overline{Y_5}=\overline{A_2\overline{A_1}A_0}\quad \overline{Y_6}=\overline{A_2A_1\overline{A_0}}\quad \overline{Y_7}=\overline{A_2A_1A_0}$$

【例 9-12】 用集成译码器并辅以适当的门电路实现下列组合逻辑函数，画出连线图。

$$Y=\overline{AB}+AB+\overline{B}C$$

解：要实现的是一个三变量的逻辑函数，因此应选用 3-8 线译码器，选用 74LS138。首先将所给逻辑函数转换成三变量最小项表达式，进而转换成与非-与非式：

$$
\begin{aligned}
Y &= \overline{AB} + AB + \overline{B}C \\
&= \overline{ABC} + \overline{AB}C + A\overline{B}C + AB\overline{C} + ABC \\
&= \overline{\overline{\overline{ABC} + \overline{AB}C + A\overline{B}C + AB\overline{C} + ABC}} \\
&= \overline{\overline{\overline{ABC}} \cdot \overline{\overline{AB}C} \cdot \overline{A\overline{B}C} \cdot \overline{AB\overline{C}} \cdot \overline{ABC}}
\end{aligned}
$$

令 $A_2A_1A_0=ABC$，则上式可改为

$$Y=\overline{\overline{Y_0} \cdot \overline{Y_1} \cdot \overline{Y_5} \cdot \overline{Y_6} \cdot \overline{Y_7}}$$

由逻辑表达式可知，需外接与非门实现，其连线图如图 9-22 所示。

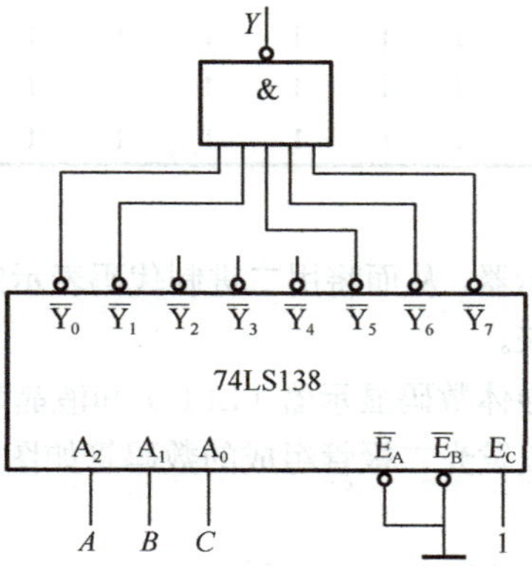

图 9-22　例 9-12 的连线图

2. 二–十进制译码器

把二进制代码翻译成 10 个十进制数字信号的电路，称为二–十进制译码器。也就是说，二–十进制译码器可以将输入的 4 位 BCD 码翻译成 0～9 十个相应输出信号，它有 4 个输入端，10 个输出端。二–十进制译码器的输入是十进制数的 4 位二进制编码（BCD 码），分别用 A_3、A_2、A_1、A_0 表示；输出是与 10 个十进制数字相对应的 10 个信号，用 $\overline{Y}_9$～$\overline{Y}_0$ 表示。由于二–十进制译码器有 4 根输入线，10 根输出线，所以又称为 4-10 线译码器。74LS42 就是 8421 码十进制译码器，图 9-23 所示为其逻辑符号，表 9-20 为其功能表。由功能表可见，译码输出为低电平有效。输入与输出之间的关系如下：

$\overline{Y}_0=\overline{\overline{A_3} \cdot \overline{A_2} \cdot \overline{A_1} \cdot \overline{A_0}}$　$\overline{Y}_1=\overline{\overline{A_3} \cdot \overline{A_2} \cdot \overline{A_1} \cdot A_0}$　$\overline{Y}_2=\overline{\overline{A_3} \cdot \overline{A_2} \cdot A_1 \cdot \overline{A_0}}$　$\overline{Y}_3=\overline{\overline{A_3} \cdot \overline{A_2} \cdot A_1 \cdot A_0}$　$\overline{Y}_4=\overline{\overline{A_3} \cdot A_2 \cdot \overline{A_1} \cdot \overline{A_0}}$

$\overline{Y}_5=\overline{\overline{A_3} \cdot A_2 \cdot \overline{A_1} \cdot A_0}$　$\overline{Y}_6=\overline{\overline{A_3} \cdot A_2 \cdot A_1 \cdot \overline{A_0}}$　$\overline{Y}_7=\overline{\overline{A_3} \cdot A_2 \cdot A_1 \cdot A_0}$　$\overline{Y}_8=\overline{A_3 \cdot \overline{A_2} \cdot \overline{A_1} \cdot \overline{A_0}}$　$\overline{Y}_9=\overline{A_3 \cdot \overline{A_2} \cdot \overline{A_1} \cdot A_0}$

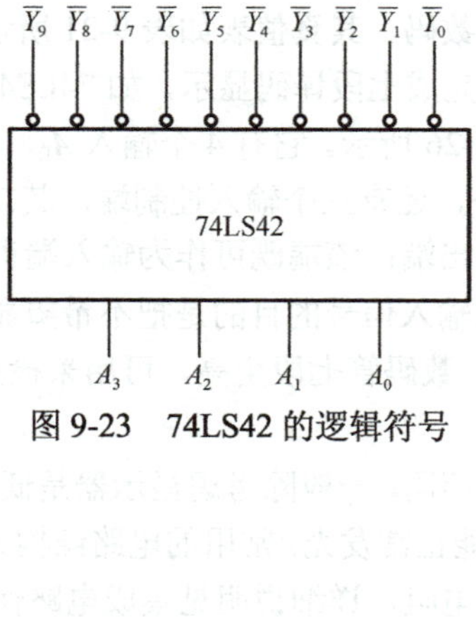

图 9-23　74LS42 的逻辑符号

表 9-20　二-十进制译码器的功能表

A_3	A_2	A_1	A_0	$\overline{Y}_0$	$\overline{Y}_1$	$\overline{Y}_2$	$\overline{Y}_3$	$\overline{Y}_4$	$\overline{Y}_5$	$\overline{Y}_6$	$\overline{Y}_7$	$\overline{Y}_8$	$\overline{Y}_9$
0	0	0	0	0	1	1	1	1	1	1	1	1	1
0	0	0	1	1	0	1	1	1	1	1	1	1	1
0	0	1	0	1	1	0	1	1	1	1	1	1	1
0	0	1	1	1	1	1	0	1	1	1	1	1	1
0	1	0	0	1	1	1	1	0	1	1	1	1	1
0	1	0	1	1	1	1	1	1	0	1	1	1	1
0	1	1	0	1	1	1	1	1	1	0	1	1	1
0	1	1	1	1	1	1	1	1	1	1	0	1	1
1	0	0	0	1	1	1	1	1	1	1	1	0	1
1	0	0	1	1	1	1	1	1	1	1	1	1	0

3. 显示译码器

显示译码器用来驱动各种显示器，从而将用二进制代码表示的数字、文字、符号翻译成人们习惯的形式，直观地用电路显示出来。

常见的七段数字显示器有半导体数码显示器（LED）和液晶显示器（LCD）等，这种显示器由七段发光的字段组合而成。由七段发光二极管组成的数码管如图 9-24 所示。

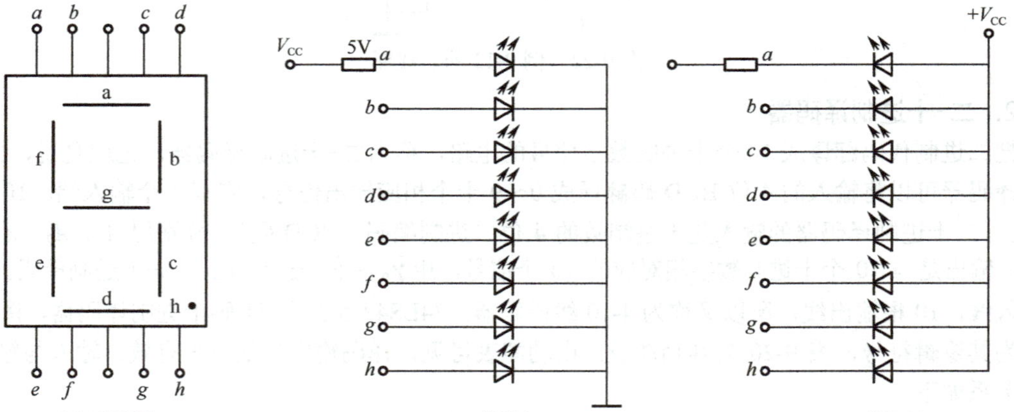

（a）外形图　　（b）共阴极　　（c）共阳极

图 9-24　七段发光二极管（LED）数码管

七段显示译码器把 8421 二进制代码翻译成对应于数码管的七段码，用来显示十进制数。数码管以段亮组合出十进制数中的某个数码。其真值表如表 9-21 所示（仅适用于共阴极）。

现在，有很多数字集成电路能完成七段译码显示，如 74LS48 等。它的引脚图和它与七段显示译码器的连接电路如图 9-25 和图 9-26 所示。它有 4 个输入 A_0，A_1，A_2，A_3 和 7 个输出 a，b，c，d，e，f，g，后者接七段数码管。此外，还有三个输入控制端，其功能如下：

$\overline{BI}/\overline{RBO}$ 表示灭灯输入/灭零输出端：该端既可作为输入端也可作为输出端。

$\overline{RBI}$ 表示灭零输入端：设置该输入信号的目的是把不希望显示的灯熄灭。

$\overline{LT}$ 表示测试端：当 $\overline{LT}=0$ 时，数码管七段全亮，可用来检查各段是否能正常发光。正常工作时，应使 $\overline{LT}=1$。

显示译码器的输出结构也各不相同，一般除考虑显示器是低电平驱动还是高电平驱动外，还需提供一定的驱动电流，以使显示器能正常发光。常用的电路结构为集电极开路输出，在这种结构中，若内部无上拉电阻，使用时需外接电阻，详细说明见集成电路使用手册。

表 9-21　七段显示译码器的真值表

输　入				输　出							显示
A_3	A_2	A_1	A_0	a	b	c	d	e	f	g	字形
0	0	0	0	1	1	1	1	1	1	0	
0	0	0	1	0	1	1	0	0	0	0	
0	0	1	0	1	1	0	1	1	0	1	
0	0	1	1	1	1	1	1	0	0	1	
0	1	0	0	0	1	1	0	0	1	1	
0	1	0	1	1	0	1	1	0	1	1	
0	1	1	0	0	0	1	1	1	1	1	
0	1	1	1	1	1	1	0	0	0	0	
1	0	0	0	1	1	1	1	1	1	1	
1	0	0	1	1	1	1	0	0	1	1	

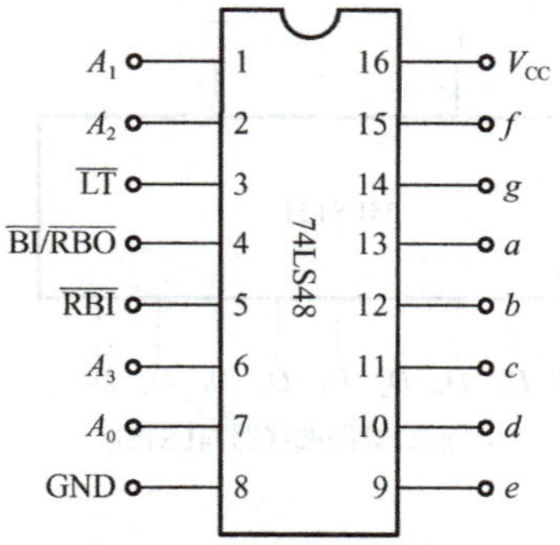

图 9-25　74LS48 引脚图

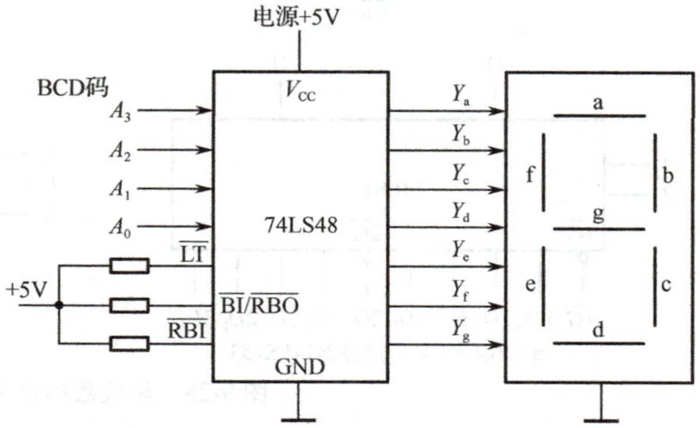

图 9-26　74LS48 与数码管的连接电路

9.5.4　数据选择器

在地址信号的控制下，从多路输入信息中选择其中的某一路信息作为输出的电路称为数据选择器。数据选择器又称多路选择器，简称 MUX。下面以 4 选 1 数据选择器为例进行分析。

4 选 1 数据选择器如图 9-27 所示。图 9-27 中，D_0、D_1、D_2、D_3 为输入数据，A_1、A_0 为选择输入端的输入数据，由选择输入端决定在 4 路输入中选择哪一路输出。

4 选 1 数据选择器的真值表如表 9-22 所示，其逻辑表达式为

$$Y=(D_0\overline{A}_1\overline{A}_0+D_1\overline{A}_1A_0+D_2A_1\overline{A}_0+D_3A_1A_0)\overline{E}$$

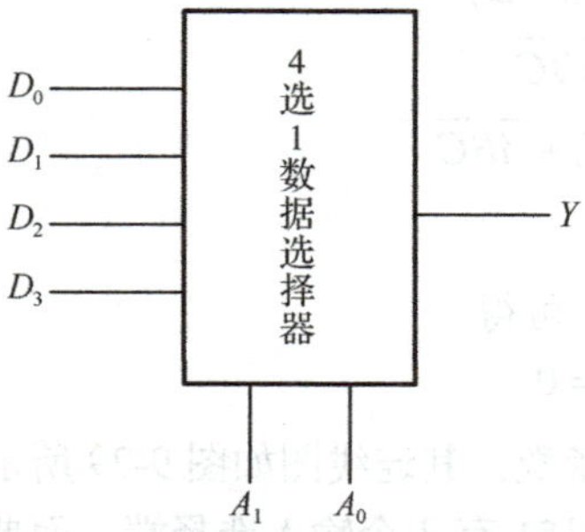

图 9-27　4 选 1 数据选择器

表 9-22　4 选 1 数据选择器的真值表

输入							输出
E	A_1	A_0	D_3	D_2	D_1	D_0	Y
1	×	×	×	×	×	×	0
0	0	0	D_3～D_0				D_0
0	0	1	D_3～D_0				D_1
0	1	0	D_3～D_0				D_2
0	1	1	D_3～D_0				D_3

当 E=1 时，选择器被禁止，无论地址码是什么，输出 Y 总是等于 0；当 E =0 时，才能输出与地址码相应的那路数据，允许数据选通。所以，通常把输入 E 连接的端口称为使能端，它控制数据选通是否有效。

集成数据选择器有双 4 选 1 数据选择器 74LS153（原码输出）和 8 选 1 数据选择器 74LS151（原码反码输出）两种，其逻辑符号如图 9-28 所示。

图 9-28（a）所示的 74LS153 是双 4 选 1 数据选择器，它们共用一对选择输入 A_1 和 A_0，并且各自增加了片选通端 $1\overline{G}$ 和 $2\overline{G}$。当 $1\overline{G}$ 和 $2\overline{G}$ 端加低电平时，允许数据输出；而当 $1\overline{G}$ 和 $2\overline{G}$ 端加高电平时，无论选择输入 A_1 和 A_0 的状态如何，输出 $1Y$ 和 $2Y$ 均为低电平。

图 9-28（b）所示的 74LS151 是 8 选 1 数据选择器，有两个输出端，Y 为原码输出，$\overline{Y}$ 为反码输出。同样 74LS151 也具有片选通端 $\overline{G}$，低电平有效。其输出表达式为

$$\begin{aligned}Y &= D_0\overline{A}_2\overline{A}_1\overline{A}_0 + D_1\overline{A}_2\overline{A}_1A_0 + D_2\overline{A_2}A_1\overline{A_0} + D_3\overline{A_2}A_1A_0 + \\ &\quad D_4A_2\overline{A_1A_0} + D_5A_2\overline{A_1}A_0 + D_6A_2A_1\overline{A_0} + D_7A_2A_1A_0 \\ &= \sum_{i=0}^{7} D_i m_i\end{aligned}$$

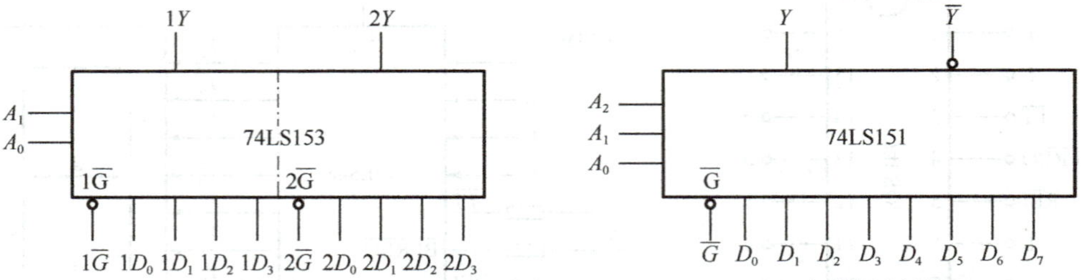

（a）双4选1 数据选择器74LS153　　（b）8选1数据选择器74LS151

图 9-28　集成数据选择器

由于数据选择器与选择输入端的最小项有关，因此利用数据选择器可以实现组合逻辑函数，只要将选择输入端用逻辑变量代替即可。

【例 9-13】 试用数据选择器 74LS153 和 74LS151 实现下面的逻辑函数。

$$Y = A\overline{B} + \overline{B}C + \overline{AC}$$

解：（1）用数据选择器 74LS153 实现。把要实现的逻辑函数化简为选择输入变量最小项之和的形式。由于 74LS153 有两个选择输入端，从要实现的逻辑函数中任意选择两个变量作为选择输入端的输入变量。设 A_1=A，A_0=B，则

$$\begin{aligned}Y &= A\overline{B} + \overline{B}C + \overline{AC} \\ &= A\overline{B}(C+\overline{C}) + \overline{B}C(A+\overline{A}) + \overline{AC}(B+\overline{B}) \\ &= A\overline{B}C + A\overline{BC} + \overline{AB}C + \overline{A}B\overline{C} + \overline{ABC} \\ &= \overline{AB}(C+\overline{C}) + \overline{A}B\overline{C} + A\overline{B}(C+C) + \overline{A}B\overline{C} \\ &= m_0\cdot 1 + m_1\cdot\overline{C} + m_2\cdot 1 + m_3\cdot 0\end{aligned}$$

将上式与 4 选 1 数据选择器的输出端逻辑表达式相比较，可得

$$D_0 = D_2 = 1，\quad D_1 = \overline{C}，\quad D_3 = 0$$

利用 74LS153 的其中一个 4 选 1 数据选择器实现此逻辑函数，其连线图如图 9-29 所示。

（2）用数据选择器 74LS151 实现。由于数据选择器 74LS151 有 3 个输入选择端，而要实现的逻辑函数有 3 个变量，因此设 A_2=A，A_1=B，A_0=C。将所给逻辑函数变换成最小项之和的形式，即

$$
\begin{aligned}
Y &= A\bar{B} + \bar{B}C + \overline{AC} \\
&= A\bar{B}(C+\bar{C}) + \bar{B}C(A+\bar{A}) + \overline{AC}(B+\bar{B}) \\
&= A\bar{B}C + A\overline{BC} + \overline{AB}C + \bar{A}B\bar{C} + \overline{ABC} \\
&= m_0 \cdot 1 + m_1 \cdot 1 + m_2 \cdot 1 + m_3 \cdot 0 + m_4 \cdot 1 + m_5 \cdot 1 + m_6 \cdot 0 + m_7 \cdot 0
\end{aligned}
$$

所以 $D_0 = D_1 = D_2 = D_4 = D_5 = 1$，$D_3 = D_6 = D_7 = 0$ 。

利用 8 选 1 数据选择器 74LS151 实现此逻辑函数的连线图如图 9-30 所示。比较图 9-29 和图 9-30 可知，若想实现三变量的逻辑函数，利用 8 选 1 数据选择器即可，电路非常简单，但若想利用 4 选 1 数据选择器，就要添加非门。

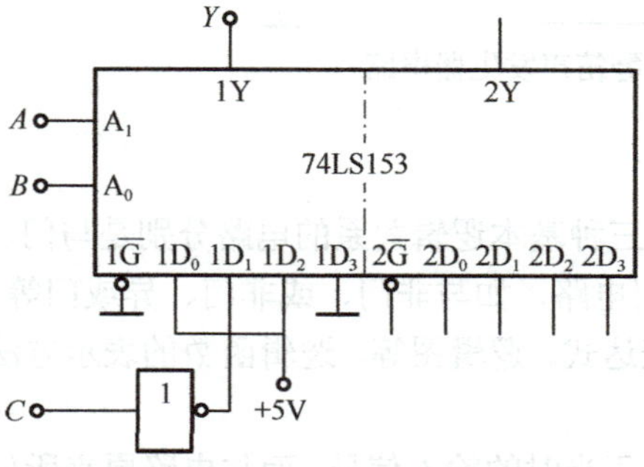

图 9-29　利用 74LS153 实现例 9-13

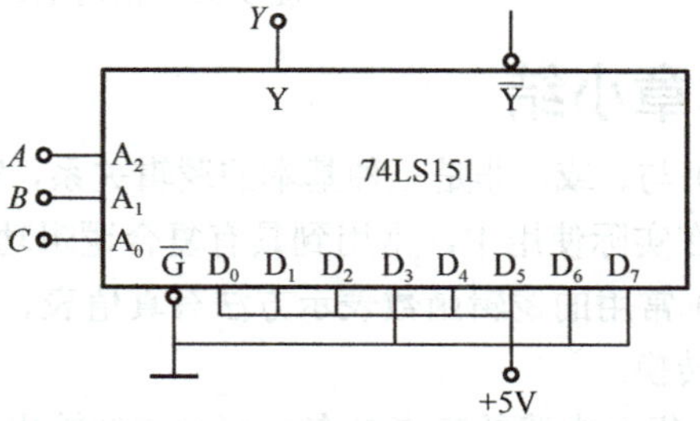

图 9-30　利用 74LS151 实现例 9-13

9.6 应用举例

1．触摸式双音调门铃

如图 9-31 所示，触摸式双音调门铃不设按钮，而是用一对触摸片作为门铃的启动开关。当人手接触到触摸片时，通过人体电阻使触摸片从电源端获得一定的高电平将电路启动。电路由一只六反相器 CD4069 组成。用其中的两个门组成启动与停止控制电路，两个门组成音频振荡器，另外两个门组成控制音频振荡器的节奏振荡器。

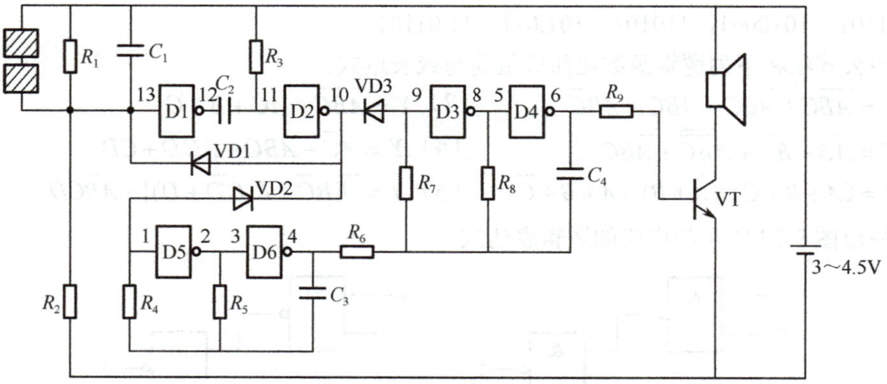

图 9-31　触摸式双音调门铃电路

2．由门电路组成的警笛声发生器

由门电路组成的多谐振荡器可以驱动发光二极管发出变化无穷的彩色闪光。用多谐振荡器输出的脉冲驱动扬声器可以发出声响。用一种频率的信号源可使扬声器发出单一频率的声响；用几种频率的信号源混合可使扬声器发出各种不同的声响。根据这个原理，可以有目的地选用不同频率的信号进行混合，以取得我们所需要的各种声响。图 9-32 所示为由门电路组成的警笛声发生器电路。

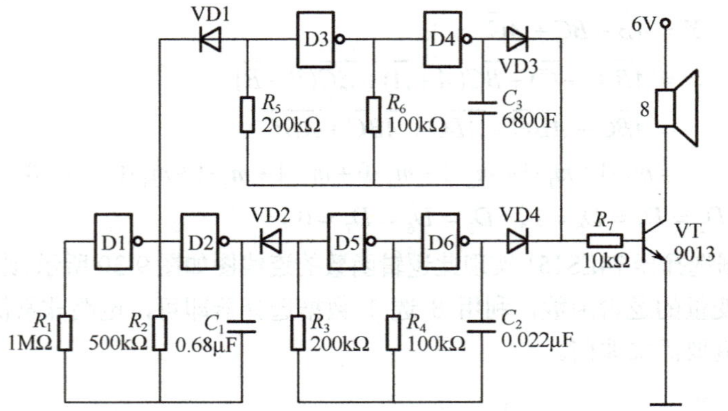

图 9-32　由门电路组成的警笛声发生器电路

本章小结

（1）与、或、非是三种基本的逻辑关系，实现这三种基本逻辑关系的电路分别是与门、或门和非门。在实际使用中，常用到具有复合逻辑功能的门电路，如与非门、或非门、异或门等。

（2）常用的逻辑函数表示方法有真值表、逻辑表达式、逻辑图等。逻辑函数的表示方法之间可以相互转换。

（3）组合电路的特点是在任何时刻的输出只取决于当时的输入信号，而与电路原来所处的状态无关。组合逻辑电路的分析是指找出已知电路中输出与输入之间的逻辑函数关系，从而判断电路的逻辑功能。组合逻辑电路的设计是指根据给定的逻辑功能，求出可实现该逻辑功能的合理电路。

（4）常用的组合逻辑电路有加法器、编码器、译码器和数据选择器等。

习题 9

9-1　将下列十进制数转换成二进制数、八进制数、十六进制数。

29，41，186，4.125，0.625

9-2　将下列二进制数转换成十进制数、八进制数、十六进制数。

1101，1010001，110101，101.011，11.01101

9-3　用公式法将下列逻辑函数化简成最简与或表达式。

（1）$Y=\overline{AB}C+\overline{A}BC+ABC+AB\overline{C}$　　（2）$Y=\overline{ABC}+AC+B+C$

（3）$Y=A\overline{B}+B\overline{C}+A\overline{\overline{BC}}+\overline{A}BC$　　（4）$Y=A\overline{C}+ABC+AC\overline{D}+CD$

（5）$Y=(A+B+C)\cdot(\overline{A}+B)\cdot(A+B+\overline{C})$　　（6）$Y=\overline{A}[B\overline{C}+B(C\overline{D}+D)]+A\overline{B}CD$

9-4　写出图 9-33 所示的电路的逻辑表达式。

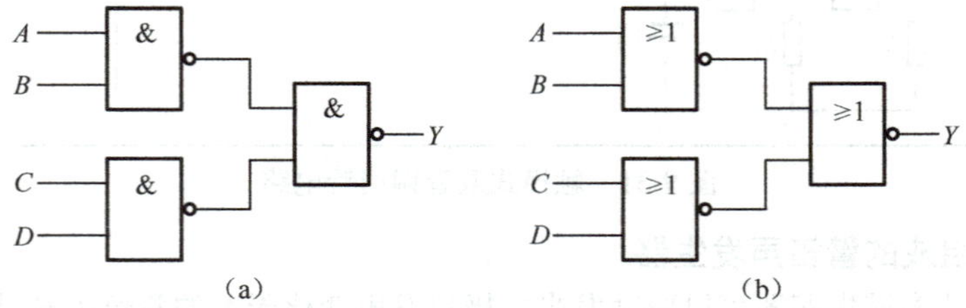

图 9-33　习题 9-4 图

9-5　写出图 9-34 所示的电路的逻辑表达式，并化简为最简与或表达式，最后，再化简为与非-与非表达式。

9-6　图 9-35 所示为两处控制照明灯电路。单刀双掷开关 A 装在一处，B 装在另一处，两处都可以控制开闭电灯。设 F=1 表示灯亮，F=0 表示灯亮灭；A=1 表示开关向上扳，A=0 表示开关向下扳。B 同样如此，试写出该逻辑电路的真值表和逻辑表达式。

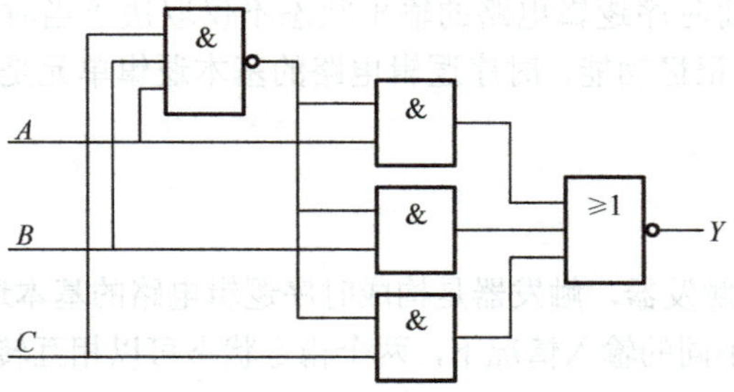

图 9-34　习题 9-5 图

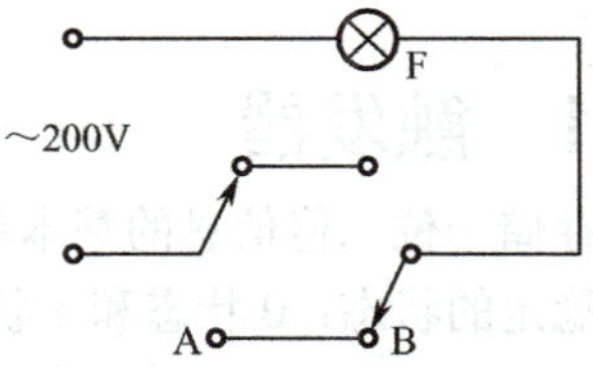

图 9-35　习题 9-6 图

9-7　设计一个举重裁判表决电路。设举重比赛有三位裁判，一位主裁判和两位副裁判。杠铃完全举上的裁决由每一位裁判按一下自己面前的按钮来确定。只有当两位或两位以上裁判判明成功，并且其中有一位为主裁判时，表明成功的灯才会亮。

9-8　交通十字路口有红、黄、绿信号灯。正常状态下，只允许有一个灯亮；其余情况均为故障状态，应自动报警并及时检修。试为该指示灯系统设计一个故障报警的逻辑电路。

9-9　某体操队进行训练考核，有 A、B、C、D 四位裁判（A 为主裁判，B、C、D 为副裁判），考核时 A 认为主要动作合格可得 2 分；B、C、D 各认为其他规定动作合格可分别得 1 分。当总得分等于或超过 3 分时，运动员考核通过。试设计一个考核逻辑电路。

9-10　用 3-8 线译码器 74LS138 和门电路设计一位二进制全减器电路。输入为被减数、减数和来自低位的借位；输出为两数之差和向高位的借位。

9-11　试用 74LS138 型译码器及与非门实现逻辑函数 $Y=\overline{ABC}+\overline{A}BC+AB$。

9-12　试用 74LS153 型 4 选 1 数据选择器实现逻辑函数 $Y=A\overline{BC}+\overline{AC}+BC$。

第 10 章　时序逻辑电路

组合逻辑电路的输出仅与输入有关，而时序逻辑电路的输出状态不仅取决于当时的输入状态，而且还与电路的原始状态有关，即具有记忆功能。时序逻辑电路的基本逻辑单元是各种类型的触发器。

10.1　触发器

能够存储一位二值信息的基本单元称为触发器，触发器是构成时序逻辑电路的基本逻辑部件。它有两个稳定的状态：0 状态和 1 状态；在不同的输入情况下，两个稳定状态可以相互转换；当输入信号消失后，所置成的状态能够保持不变。

根据逻辑功能的不同，触发器可以分为 RS 触发器、D 触发器、JK 触发器、T 和 T′触发器；按照结构形式的不同，触发器可分为基本 RS 触发器、同步触发器、主从触发器和边沿触发器；根据触发方式的不同，触发器可分为电平触发器、边沿触发器和主从触发器。描述触发器的逻辑功能通常用激励表（又称驱动表）、特性方程、状态转换图和波形图（时序图）。

10.1.1　基本 RS 触发器

基本 RS 触发器是构成其他触发器的基础，是由两个与非门组成的。基本 RS 触发器如图 10-1（a）所示，它有两个输入 $\overline{R_D}$ 和 $\overline{S_D}$，均为低电平有效，两个互补的输出 Q 和 $\overline{Q}$，规定用 Q 的状态作为触发器的状态。Q=0，$\overline{Q}$=1 时称触发器处于 0 状态，Q=1，$\overline{Q}$=0 的称触发器处于 1 状态。图 10-1（b）是基本 RS 触发器的逻辑符号，小圆圈表示低电平有效。

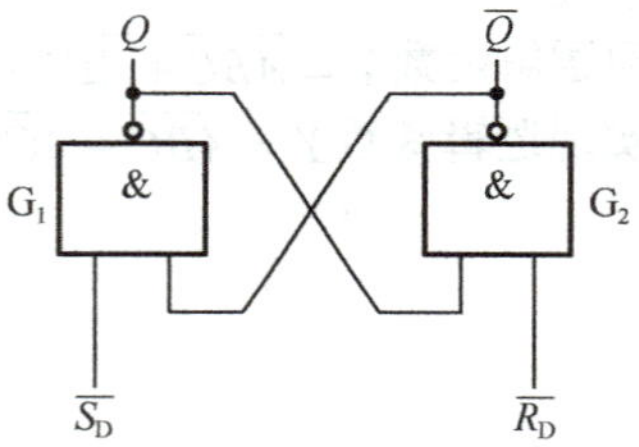

（a）逻辑电路

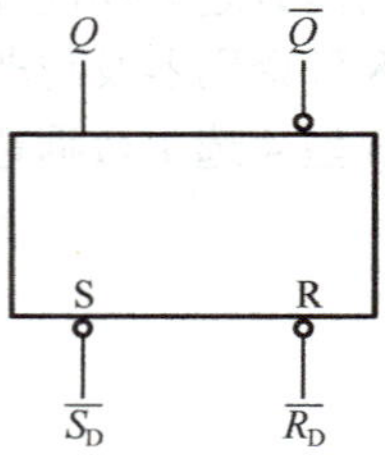

（b）逻辑符号

图 10-1　基本 RS 触发器的逻辑电路及逻辑符号

基本 RS 触发器输出与输入之间的逻辑关系分析如下。

（1）当 $\overline{R_D}=0$、$\overline{S_D}=1$ 时，由于 $\overline{R_D}=0$，不论原来 Q 是 0 还是 1，都有 $\overline{Q}=1$；再由 $\overline{S_D}=1$、$\overline{Q}=1$ 可得 Q=0。即不论触发器原来处于什么状态，都将变成 0 状态，这种情况称将触发器置 0 或复位。R 端称为触发器的置 0 端或复位端。

（2）当 $\overline{R_D}=1$、$\overline{S_D}=0$ 时，由于 $\overline{S_D}=0$，不论原来 $\overline{Q}$ 是 0 还是 1，都有 Q=1；再由 $\overline{R_D}=1$、Q=1 可得 $\overline{Q}=0$。即不论触发器原来处于什么状态，都将变成 1 状态，这种情况称将触发器置 1 或置位。S 端称为触发器的置 1 端或置位端。

（3）当 $\overline{R_D}=1$、$\overline{S_D}=1$ 时，根据与非门的逻辑功能可知，触发器保持原有状态不变，即原来的状态被触发器存储起来，这体现了触发器具有记忆能力。

（4）当 $\overline{R_D}=0$、$\overline{S_D}=0$ 时，$Q=\overline{Q}=1$，不符合触发器的逻辑关系，并且由于与非门延迟时间不可能完全相等，在两个输入端的 0 同时删除后，不能确定触发器是处于 0 状态还是 1 状态。所以触发器不允许出现这种情况，这就是基本 RS 触发器的约束条件。

综上所述，基本 RS 触发器具有置 0、置 1 和保持的功能。但不允许在 S 和 R 端同时加低电平。

为了描述触发器的状态，规定：触发器在接收输入信号之前的状态，也就是触发器原来的稳定状态，称为现态，用Q^n表示。触发器在接收输入信号之后建立的新的稳定状态，称为次态，用Q^{n+1}表示，由与非门组成的基本 RS 触发器的特性表如表 10-1 所示。

表 10-1　基本 RS 触发器的特性表

$\overline{R_D}$	$\overline{S_D}$	Q^n	Q^{n+1}	功　能
0	0	0	×	禁止
		1	×	
0	1	0	0	置 0
		1	0	
1	0	0	1	置 1
		1	1	
1	1	0	0	保持
		1	1	

【例 10-1】 在图 10-1（a）所示的基本 RS 触发器电路中，已知$\overline{R_D}$和$\overline{S_D}$的电压波形图如图 10-2 所示，试画出输出Q和$\overline{Q}$对应的电压波形图。

解：由基本 RS 触发器的特性可得Q和$\overline{Q}$对应的电压波形图。图中的虚线表示不确定的状态。因为当$\overline{R_D}$和$\overline{S_D}$的 0 同时删除后，不能确定触发器是处于 0 状态还是 1 状态。

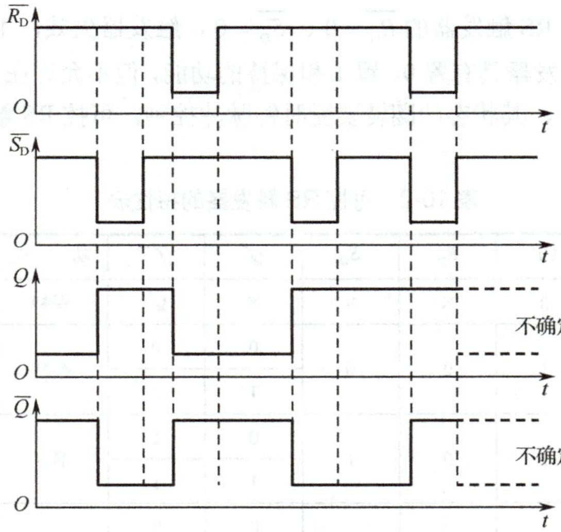

图 10-2　基本 RS 触发器的波形图

从基本 RS 触发器的波形图可以看出：如果要使触发器从 1 状态变为 0 状态，必须使$\overline{R_D}$从高电平转换为低电平；同样，如果要使触发器从 0 状态变为 1 状态，必须使$\overline{S_D}$从高电平转换为低电平。基本 RS 触发器是用负脉冲信号触发的。

10.1.2　可控 RS 触发器

基本 RS 触发器的触发翻转由输入信号直接控制，$\overline{R_D}$和$\overline{S_D}$变化，Q随之变化。而在实际系统中，常要求各触发器在规定的时刻同时触发翻转，这个时刻可由时钟脉冲 CP 决定。时钟脉冲和输入信号都可以由引导电路引入基本 RS 触发器，实现时钟脉冲对输入端的控制，构成可控 RS 触发器。

图 10-3（a）和图 10-3（b）分别为可控 RS 触发器的逻辑电路和逻辑符号。R、S 为输入信号，高电平有效，CP 为时钟脉冲输入信号（端）。

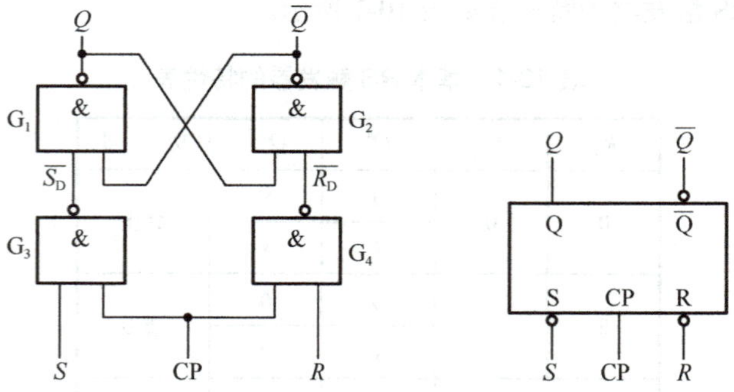

（a）逻辑电路　　（b）逻辑符号

图 10-3　可控 RS 触发器的电路及逻辑符号

当 CP=0 时，G_3、G_4 门由于 CP 端的低电平而关闭，使基本 RS 触发器的 $\overline{R_D}=1$、$\overline{S_D}=1$，基本 RS 触发器保持原来的状态不变，$Q^n=Q^{n+1}$。此时触发器输出状态不受输入信号 R、S 的直接控制，从而提高了触发器的抗干扰能力。

当 CP=1 时，G_3、G_4 门打开，触发器输出状态由输入信号 R、S 决定。

若 R=0，S=0，则基本 RS 触发器的 $\overline{R_D}=1$、$\overline{S_D}=1$，触发器状态保持不变。

若 R=0，S=1，则基本 RS 触发器的 $\overline{R_D}=1$、$\overline{S_D}=0$，触发器置 1；

若 R=1，S=0，则基本 RS 触发器的 $\overline{R_D}=0$、$\overline{S_D}=1$，触发器置 0;

若 R=1，S=1，则基本 RS 触发器的 $\overline{R_D}=0$、$\overline{S_D}=0$，触发器失效，不允许工作。

综上所述，可控 RS 触发器具有置 0、置 1 和保持的功能，但不允许在 R 和 S 端同时加高电平。与基本 RS 触发器不同的是，其状态的翻转要受时钟脉冲控制。可控 RS 触发器的特性表如表 10-2 所示。

表 10-2　可控 RS 触发器的特性表

CP	R_D	S_D	Q^n	Q^{n+1}	功　能
0	×	×	×	Q^n	保持
1	0	0	0	0	保持
			1	1	
1	0	1	0	1	置 1
			1	1	
1	1	0	0	0	置 0
			1	0	
1	1	1	0	×	禁止
			1	×	

可控 RS 触发器的特性方程为

$$\begin{cases} Q^{n+1}=S+\overline{R}Q^n \\ R\cdot S=0\text{（约束条件）} \end{cases}\quad\text{（CP=1 期间有效）}\qquad(10\text{-}1)$$

【例 10-2】 在图 10-3 所示的可控 RS 触发器电路中，已知 R 和 S 的波形图如图 10-4 所示，试画出 Q 和 $\overline{Q}$ 对应的波形图。

解：由波形图可见，在第一、第二、第三个时钟脉冲 CP 的高电平期间，根据可控 RS 触发器的功能表，由 R 与 S 的输入波形可分析 Q 和 $\overline{Q}$ 的波形。在第四个 CP 的高电平期间，S 中出现了干扰信号，使 Q 发生了翻转。

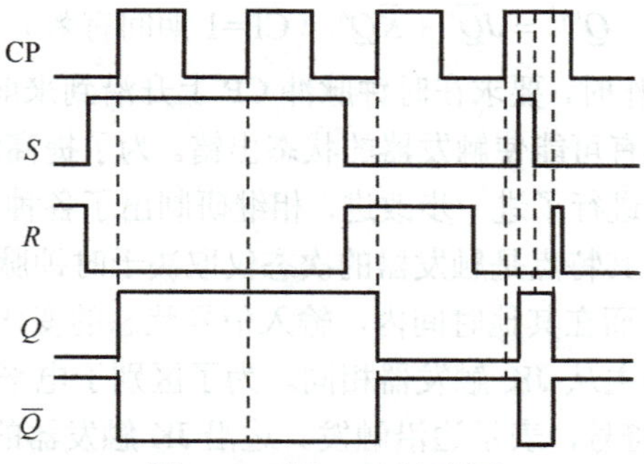

图 10-4　例 10-2 波形图

由例 10-2 可知，可控触发器的触发翻转被控制在一个时间段以内，而不是在某一时刻进行。这种控制方式会产生“空翻”现象（即在一个时钟脉冲期间触发器翻转一次以上），在实际电路的应用中有很大局限性，下面引入在某一个时刻触发翻转的触发器。

10.1.3　JK 触发器

在数字电路中，凡在时钟脉冲 CP 的控制下，根据输入信号 J、K 情况的不同，具有置 0、置 1、保持和翻转功能的电路，都称为 JK 触发器。JK 触发器是一种双输入端的多功能触发器，J、K 分别作为输入。图 10-5（a）和图 10-5（b）分别为主从 JK 触发器的逻辑电路和逻辑符号。J、K 为输入信号，高电平有效，CP 为时钟脉冲输入信号（端）。

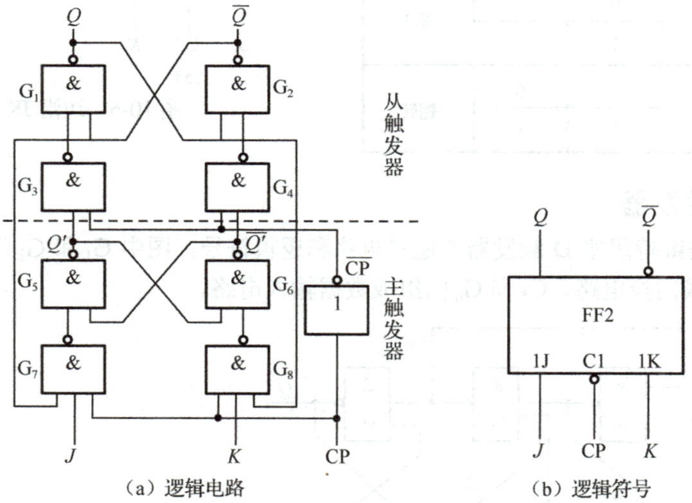

（a）逻辑电路　　（b）逻辑符号

图 10-5　主从 JK 触发器的逻辑电路及逻辑符号

当 CP=1 时，$\overline{CP}=0$，G_3、G_4 门关闭，从触发器保持原状态不变，而 G_7、G_8 门打开，J、K、Q、$\overline{Q}$ 的状态决定主触发器的状态。由于 Q 和 $\overline{Q}$ 两条反馈线的作用，主触发器的状态一旦改变成与从触发器相反的状态，就不会再翻转了。

当 CP 从 1 变成 0 时，$\overline{CP}=1$，G_3、G_4 门打开，从触发器的 Q 和 $\overline{Q}$ 的状态随主触发器的状态翻转，同时 G_7、G_8 门关闭，主触发器不接收信号，即在 CP=0 期间，主触发器不翻转，抑制了干扰信号。

根据以上分析可知，JK 触发器具有保持、置 0、置 1 和翻转（计数）的功能，其特性表如表 10-3 所示。

将 $S=J\overline{Q^n}$、$R=KQ^n$ 代入可控 RS 触发器的特性方程，得 JK 触发器的特性方程为

$$Q^{n+1}=J\bar{Q}^n+\bar{K}Q^n \quad \text{（CP=1 期间有效）} \tag{10-2}$$

上述主从型 JK 触发器工作时，要求在时钟脉冲 CP 上升沿到来前加入输入信号。如果在 CP=1 期间输入端出现干扰信号，仍有可能使触发器的状态出错。为了提高触发器的工作可靠性，增强抗干扰能力，人们对触发器电路进行了进一步改进，相继研制出了各种类型的触发器。目前应用较多和性能较好的是边沿触发器。其特点是触发器的次态仅取决于时钟脉冲 CP 上升沿（或下降沿）到达前的瞬间的输入信号状态，而在其他时间内，输入信号状态的变化对触发器的状态不产生影响。边沿 JK 触发器的逻辑功能与主从 JK 触发器相同。为了区别于电平触发，在逻辑符号中靠近 CP 输入端方框的内侧加入“^”符号，表示边沿触发。边沿 JK 触发器的逻辑符号如图 10-6 所示。在逻辑符号中 CP 输入端处有小圆圈“○”的，表示 CP 下降沿触发；在逻辑符号中 CP 输入端处没有小圆圈“○”的，表示 CP 上升沿触发。

表 10-3　JK 触发器的特性表

J	K	Q^n	Q^{n+1}	功　能
0	0	0	0	保持
		1	1	
0	1	0	1	置 0
		1	0	
1	0	0	1	置 1
		1	1	
1	1	0	0	翻转
		1	1	

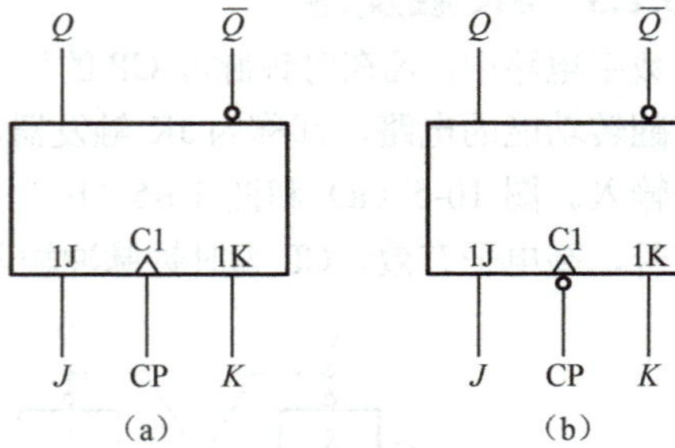

图 10-6　边沿 JK 触发器

10.1.4　D 触发器

图 10-7 所示是维持阻塞 D 触发器的逻辑电路和逻辑符号。图中 G_1 和 G_2 门组成基本 RS 触发器，G_3 和 G_4 门组成门控电路，G_5 和 G_6 门组成数据输入电路。

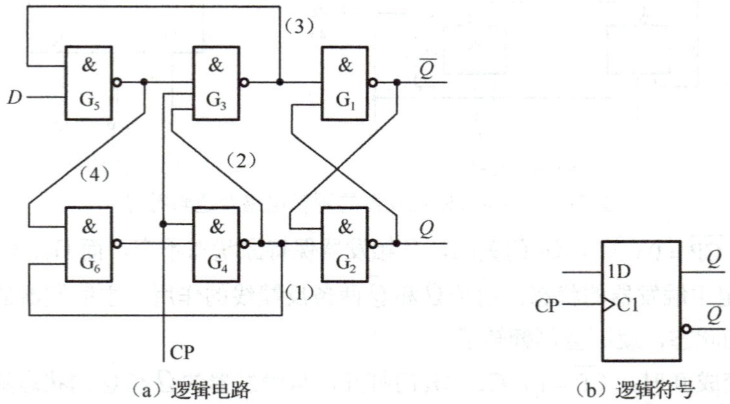

图 10-7　维持阻塞 D 触发器

在 CP=0 时，G_3 和 G_4 的输出都为 1，所以无论 D 怎样变化，D 触发器都保持输出状态不变。数据输入电路 G_5 的输出为 $\overline{D}$，G_6 的输出为 D。

在 CP 上升沿时，G_3 和 G_4 两个门打开，它们的输出只与 CP 上升沿瞬间 D 的信号有关。

当 D=0 时，G_5 的输出为 1，G_6 的输出为 0，G_3 的输出为 0，G_4 的输出为 1，Q=0。

当 D=1 时，G_5 的输出为 0，G_6 的输出为 1，G_3 的输出为 1，G_4 的输出为 0，Q=1。

在 CP=1 时，若 Q=0，由于（3）线的作用，G_3 的输出为 0，由于（4）线的作用，G_5 的输出为 1，从而触发器维持不变；若 Q=1，由于（1）线的作用，G_4 的输出为 0，由于（2）线的作用，G_3 的输出为 1，从而触发器维持不变。

D 触发器的特性表如表 10-4 所示。

根据以上分析可知，D 触发器具有置 0 和置 1 的功能，其特性方程为

$$Q^{n+1} = D \text{（CP=1 期间有效）} \tag{10-3}$$

【例 10-3】 已知维持阻塞 D 触发器输入信号 D 的波形图如图 10-8 所示，设触发器的初始状态为 1 状态，请画出输出 Q 的波形图。

解： 根据维持阻塞 D 触发器的工作原理，画出该触发器输出波形图，如图 10-8 所示。

表 10-4　D 触发器的特性表

D	Q^n	Q^{n+1}	功　能
0	0	0	置 0
	1	0	
1	0	1	置 1
	1	1	

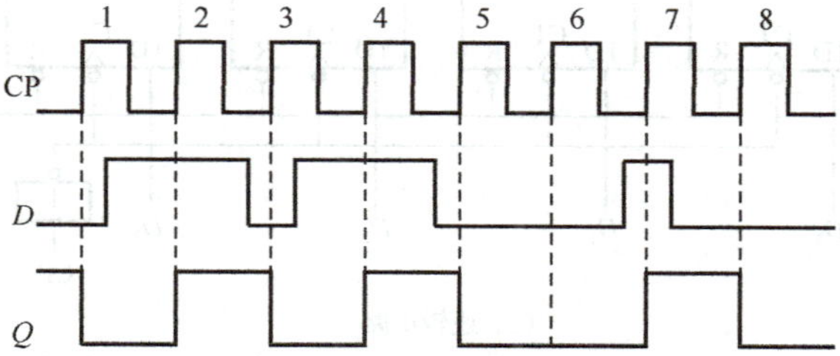

图 10-8　例 10-3 波形图

10.2　常用的时序逻辑电路

时序逻辑电路的结构如图 10-9 所示，它由组合逻辑电路和存储电路两部分组成。存储电路一般由触发器组成，是时序逻辑电路必不可少的部分。因此，时序逻辑电路在任何时刻的输出不仅与该时刻的输入信号有关，而且还与电路原来的状态有关，是一种具有记忆功能的电路。

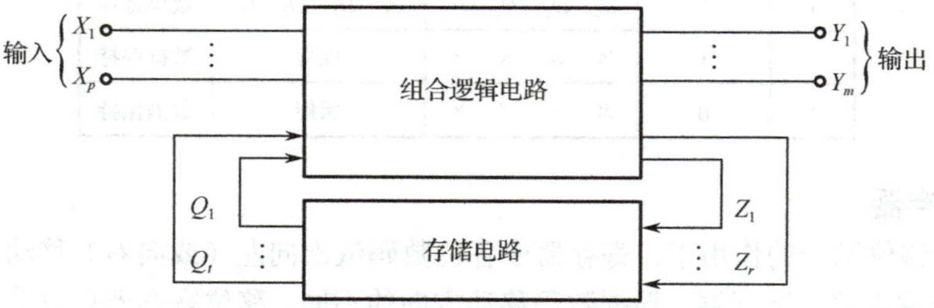

图 10-9　时序逻辑电路的结构

根据各触发器的时钟脉冲是否相同，时序逻辑电路可以分为同步时序逻辑电路和异步时序逻辑电路；根据输出是否与电路当前的输入信号有关，时序逻辑电路可以分为莫尔型和米里型。

10.2.1　寄存器

寄存器是一种用来暂时存放二进制数码的数字逻辑部件，它由触发器和一些逻辑门电路组成。一个触发器可以存储一位二进制代码，存储 n 位二进制代码的寄存器需由 n 个触发器构成。

按照功能的不同，可将寄存器分为数码寄存器和移位寄存器两大类。数码寄存器只能并行送入数据，需要时也只能并行输出。移位寄存器中的数据可以在移位脉冲的作用下依次逐位右移或左移，

数据既可以并行输入、并行输出，也可以串行输入、串行输出，还可以并行输入、串行输出或者串行输入、并行输出，十分灵活，用途也很广。

1. 数码寄存器

4 位寄存器 74LS175 的逻辑电路及引脚图如图 10-10 所示。图 10-10 中，寄存器由 4 个 D 触发器及外围电路构成，采用并行输入和并行输出的送数方式工作。D_0～D_3 为数据输入，Q_0～Q_3 为数据输出；CP 为时钟脉冲，上升沿有效；$\overline{R_D}$ 为清零输入，低电平有效，工作时首先清零，然后 $\overline{R_D}$ 一直处于高电平。

该电路的数码接收过程为：$\overline{R_D}=0$ 时，输出 $Q_0Q_1Q_2Q_3$ 直接清零。$\overline{R_D}=1$ 时，将需要存储的 4 位二进制数送到输入 D_0～D_3 中，CP 上升沿作用后，4 位数码并行地出现在 4 个触发器的输出 Q_0～Q_3 中。

集成寄存器 74LS175 的功能表如表 10-5 所示。

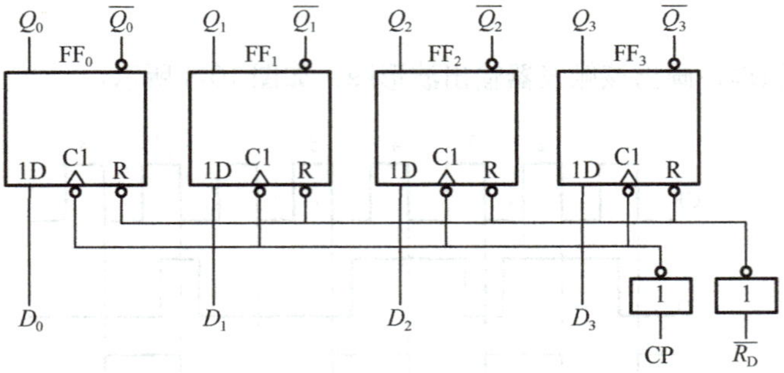

（a）逻辑电路

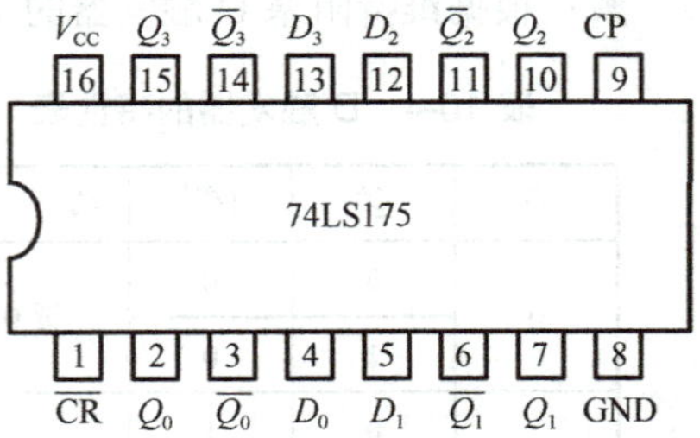

（b）引脚图

图 10-10　4 位寄存器 74LS175

表 10-5　4 位集成寄存器 74LS175 的功能表

清零	时钟脉冲	输入	输出	工作模式
$\overline{R_D}$	CP	D_0 D_1 D_2 D_3	Q_0 Q_1 Q_2 Q_3	
0	×	× × × ×	0 0 0 0	异步清零
1	↑	D_0 D_1 D_2 D_3	D_0 D_1 D_2 D_3	数码寄存
1	1	× × × ×	保持	数据保持
1	0	× × × ×	保持	数据保持

2. 移位寄存器

移位是指在移位脉冲的作用下，寄存器中各位数码依次向左（或向右）移动。能实现这种移位功能的寄存器称为移位寄存器。根据数码移动方向的不同，移位寄存器可以分为左移、右移或双向移位寄存器。

图 10-11 所示是由 D 触发器构成的 4 位右移移位寄存器，$\overline{R_D}$ 为清零输入，低电平有效，工作时首先清零，然后 $\overline{R_D}$ 一直处于高电平。数码由输入 D_I 送入，Q_0～Q_3 为输出，输入、输出方式为串行输入、并行输出或串行输入、串行输出；CP 上升沿有效，每来一个时钟脉冲 CP，D 触发器的状态都右移一次，移位 4 个时钟脉冲 CP 后，输入端送入的数码都送到了 Q_0～Q_3 中，可并行输出；再过 4 个时钟脉冲 CP 后，输入端送入的数码可由 Q_3 串行输出。

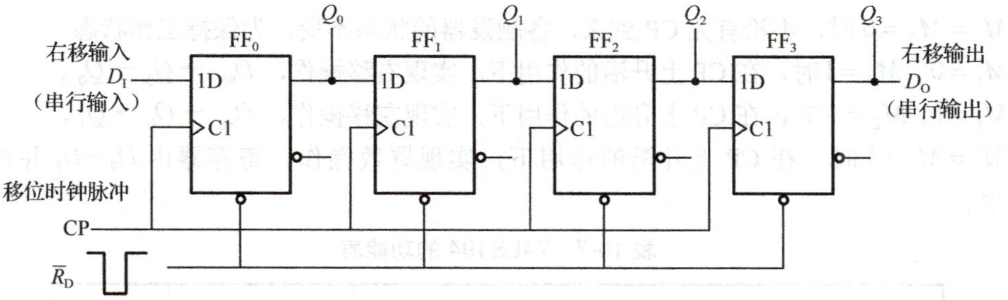

图 10-11　4 位右移寄存器 74LS175

设移位寄存器的初态全为 0，如果依次输入数据 1011，在时钟脉冲 CP 的作用下，数据右移，经过第一个移位脉冲后，数据输入 D_I 的状态 1 送入触发器 FF_0，使 $Q_1^{n+1}=1$。而 FF_0 原先的状态 $Q_0^n=0$ 送入 FF_1，使 $Q_1^{n+1}=0$；同理，FF_2 和 FF_3 的状态为 0，即这时移位寄存器的状态为 $Q_0^{n+1}Q_1^{n+1}Q_2^{n+1}Q_3^{n+1}=1000$。经过第二个移位脉冲后，$D_I$ 的状态 0 送入 FF_0，同时寄存器中各触发器的状态都右移一位，有 $Q_0^{n+1}Q_1^{n+1}Q_2^{n+1}Q_3^{n+1}=0100$。不难看出，经过第三个移位脉冲后，$Q_0^{n+1}Q_1^{n+1}Q_2^{n+1}Q_3^{n+1}=1010$，经过第四个移位脉冲后，$Q_0^{n+1}Q_1^{n+1}Q_2^{n+1}Q_3^{n+1}=1101$。至此，串行输入的 4 位输入数据全部移入了移位寄存器中，并在 4 个触发器的输出端得到了并行输出的数据，实现了数据从串行输入到并行输出的变换。

表 10-6 给出了 4 位右移寄存器的状态表。

表 10-6　4 位右移寄存器的状态表

输入		现态	次态	说明
D_i	CP	$Q_0^n\ Q_1^n\ Q_2^n\ Q_3^n$	$Q_0^{n+1}\ Q_1^{n+1}\ Q_2^{n+1}\ Q_3^{n+1}$	
1	↑	0 0 0 0	1 0 0 0	输入 1011
0	↑	1 0 0 0	0 1 0 0	
1	↑	1 1 0 0	1 0 1 0	
1	↑	1 1 1 0	1 1 0 1	

3．集成电路寄存器

在应用时要求寄存器具有多种功能，中规模集成电路 74LS194 就是一种具有左移、右移、清零、数据并行输入、并行输出、串行输入、串行输出等多种功能的双向移位寄存器，其引脚图和逻辑符号如图 10-12 所示。

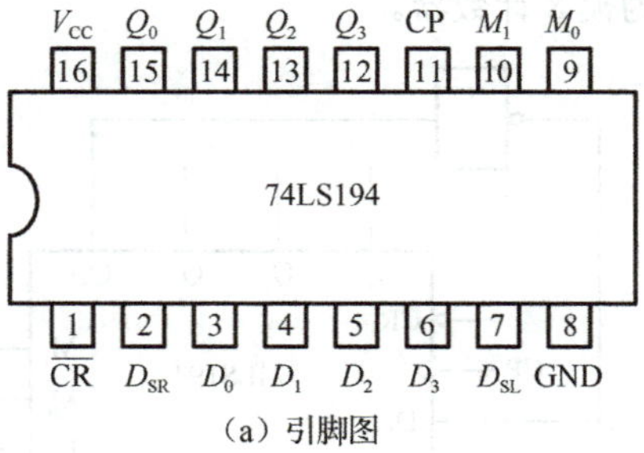

（a）引脚图

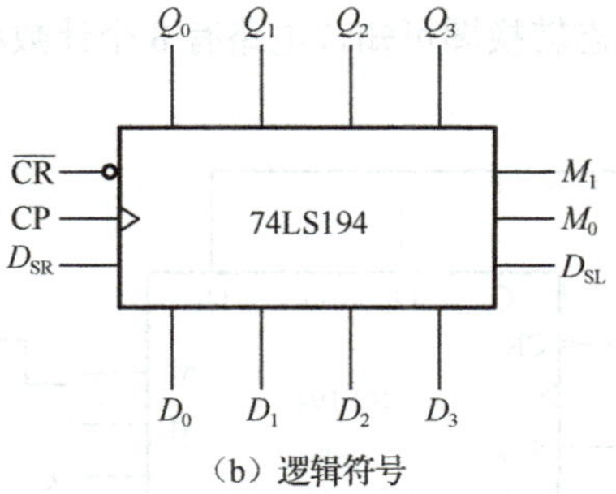

（b）逻辑符号

图 10-12　双向移位寄存器 74LS194

其中，$\overline{CR}$ 是异步清零控制端的输入；D_{SL} 和 D_{SR} 分别是左移和右移的串行输入；D_0～D_3 分别是并行数据输入；CP 为时钟脉冲；Q_0 和 Q_3 分别是左移和右移时的串行输出；Q_0～Q_3 分别是并行数据输出；M_1 和 M_0 用于控制工作方式。

74LS194 的功能表如表 10-7 所示。

当$M_1 = M_0 = 0$时，不论有无CP到来，各触发器的状态不变，为保持工作状态。

当$M_1 = 0$，$M_0 = 1$时，在CP上升沿的作用下，实现右移操作，$D_{SR} \to Q_3 \to Q_0$。

当$M_1 = 1$，$M_0 = 0$时，在CP上升沿的作用下，实现左移操作，$D_{SL} \to Q_0 \to Q_3$。

当$M_1 = M_0 = 1$时，在CP上升沿的作用下，实现置数操作，寄存器由D_0～D_3并行送数到Q_0～Q_3中。

表10-7　74LS194的功能表

输　入											输　出				工作模式
清零	控制		串行输入		时钟脉冲	并行输入									
$\overline{CR}$	M_1	M_0	D_{SL}	D_{SR}	CP	D_0	D_1	D_2	D_3		Q_0	Q_1	Q_2	Q_3	
0	×	×	×	×	×	×	×	×	×		0	0	0	0	清零
1	0	0	×	×	×	×	×	×	×		Q_0	Q_1	Q_2	Q_3	保持
1	0	1	×	1	↑	×	×	×	×		1	Q_0	Q_1	Q_2	右移
1	0	1	×	0	↑	×	×	×	×		0	Q_0	Q_1	Q_2	
1	1	0	1	×	↑	×	×	×	×		Q_1	Q_2	Q_3	1	左移
1	1	0	0	×	↑	×	×	×	×		Q_1	Q_2	Q_3	0	

4．移位寄存器的应用

（1）环形计数器

图10-13所示是用74LS194构成的环形计数器的逻辑电路。当正脉冲起动信号ST到来时，$M_1M_0 = 11$，从而不论移位寄存器74LS194的原状态如何，在时钟脉冲CP的作用下总是执行置数操作使$Q_3Q_2Q_1Q_0 = 0001$。当ST由1变为0之后，$M_1M_0 = 01$，在时钟脉冲CP的作用下，移位寄存器进行右移操作，在第二个CP到来之前$Q_3Q_2Q_1Q_0$从$0001 \to 0010$，在第三个CP到来之前$Q_3Q_2Q_1Q_0$从$0010 \to 0100$，在第四个CP到来之前$Q_3Q_2Q_1Q_0$从$0100 \to 1000$。这样在第四个CP到来时，由于$D_{SR} = Q_3 = 1$，故在此CP作用下$Q_3Q_2Q_1Q_0 = 0001$。可见该计算器共有4个状态，为模4计数器。

（2）扭环形计数器

为了提高电路的状态利用率，扩大计数器的模，将上述接成右移寄存器的74LS194的末级输出Q_3反相后，接到串行输入端D_{SR}上，就构成了扭环形计数器，其逻辑电路如图10-14所示。通过电路的状态转换图可知该电路有8个计数状态，为模8计数器。

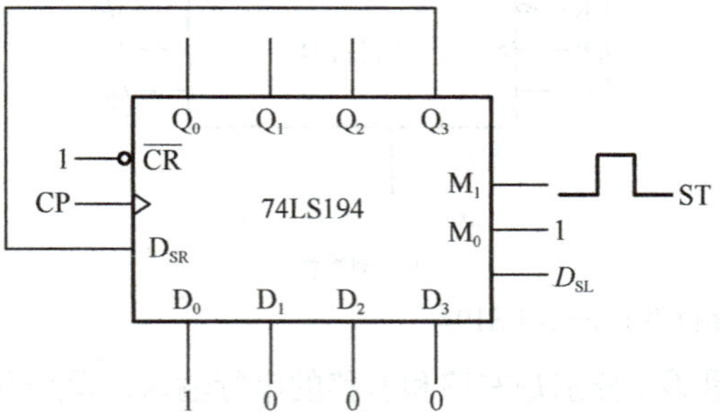

图10-13　环形计数器

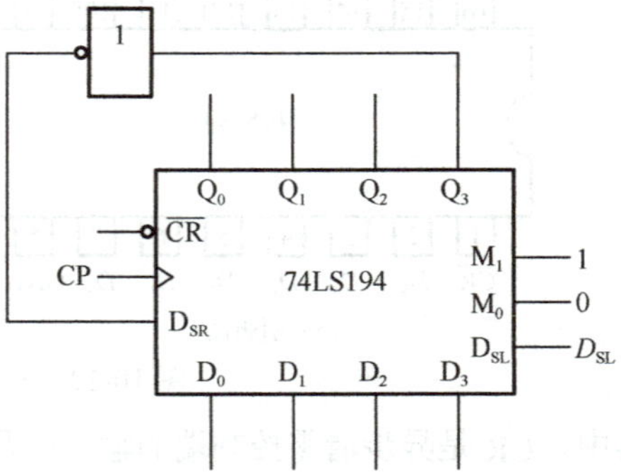

图10-14　扭环形计数器

10.2.2　计数器

计数器是用来对时钟脉冲CP进行计数的，还可以用于分频、定时和数学运算等，广泛应用于各种数字运算、测量、控制及信号产生电路中。计数器累计输入脉冲的最大数目称为计数器的“模”，用 M 表示。

按触发器的翻转是否同步，计数器可分为异步计数器、同步计数器；按计数进制的不同，计数器可分为二进制计数器、十进制计数器、N 进制计数器；按计数增减的趋势，计数器可分为加法计数器、减法计数器、加/减法计数器。

1. 二进制计数器

（1）异步二进制计数器

图 10-15 所示为D 触发器构成的 3 位异步二进制加法计数器。最低位触发器的 CP 端接电路的时钟脉冲，其他各高位触发器的 CP 端依次接低位触发器的反向输出信号 $\overline{Q}$，每个 D 触发器的输入端接该触发器的反向输出信号 $\overline{Q}$，因而 $Q^{n+1}=\overline{Q^n}$，即各D 触发器均处于计数状态；高位触发器在低位触发器由 1 变为 0 时翻转，最低位触发器每来一个时钟脉冲就翻转一次。由此可画出计数器的波形图，如图 10-16 所示。

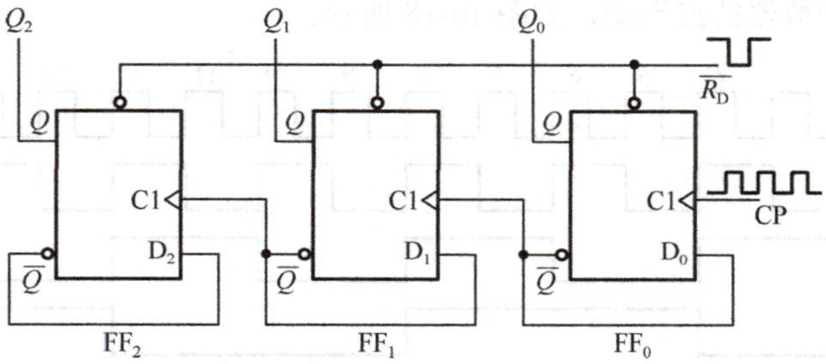

图 10-15　3 位异步二进制加法计数器

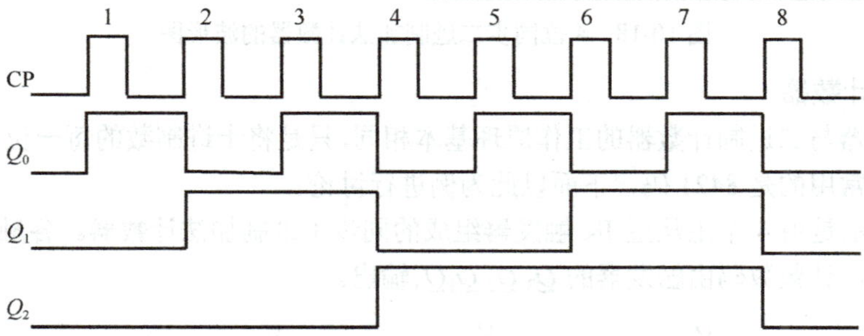

图 10-16　3 位异步二进制加法计数器的波形图

从波形图中可以清楚地看到，Q_0、Q_1、Q_2 的周期分别是时钟脉冲 CP 周期的 2 倍、4 倍、8 倍，也就是说，Q_0、Q_1、Q_2 分别对 CP 波形进行了二分频、四分频、八分频，因而计数器也可作为分频器。

若将图 10-15 中的高位触发器的 CP 端接低位触发器的正向输出信号 Q，则高位触发器是在低位触发器由 0 变为 1 时翻转，将得到异步二进制减法计数器。

（2）同步二进制计数器

同步二进制计数器中，构成计数器的所有触发器的时钟脉冲共用一个，当时钟脉冲到来时，各触发器同时被触发，应该翻转的触发器是同时翻转的，没有各级延迟时间的积累问题。

图 10-17 所示为由 4 个 JK 触发器组成的 4 位同步二进制（M=16）加法计数器。各触发器的 CP 端接同一个时钟脉冲，各触发器的驱动方程（输入端信号的逻辑表达式）分别为

$$J_0=K_0=1 \qquad J_1=K_1=Q_0 \qquad J_2=K_2=Q_0Q_1 \qquad J_3=K_3=Q_0Q_1Q_2$$

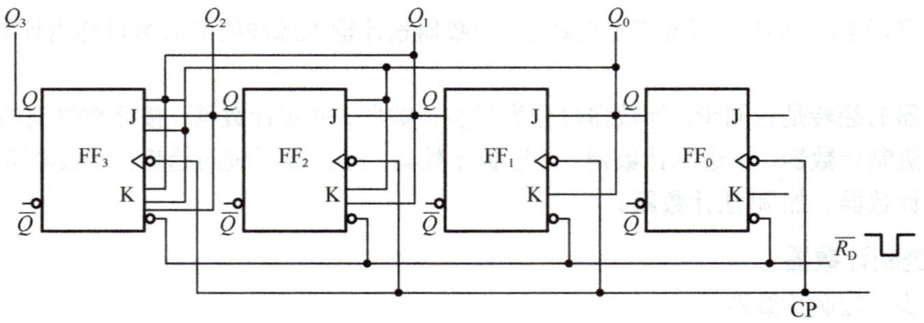

图 10-17　4 位同步二进制加法计数器

计数器经 $\overline{R_D}$ 的负脉冲清零后处在初态 0000，因为 $J_0=K_0=1$，所以每输入一个时钟脉冲 CP，最低位触发器 FF_0 就翻转一次，其他位的触发器 FF_i 仅在 $J_i=K_i=Q_{i-1}Q_{i-2}\cdots Q_0=1$ 的条件下，在 CP 下降沿到来时才翻转。在第 1 个脉冲的作用下，计数器状态由初态转移到 0001，以此类推，在第 15 个脉冲作用后，计数器稳定在 1111。当第 16 个脉冲作用后，计数器的状态从 1111 返回到 0000 的初始状态。由此可画出计数器的波形图，如图 10-18 所示。

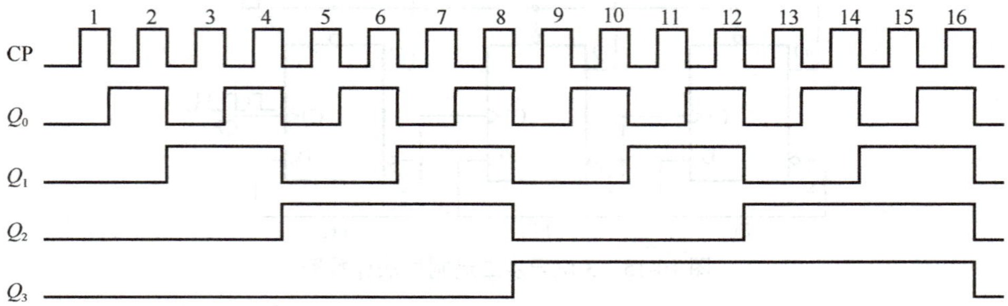

图 10-18　4 位同步二进制加法计数器的波形图

2．十进制计数器

十进制计数器与二进制计数器的工作原理基本相同，只是将十进制数的每一位数都用二进制数来表示而已。最常用的是 8421 码，下面以此为例进行讨论。

图 10-19 所示是用 4 个主从型 JK 触发器组成的同步十进制加法计数器。各触发器的 CP 端接同一个时钟脉冲，计数数码由触发器的 $Q_3Q_2Q_1Q_0$ 输出。

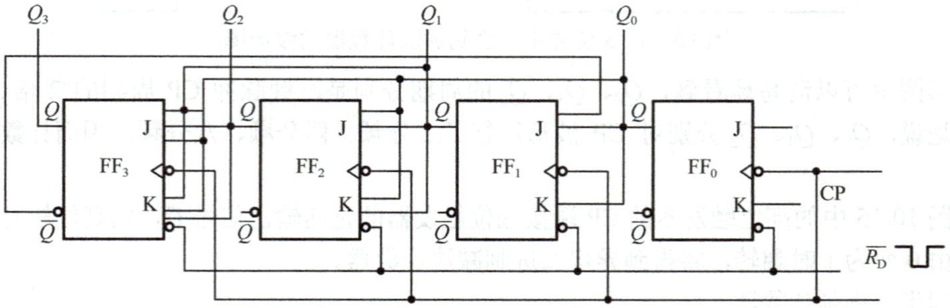

图 10-19　同步十进制加法计数器

各触发器的 J、K 端的逻辑关系如下：

（1）FF_0 触发器，每来一个时钟脉冲就翻转一次，故 $J_0=K_0=1$；

（2）FF_1 触发器，在 $Q_0=1$ 时再来一个时钟脉冲就翻转，而在 $Q_3=1$ 时不得翻转，故 $J_1=Q_0\overline{Q_3}$，$K_1=Q_0$；

（3）FF_2 触发器，在 $Q_1=Q_0=1$ 时再来一个时钟脉冲就翻转，故 $J_2=K_2=Q_1Q_0$；

(4) FF_3 触发器，在 $Q_2=Q_1=Q_0=1$ 时，来一个时钟脉冲就翻转，来第 10 个脉冲时由 1 翻转为 0，故 $J_3=Q_2Q_1Q_0$，$K_3=Q_0$。

计数器的输出 $Q_3Q_2Q_1Q_0$ 在第 10 个脉冲到来时就会由 1001 恢复到 0000，其波形图如图 10-20 所示。

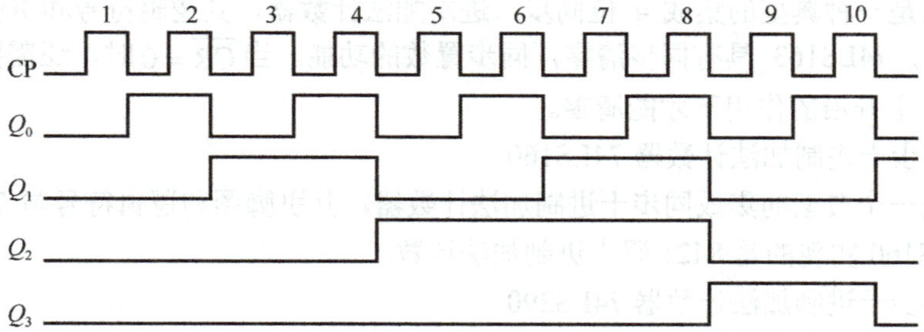

图 10-20　同步十进制加法计数器的波形图

3. 集成计数器

集成计数器的种类繁多，下面介绍几种典型的集成计数器。

(1) 集成同步二进制加法计数器 74LS161

74LS161 的引脚图和逻辑符号如图 10-21 所示。在图 10-21（a）中，D_3～D_0 是数据并行输入，Q_3～Q_0 是计数输出，EP、ET 为是否允许计数的使能端的输入，$\overline{\mathrm{CR}}$ 为异步清零端的输入。$\overline{\mathrm{LD}}$ 为同步置数端的输入，CO 为进位输出端的输入。

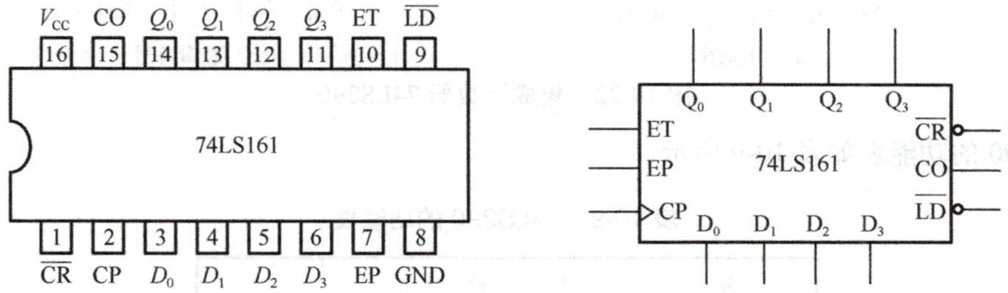

（a）引脚图　　　　（b）逻辑符号

图 10-21　集成计数器 74LS161

74LS161 的功能表如表 10-8 所示。

表 10-8　74LS161 的功能表

清零	预置	使能	时钟脉冲	预置数据输入	输出	工作模式
$\overline{\mathrm{CR}}$	$\overline{\mathrm{LD}}$	ET　EP	CP	D_3　D_2　D_1　D_0	Q_3　Q_2　Q_1　Q_0	
0	×	×　×	×	×　×　×　×	0　0　0　0	同步清零
1	0	×　×	↑	D_3　D_2　D_1　D_0	D_3　D_2　D_1　D_0	同步置数
1	1	0　×	×	×　×　×　×	保持	保持
1	1	×　0	×	×　×　×　×	保持（CO=0）	保持
1	1	1　1	↑	×　×　×　×	计数	计数

当 $\overline{\mathrm{CR}}=0$ 时，计数器的输出端直接清零，即 $Q_3Q_2Q_1Q_0=0000$，与是否有时钟脉冲 CP 和其他输入信号无关，所以具有异步清零的功能。

当 $\overline{\mathrm{CR}}=1$，$\overline{\mathrm{LD}}=0$ 时，在 CP 上升沿将 4 位二进制数 D_3～D_0 置入 Q_3～Q_0，并行输出。

当 $\overline{\mathrm{CR}}=\overline{\mathrm{LD}}=1$，$\mathrm{EP}=\mathrm{ET}=1$ 时，对时钟脉冲 CP 进行同步加法计算（上升沿翻转）。

当$\overline{CR}=\overline{LD}=1$，$EP\cdot ET=0$时，计数器数值保持不变。进位输出$CO=ET\cdot Q_3Q_2Q_1Q_0$，即输出全为 1 时有进位（$CO=1$）。

综上所述，74LS161 是具有异步清零、同步置数、计数、保持等功能的集成 4 位同步二进制加法计数器。

74LS163 也是一种典型的集成 4 位同步二进制加法计数器，其逻辑符号和引脚图与 74LS161 相同，不同的是，74LS163 具有同步清零，同步置数的功能。当$\overline{CR}=0$时，还需要输入一个时钟脉冲 CP，在 CP 上升沿的作用下才能清零。

（2）集成同步十进制加法计数器 74LS160

74LS160 是一个典型的集成同步十进制加法计数器，其引脚图和逻辑符号与 74LS161 相同，不同的是，74LS160 实现的是 8421 码十进制加法计数。

（3）集成异步十进制加法计数器 74LS290

74LS290 的引脚图和逻辑符号如图 10-22 所示。其中R_{0A}和R_{0B}是置 0 输入，S_{9A}和S_{9B}是置 9 输入，CP_0和CP_1为时钟脉冲，Q_3～Q_0是计数输出。

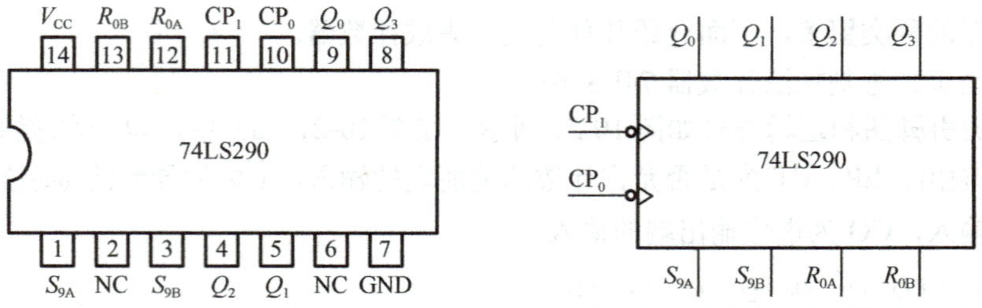

（a）引脚图　（b）逻辑符号

图 10-22　集成计数器 74LS290

74LS290 的功能表如表 10-9 所示。

表 10-9　74LS290 的功能表

输入			输出				工作模式
$R_{0A}\cdot R_{0B}$	$S_{9A}\cdot S_{9B}$	CP	Q_3^{n+1}	Q_2^{n+1}	Q_1^{n+1}	Q_0^{n+1}	
1	0	×	0	0	0	0	清零
×	1	×	1	0	0	1	置 9
0	0	↓	计数				计数

当$S_9=S_{9A}\cdot S_{9B}=0$，$R_0=R_{0A}\cdot R_{0B}=1$时，计数器的输出端清零，即$Q_3Q_2Q_1Q_0=0000$，与是否有时钟脉冲 CP 无关。

当$S_9=S_{9A}\cdot S_{9B}=1$时，计数器置 9，即$Q_3^{n+1}Q_2^{n+1}Q_1^{n+1}Q_0^{n+1}=1001$，这种置 9 也是通过触发器异步输入端进行的，与时钟脉冲 CP 无关，其优先级别高于R_0。

当$R_0=R_{0A}\cdot R_{0B}=0$，$S_9=S_{9A}\cdot S_{9B}=0$时，计数器处于计数状态，有 4 种基本情况：

① 若把时钟脉冲 CP 加在CP_0端，即$CP_0=CP$，且把Q_0与CP_1从外部连接起来，即令$CP_1=Q_0$，则电路对 CP 按照 8421 码进行异步加法计数；

② 若仅将时钟脉冲 CP 加在CP_0端，CP_1不与Q_0连接起来，则构成一位二进制加法计数器；

③ 若将时钟脉冲 CP 加在CP_1端，CP_0接 0 或 1，则构成五进制加法计数器。

④ 若将时钟脉冲 CP 加在CP_1端，且把Q_3与CP_0连接起来，则构成十进制加法计数器。

（4）用集成计数器构成任意进制计数器

用现有的 M 进制加法计数器可以构成任意的 N 进制加法计数器。当 $M>N$ 时，只需要一片 M

进制的加法计数器；当 $M<N$ 时，需要多片 M 进制的加法计数器级联。构成任意进制的加法计数器主要有两种方法：反馈清零法和反馈置数法。

反馈清零法是指利用集成加法计数器的清零端 $\overline{CR}$ 使计数器从全 0 状态开始计数，计满 N 个状态后产生清零信号，使计数器恢复初态，然后再重复上述过程。反馈清零法具体又分为异步清零和同步清零两种。

【例 10-4】 利用反馈清零法用 74LS163 和 74LS161 构成七进制加法计数器。

解： 利用反馈清零法实现的计数器，初始状态为 0000，7 种状态分别为 0000、0001、0010、0011、0100、0101 和 0110。

利用 74LS163：由于 74LS163 具有同步清零功能，所以 0110 这种状态可以保留下来，所以 $\overline{CR}=\overline{Q_2Q_1}$，接线图如图 10-23（a）所示。

利用 74LS161：由于 74LS161 具有异步清零功能，所以 0110 这种状态不能保留下来，所以 $\overline{CR}=\overline{Q_2Q_1Q_0}$，接线图如图 10-23（b）所示。

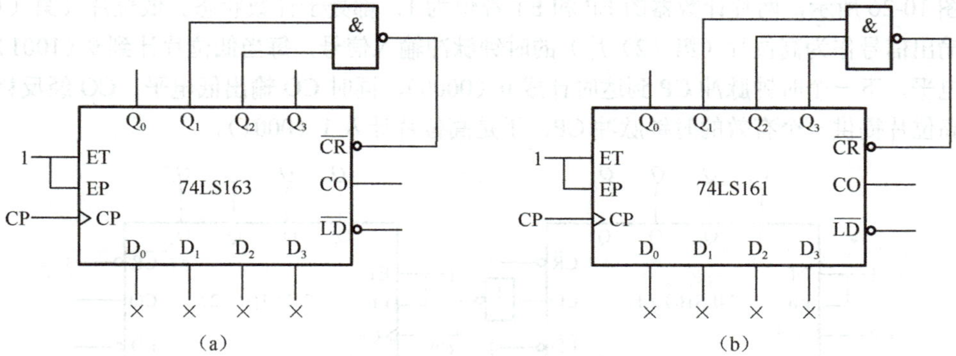

图 10-23　例 10-4 接线图

反馈置数法是指利用集成计数器的置数端 $\overline{LD}$，当计数器达到所需状态时强制对其置数，使计数器从被置的状态开始重新计数。其置数操作可以在任意状态下进行，不一定从全 0 状态开始计数。它可以从某个预置状态开始计数，计满 N 个状态后产生置数信号，使计数器又进入预置状态，然后再重复上述过程。反馈置数法也可以分为异步预置数和同步预置数两种。

【例 10-5】 利用同步反馈置 0 法用 74LS163 构成七进制加法计数器。

解： 接线图如图 10-24 所示。

【例 10-6】 分析图 10-25 所示的电路的逻辑功能。

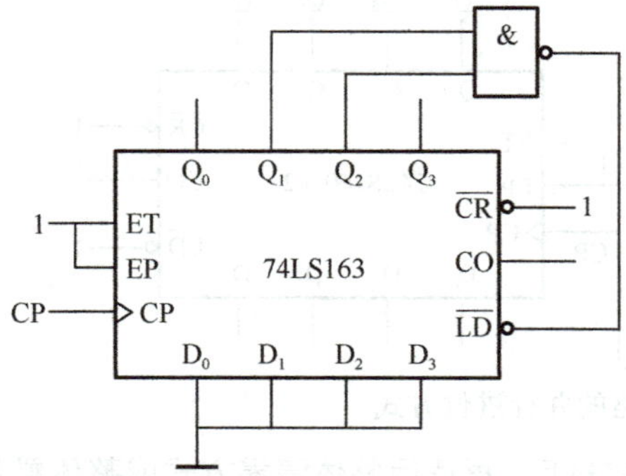

图 10-24　例 10-5 接线图

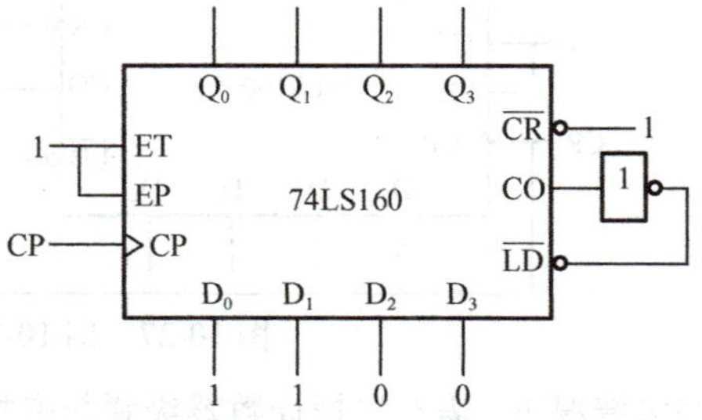

图 10-25　例 10-6 接线图

解： 由图 10-25 可知，该电路是采用同步反馈置数法来实现任意 N 进制加法计数器的接线图。图中 $D_3D_2D_1D_0=0011$，可作为预置数输入信号。本题采用进位输出信号 CO 作为预置数端的控制信号，因此，$\overline{\mathrm{LD}}=\overline{Q_3Q_0}$。

通过以上分析可知：该电路的输出 $Q_3Q_2Q_1Q_0$ 从 0111 至 1001，在时钟脉冲 CP 的作用下按照递增计数的规律实现同步七进制加法计数。

集成计数器的级联是指把多个集成计数器串联起来，从而获得所需的大容量 N 进制加法计数器。把一个 N_1 进制加法计数器和一个 N_2 进制加法计数器串联起来，即可构成 $N=N_1\times N_2$ 进制的加法计数器。

常见的级联方式有串行进位方式和并行进位方式两种。在串行进位方式中，以低位片的进位输出信号作为高位片的时钟脉冲输入信号；而在并行进位方式中，则以低位片的进位输出信号作为高位片的工作状态控制信号（即是否允许计数器的使能信号），两片的时钟脉冲输入端要同时接计数输入信号。

【例 10-7】 试用两片同步十进制加法计数器（74LS160）接成百进制加法计数器。

解：① 采用串行进位方式

如图 10-26 所示，两片计数器的 EP 和 ET 都恒为 1，都处于计数状态。低位片（第（1）片）的进位输出信号作为高位片（第（2）片）的时钟脉冲输入信号，每当低位片计到 9（1001）时 CO 输出高电平，下一个时钟脉冲 CP 到达时计成 0（0000），同时 CO 输出低电平；CO 经反相器后相当于给高位片提供一个有效的时钟脉冲 CP，于是高位片计入 1（0001）。

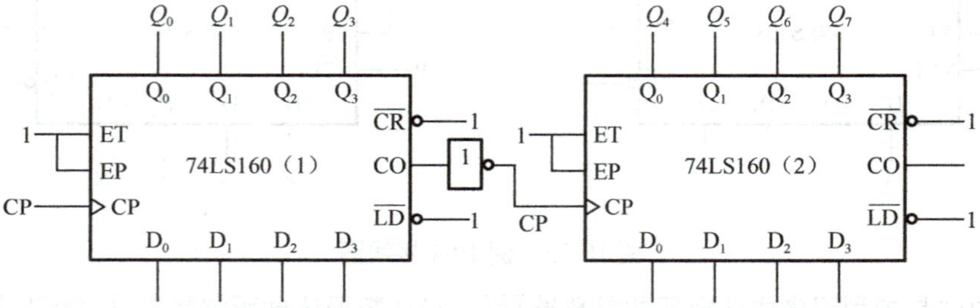

图 10-26　例 10-7 电路的串行进位方式

② 采用并行进位方式

如图 10-27 所示，以低位片（第（1）片）的进位输出信号 CO 作为高位片（第（2）片）的工作状态控制信号 EP 和 ET 的输入，两片计数器的 CP 端同时接入计数输入信号，而低位片的 EP 和 ET 恒为 1，始终处于计数状态。每当低位片计到 9（1001）时 CO 变为 1，下一个时钟脉冲 CP 到达时高位片计数器工作，计入 1（0001），而低位片计成 0（0000），CO 变为 0。

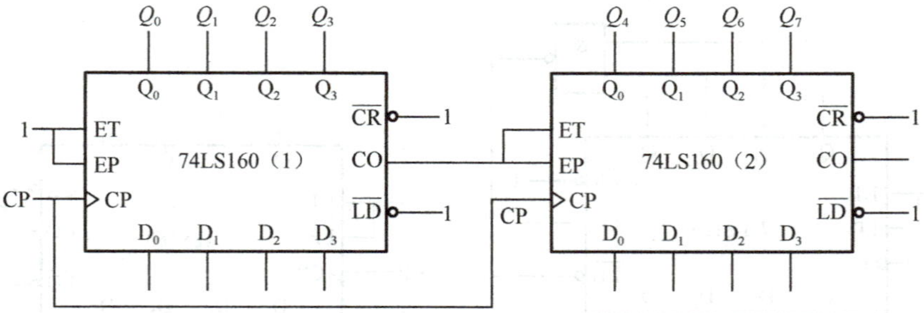

图 10-27　例 10-7 电路的并行进位方式

在许多情况下，需要先把计数器级联起来扩大容量后，再适用整体清零方式或整体置数方式获得大容量的任意 N 进制加法计数器。

【例 10-8】 试用整体清零方式用 74LS161 实现 49 进制同步加法计数器。

解：因为 N=49，而 74LS161 为模等于 16 的计数器，所以要用两片 74LS161 构成此计数器。

先将两芯片采用同步级联方式连接成 256 进制计数器。再借助 74LS161 的异步清零功能，通过整体清零法，在输入第 49 个时钟脉冲后，计数器输出状态为 S_{49}=0011 0001 时，高位片（第（2）片）的 Q_1Q_0 和低位片（第（1）片）的 Q_0 同时为 1，使与非门输出 0，加到两芯片的异步清零端上，使计数器立即返回 0000 0000 状态，0011 0001 状态仅在极短的瞬间出现，为过渡状态，这样，就组成了 49 进制加法计数器。

其逻辑电路如图 10-28 所示。

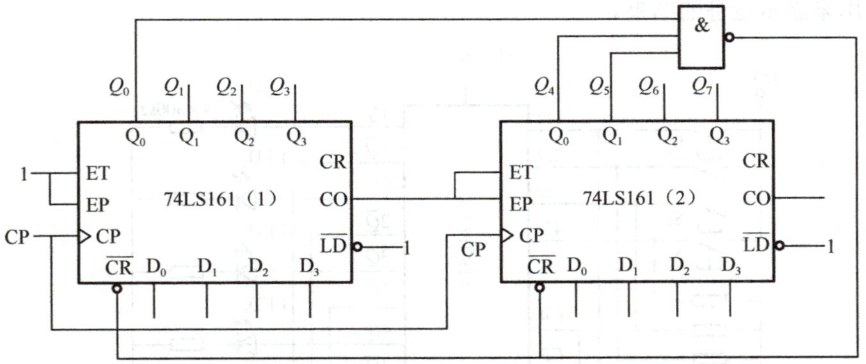

图 10-28　两片 74LS161 级联成的 49 进制加法计数器

10.3　应用举例

时序逻辑电路的应用非常广泛，以下是几个简单的应用。

1．分频器

对于 T'触发器而言，每输入一个时钟脉冲 CP，触发器的状态就翻转一次，即 T'触发器具有计数功能。因此，可用一个 T'触发器构成一级二分频电路。图 10-29 所示为用 CC4027（双上升沿 JK 触发器）构成的 T'触发器（二分频器），实现二分频的功能，即 $f_O=\frac{1}{2}f_I$。

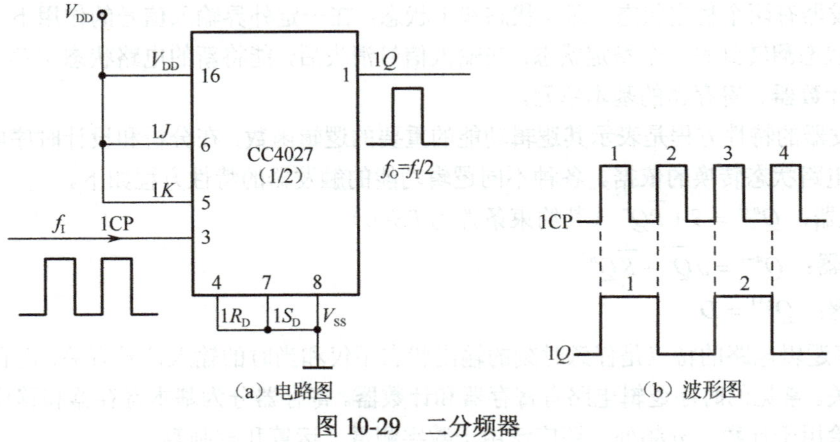

（a）电路图　　（b）波形图

图 10-29　二分频器

2．智力竞赛抢答器

图 10-30 所示是利用 CT74LS175（4 上升沿边沿 D 触发器）和逻辑门电路组成的 4 选 1 电路，应用于游戏活动中的竞猜和抢答。注意该芯片的清零端 $\overline{CR}$ 和时钟脉冲 CP 是 4 个 D 触发器共用的。

抢答前先清零，于是 4 个 D 触发器的输出端 $1Q$～$4Q$ 均为 0，用于被选中指示的发光二极管都不亮；$1\overline{Q}$～$4\overline{Q}$ 均为 1，与非门 G_1 的输出为 0，扬声器不响。经非门 G_2 反相后输出为 1，打开 G_3 门，于是时钟脉冲 CP 经 G_3 门进入各 D 触发器的 CP 端。当 S_1～S_4 均未被按下时，$1D$～$4D$ 均为 0，故触发器状态保持不变，到此4选1电路准备工作完成。

抢答开始后，若S_2首先被按下，则$2D$为1，继而$2Q$变为1，相应的发光二极管LED_2亮；因$2\overline{Q}$变为0，与非门G_1的输出为1，于是扬声器发出声响，表明该电路选中S_2。与此同时，G_2门输出为0封锁G_3，使时钟脉冲CP不能通过G_3进入D触发器，从而关闭其他按钮S_1、S_3、S_4。在下一次抢答前，可通过清零端$\overline{CR}$使各触发器复位。

若触发器输出$1Q$～$4Q$接三极管放大电路，则其也可驱动继电器，通过触点可控制其他功率大些的负载，用来显示抢答的结果。

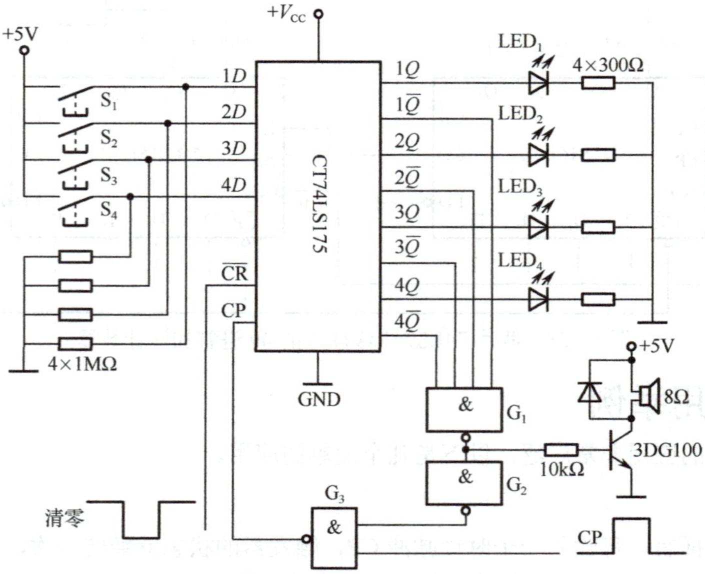

图10-30 智力竞赛抢答器

本章小结

(1) 触发器有两个稳定状态，即0状态和1状态；在一定外界输入信号的作用下，触发器才会从一个稳定状态翻转到另一个稳定状态；在输入信号消失后，能将新的电路状态保存下来。集成触发器是构成计数器、寄存器的基本单元。

(2) 触发器的特性方程是表示其逻辑功能的重要的逻辑函数，在分析和设计时序电路时，常用来作为判断电路状态转换的依据。各种不同逻辑功能的触发器的特性方程如下。

RS触发器：$Q^{n+1}=S+\overline{R}Q^n$（其约束条件为$RS$=0）

JK触发器：$Q^{n+1}=J\overline{Q^n}+\overline{K}Q^n$

D触发器：$Q^{n+1}=D$

(3) 时序逻辑电路的特点是任意时刻的输出状态不仅和当时的输入信号有关，而且还和电路原来的状态有关。常见的时序逻辑电路有寄存器和计数器。寄存器分为基本寄存器和移位寄存器两大类。计数器除用于计数、分频外，还广泛用于数字测量、运算和控制等。

习题10

10-1 已知基本RS触发器及其直接置0端$\overline{R_D}$和直接置1端$\overline{S_D}$的输入波形图如图10-31所示，试画出触发器输出Q和$\overline{Q}$的波形图。

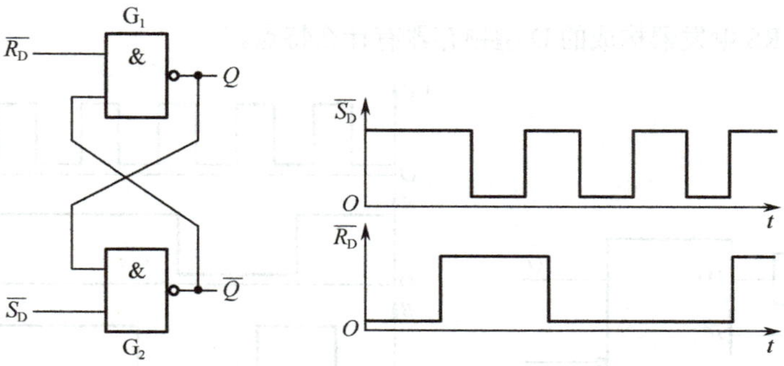

图 10-31　习题 10-1 图

10-2　已知同步 RS 触发器及其输入波形图如图 10-32 所示，试画出输出 Q 和 $\overline{Q}$ 的波形图。

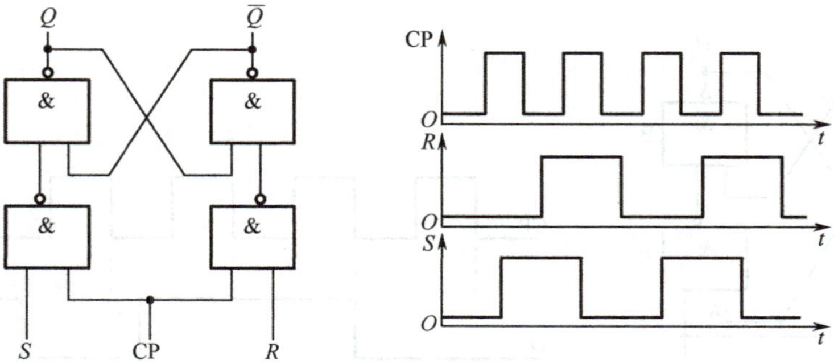

图 10-32　习题 10-2 图

10-3　试画出图 10-33 所示的电路在给定输入下的 Q 的波形图，触发器的初态为 0。

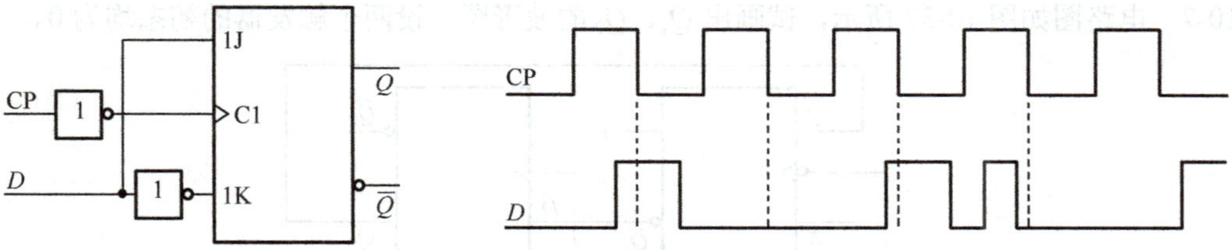

图 10-33　习题 10-3 图

10-4　边沿 D 触发器及其相关波形图如图 10-34 所示，试画出输出 Q 和 $\overline{Q}$ 的波形图。设触发器的初态为 0。

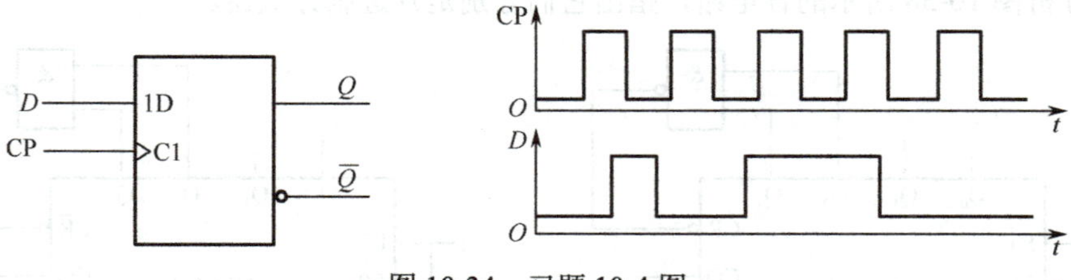

图 10-34　习题 10-4 图

10-5　电路图如图 10-35（a）所示，设触发器的初态为 0，已知 CP、A、B 的输入波形图如图 10-35（b）所示，试画出 Q 的波形图。

10-6　同步 RS 触发器构成的 D 型锁存器电路如图 10-36（a）所示。

（1）若已知输入信号 D 和时钟脉冲 CP 的波形图如图 10-36（b）所示，试画出输出 Q、$\overline{Q}$ 的波形图，设 Q 的初态为 0；

（2）说明同步 RS 触发器构成的 D 型锁存器有什么特点。

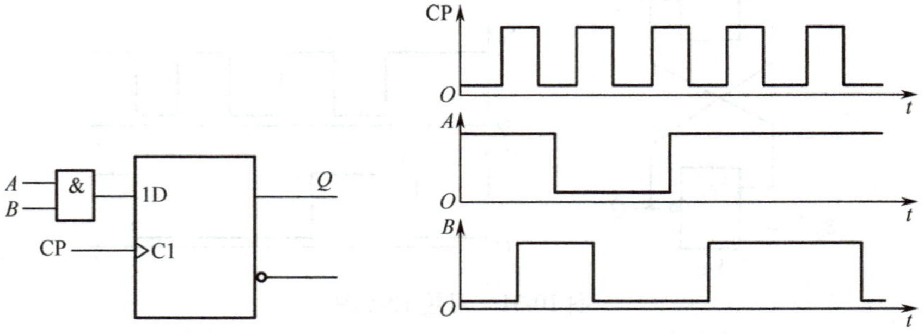

（a）电路图　　（b）波形图

图 10-35　习题 10-5 图

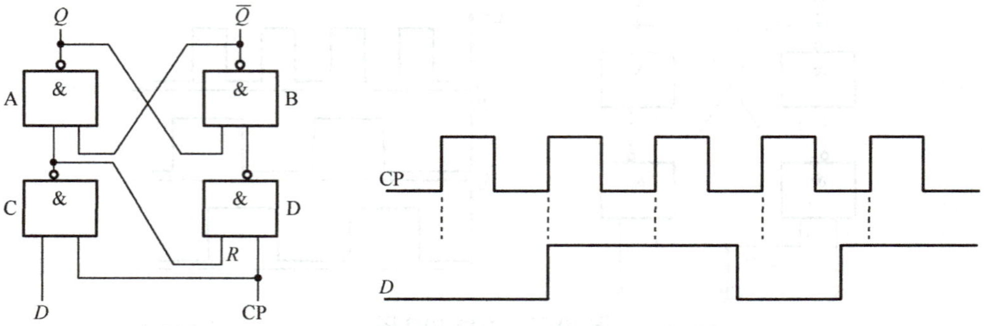

（a）电路图　　（b）波形图

图 10-36　习题 10-6 图

10-7　电路图如图 10-37 所示，试画出 Q_1、Q_2 的波形图，设两个触发器的初态均为 0。

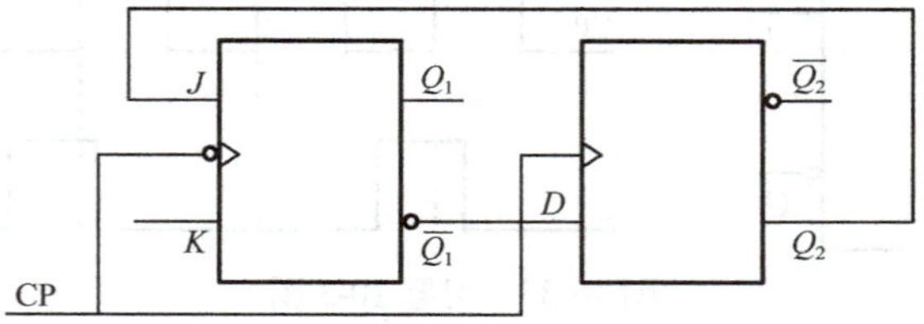

图 10-37　习题 10-7 图

10-8　试用双向移位寄存器 74LS194 和门电路构成扭环形六进制计数器。

10-9　分析图 10-38 所示的各电路，指出它们分别是几进制计数器。

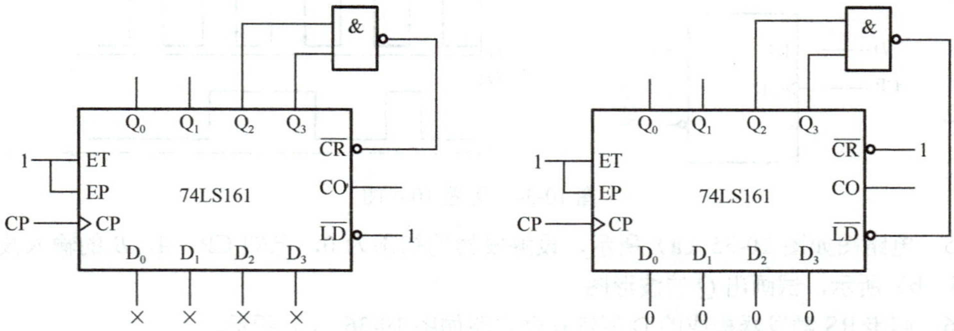

（a）　　（b）

图 10-38　习题 10-9 图

10-10　试利用反馈清零法将 74LS290 设计为九进制加法计数器。

10-11　试利用反馈清零法将 74LS161 设计为九进制加法计数器。

10-12　试用 74LS160 的异步清零和同步置数功能构成 24 进制加法计数器和 180 进制加法计数器。

10-13　试分析图 10-39 所示的电路是几进制计数器。

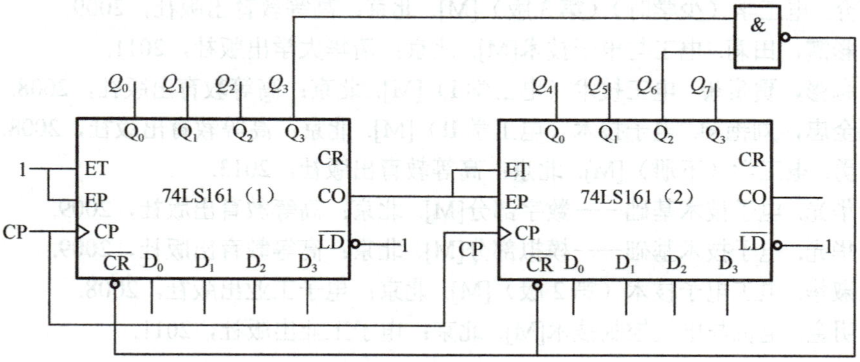

图 10-39　习题 10-13 图

参 考 文 献

[1] 秦曾煌. 电工学简明教程（第2版）[M]. 北京：高等教育出版社，2007.
[2] 毕淑娥. 电工与电子技术[M]. 北京：电子工业出版社，2011.
[3] 唐介. 电工学（少学时）（第3版）[M]. 北京：高等教育出版社，2009.
[4] 陶彩霞，田莉. 电工与电子技术[M]. 北京：清华大学出版社，2011.
[5] 姚海彬，贾贵玺. 电工技术（电工学 I）[M]. 北京：高等教育出版社，2008.
[6] 刘全忠，刘艳莉. 电子技术（电工学 II）[M]. 北京：高等教育出版社，2008.
[7] 雷勇. 电工学（下册）[M]. 北京：高等教育出版社，2013.
[8] 康华光. 电子技术基础——数字部分[M]. 北京：高等教育出版社，2009.
[9] 康华光. 电子技术基础——模拟部分[M]. 北京：高等教育出版社，2009.
[10] 徐淑华. 电工电子技术（第2版）[M]. 北京：电子工业出版社，2008.
[11] 张明金. 电机与电气控制技术[M]. 北京：电子工业出版社，2011.

反侵权盗版声明

举报电话：（010）88254396；（010）88258888

传　　真：（010）88254397

E-mail：　dbqq@phei.com.cn

通信地址：北京市海淀区万寿路 173 信箱

　　　　　电子工业出版社总编办公室

邮　　编：100036